U0856367

中国蒙古学文库

元大都研究

——元大都七百五十周年祭

昔宝赤·却拉布吉 著

辽宁民族出版社

图书在版编目（CIP）数据

元大都研究：元大都七百五十周年祭 / 昔宝赤·却拉布吉著. —沈阳：辽宁民族出版社，2019.7
（中国蒙古学文库）
ISBN 978-7-5497-2074-3

Ⅰ. ①元… Ⅱ. ①昔… Ⅲ. ①大都—研究—中国—元代 Ⅳ. ①K928.647

中国版本图书馆CIP数据核字（2019）第156671号

元大都研究：元大都七百五十周年祭
YUAN DADU YANJIU：YUAN DADU QIBAI WUSHI ZHOUNIANJI

出版发行者：辽宁民族出版社
地　　址：沈阳市和平区十一纬路25号　邮编：110003
印 刷 者：辽宁新华印务有限公司
幅面尺寸：145mm×210mm
印　　张：16.25
字　　数：420千字
插　　页：40
印　　数：1-1000
出版时间：2019年7月第1版
印刷时间：2019年7月第1次印刷
责任编辑：王哈申
封面设计：杜　江
责任校对：王　荷

标准书号：ISBN 978-7-5497-2074-3
定　　价：70.00元

网　　址：www.lnmzcbs.com　　邮购热线：024-23284335
淘宝网店：http://lnmz2013.taobao.com
如有印装质量问题，请与出版社联系调换　联系电话：024-23284340

中国蒙古学文库

布赫

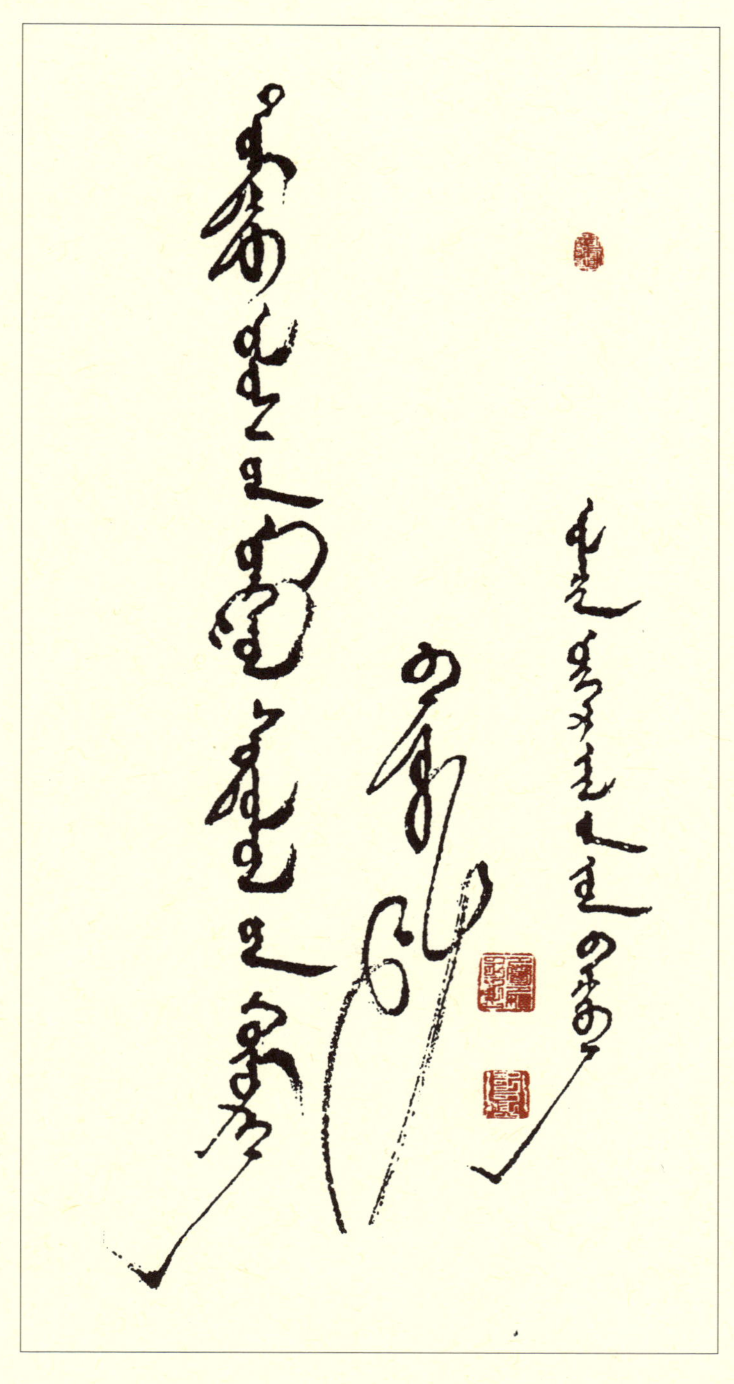

编写与出版《中国蒙古学文库》
领导小组与编委会

至元九年（1272）元世祖忽必烈所建大圣寿万安寺，俗称白塔寺。后面白塔为尼泊尔专家阿尔尼哥所建　却拉布吉　摄

白云观长春真人丘处机灵堂　却拉布吉　摄

后至元六年（1340）所建蒙古国子监　却拉布吉　摄

札丫笃汗图帖睦尔天历二年（1329）所建大承天护国寺250吨青铜制卧佛像　却拉布吉　摄

完泽笃汗铁穆耳大德六年（1302）所建孔庙，图为主殿大承殿　却拉布吉　摄

至元七年（1270）所建柏林寺，现仅剩一殿　却拉布吉　摄

牛街礼拜寺藏有阿拉伯文石碑，记有邛尔塔尼和阿礼二位传教士卒于1280—1283年间的事迹　却拉布吉　摄

碧云寺初建于何时不明，该寺藏有至顺二年（1331）、元统元年（1333）石碑二座，传说元代功臣耶律楚材之子捐赠府邸建此庙，图为碧云寺全貌　却拉布吉　摄

元大都潭泽寺元世祖忽必烈妙严公主灵柩塔，现在北京西山　却拉布吉　摄

耶律楚材墓碑在颐和园　却拉布吉　摄

王松老人塔，耶律楚材拜师三年得“以佛治心，以儒治国”的训导，地址在西四北大街　却拉布吉　摄

元大都大庆寿寺双塔建于至元年间，为道教临济派大师海云和弟子可庵灵柩塔，1949年扩建长安街时被拆除

元札丫笃汗图帖睦尔书法藏于美国波士顿博物馆

元朝于中统元年（1260）初印纸币“中统宝钞”，这是至元十五年（1276）用桑树叶纸印制的“至元宝钞”

1969年北京出土元代瓷制观音菩萨，神态安详　却拉布吉　摄

▲北京出土元世祖忽必烈所制铁影壁（实际为火山灰），现在北海公园五龙亭　却拉布吉　摄

▶至元二年（1265）十二月所制“渎山大玉海”，重3500千克，可盛装1500余千克酒，元代质孙宴专用酒器，现在珍藏于北海公园承光殿前水晶亭

却拉布吉　摄

▲北京出土元大都四合院“工”字形建筑地基

▲全国人大常委会委员长万里在元大都城垣遗址上所题“元大都城垣遗址” 却拉布吉　摄

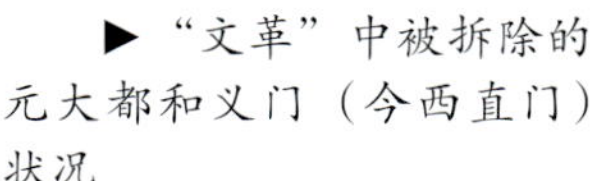

▶“文革”中被拆除的元大都和义门（今西直门）状况

兀哈笃汗妥懽帖睦尔至正二年（1342）所建庸云关过街塔塔座　却拉布吉　摄

塔座门洞 700 余年沧桑石板路　却拉布吉　摄

元大都观象台　却拉布吉　摄

南北运河进入海子的通惠河地安门大桥原貌，白色汉玉栏杆为后来补修　却拉布吉　摄

至元九年（1272）所建鼓楼　却拉布吉　摄

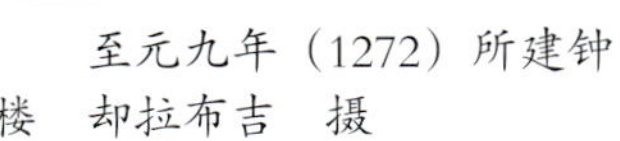

至元九年（1272）所建钟楼　却拉布吉　摄

元统元年（1333）在通惠河增水口所修全银水闸一座，遗址为银闸胡同　却拉布吉　摄

元中书省遗址，现北京劳动人民文化宫　却拉布吉　摄

元大都胡同中水井胡同一词来自蒙古语“井”　却拉布吉　摄

元大都胡同遗物上马石、下马石、门墩、磨盘、础座　却拉布吉　摄

元大都健德门故址　民国廿四年（1935）　朱偰　摄

元大都安贞门遗址　民国廿四年（1935）　朱偰　摄

元大都肃清门遗址　民国廿四年（1935）　朱偰　摄

元大都光熙门遗址　民国廿四年（1935）　朱偰　摄

元大都崇仁门（今东直门），“文革”中被拆毁　1924年［瑞典］奥斯伍尔德·喜仁龙　摄

元大都和义门（今西直门），“文革”中被拆毁　1924年［瑞典］奥斯伍尔德·喜仁龙　摄

元大都平则门（今阜成门）城楼和瓮城，“文革”中被拆毁　1924年［瑞典］奥斯伍尔德·喜仁龙　摄

元大都齐化门（今朝阳门）门楼，“文革”中被拆毁　1924年［瑞典］奥斯伍尔德·喜仁龙　摄

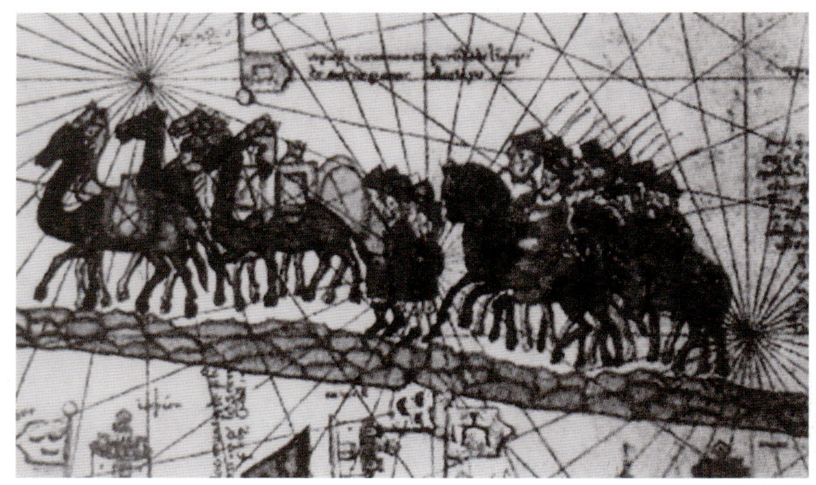

1375年出版《卡塔卢尼亚地图》中所绘从而哈拉向汗八里行进的马队和骆驼商队　吕超《东方帝都》

元代画家所绘之大都风光

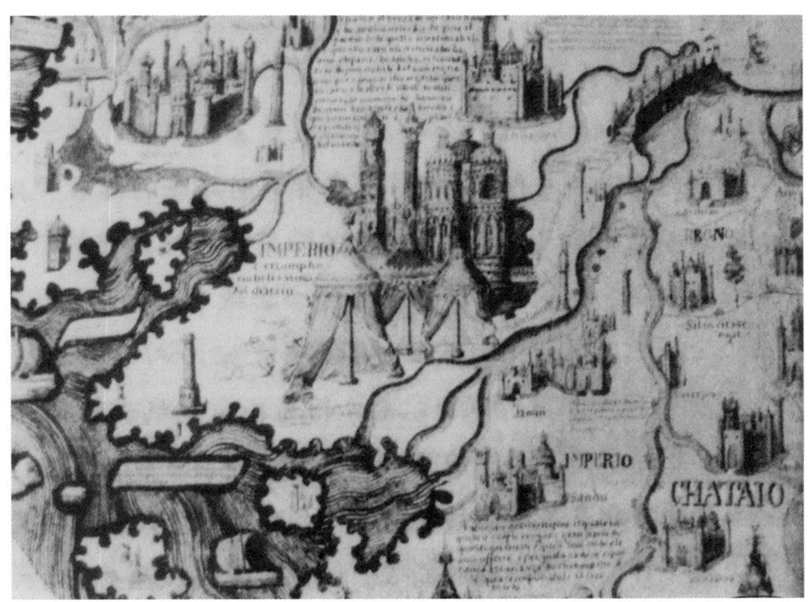

15世纪《马可·波罗游记》中所绘大都　吕超《东方帝都》

1799年英国画家威廉·亚历山大所画元大都和义门（今西直门）　吕超《东方帝都》

1924年蒙古族以《古列延》规划建筑的大库伦图（今乌兰巴托）

蒙古族城镇发展雏形——《古列延》

◀舞蹈者

▲笛扎板合奏者

◀侍女

▲吹口琴者

◀演员

元大都出土陶瓷人物照片一组五张

上天眷命
皇帝聖旨
蓋聞先孔子而聖者非孔子無以
明後孔子而聖者非孔子無以法
所謂祖述堯舜憲章文武儀範百
王師表萬世者也
朕纘承丕緒敬仰休風循治古之
良規舉追封之盛典加號
大成至聖文宣王遣使闕里祀以
大牢於戲父子之親君臣之義永
惟聖教之尊天地之大日月之明
奚罄名言之妙尚資神化祚
我皇元主者施行
大德十一年九月　日

元大都出土大德年间八思巴文和汉文对照的皇帝圣旨

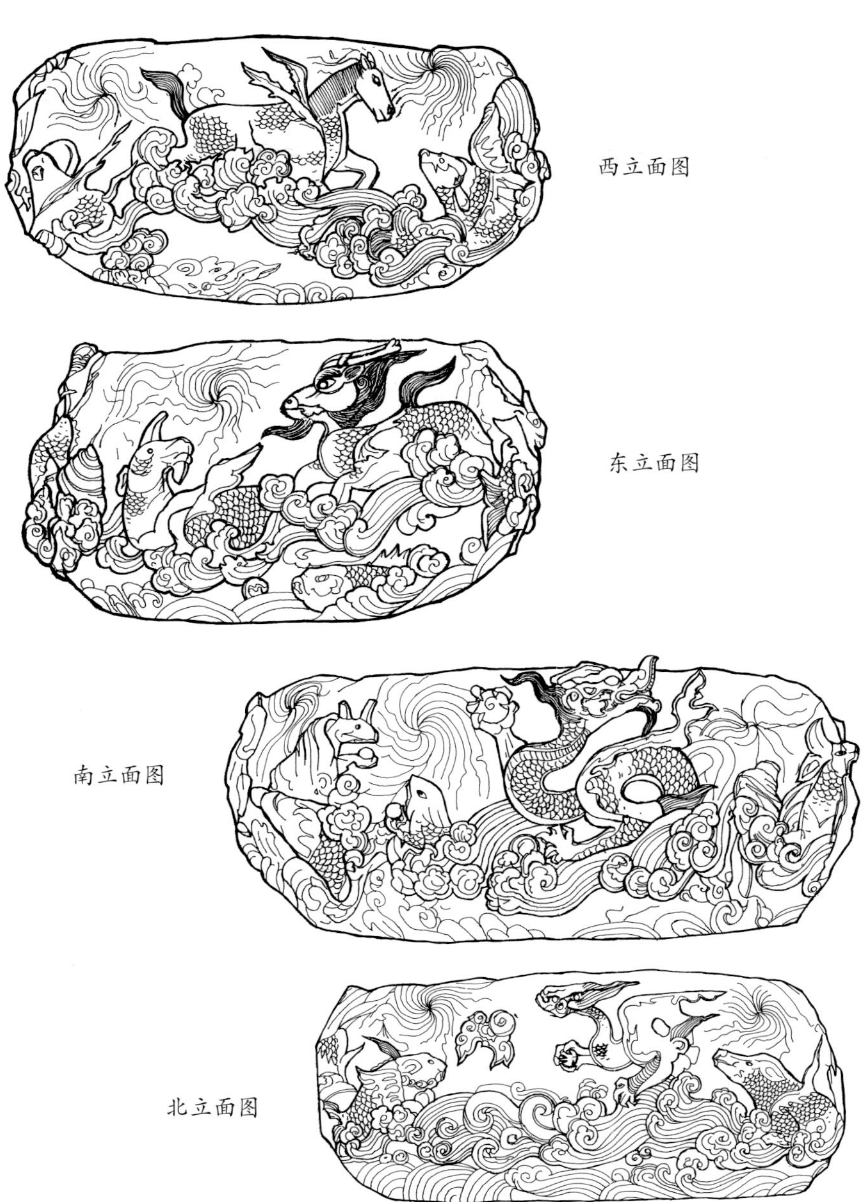

元世祖忽必烈所制“渎山大玉海”四面雕塑图一组四张　建筑工程师乌云朱拉临摹

内蒙古考古队清理元上都明德门状况

1936年日本考古队所摄元上都明德门

1936年日本考古队所摄元上都穆清阁遗址

80年代元上都出土宫殿建筑构件

元中都宫殿柱子础石　却拉布吉　摄

元中都遗址城垣护墙角石　却拉布吉　摄

元中都“工”字形宫殿地基上修的仿古须弥座，实际为破坏文物古迹行为　却拉布吉　摄

元中都出土“工”字形宫殿地基

瓦奇尔·察罕浩特（白城子）遗址一部　巴音查干　摄

瓦奇尔·察罕浩特（白城子）宫城遗址　巴音查干　摄

瓦奇尔·察罕浩特全景远眺，北面主峰为阿巴戈哈拉敖包城中轴线起点　巴音查干　摄

瓦奇尔·察罕浩特外城一角　巴音查干　摄

哈剌和林遗址石碑乌龟础座　朝克图　摄

哈剌和林外城一角　瓦·赛音朝克图　摄

额尔德尼召大殿　朝克图　摄

哈剌和林遗址方形础座　瓦·赛音朝克图　摄

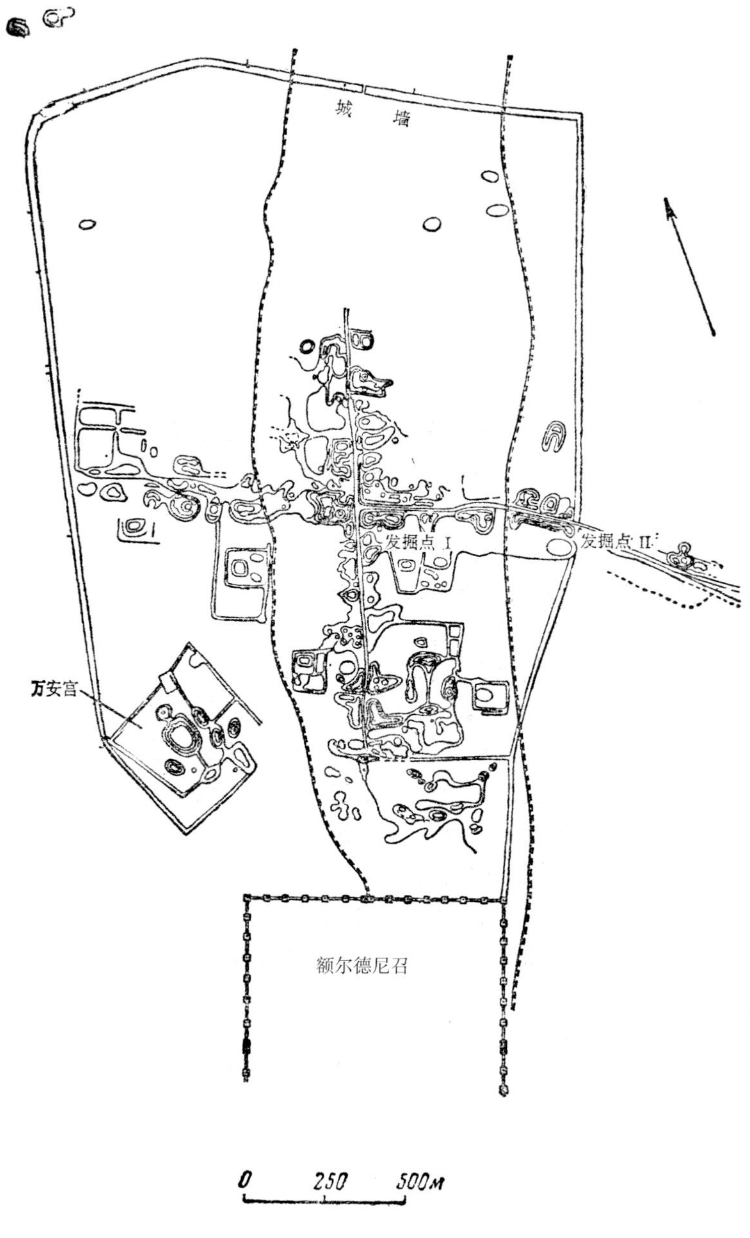

哈剌和林平面图

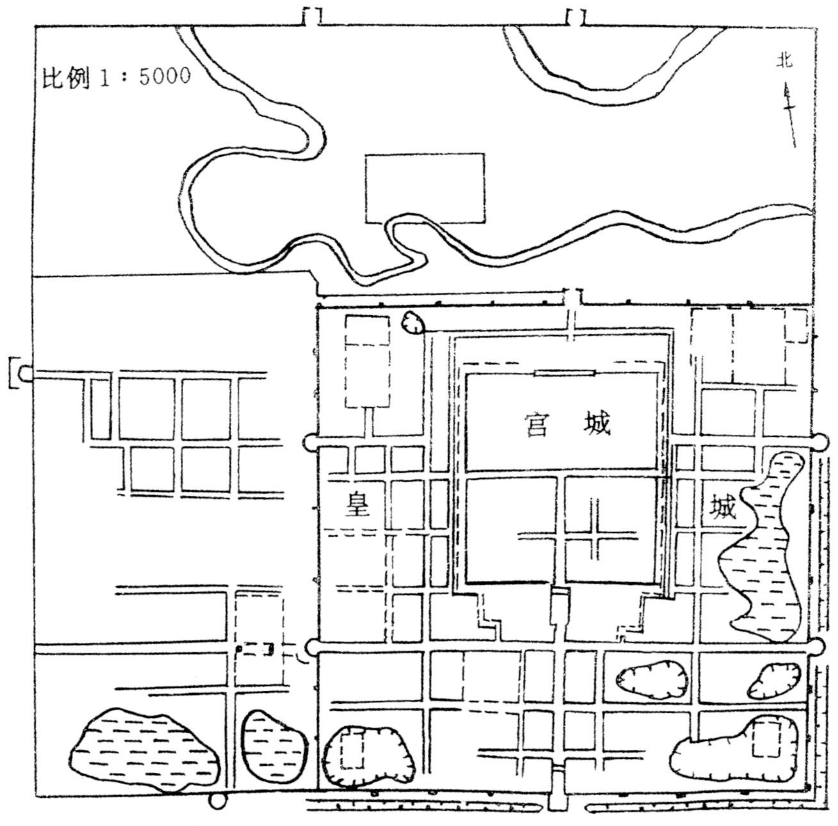

元上都城址平面图

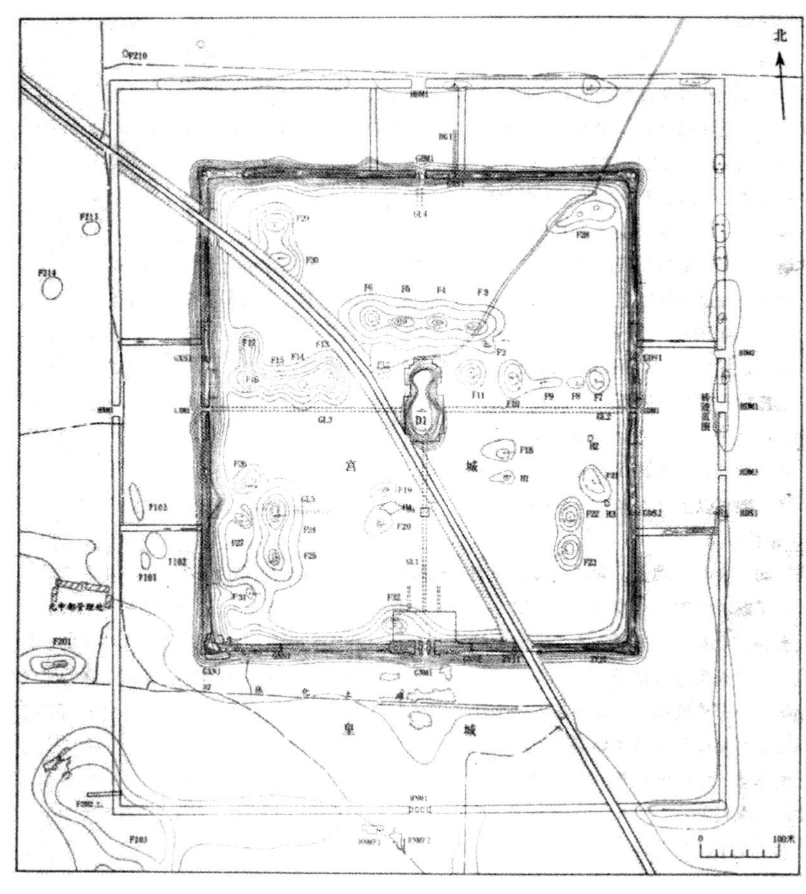

元中都皇城、宫城平面图

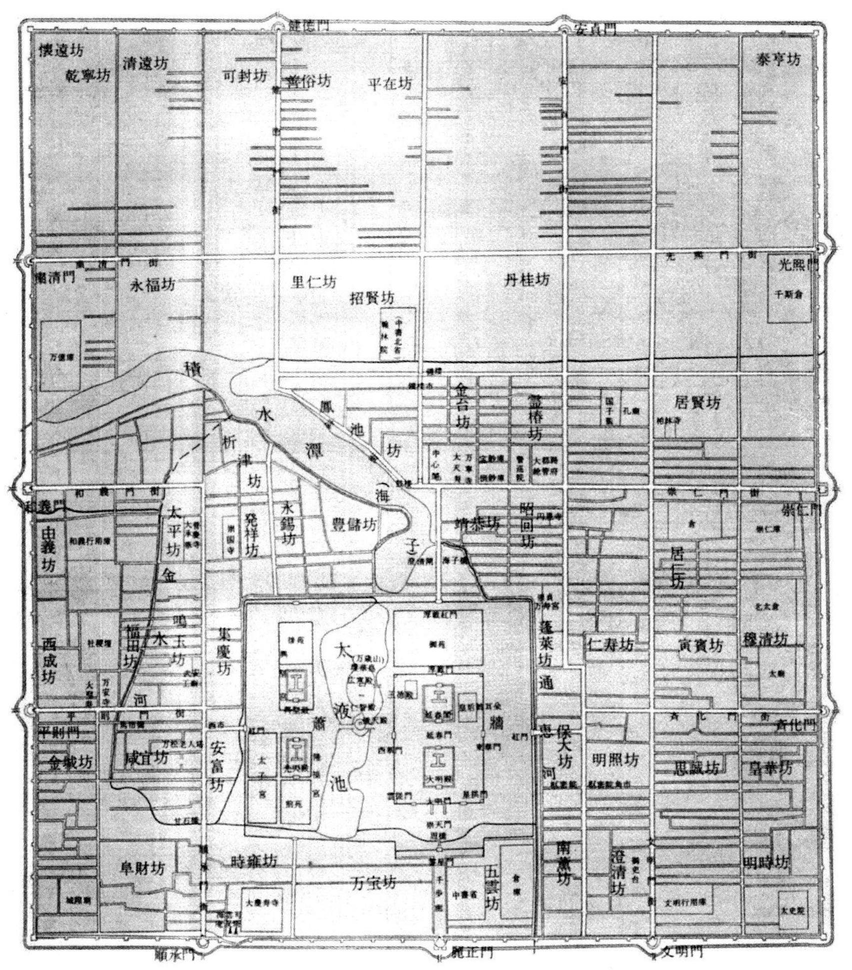

元大都平面图

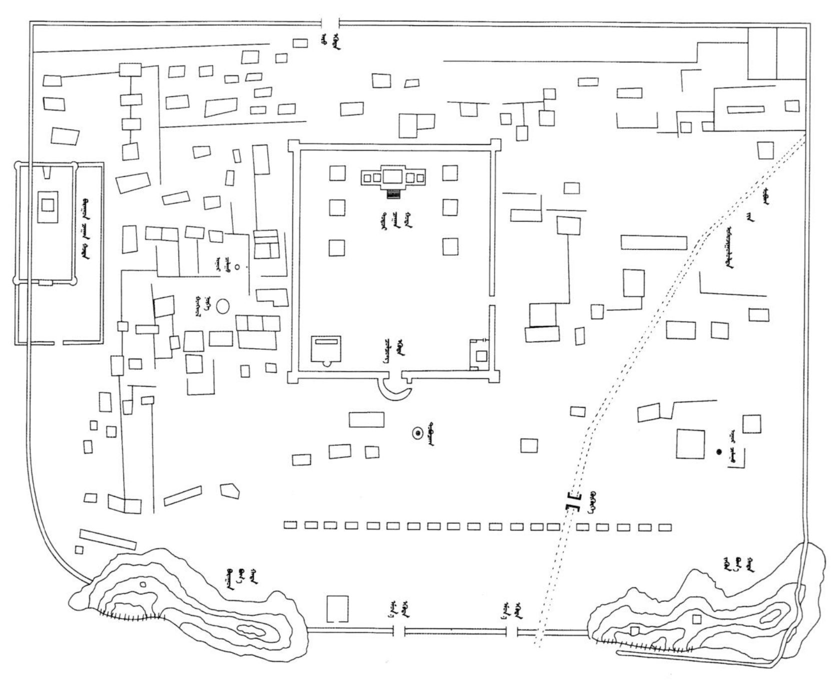

瓦奇尔·察罕浩特（白城子）平面图

《中国蒙古学文库》续版总序

《中国蒙古学文库》(以下简称《文库》)是在我国改革开放新的历史时期,在解放思想、实事求是思想路线指引下,在文化适应经济社会的发展而不断繁荣的客观要求下应运而生的。《文库》自筹备到出版以来走过了艰苦立业、敢为人先、追求一流、不断创新的12年。到2009年9月,已经正式出版了百部书,并以此向新中国六十华诞献礼。同时召开了"百部纪念会",出版了《百部纪念册》,可以说《文库》编委会完成了一个阶段的工作。

《文库》是一套比较全面系统地反映蒙古学研究成果的系列丛书。它的编辑出版开辟了学术著作出版的新途径,成为蒙古学研究成果跨世纪的丰碑,在国内外引起广泛的关注,产生了良好的反响,将成为繁荣发展的蒙古文化方面具有一定知名度的、品位较高的文化名牌。随着全面建设小康社会、构建和谐社会的步伐不断加快,为增强各民族间平等、团结、和谐互助关系,满足各族人民日益增长的物质和文化生活需要,促进内蒙古自治区文化大区的建设,为推进蒙古学研究事业的发展,提升文化软实力,突出民族特色,充分发挥文化优势和社会人才资源优势,传承和弘扬蒙古民族的优秀文化,很有必要继续编辑出版蒙古学方面的学术著作。

为此,《文库》领导小组向中共内蒙古自治区党委和政府呈报了《中国蒙古学文库》续版百部书的申请报告。自治区党委和政府的领导高度重视，全力支持，批准了申请报告，决定《中国蒙古学文库》继续出版。这是值得庆贺的好事，是自治区学术界的一件喜事，是贯彻落实科学发展观、为文化建设所做的一件实事，是继续推动蒙古学研究繁荣发展的重大举措。它标志着《中国蒙古学文库》的工作进入了一个新阶段。这对我们是个极大的鼓舞和鞭策，使我们深深体会到党的民族政策的英明正确，并使我们看到党和政府情系民生，执政为民，在推进经济社会又好又快发展中，繁荣文化建设事业的良好形象。

蒙古民族在历史上彰显了游牧文明的优越性，成为游牧文化的集大成者，在人类历史上创造了辉煌的奇迹，造就了世界新的格局，展示了走向统一、走向开放、走向文明发展的总趋势，留下了珍贵的文化遗产，产生了许多重大的、至今还值得深思和研究的问题。从而形成了独具特色、充满生机、内涵丰富、博大精深的蒙古文化，形成了国际性、综合性的“蒙古学”。“蒙古学”就是以蒙古文化为研究对象的科学。其内容是研究蒙古族在形成和发展中创造的一切文化成果的传承和繁荣发展的规律，是研究在漫长的历史进程中各民族之间相互交流、互助和谐、共同进步的过程和经验。

蒙古学是国际性的，世界上很多国家和地区都在研究，因此，我们的研究及其成果必须旗帜鲜明地突出中国特色。最根本的是以马克思列宁主义、毛泽东思想、邓小平理论、“三个代表”重要思想、科学发展观和习近平新时代中国特色社会主义思想为指导，高举中国特色社会主义伟大旗帜，坚持社会主义核心价值体系，贯彻执行党的民族政策和“双百”方针。这是中国蒙古学的一大特色和优势所在，是我们以往研究和创新能取得丰硕成果的根本原因，也是《文库》今后在编辑出版工作中必须坚持的基本原则。

在马克思主义普遍真理的指导下，遵照中国特色社会主义理论体系，如何认识和改造蒙古传统文化，如何借鉴吸纳其他民族的文化，是我们面临的艰巨任务。在这里必须坚持马克思主义与蒙古文化的实际相结合，充分体现马克思主义中国化、时代化、大众化的趋势，继续解放思想，坚持实事求是，运用马克思主义的立场、观点和方法，着力研究和传承蒙古族传统文化，进而改造传统文化，推陈出新，适应中国特色社会主义事业发展的需要，寻求现代化的路标；着力研究各民族文化交流的经验和趋势，探索、巩固和发展各民族间平等团结、互助和谐关系的新思路和有效途径；着力研究和总结建设中国特色社会主义实践中的新鲜经验和现实问题，全面提高民族的整体素质，为党和政府的决策提供智力支持和精神动力。

蒙古学是综合性科学，涵盖面广，内容丰富而全面。《文库》致力于编辑出版蒙古学方面的学术性研究成果。特别注重专题研究、系列研究、历史人物研究、哲学及社会思想史研究。这些内容的研究以及编辑出版，是《文库》的中心课题，是它的显著特点和优势。资料汇编、论文集、辞书、名词术语汇编、回忆录、个人选集或全集、杂记、传记、多卷本著作、文艺小说等不属于《文库》编辑出版范围。

《文库》优先选择以下著作：(1) 带有抢救性的著作；(2) 学术方面的国家课题、省部级课题的最终成果；(3) 以博士论文为基础充实修改的著作；(4) 新兴学科、薄弱学科、交叉学科、边缘学科的著作；(5) 理论研究，创立体系的著作。先出版用蒙古文或汉文撰写的一种版本，今后根据实际需要，选择一些有利于各民族文化交流，具有共同性使用内容的，具有较高学术价值和实用价值的著作，翻译成另一种文字出版。

出版的著作要有鲜明特色，弘扬创新精神，体现精品意识。一切从蒙古族历史文化的实际出发，挖掘好、研究好、保存好、维护好、发扬好蒙古文化的固有特色，充分彰显蒙古文化的风格和气派。同时积极汲取世界先进文化，达到二者的有机结合，从而充分体现蒙古文化的世界性、民族性和地域性特点。鼓励大胆的创造，发扬自主创新精神。创造性是蒙古文化固有的特点和发展的内在活力。《世界征服者史》作者志费尼曾指出，成吉思汗有关征服他国的方略，消灭敌军，擢升部属等措施，是“凭自己的脑子创造出来的”，“全是他自己领悟的结果，才智的结晶”。

《文库》以原创性、系统性和突破性作为编辑出版的基本要求。突出原创性，就是要求出版创新的、新颖的和具有较高学术价值的著作。注重系统性，就是要求出版学科建设中的系列著作，在某个学科方面具有权威性成果，为学科的理论研究和体系创立起到奠基性作用的著作。强调突破性，则要求出版从研究的领域、资料、观点、方法等某一方面超越前人的成果，具有开拓性的、填补历史空白的著作。

质量是编辑出版的生命。精益求精，精心组织，高标准、严要求，以极端负责的精神，保证出书的质量。为此严格执行“编委责任制”“三审制”，把好“三个关”。书稿由总编辑根据书稿内容和编委的特长确定该书稿的责任编委，责任编委对书稿负责到底。编委会执行“三审制”，由两名专家审稿，编委会集体讨论，总编辑审阅定稿。出版社也要执行“三审制”，责任编辑初审，编辑室主任复审，总编辑终审。编委会和出版社共同把好政治思想、学术水平、文字技术三个关。

续版的百部书必须抓住重点，努力做到实证研究和理论研究并举，以理论研究为主；研究历史客体和研究主体思想并举，以主体思想的研究为主；系列研究和体系研究并举，以体系研究为主；历史问题的研究和现实问题的研究并举，以研究现实问题为主。突出重点才会显示《文库》的出版特色和优势，开创蒙古学繁荣发展的新局面，也标志着蒙古学的研究转入理论研究、创立体系的新阶段。这是在蒙古文化的发展史上具有重大意义的转变，是蒙古学研究中出现的实质性飞跃。

“一个民族想要站在科学的最高峰，就一刻也不能没有理论思维。”这是恩格斯在一百多年前说的至理名言。这里说的“科学”当然包括哲学、自然科学、社会科学和思维科学。“理论思维”即哲学思维。我们提出的振兴中华，实现“四化”，其目标就是让中国各民族都要在中国共产党的领导之下，“站在科学的最高峰”，把我国建成富强、民主、文明、和谐的社会主义国家。为此必须重视“理论思维”，必须强调理论思维的学习和锻炼。蒙古文化虽然经历了盛衰变迁，但始终绵延不绝，这就足以证明，它必然有其优秀传统，有很多的优点和特点。但长期以来，我们在吸收外来文化，并把它融合、消化，变为自己的文化，进而形成蒙古化方面下的功夫还不够；蒙古文化具有独立性，但系统性尚未形成，各学科的形成和发展也很不平衡；文化理论的研究和创新，各学科理论体系的形成和完善严重滞后。这也足以证明，蒙古文化也有其不可忽视的缺陷。这里除有政治、经济等诸多原因外，与文化研究方面长期以来忽视或轻视理论思维的地位和作用，忽略蒙古民族思想史和历史人物思想的研究，忽略哲学及社会思想史的研究，也有直接关系，以致严重影响了蒙古文化的全面发展和繁荣，影响了各学科的理论研究和体系创立的历史进程和水平。

思想是文化的核心，哲学是文化的思想基础，是文化的精华部分，是文明的“活的灵魂”，这是被人类文化史研究证明了的普遍真理。理论研究和创新、创立体系是一个民族文化繁荣发展的标志，是一个民族文化走向成熟、进入文化自觉境界的表征，也是不断深入研究、开拓创新的必然结果。只有理论研究、理论创新，各学科创立并逐步完善各自的体系，才能使民族文化得到全面协调可持续发展；才能充分彰显民族文化，在开放中仍然能够保存和弘扬其优秀成果，突出独具的特色和优势，使民族文化在有条件的流变中做到有选择地包容外来文化，并把二者有机地结合起来；才能形成充满生机的开放性体系，找到与时俱进、蓬勃发展的活力；才能使民族文化随着时代的步伐不断地创新，大胆地应用，从而满足人们日益增长的需要。因此，文化研究中理论研究、理论创新、体系创立是非常重要的，是不可或缺的层次或阶段。智慧凝聚经验，思想闪耀光辉，理论显现魅力，真理揭示规律。《文库》续版的百部书要紧紧抓住这个主题，充分利用新世纪赋予的难得的良好机遇，使蒙古文化焕发出强大的生机和活力。在这方面要有新的作为，要有新的建树和创新，以弥补蒙古学研究中的历史性缺憾或薄弱环节。把蒙古学研究推进到新的发展阶段，这是我们的事业，我们的希望，我们的目标，也是我们应尽的职责和责无旁贷的历史使命。

《中国蒙古学文库》的原版"总论"是由《文库》总编辑，内蒙古社会科学院蒙古史著名学者、研究员留金锁先生执笔，编委会讨论通过的。"总论"概括地论述了蒙古文化发展的历史演变，叙述了研究蒙古文化的过程和取得的标志性成果，总结了以往的经验，明确提出了今后的研究方向，在编辑出版"百部书"的过程中起到了重大的宣传和指导作用。随着形势的发展，研究的深入，续版的百部书中将原版的"总论"和"序"重新修改，增加新的内容和要求，称之为"续版总序"。续版在封面设计、装帧等方面都做了一些调整和改进，以崭新的面貌问世，给人以耳目一新的感觉，将会引起作者和读者的兴趣和关注。

续版百部书，在组织机构方面取消了《文库》的顾问。对领导小组成员、总编辑和编委成员都做了一些适当的调整。原有的同志很多都是离退休的领导、专家、学者。他们参与了《文库》的一系列具体工作，工作中任劳任怨，淡泊名利，不计报酬，默默耕耘，倾注了无数心血，做出了重大贡献。我们不会忘记，历史也不会忘记。他们的睿智、业绩和奉献精神，随着时间的流逝，将会永驻在《文库》的字里行间，记载于蒙古学研究的史册中。

在我国，研究蒙古文化由来已久，而且资料文献甚丰，成果累累。但是将蒙古学真正作为一门科学，进行全面而系统的研究，是中华人民共和国成立以后才开展的。尤其是改革开放以来，蒙古学的研究方兴未艾，全面推进，著述颇丰，成为哲学社会科学百花园中一朵绚丽的奇葩。我们编辑出版《中国蒙古学文库》续版的百部书，在继承以往成果的基础上，将在更高层次上整体推进蒙古文化的繁荣发展，使其成为反映时代特征、适应实践的发展、满足人们日益增长的文化生活需要、喜闻乐见的崭新的蒙古文化。自治区领导的这一决策和编委会的一系列有关的举措，对加快内蒙古自治区的文化建设，促进国际蒙古学向纵深发展，推动中国特色社会主义建设的伟大事业，必将发挥应有的作用。其意义是重大的，也是深远的。

我们深知，《中国蒙古学文库》是繁荣图书出版事业的创新之举，是传承文明、繁荣学术、继往开来的薪火工程，是功在当代、惠泽后人、流芳百世的宏伟事业。我们要认真总结以往经验，在新的起点上继续发扬优良作风，再创新的业绩。编委会要以新的姿态，振作精神，全力以赴，齐心协力，埋头苦干，认真审阅，精心修改，力求编辑出版精品力作。我们的工作是艰巨复杂而光荣的，任重而道远的。由于我们才智的局限，以及理论基础、学术水平和编辑能力等方面的原因，可能会出现一些问题，存在一些缺点，恳请作者和读者及时赐教。

《中国蒙古学文库》编委会

2010年3月

前　言

察哈尔部昔宝赤氏却拉布吉先生年轻时期从事记者、编辑、翻译等工作，其敬业精神可嘉。步入中年从事教育工作，勤勤恳恳，诲人不倦，业绩颇丰。退休前是甘肃西北民族大学教授。

他热爱蒙古民族，热爱蒙古民族文化。在教书育人之暇著书立说。前几年其蒙古文鸿篇巨制《元大都研究》一书就是他献给蒙古民族文化宝库的一颗璀璨夺目的珍宝。却拉布吉在此书的基础上听取同仁宝贵意见，重新编排内容，删节充实，以蒙古族建筑理念为重点，又用汉文写出了《元大都研究——元大都七百五十周年祭》，是值得庆贺的一件事。

元世祖忽必烈薛禅可汗从至元四年（1267）开始在原金中都东北选新址营建新城，命名为大都，定为元朝首都，上都遂改为夏都。作者对当时元大都的建设规模和历史演变过程，各式殿堂楼阁的布局，建筑风格都做了详尽描述。能够做到分析深透，论证有据，系统有序，经纬分明，实属不易。他以负责任的态度提出元大都研究课题，为此付出了十余年心血。

蒙古人在13世纪是如何创建城镇，如何设计和建造宫殿、楼阁，其建筑历史、建造工艺、经营管理能力等方面是蒙古学者尚未多方深入涉及的课题。却拉布吉先生填补了这一空白，同时也向我们提出了当时蒙古统治者定都建都的理念根据，以及大都的地理环境和采取双都制度、建都规划、营造工艺技术、元都皇宫生活情况等方面值得研究的新颖课题。同时《元大都研究——元大都七百五十周年祭》一书对于研究蒙古元代建筑艺术、城镇建设具有历史的科研价值，是一部难得的好书。

元大都建筑及其史料研究本身就属于蒙古学范畴。可以说在这方面却拉布吉先生迈出了可喜的一步。

13至14世纪的大都是大元帝国的政治文化中心，也是当时全国各族共同活动的商业经济中心。同时大都的学术研究，文艺创作事业在当时是空前发展的。史书虽载“元代重武轻文”的说法，但到元代中期格坚可汗硕德八剌创建文化艺术研究机构“奎章阁”，招贤纳士、网罗人才，当时名噪一世的饱学之士、优秀画家、著名诗人、书法大师云集于此，参与编纂、创作赋诗、绘画等活动，学术气氛十分浓厚。他又广集古籍经典、古玩珍宝，为大元帝国培养了很多优秀的文艺之士。像精通蒙古语蒙古文的大文豪虞集，还有赵世延、忽都鲁都儿迷失、燕铁木儿、揭傒斯、撒迪、康里巎巎历任奎章阁学士，为元朝文化事业的发展做出了很大贡献。这些人的很多作品现在保存于国内外图书馆、博物馆，是研究大都文化状况的珍贵资料。

1962年在“北京人”的老家周口店西南十几公里的房山县琉璃河董家林村，考古工作者挖掘了古燕国都城遗址，这就是距今三千多年以前的蓟城所在地，是北京最早的城市雏形。以此为据，1995年北京市举行了建城3400周年（有资料说3040年）的盛大纪念活动，并将北京排列在中国七大古都之首。1151年金朝皇帝海陵王完颜亮扩建辽朝陪都南京，1153年把金朝都城从会宁府迁到南京，并定名为中都。这是北京首次正式成为一国之都。2003年9月20日北京市举办了“北京定都八百五十周年”庆祝大会。

从现存的史料中得知，现北京雏形是一座叫蓟的小镇。在不同历史时期曾经有过很多名字，如蓟城、范阳、析津、南京、燕京、中都、大都、北平等。明永乐元年（1403）始称为北京，北京的正式称呼是从这儿开始的。北京前后曾经是契丹人创建的辽国陪都南京，女真人创建的金国京城中都，蒙古人创建的大元帝国京城大都，汉族人创建的大明帝国京城北京，满族人创建的大清帝国京城北京和伟大的中华人民共和国的首都北京。而且真正意义上成为全中国首都是从元朝开始的。

忽必烈薛禅可汗将当时四分五裂达500年之久的中国各民族统一起来，建立了由横跨欧亚的四个大汗国构成的伟大国家。从至元四年（1267）开始用18年时间建成了举世无双的大都城，到现在已经度过了漫长的750周年。《元史》记载："城方六十里，十一门。"根据新中国成立后的勘察，周长为28600米，与史载相符。世界上不少城市建于北京之前，但有的已荡然无存，唯有北京从蒙古帝国时期初建到今天依然欣欣向荣，放射着耀眼的光芒。

从1215年成吉思汗四骏之一的札剌儿氏木华黎大将奉成吉思汗之命攻占金中都开始，蒙古人在现北京地区生活统治了152年之久。从元大都创建后，过了101年元朝才灭亡，从此蒙古人又退出中原回到漠北发祥之地。实际上在788年之前，蒙古人就把马蹄印留在了北京地区。木华黎攻占中都时，忽必烈只有1岁。45年后忽必烈亲自制定了定都大都的伟大决策，创建了方圆30公里，占地50余平方公里，有120余万人口的崭新城市，其皇城方圆为10公里，面积为70余万平方米。皇城之内建有皇帝朝政之所——著名的大明宫（元代画家王振鹏绘制有大型画卷《元王孤云大明宫图》，珍藏在纽约大都会艺术博物馆，极其珍贵，却拉布吉所著《大明宫图与蒙古族古代建筑》一书已由内蒙古人民出版社2016年出版），太子公主居住的兴圣宫，皇后居住的隆福宫，供奉佛像、做佛事的延春阁。举办庆贺典礼、宴请贵宾、接见外国使臣的建于万岁山顶（今北海白塔之处）的广寒殿。这些具有蒙古民族风格、金碧辉煌的宫殿建造得十分巍峨壮观。与世界上著名宫殿相比较的话，法国的卢浮宫只有元大都皇城的四分之一，英国的白金汉宫只有元大都皇城的十分之一，号称欧洲最大的宫殿克里姆林宫也只有元大都皇城的一半而已。

大都皇宫的建筑理念是“巴托恰哈特”〔batu čikatu〕式建筑物。巴托恰哈特本是游牧生活中常用的“工”字形结扣，这一词汇用到建筑上是“永不解开，永不坍塌”之意，其根源是从成吉思汗的“绰儿罕格尔”（《蒙古秘史》115节）衍生发展起来的，也就是以后的“朝木楚克斡耳朵”，即鄂尔多斯成吉思汗祭祀陵的前小后大葫芦状连体形的大型蒙古包。13世纪窝阔台汗大兴土木肇建哈剌和林时建筑的“迦坚茶寒殿”〔gegen čaγan ordun〕（即大明宫，《元史》卷二），汉族建筑学家称其为“工”字形宫殿。内部装饰以蒙古人的习俗、宗教、欣赏习惯为依据而为之。柱子上雕有金龙骏马纹，地板着草绿油彩，墙上绘有蒙古毡包之哈那（围墙支架）菱形图案。夏季挂“纳失失”（波斯出的一种薄丝）帷帐，冬季以黑貂皮、银鼠皮帐保暖。具有蒙古民族特征的宫殿还有失剌斡耳朵（黄色帷幄殿），紫檀殿，达赖查干（大型蒙古包），恰恰尔斡耳朵（大型帷幄殿），用马鬃、马尾编结而成的夏宫骔毛殿，用水晶制作的水晶宫，用玉石制作的宝玉殿等。忽必烈可汗最喜欢居住的紫檀殿，则全部用名贵的紫檀木建成。

在蒙古学研究中，蒙古人的城镇建设史是不可忽略的研究课题，在蒙古学研究中应占有重要地位。蒙古人在13世纪能够建成举世无双的大都城，是以马背民族著称的蒙古民族所创造的伟大奇迹，是他们智慧、胆略、才能的结晶。蒙古民族的建筑风格追求牢固、朴实、庄严，并以经营蒙古包的方式方法来管理和经营其宫殿。所以蒙古人一般不建高楼大厦。大都皇宫主殿多以一层、二层为主，三层则少见。

蒙古人初建大都时首先提出了〔küisen čig ba küisen utasu〕，即“肚脐眼点”和“肚脐眼线”（也就是中心点、中轴线）的理论，而且将此理论自始至终贯穿于建外城、内城、皇城、宫城和各个宫殿的具体实践中。由于事先规定了中心点和中轴线，大都城的整个总局以皇城为中心，以中轴线为坐标，街道建设整齐有序，犹如棋盘四通八达。忽必烈薛禅可汗建好都城后，“诏旧城居民之迁京者，以资高及居职者为先，仍定制以地八亩为一分。其或地过八亩及力不能作室者，皆不得冒据，听民作室”（《元史》）。获准百姓自行建房造院，现在北京的四合院、胡同就是元代大都建筑风格所形成的遗物。胡同一词源于蒙古语“井”之意。

忽必烈薛禅可汗作为元大都的总设计师，在工程总监刘秉忠的协助下，以科学的设计、谨慎的态度进行建都计划。在方圆60里范围之内，各种建筑排列有序，有重有轻，错落有致，这对当代的建筑师们也有启迪的作用。建大都城首先定中心点、划中轴线，这一建筑理念在当时来说是伟大的创举，在中国古代建筑史上留下了最精彩的一笔。

建筑元大都的这一壮举是我们蒙古民族为之自豪的伟业。如果当时忽必烈没有建筑大都城，今天的北京是不会存在的。了解营筑大都的历史，知晓曾在元大都发生过的惊天动地的历史事件，牢记中国各族人民血肉相连的传统友谊，对建设今天社会主义的文明是有巨大推动作用的。

中统三年（1262），忽必烈下令于琼华岛（今北海公园）修建广寒殿。殿内置有用四川渎山所产的墨玉雕琢而成的〔tüsürege〕——大玉瓮，称曰“渎山大玉海”，旁置蒙古乐器马头琴。

此玉瓮高83厘米，宽150厘米，重3500千克，能盛1500多千克酒。元朝灭亡后，玉瓮流落于民间，成了道观腌菜之缸。清乾隆皇帝下令找回，置于现北海团城。本书作者却拉布吉先生多次仔细研究了刻于瓮上的奇兽，得出了与其他学者不同的结论。有的学者认为，瓮上刻的是“鸟首龙身巨兽”。而却拉布吉从雕像的造型和蒙古民族的族源传说分析后指出：瓮上所刻的是鹿头龙身的异兽，与《蒙古秘史》所记载的成吉思汗祖先传说有关。这个新的论点似乎有几分道理，请读者斟酌并得出更准确的结论。以我之见，此瓮是奉忽必烈之命完成的，忽必烈一定会把自己的思想通过这些图案雕塑表达出来，同时更不会忘记蒙古民族起源的大问题，所以我认为却先生的解读是正确的。它不仅仅是一个简单的饰纹图案而已。

忽必烈薛禅可汗从初建元大都之日起就教育子孙后代如何继承和发扬大元帝国的千秋伟业，大明宫建成后就在丹墀设置汉白玉栏栅，特意从漠北发祥之地移来四季常青、略有苦味、牲畜啃食后易上膘的青蒿栽植，教育子孙不要忘了青青的大草原，身居闹市不要忘了本。让他们永记创业之甘苦，保业之艰难。真可谓用心良苦矣。大司农达不华宫词曾云：“黑河万里金沙漠，世祖深思创业难。数尺阑干护青草，丹墀留与子孙看。”①

元大都城门为奇数十一。汉族各朝代城门皆偶数四、八、十或十二。大都为何不同？主持大都施工者之一“刘太保”刘秉忠解释为：取哪吒三头、六臂、双脚之义。三头为前三门，六臂为左右各三门，双脚为后二门。蒙古古都元上都，哈剌和林，后来的瓦奇尔·察罕浩特均为奇数城门。本书作者解释道：古代蒙古族安营扎寨营建城池均不开后门，如有必要则开侧门而不开北面正门。古代蒙古人认为前门招财宝，以防后门流失散尽。

---

① 见《日下旧闻考》卷三十。另据《草木子》卷三四上《谈薮篇》记至正年间大司农达不花所作：“墨河万里金沙漠，世祖深思创业难。数尺阑干护青草，丹墀留与子孙看。”

元大都的创建年代也是北京历史上经济、文化、国际关系发展最鼎盛时期。元大都是当时世界上最大最繁华的城市。被华盛顿邮报称为“十三世纪联合国总部。”丹麦著名建筑与城市规划学家罗斯穆森说：“整个北京城的平面设计匀称而明朗，是世界的奇观之一，是一个卓越的纪念物，一个伟大文明的顶峰。”中国建筑界泰斗梁思成教授说：“元朝对中国建筑的最重要的贡献是大都城——今北京城的前身的规划和建筑。”大都在中国城镇建设历史中占有不可忽视的地位。初建大都，根据地形，细致勘测，首先选定中心坐标，根据北高南低的自然地形铺设供水、排水设施，在此基础之上安排地面建筑。外城、内城、皇城、巴托浩特均建于城之中心，并结合大都周围自然环境，在内城皇城周围筑有园囿、御苑，宫殿门前开辟广场，这使大都建筑显得更加雄伟壮观。实为举世瞩目的奇迹。

现在站在北海白塔纵观北京，元大都磅礴气势仍依稀可见。明清两朝鸟瞰宫殿基本上是元大都皇城的根基所在。只是另外增修了护城河而已。1368年农民起义领袖朱元璋攻占大都后改名为北平，平定朔方之意。为了镇伏蒙古人的“王气”，不使其复辟，将大都庙宇之外所有蒙古人创建的宫殿付之一炬，荡然无存。因元大都面积远远大于明南京，以便于防御为名，将大都北城墙拆毁前移，使大都城缩小三分之一。明中期将外城夯墙包以青砖，直到新中国成立也没有什么改观。

元朝创建的这些宫殿、庙宇、城门的名称应该包括蒙汉两种文字。但在以后文献中除少数以外，只留下了汉文名称。所以作者根据汉意恢复了部分蒙古语称谓。我认为作者的做法是积极的。把祖先所建设的宏伟宫殿、雄伟城门的原有的蒙古文名字恢复过来是一个有益的尝试。

蒙古文史籍《水晶珠》的作者拉喜彭斯克，他在书中记载的这些宫殿的蒙古文称谓肯定是忽必烈可汗敕建后命名的蒙古语名称，让汉族大臣译成汉文后御书或命某大臣所书。隆福宫的匾额就是由书法家赵孟𫖯题写的。

伟大的蒙古民族在13世纪创建了当时世界上独一无二的元大都，成为大元帝国的政治、经济、文化中心，也是世界各国相互交流的纽带，它的发展奠定了今日北京的基础。

今天的北京已经成为中国56个民族向往的圣地——伟大的中华人民共和国的首都，已经步入世界现代化大都市的行列，且正在日新月异地高速发展。我们有必要知道北京在历史上的辉煌一页，重温历史的演变，使我们牢记蒙古民族昨天的足迹，为建设伟大祖国的新首都贡献我们的力量。

金峰

2015.10.1

目 录

第二章　汗八里
金戈铁马入中原
蒙古皇帝建大都

第三章　大汗的天堂
苍狼白鹿挥墨斗
金殿银阙平地起

第四章　天无二日，地无二主 昔日扬鞭驰草原 今日下马理大都

第五章　盛名之下金碧辉煌
世人注目宫殿美
众人惊叹穹庐辉

第六章　骏马之缘
跃马立国实不易
鞍上治国更艰巨

第七章　古都余韵
稀世宝库藏珍品
浓缩历史唱岁月

第一章　历史风云
三千年峥嵘岁月
四方豪杰争霸史

第一节　古代北京地区概况

古代北京地区是中华民族中原文化的门户，是北方少数民族竞相追逐的大舞台，争夺的核心乃是权和利，谁称霸中原谁就成了主宰者。于是少数民族和少数民族之间、少数民族和汉族之间、汉族和汉族之间展开了惊心动魄的搏斗。当时这些少数民族中比较强大的有匈奴、东胡、乌桓、鲜卑、突厥、契丹、女真、蒙古和汉族，汉族那时也属于少数民族，后来终于在民族之林中脱颖而出，成功地成长为大民族。还有相互之间有亲属血缘关系的柔然、敕勒、回鹘、黠戈斯、高丽、铁勒、渤海、库莫奚、鞣鞨、秽貊、肃慎等少数民族。

三千多年以来，他们在古代北京地区上演了一出又一出精彩纷呈的剧目，讲述了一个又一个雄壮悲凉的历史故事。然而在巨大的历史车轮面前主角们又不免鱼贯退出历史大舞台。

古代北京地区的历史变迁至少是在50余万年前，自有了人类活动开始的。

1927年，在北京周口店发现大约在70万年以前旧石器时代的“北京人”。

1930年，发现了“山顶洞人”遗址，大约是生活在距今2万年前的旧石器时代晚期的原始人类。

1966年，在门头沟发现了“东胡林人”，是在平原居住的新石器时代人类。

1973年，在周口店附近又发现了20万—10万年前左右的“新山洞人”。

学者们对“北京人”“山顶洞人”和“新山洞人”的研究有三种意见：一者把“山顶洞人”的三个头骨认定为分别属于蒙古人种、美拉尼西亚人种、爱斯基摩人种。二者认为这三个头骨都具有原始蒙古人种的特征，他们是现代蒙古人种的祖先。《北京史》载：“一些外国学者曾把山顶洞人的三个头骨说成是分别属于蒙古人种、美拉尼西亚人种和爱斯基摩人种，并说即使那个蒙古人种头骨也具有某些欧洲人种的特征。这是不正确的。实际上，这三个头骨都具有原始蒙古人种的特征，更细的种族在当时还没有分化定型，可以认为，他们是现代蒙古人种的祖先。”① 三者认为爱斯基摩人是印第安人的分支，而印第安人是蒙古人。满昌的《蒙古族通史》载：“印第安人是美洲大陆的原始蒙古人，是开辟美洲、创造美洲文化的蒙古利亚人。”②作者是考证万余年前高原原始蒙古人，跨过白令陆块，登上阿拉斯加，向美洲大地推进，一部分滞留在阿拉斯加，形成了爱斯基摩人。这些都不同程度上说明远古时期的蒙古人在北京地区活动过。蒙古人种最大特点是臀部有青色斑痕，统称“蒙古斑”，这一点引起了人类血统学专家的兴趣。

大约在公元前2000年，北京地区从原始社会过渡到奴隶社会，逐步进入了青铜时代。董家林村初都城的发现证明三千多

① 北京大学编写组：《北京史》，第5—6页，北京出版社，1999年。
② 满昌：《蒙古族通史》，第四册，第626页，辽宁民族出版社，2004年。

年以前就有了城市的起源。夏（约公元前21—公元前16世纪）、商（约公元前16—公元前11世纪）这里就有肃慎、山戎、孤竹、燕亳等少数民族部落生息发展，到了周代（约公元前11世纪—公元前771年）产生了许多诸侯国，其中地理位置处在中原地区最北端和北方各少数民族关系密切的是汉族建立的古燕国，那时汉族还是中原地区的一个少数民族。但古燕国国土广袤，立国时间为中国历史之冠，大约从公元前11世纪至公元前222年被秦国所灭，在中原大地屹立了800余年。

以下简约论述一下曾经在古代北京地区生活过的几个主要北方少数民族和汉族的兴衰史。

一、匈奴族

匈奴族最初在3—5世纪发祥于阿尔泰山脉（阿尔泰是蒙古语“有金子的地方”之意，汉语也曾一度称之为金山）。关于匈奴的族源，学术界历来多有争议，“匈奴即蒙古族”之说占多数，其代表学者日本有内田吟风、白鸟库吉，俄国有俾丘林，苏联有古米烈夫，匈牙利有柯拉道吉，蒙古有伯·仁亲、策·道尔吉苏荣，中国有陶克涛、满昌、陆思贤、吕思勉等，美国有拉铁摩尔、杭锦·官布札布等。

匈奴封建王朝形成于3世纪左右，以蒙古高原为大本营，北境达贝加尔湖流域，东达阿穆尔河流域，西达高加索山脉，南达黄河流域。匈奴入主中原曾在古代北京地区的古燕国腹地定县平山一带建立过著名的国中之国——中山国，以出产“中山狼”而闻名于世，她和邻近的燕、赵、齐、韩等国相抗衡，称王称霸，侵占过古燕国大片土地，也维持了近200年，公元前296年被赵国所灭。

304—329年，匈奴贵族刘润建立过前赵，定都平阳，统辖范围达陕西、山西、河南、甘肃等地，后来被后赵所灭。

407—431年，匈奴的贵族赫连勃勃又建立过夏，定都统万，统辖今陕西北部及内蒙古西部，后来被吐谷浑所灭。

401—439年，匈奴又一贵族沮渠蒙逊建立北凉，定都张掖，统辖过今甘肃西部地区，后来被北魏所灭。

公元前314年左右，战国周赧王姬延时期匈奴铁骑从蒙古高原突击长城边缘的古燕国、秦国、赵国等地，进行掠夺。

公元前228年，秦始皇进行统一中原战争，征服赵、魏、燕、韩、楚、齐国的时候，燕国太子丹企图利用叛逃的秦国大将樊於期联合匈奴，共同抗击秦国。

秦始皇统一六国以后，在中央地区第一次建立了统一的多民族的中央集权国家。为了巩固其统治地位，对其威力最大的政敌匈奴进行连年的征战，派大将蒙恬主持守边护境的艰巨任务。

可是从秦亡至西汉，强盛的匈奴又多次突破长城防线，惊扰古老北京地区。汉高祖刘邦持建国之初的锐气，想一鼓作气，踏平匈奴，亲率三十余万大军浩浩荡荡进驻边关重镇平城（今山西大同市附近），准备进兵匈奴腹地。却被足智多谋、善于征战的匈奴单于冒顿包围了七天七夜，使刘邦粮尽草绝，绝望之时，得到匈奴阏氏的帮助才死里逃生，史称"白登之役"。从此西汉不轻易用兵，匈奴边境保持了34年平静局面。

到了公元前130年左右，汉大将卫青分兵四路夹击匈奴，汉军又失利，"飞将军"李广被俘，匈奴收回造阳（今河北省怀来县）等地，扩大领地纵深四百五十余公里。

到了公元前140年左右，汉武帝刘彻登基，他雄心勃勃，放弃"汉与匈奴合为一家，世世毋得相诈相攻"的政策（《汉书·匈奴传》），连年对匈奴用兵，使匈奴根基发生了动摇。陶克涛教授说："汉武帝刘彻的一生几乎是开边和征服匈奴为职业的，他在对匈奴的战火中，的确扩大了他的领地。"[1]王连

① 陶克涛：《毡乡春秋·匈奴篇》，第361页，人民出版社，1987年。

升教授说：“汉武帝是大民族主义的典型，他只知炫耀武力，在他身上专制帝王所具有的好大喜功、傲慢无礼、刚愎自用等性格表现得尤为突出。可见，汉武帝虽然雄心勃勃，但他缺乏政治家的头脑和远见。他攻打匈奴的政策和行动，劳民伤财，损害民族感情，是不足为训的。”①

西汉汉宣帝刘询甘露三年（公元前51），匈奴受到汉王朝连续不断的军事打击和物资封锁，加之匈奴和邻近的楼兰、乌孙、乌桓等部族发生隔阂摩擦，匈奴内部也多次发生争权斗争，人口减少，经济溃退。呼韩邪单于出于利害关系，决定附汉称臣，这是北方游牧民族第一次向中原内地政权称臣，从而结束了自西汉王朝以来一百五十余年的战争状态。汉元帝刘奭竟宁元年（公元前33）又促成了“昭君出塞”，这可能是中国历史上“和亲政策”的先河，以后的各个朝代争相仿效，唐朝促成了“文成公主入藏”，明朝、清朝更上一层楼，有过之而无不及。这是中国古代民族关系上行之有效的政治措施之一，尽管学者褒贬不一，却是值得研究的课题之一。

汉光武帝刘秀建武二十四年（48），匈奴分裂为南北两部，南匈奴归汉，沿长城边缘地区和古老北京地区定居下来，加速汉化，融入幽燕大地。东北部的匈奴便和鲜卑、乌桓等民族融合了。北匈奴从漠北故乡渐渐向西游牧，跨过小亚细亚，进入多瑙河流域，以后建立了匈牙利王国，和当地民族交融同化，对欧洲文化产生了巨大影响。

二、东胡族

东胡的发祥地在今内蒙古西拉木伦河和老哈河流域。众多学者认为蒙古族的祖先是匈奴和东胡。东胡在若干年前是从匈

① 王连升：《关于汉武帝评论的两个问题》，《天津社会科学》，1984年第二期。

奴分离出来的，乌桓和鲜卑又是从东胡分支出来的。其关系错综复杂，他们同在蒙古高原生息繁衍，兴旺发展和走向没落。他们同属阿拉泰语系的语言、共同的游牧文化创造了他们辉煌的顶峰。

东胡在战国时代多次进入幽燕地区，对当时的古燕国造成了相当大的威胁。公元前311年（燕昭王时期），东胡曾打败燕国精锐，迫使燕国把大将秦开送到东胡做人质，进贡财物，并强占燕国大片土地作为牧地（今河北怀来、密云、平泉等地都被开辟为牧地）。后来燕国励精图治强盛起来，收复失地，设置五大郡府并修筑了从造阳（今河北怀来县东北）至襄平（今辽宁省辽阳附近）的长城，防备东胡的入侵。

三、乌桓族

乌桓是东胡的一支，发祥地区在乌桓山一带（今内蒙古昭乌达盟西拉木伦河以北的阿鲁科尔沁附近）。学者们对于“乌桓”〔auhan〕名称的来历，认为是蒙古语“智慧”“红色”和“长子”的意思，而且认为西拉木伦河南岸的现敖汉旗的“敖汉”就是“乌桓”的音变，值得考究。

由于汉王朝对北方少数民族采取连续不断的武力征服和拉拢羁縻政策，东汉光武帝刘秀建武二十四年（48）乌桓内附，受到汉王朝政府的封侯奖赏，并允许乌桓人定居长城内外广大地区，他们从西拉木伦河流域南迁至上谷郡（今河北省怀来县）、渔阳郡（今北京怀柔区）、右北平（今天津蓟州区）、辽西郡（今辽宁省义县西）、辽东郡（今辽宁省辽阳市）、广阳郡（今北京市东南、霸州市北部）、代郡（今河北省怀安、蔚县以西地区）、雁门郡（山西省恒山以西地区）、太原郡（今山西省阳曲、交城、晋中地区）、朔方郡（今内蒙古河套地区）。南迁乌桓渐渐与幽燕地区的各民族发生同化，走向了汉化。汉王朝为了更有效地羁縻操纵乌桓，在上谷宁城（今河北省宣化市西北）设置乌桓校尉，贯彻以夷制夷政策，欺骗大批勇敢善战的乌桓骑兵攻打匈奴、鲜卑，从中渔利。甚至强迫驻防在幽、冀、黎阳等地的乌桓骑兵到南方镇压少数民族起义。汉灵帝刘宏中平元年（184），南迁的乌桓不满意被奴役被利用的处境，联合辽西乌桓大人（王汗）丘力居和汉王朝守边大将张举进行反对汉王朝活动，曾一度占领青、徐、幽、冀州。这些都是乌桓在中原门户古老北京地区留下的历史足迹。

乌桓在古老北方游牧的少数民族中，以吃苦耐劳、精诚团结、凶猛善战而闻名于世。在《三国志》“乌桓传”中有“三郡乌桓为天下名骑”的记载，入驻古老北京地区的乌桓和当地汉族融合起来，淹没在中华民族的汪洋大海之中，留在漠北草原的乌桓融入鲜卑族之中。

四、鲜卑族

鲜卑族是较早开发古老北京地区的先民之一。鲜卑族原来是东胡的一支，东胡和蒙古族有血缘关系。韩儒林教授就说过：“据近代学者研究，鲜卑为蒙古族。”（见《穹庐集》）满昌教授也说：“蒙古是总称，鲜卑是其中的一个成员，一个分支。”[①]鲜卑为匈奴冒顿单于所击破以后，游牧在大鲜卑山一带（今内蒙古通辽市科尔沁大草原），故被称为鲜卑族。

从东汉和帝刘肇永元元年（89）开始，到灵帝刘宏建宁年间（168年左右）的八十余年中，鲜卑内侵中原地区和西北诸郡，在幽州（今北京地区）、并州（今河套地区）、凉州（今张掖地区）等地进行侵掠，双方战火不息。

东汉安帝刘祜永初年间（107年左右），鲜卑大人（头人）燕荔阳归附，汉朝廷倍加优待，被安置在幽燕地区和长城边缘，特许鲜卑在上谷宁城（今河北省宣化市西北）开“胡市”

---

① 满昌：《蒙古族通史》，第二册，第55页。

互通有无，鲜卑人以皮毛、牛羊马匹换取内地布匹和铁制品等生产资料。

东汉桓帝刘志永寿二年（156），在漠北鲜卑族豪杰檀石槐的领导下，于弹汗山（今河北省尚义县附近）建立大人（头人）军事统帅部，加强军事训练，积极备战，从幽燕长城到西部敦煌的辽阔地区内，经常突击幽州、并州、凉州等地区，抢夺人口、财物。

鲜卑族从东晋咸和八年（333）至东晋义熙六年（410）的七十余年中，在幽燕和中原地区前后共建立了四个诸侯国，即昙花一现的前燕、后燕、西燕、南燕。

东晋咸和八年，鲜卑大人慕容皝以龙城（今辽宁省朝阳市）为都城，成立了前燕。到了东晋永和六年（350），慕容皝之子慕容俊攻取后赵蓟城（今北京市）并迁都于蓟城，后来又攻取后赵都城邺城（今河北省磁县东南），又迁都于邺城，东晋太和五年（370）被前秦苻坚所灭。

东晋孝武帝司马曜太元九年（384）至东晋义熙三年（407），慕容皝五子慕容垂建后燕，定都中山（今河北省定县），仅存在了23年。

384年至前秦延初元年（394）慕容冲建西燕，定都长安（今陕西省西安市），后被前秦苻崇所灭。

东晋安帝隆安二年（398）至东晋安帝义熙六年（410），慕容垂之弟慕容德建南燕，定都滑台（今河南省滑台县），被北魏所灭。

鲜卑族为了自己的生存，顽强地挣扎，尽管如此，进入幽燕地区、中原地区的鲜卑族受到根深蒂固的农耕文化的冲击，渐渐脱离其传统游牧文化，逐步走向汉化了。

386年鲜卑大人拓跋珪建立北魏，建都盛乐（今内蒙古和林县），北魏太和十七年（493）孝文帝元宏迁都洛阳（今河南省洛阳），主动放弃传统的游牧文化的传承，彻底地接受汉族文化。他下令主动放弃祖传语言，以汉语代替，否则“当降爵黜官”[①]。在当时封建专制政治条件下，作为元宏皇帝个人选择是可以理解的，但作为一个民族的选择，不能认为是进步的行为，因为一个民族的消亡就是一个博物馆的消亡，历史上大大小小的民族对社会的进步、文化的传承都做出了自己应有的贡献，不能用大民族的观点来衡量一切。

少数民族以武力进入中原汉族居住的核心地区，本身就是走出了和汉族融合的第一步，各民族融合是有史以来不可避免的，基本规律是人口众多的“大民族”融合掉人口少的“小民族”。像鲜卑族这样积极主动接受汉化的民族，历史上独一无二，恐怕今后也不会再有，这也是鲜卑民族的悲剧。中国各民族的融合是专题研究课题，在此涉及鲜卑族在古老北京地区活动足迹为重点，顺便讲了数句，其他观点将在别的章节里探讨。

五、突厥族

突厥族大约在五六世纪以前兴起，以后在阿尔泰、贝加尔湖、阴山等蒙古高原地区建立了突厥封建帝国。是和古老的北京（幽燕）地区交往频繁的北方少数民族之一。

关于突厥族的族源史学界尚无一致意见。拉施特在《史集》中说“古代称为蒙古人的突厥诸部落”（《史集》第一卷第一册）。满昌教授从蒙古族和突厥族的历史、语言角度分析，认为突厥族的族源是蒙古族，他说突厥是“蒙古族共同体的突厥语族”。“突厥是早期从蒙古分支出来的原始蒙古部落，是突厥蒙古族。”[②]

突厥族第一次突破长城进入幽燕和中原地区进行抢夺财

①《魏书·威阳王禧传》二十一（上）。
② 满昌：《蒙古族通史》，第270页，辽宁民族出版社，2004年。

物、人口是在西魏大统十二年（546）左右，西魏王朝采取怀柔羁縻政策，变干戈掠夺为商贸关系，突厥人用皮毛、牲口马匹换取中原地区的布匹、粮食、铁制工具及其他生产、生活资料，维持了半个多世纪的和平局面。可是到了唐王朝李渊武德三年（620年左右）开始风云突变，突厥处罗可汗向幽燕和中原地区进行抢掠，骚扰今河北省定县、密云区、怀来县、宁晋县和山西省汾水、汾阳、长治一带。唐王朝不得不一面用武力打击，一面推行怀柔政策。自幽州（今北京地区）至灵州（今宁夏灵武地区），分别收买任用突厥贵族、头人担任地方官员，用以夷治夷的办法进行控制，侵犯边关的事件逐渐少了。这样双方边关相安无事又保持了五十余年的安宁。

到了唐王朝武则天万岁通天元年（696），突厥阿史那泥孰匐可汗大举入侵古代北京地区，侵占过定州（今河北定县地区），以后突厥内讧，自相残杀，突厥头人默啜自立为可汗，二十余年以后又连续侵犯昌平（今北京昌平西南）、妫州（今河北怀来东南）、檀州（今北京密云）、定州（今河北定县）、赵州（今河北省宁晋县一带），抢夺财物、人口、农具、牲口以后，退驻居庸关以北地区。

突厥族自阿史那土门可汗开始，为自己生存发展进行了二百余年的艰苦卓绝的奋斗，曾建立过强盛的突厥汗国和东西突厥汗国。在唐王朝李隆基天宝四年（745），被回鹘族所灭。沿长城内外游牧的突厥族渐渐和汉族亲居、通婚，遂走向汉化。漠北的突厥西迁至中亚，和当地的土著各族融合，放弃了他们所信仰的古老传统的孛教（即原始萨满教）、发展起来的佛教，改信伊斯兰教，便成了今日土耳其族的族源。

六、汉　族

（见第二节《汉族所建古燕国都城——初都》）

七、契丹族

（见第三节《契丹所建辽国陪都——南京》）

八、女真族

（见第四节《女真族所建金国都城——中都》）

九、蒙古族

（见第二章第一节《蒙古族所建元朝都城——大都》）

第二节　汉族所建古燕国都城——初都城

我们研究北京地区的历史，首先肯定的一点是拥有三千余年的建城历史和七百四十余年的建都历史。

北京拥有三千余年建城历史的根据是，1962年考古工作者在北京房山区琉璃河镇董家林村挖掘出了一座迄今为止北京地区最早的古代城市遗址，西周（约公元前11世纪—公元前771年）古燕国始封都城——初都城。经考古工作者勘测，东西长约850米，南北宽约600米，主城墙宽约26米，城墙东、西、北三面都有护城河，让人费解的是南面没有护城河，城内有宫殿遗址多处，总面积50余万平方米（当时古燕国有五座都城，即初都城、中都城、上都城、下都城和临易城）。经有关专家教授多方考察研究，交流商榷，认定“董家林村古城——初都城，就是我们祖国首都北京的前身”。此城为武王十一年（公元前1045年）“武王伐纣”之时所建，为北京地区建城之始，1995年北京市举办了建城3040周年盛大庆祝活动，1997年发行了《北京建城3040年暨燕文化国际学术研讨会会议专辑》。1953年北京市举办建都800年纪念活动，2003年又举办了纪念北京建都850周年系列活动。

说北京建城3040年，是象征性的提法，房上县董家林村离北京城距离为50余公里，董家村不等于北京，只能说明三千余年前古老北京地区营造过城镇，为北京地区建城之始。

自春秋战国以来在古代北京地区前后有八个少数民族争权夺利，但始终没有能够在幽燕地区建国立都，直到公元九百余年以后才有辽、金、元、明、清五朝在北京建都，其中辽、金、元、清四朝是由四个少数民族建立起来的，元朝更是第一个统一中国，第一个建立统一中国首都的少数民族，所以应该说2018年北京有七百五十年建都历史，是从元朝至元四年（1267）建筑大都开始计算的。

在北京地区最初建立国家和都城的是汉族，大约于公元前7世纪建立了古燕国和蓟国。古燕国最初是以“晏”（燕）为图腾的一个大部落。《史记·燕召公世家》中载：“周武王灭纣，封召公于北燕。”这个北燕就是指古燕国。古燕国是战国七雄之一，地理位置处在最北缘，和北方各少数民族经常是打打停停、停停打打的关系，国土辽阔，却软弱无为，燕国国土东与朝鲜为邻，南和齐国为邻，西和赵国为邻。几乎占有今天河北北部、内蒙古东部和整个东北三省广大地区，设置了五大郡府来进行管理，即上谷郡府，治所沮阳（今河北怀来县大古城村）；渔阳郡府，治所渔阳（今北京怀柔区梨园庄）；右北平郡府，治所无终（今天津蓟州区）；辽西郡府，治所阳乐（今辽宁义县西）；辽东郡府，治所在襄平（今辽宁辽阳市）。

历史专家估计蓟国大概是黄帝子孙所建。《史记·周本纪》中载：“武王封帝尧之于蓟。”蓟国是个小国，和古燕国一样，都是商王朝的诸侯国，国都为蓟城。蓟国的名称来源是这个地方长一种带刺的植物而得名。蓟国后来被燕国吞并，燕国从初都城迁都于蓟城，迁都时间尚不太明确，专家们推测大约在燕庄公以后（公元前690年左右），蓟城的规模和方位也尚不太清楚，商业交通比初都城繁荣，《史记·货殖列传》中载："燕富勃，碣之间一都会。"随着历史的演变，人们渐渐忘记了燕国最初都城——初都城，名噪一时的蓟城取而代之。古蓟城遗址大约在今北京外城范围之内，因马路纵横，建筑物林立，很难勘测。罗哲文教授在《北京历史文化》一书中推测："古蓟城南垣大致在宣武区白纸坊，法源寺以北一线；北垣可能在西长安街以南一线；东垣当在和平门以东不远南北一线；西垣则无从推测。"①

陈平教授说："据笔者最近的估测，燕国上都蓟城的东墙，大约在今正阳门西侧里许向南一线；西墙，大约在明北京外城西墙外里许向南一线；北墙走向，大体与辽南京北墙重合，大约在明北京旧城南墙以北里许的东西线上；南墙走向，大体与辽南京城的南墙重合，大约在明北京外城南墙以北里许的东西线上。"②

古燕国是中国历史上最长寿的地方性政权。它在称王称霸的纷争旋涡之中，顽强地度过了风云变幻的800年，尽管上演了扣人心弦的"荆轲行刺""献燕太子丹之头颅""高渐离击筑"等剧目，终究没有逃过被强大的秦国所灭亡的命运。秦国的统一推动历史浪潮的巨轮，使中国逐步走向发展繁荣之路。

汉族历史上也是一个少数民族，是构成中国的伟大民族之一。

汉族最初是从华族发展起来的，祖先是古代传说中的黄帝和炎帝，所以有"炎黄子孙"之说。传说中的"燧人氏""伏羲氏"和"女娲氏"都是汉族的图腾。公元前两千多年的夏、商两朝时期，汉族已进入奴隶社会，大约生活在黄河流域，今天的甘肃、陕西、河南、安徽、江苏等省是汉族的发祥地。

---

① 罗哲文：《北京历史文化》，第20页，北京大学出版社，2004年。
② 陈平：《燕国风云八百年》，第4—5页，北京出版社，2000年。

汉族从一个少数民族茁壮成长为大民族的原因主要有三：（1）农业文明是汉族发扬壮大的生命线。日复一日地面朝黄土、背朝天的艰辛劳作造就了汉民族的勤劳传统，有了土地便有了一切。汉族对于土地的占有欲是其他少数民族所不能比拟的。（2）农耕文化必须要有定居生活，定居生活带来了高频率的生殖率，这是汉民族从原来的少数民族发展为大民族的主要原因之一。“大人口”吃掉“少人口”是历史上民族大融合的条件之一，也是农耕文化和游牧文化的差异所在。（3）孔孟之道是汉民族自立、自强、立国的思想基础，有强大的凝聚力。

纵观北京地区古老历史，有五个封建王朝在北京建都，其中契丹、女真、蒙古、满族是游牧文化优秀结晶所熏陶培育出来的北方少数民族。他们有自己的语言文字，有自己的历史文化风俗习惯和信仰。他们建立了前后有九百多年经营统治的历史。这个事实证明，游牧文化有巨大的生命力，并非不如农耕文化。至于说到历史上的民族同化，是非常复杂的课题，以北京地区为中心的民族大融合的历史过程中，北方汉族容纳了北方少数民族的强健体魄、豪爽性格、强悍作风、阳刚之气，基因发生了根本的变化。这是与游牧文化交融的必然趋势。

第三节　契丹所建辽国陪都——南京

契丹是第一个在幽燕地区建立王国陪都的北方少数民族。

历史上契丹和蒙古族一样是从东胡族系分裂出来的一支，和鲜卑族的一支同游牧在潢水（今内蒙古西拉木伦河）及土河（今内蒙古老哈河）流域的辽阔草原上。东晋康帝建元二年（344）才有了“契丹”这个名称，契丹是“镔铁”之意，因为契丹地方盛产铁矿而闻名，那时冶炼技术高超，当时的蒙古贵族曾以佩带镔铁刀为荣耀。

契丹族在唐初（大约在7世纪初）形成强大的部落联盟，曾经在幽燕地区建立双方的贸易关系，在和龙（今辽宁省朝阳）、密云（今北京市密云区）设有边贸市场，互通有无。唐武则天时期契丹曾一度突破长城防线，攻入幽州、瀛州、涿州等地（今北京市和河北省河间市、涿州市一带）进行抢掠。后来曾一度改善和唐王朝的“打打停停”的局面。迫于唐王朝的强大压力，归服称臣，替唐王朝守边护境，攻击其他北方少数民族。

后梁太祖朱晃开平元年（907），契丹汗王阿保机统一了契丹各部落，十年以后，后梁末帝朱瑱贞明二年（916），阿保机建立了契丹国，建元神册元年，定都临潢府（今内蒙古昭乌达盟巴林左旗南波罗城）。

临潢府是辽太祖耶律阿保机神册三年（918）命大臣康默记营造的，临潢府方圆13.5公里，有四门；南门称大顺门，西门称乾德门，北门称拱辰门，东门称安东门。分南北两城，北城是皇宫和政府机构，官员和富豪的住宅区，南城是商业区和使馆区，主要居民是汉族。南北两城中间有一条白音戈洛河（〔bayan γalu gol〕蒙古语“富饶的大雁河”之意）相隔，风景非常美丽。

契丹太祖天显元年（926）阿保机驾崩于扶余城，年方55岁。次子耶律德光继位，继续奉行夺取中原地区的战略。恰遇后唐河东节度使石敬瑭举兵叛唐，为了得到契丹国的援军，石敬瑭以“父礼事之”，40岁的石敬瑭作为“儿皇”将34岁的耶律德光称为“父皇”。每岁贡帛30万匹，并割让燕云十六州。这十六州是军事要冲，经济、农业富泽之地，即幽州（今北京市）、蓟州（今天津市蓟州区）、瀛州（今河北省河间市）、莫州（今河北省任丘市）、涿州（今河北省涿州市）、檀州（今北京市密云区）、顺州（今北京市顺义区）、新州（今河北省涿鹿县）、妫州（今河北省怀来县）、偏州（今北京市延庆区）、武州（今河北省宣化市）、云州（今山西省大同市）、应州（今山西省应县）、寰州（今山西省朔县东北）、朔州（今山西省朔县）、蔚州（今河北省蔚县）等地。可以说石敬瑭的屈膝求荣达到两全其美的效果，石敬瑭借助契丹兵力攻取后唐都城洛阳，建立了后晋，自称大晋皇帝，折腾了短暂的十年，恶有恶报，最后也没逃脱被契丹灭亡的下场。936年契丹占领了人口众多、农业发达、经济繁荣、交通便利的燕云十六州，重新部署战略大计。938年将契丹国易为辽国，年号为会同元年，又将幽州改为南京，作为陪都，俗称燕京。辽国国土成倍增长，东自大海，西至流沙，南越长城，北绝大漠，由于难以控制，遂采取五京制，临潢府于938年定为上京，设上京道。1007年将大定府（今昭乌达盟宁城县西南大明城）定为中京，设中京道。938年将辽阳府（今辽宁辽阳市）定为东京，设东京道。1044年将大同府（今山西省大同市）定为西京，设西京道。938年将幽州府（今北京市）定为南京，设南京道。这时北方的辽国和西方的夏国、南方的北宋形成了三足鼎立的政治局面。

辽王朝的陪都南京城是在古老蓟国蓟城的基础上发展起来的。虽然是陪都，可是在辽王朝的二百余年统治中采取“以国制治契丹，以汉制待汉人”比较平稳的政策[①]，它在政治、经济、军事方面的作用超过了上京临潢府，人口达到20余万人，但因为是陪都，城市建设没有什么建树，基本上保持了唐代风格。但由于契丹也是崇仰佛教和热爱大自然的游牧民族之一，在南京修建了不少宏伟壮丽的寺院和有山有水的园林，全面修缮了历史著名寺院悯忠寺（今法源寺）、光林寺（今天宁寺）等，辽代道宗清宁五年（1059）还修建了有名的昊天寺，道宗寿昌二年（1096）修建妙应寺，其他还有仙露寺、延寿寺、兴

① 方彪：《北京简史》，第50页，北京燕山出版社，1995年。

国寺、归义寺等。天宁寺的舍利塔是辽代遗物，其风格代表典型的辽代佛教建筑，八角十三层密檐宝塔矗立在巨大的须弥座上，高达18米，显得非常雄伟庄严。它给后人留下了难以诠释的三个谜，即“雾中看倒影”“有风无风铃声如钟”“风和日丽观蝶仙”等。

辽王朝贵族非常重视园林建设，形成了独特的风景线，他们善于利用天然的风景把花园、菜园、林圃三者糅合成具有民族特色的游猎宴饮之地。其中最有名的是瑶屿，金代改为皇家御园大宁宫，元代为琼华岛，上面修建了富丽堂皇的广寒殿，即现在北京的北海公园白塔之处。

南京城遗址在今北京广安门和西城区一带，《辽史·地理志》载：“南京城方三十六里，高三丈，衡广一丈五尺。”当时算是比较坚固的城池，按现在计量算方圆十一二公里，大约合144平方公里左右，设有八个城门，东城墙有安东、迎春两门；南城墙有开阳、丹凤两门；西城墙有显西、清晋两门；北城墙有通天、拱辰两门。

南京城是旧城改造，是在古燕国燕京城的基础上进行改建的，因燕京宫殿多在全城西南角落，辽王朝的皇城也安排在西南角，修筑出方圆2.5公里的皇城，大约合6平方公里。皇城设有四门；南门称南端门，西门称显西门，北门称子北门，东门称宣和门。辽王朝除了充分利用燕京旧主宫殿永和殿以外，又新建了永兴宫、积庆宫、长宁宫、大和宫等诸多宫殿。

南京城对街道居民的管理采用燕京划分出来的坊来管理，坊和警巡院密切合作，进行有效的行政治安管理。永瑢《历代职官表》卷二十载：“每坊置坊主一人，佐二人。”每坊估计六百户左右，南京开始有二十六坊，后增加三个坊，计二十九坊。一个坊只有一个门“昼开夜闭”，门口有匾写有坊名。文献资料上记载了坊名，但具体位置就难以分晓了。

原有二十六坊是：罽宾坊、卢龙坊、肃慎坊、归化坊、隗台坊、蓟北坊、燕都坊、军都坊、铜马坊、花严坊、劝利坊、时和坊、平朔坊、招圣坊、归仁坊、棠荫坊、辽西坊、东通寰坊、遵化坊、显忠坊、永平坊、北罗坊、齐礼坊、通圜坊、通肆坊、蓟宁坊。新增加的三个坊是：归厚坊、大田坊、骏坊。

中国封建王朝的通病，又何其相似地落在辽王朝的皇冠上，强盛→衰落→灭亡，这是它们命运的共同规律，其原因不外乎“贪污腐化，争权夺利”八个大字，于是内讧四起，分崩离析。

腐朽的辽王朝受到崛起的女真族建立的金国和宋朝的南北夹击，辽保大元年（1121）上京临潢府失守，天祚帝完颜延禧逃到南京，接着中京大定府失守，天祚帝西逃今内蒙古武川苟延残喘。留守南京的宗室于保大二年（1122）又另立耶律淳为天赐帝，改元建福，史称北辽。不料耶律淳称帝不到三个月，被动荡的时局所吓死，北辽亡。天祚帝于金天会三年（1125）被金国所俘虏，辽亡。

辽王朝覆灭的前一年，天祚帝保大四年（1124）辽国宗室杰出的政治家阿保机八世孙耶律大石看出摇摇欲坠的政局，企图另找出路，于是率领部分契丹部族，西迁至今新疆及中亚一带建立西辽（蒙古族史称为黑辽国或古儿汗国），延续了一个世纪左右，1219年被成吉思汗所灭。

第一个在古代北京地区建立王国陪都的契丹族，历经二百余年就这样走向了灭亡。

契丹民族是北方优秀的少数民族之一，不但有自己的信仰和风俗，而且有自己的语言文字，也有治世理国的智慧才能，但离开生育自己的故土草原，入主中原投入大民族的汪洋大海之中，像断了桅杆的帆船一样，曾一度称雄的伟大民族，神秘地消失在茫茫的历史长河中了。

第四节　女真族所建金国都城——中都

女真族祖先是靺鞨，是北方的古老游牧民族之一。最新研究信息称靺鞨和蒙古族同源（满昌教授主编的《蒙古族通史》第三册第399页载："靺鞨实际上也是'蒙古'一词的音译之谐音。他们是属于通古斯蒙古的一支。"辽宁民族出版社，2004年）。女真族是入驻古老北京地区建立都城的四个少数民族之一，是很有作为的英雄民族。进入关内之前游牧在东北长白山、松花江黑龙江流域。宋徽宗赵佶政和五年、辽天帝延禧天庆五年（1115）女真族首领完颜阿骨打建立大金国，建元为收国元年，成为金国太祖。国都设在会宁府（今黑龙江阿城区南白城）。女真族崛起之前经常受到辽国欺负，阿骨打建国以后，发奋图强、励精图治，亲自挂帅打败了辽国精锐，攻克了辽国首都上京临潢府（今内蒙古巴林左旗）、中京大定府（今内蒙古宁城县），攻占了农业发达、经济繁荣的幽州府（今北京）以后，一鼓作气连续战斗，于金太宗天会三年（1125）俘虏了辽天祚帝耶律延禧，宣告了辽国的灭亡。女真人乘得胜的气焰，撕毁《靖康之议》，对北宋发动大规模的突然袭击，金太宗完颜晟于天会五年（1127）攻占北宋都城汴京（今河南省开封），俘虏宋徽宗，也宣告了北宋的灭亡。

金太宗完颜晟于天会三年（1125）占领南京，辽王朝宣告灭亡。金王朝为了更好地统治中原地区，将政治中心南移，金海陵王完颜亮于天德三年（1151）下诏将国都上京（今黑龙江省哈尔滨市阿城附近）迁移到南京，派大臣张浩负责扩建南京事宜，用民工80万，士兵40万，费了三年时间于贞元元年（1153）竣工，并将南京易名为中都。

金王朝联合蒙古灭辽，辽王朝的上京道大部，东京道、西京道的一半或少半部被蒙古占领。金王朝除占有富泽的南京道以外，跨过黄河占领了人口众多、物产丰富的淮河、渭水流域，迫使宋王朝南迁。海陵王仿效辽制乃采用五京制，将辽阳府易为东京，大同府易为西京，大定府易为北京，开封府易为南京。

中都是将辽国南京城向东、西、南方向各拓宽1.5公里而建，为什么没有向北拓宽，文献资料无记载，可能北面有一条莲花河的缘故吧。

拓宽的中都城比南京城扩大了15倍，城围计18.5公里左右，总面积达到20平方公里左右，新中国成立后考古测量东城墙长4510米，南城墙长4250米，西城墙长4530米，北城墙长4900米，是不等边四方形城郭，大概是沼泽地妨碍所造成的。

中都城城门数量有十二、十三之争议，本文采用尹钧科等先生所著《古代北京城市管理》一书插图一中的观点，为十三门，即南城墙有端礼门、丰宜门、景风门，西城墙有丽泽门、颢华门、彰义门，北城墙有金城门、通玄门、崇智门（此两门为原南京通天门、拱辰门）和光泰门，东城墙有施仁门、宣曜门、阳春门。城墙四壁有护城河围绕，每个城门前都有桥。

金中都有六十坊："旧城中西南、西北二隅，坊名之名四十有二：西开阳坊、南开远坊、北开远坊、清平坊、美俗坊、广源坊、广乐坊、西曲河坊、宜中坊、南永平坊、北永平坊、北揖楼坊、南揖楼坊、西县西坊、棠阴坊、蓟宾坊、永乐坊、西甘泉坊、东甘泉坊、衣锦坊、延庆坊、广阳坊、显忠坊、归厚坊、常宁坊、常清坊、西孝慈坊、东孝慈坊、玉田坊、定功坊、辛市坊、会仙坊、时和坊、奉先坊、富义坊、来远坊、通乐坊、亲仁坊、招商坊、余庆坊、郁郚坊、通和坊。东南、东北二隅旧坊门之名二十：东曲河坊、东开阳坊、咸宁坊、东县西坊、石幢前坊、铜马坊、南蓟宁坊、北蓟宁坊、啄木坊、康乐坊、齐礼坊、为美坊、南卢龙坊、北卢龙坊、安仁坊、铁牛坊、敬客坊、南春台坊、北春台坊、仙露坊。”[1]

中都内城有八个门，原位置未变，有的名称得到更改，东城墙两门：仍叫迎春门和安东门。西城墙两门：将原来显西门易为玉华门，一个仍叫清晋门。南城墙两门：将原丹凤门易为宣阳门，开阳门未变。北城墙两门：将原通天门改为通玄门，将原拱辰门改为崇智门。此两门又都是内城和外城的北门。

皇城在内城的西南角，是在辽王朝南京城“幅员五里”的基础上扩建起来的，总周围长为“城之四围九里有三十步”[2]，大约折合现制总面积为13平方公里。皇城有四门：南门丹凤门，西门显西门，北门拱辰门，东门宣华门。皇城的东半部是宫城，西半部是御园。

宫城主要由大安殿和仁政殿组成的。宫城有四门：南门为应天门，西门为西华门，北门为昭明门，东门为东华门。御园由鱼藻池、同乐园和景明宫、教靖宫等宫殿组成的。

女真族自完颜亮贞元元年（1153）扩建辽王朝南京城以来易名中都，励精图治经营了62年，到宣宗完颜珣贞祐三年（1215）被蒙古汗国所占领，又过了19年，金哀宗完颜守绪天兴三年（1234）金王朝走完了119年的岁月，寿终正寝了。

---

①② 于敏中：《日下旧闻考》卷三十七，第592页，北京古籍出版社，2001年。

第二章　汗八里[①]
金戈铁马入中原
蒙古皇帝建大都

第一节　蒙古族所建元朝都城——大都

蒙古族乞颜部落首领铁木真经过十余年的奋斗，终于统一了东到兴安岭、南到长城边缘的金国，以及西到阿尔泰山、北到贝加尔湖一带广大草原上游牧的蒙古族部落，于1206年（蒙古帝国成吉思汗纪年元年，金国章宗完颜璟泰和六年，南宋宁宗赵扩开禧二年，西夏国襄宗应天元年）建立蒙古帝国，被推举为成吉思汗，从此完成了蒙古族走向世界的第一步。

蒙古各部落和成吉思汗先祖与金朝结下世仇，成吉思汗的崛起，当然不会忘记狐假虎威的塔塔尔部落毒死自己父亲也速该，更不会忘记金朝酷刑钉死自己先祖俺巴孩汗，也不会忘记金朝每年扫荡蒙古草原，抢掠烧杀，进行骇人听闻的“减丁”策略。成吉思汗首先决心征服金国。1211年（成吉思汗纪元六年，南宋宁宗嘉定四年，金国完颜永济大安三年）开始连年进

① 汗八里是蒙古语，汗〔kaɣan〕是皇帝可汗、王之意，八里〔balɣasu〕是城镇之意，汗八里是可汗之城的意思。

攻金国，这是蒙古族踏足中原地区的第一步。

1215年成吉思汗的“四骏”之一，大将木华黎攻取了金国都城中都，蒙古帝国大汗忽必烈于1267年（至元四年）在金国首府中都东北附近新建蒙古帝国首都大都城，1271年（至元八年）将蒙古帝国易为元朝，1275年（至元十二年）南宋恭帝赵㬎向元廷献降表。金宋联合灭辽，蒙古灭金、夏、宋、大理国。从此结束了自汉朝千余年来，除隋唐两朝有三百余年暂缓的平静盛世以外，藩镇割据、大小军阀混战、互相吞并、各自称霸称帝的局面，中国历史上第一次出现了由少数民族建立的大一统的国家。

《元史》称“有天下者，汉、唐、宋为盛，然幅员之广，咸不逮元，汉梗于北狄，隋不能服东夷，唐患在西戎，宋患常在西北。若元，则起朔漠，并西域，平西夏，灭女真，臣高丽，定南诏，遂下江南，而天下为一，故其地北逾阴山，西极流沙，东尽辽左，南越海表”①。“于是南北之户总书于策者，一千三百一十九万六千二百有六，口五千八百八十三万四千七百一十有一。”②

元朝幅员辽阔，人口众多，物产丰富，元世祖忽必烈是“思大有为于天下”的帝王，他要把帝国的首都——大都，建为世界上最大最宏伟的城市。从此崛起的蒙古族以民族性和世界性，铸造了153年的光辉历史，对中华民族的发展做出了重大贡献。

①②《元史》卷五十八，志第十，地理一，中书省。

第二节　忽必烈薛禅汗初建大都

13世纪蒙古族创建的蒙古帝国横跨欧亚两洲，东到额尔斯河，西至波兰、匈牙利的广阔地区和中国本土，“北逾阴山，西极流沙，东尽辽左，南越海表”纵横数万里的辽阔地域，是当时世界上举世无双的最大版图。当时坐上帝国大可汗宝座的忽必烈，意识到统治如此之大的地区和众多的民族，首先必须建立政治中心——帝国的首都。

远在1251年接受蒙哥大汗的委任，总领漠南汉地军国庶事时“思大有为于天下”[①]的忽必烈，广招人才，积蓄力量，求教治国之道。1256年选择桓州（内蒙古正蓝旗境内）和抚州（内蒙古兴和县境内）之间美丽的黄莲川草原，修建了他的藩府——开平府。1259年蒙哥大汗在四川合州（今重庆市合川区）钓鱼山战死。1260年3月忽必烈抛开蒙古贵族传统的“忽里台”制度，在开平府自立为蒙古大汗，一改成吉思汗制定的蒙古纪元法，宣布为中统元年，胞弟阿里不哥也不甘落后，同年5月在哈剌和林宣称继承蒙古大汗之位。于是忽必烈、阿里不哥亲兄弟同室操戈，演出了蒙古帝国和元朝历史上第一幕亲骨肉争夺蒙古大汗宝座的触目惊心、腥风血雨的大内战。毫无韬略的阿里不哥自然不是忽必烈的对手，最终不得不俯首称臣，兄弟又握手和好。

这样，忽必烈有充分的时间和精力实现他多年的夙愿——“建筑世界上最大、最美丽的大蒙古国首都”了。

忽必烈汗营建大都的思想基础是，遵循窝阔台汗肇建哈剌和林时所制定的“奠定世界强国之根基，营建繁荣昌盛之基

---

①《元史》卷四，《本纪第四》。

础”宗旨[1]去实践的。忽必烈自己深思熟虑之后选择了燕京（1215年占领金国都城中都后曾改为燕京）、上都两地建都，曾征求过爱臣刘秉忠的意见。刘太保讲了中原民俗虽不如漠北淳朴，但要扩大经营中原农区远比牧业区有前途的道理。成吉思汗“四骏”之一木华黎的后裔霸突鲁也进言：“幽燕之地，龙盘虎踞，形势雄伟，南控江淮，北连朔漠。且天子必居中以受四方朝觐。大王果欲经营天下，驻驿之所，非燕不可。”世祖怃然曰：“非卿言，我几失之。”[2]毅然决定放弃哈剌和林旧国都，采取两都制，中统四年（1263）将开平府改为上都，定为国都，筹建中书省，燕京为陪都设行中书省，次年将燕京又改为中都。

忽必烈大汗为了蒙古帝国的繁荣昌盛，为了筹建世界上第一流的大都城，不断吸取中原地区汉族封建帝王和历代各族王朝治国安邦的经验教训，制定了草原游牧文化和中原农耕文化相结合的各种政策措施，采取适合各民族利益兼容的灵活策略，最典型、最成功的就是忽必烈的宗教政策和民族政策。宗教上各种宗派相互包容，各自发展。民族政策上虽然存在民族歧视和偏见，但采取蒙汉“二元政策”为主，不拘一格，提拔使用各民族人才，发展生产，安定社会，积蓄资金，广招建筑人才，基本上完成了筹建大都的准备工作。

成吉思汗的先锋大将木华黎于1215年攻占金朝京城中都的时候，忽必烈大汗才1岁，45年以后，忽必烈已经是蒙古帝国的大汗，肩负着建筑世界第一流大都城的光荣任务。鉴于阿里不哥的事件，忽必烈采取各种措施，削弱贵族诸王的特权，加强中央集权制，受到了顽固守旧贵族的反对，尤其是南迁国都，少数保守贵族更是极力反对，他们责问忽必烈，“本朝旧

①《史集》俄译本第二卷，第40页，商务印书馆，1983年。

②《元史》卷一百一十九，列传第六《木华黎》。

俗与汉法异，今留汉地，建都邑城郭，仪仗制度，遵用汉法，其故如何?”[①]忽必烈为了大局，毫不动摇地按既定方针办，忽必烈当然是建筑大都的总设计师，命营建上都城苑宫殿的刘秉忠总负责施工事宜，色目建筑师也黑迭儿，蒙古宿卫野速不花，行工部尚书段天佑，女真人高觿和做出大都规划设计图的汉族将军张柔，通政使憨剌令儿，另外特邀请参与建设上都和察干脑儿行宫、庙宇的著名石匠杨琼、木匠李郝宁、建筑师邱士享、尼泊尔建筑师雕塑家阿尔尼哥等参加了浩繁而伟大的建筑工程。为此特地成立了修内司和祗应司等负责机构，下设大木局、小木局、泥瓦局、油漆局、铜局、铁局、书局、雕木局、采石局、玉局、金丝子局、温犀牛玳瑁局、漆纱冠冕局、珠子局、异样纹绣局、绫锦织染两局、金银局、竹作局、车局、妆钉局、绳局等[②]。此外成立了专门主持修建新宫室的机构提点宫城所。以上这些机构转为大都正式市政管理部门：工部——置尚书三员，正三品，主要负责城池宫殿的营造修缮之事，负责设计技术指导等工作。下设两个主管部门，一个是受给库，秩从八品，置提领一员。下设副吏若干，管理供应建筑材料和仓库等。一个是提点都城所，秩从五品，置提举一员，另有副吏若干，负责大型建筑工程营建等事。

忽必烈首先于至元二年（1265）二月大修燕京郊外金朝避暑山庄琼华岛[③]，修建了蒙古族传统风格的宏伟的广寒殿，做接见世界各国元首、使者、王公贵族的礼仪之所和大可汗临时行宫。接着在燕京东北方向勘察测绘，选择了建筑新都城的地址，这是蒙古族建筑史上具有划时代意义的重大建树。从遗失的元代古籍《元内府宫殿制作》《大都路图册》《皇元建都记》

---

①《元史》卷一百二十五，列传第十二《高智耀传》。

② 朱启钤：《元大都宫苑图考》，中国营造学社，中华民国十九年。

③《元朝典故编年考》卷二，螺树山房丛书。

等著作名称上可以看出元大都是在极其周密策划下肇建的。蒙古族历来认为把自己的王宫、国都建设得富丽堂皇、吉祥如意，这是一个王汗或国家强大的标志，也是大汗的财富和权力的象征，也是显示蒙古民族的政治思维。当时世界各地著名旅行家、传教士所记录描绘的成吉思汗行宫，窝阔台汗、蒙哥汗、忽必烈汗的宫殿就是很好的证明。所以，忽必烈大汗认为：第一，兴旺发达的蒙古帝国必须建筑自己的政治中心，才能和蒙古帝国天下无敌的国势相称。第二，燕京已度过了千余年沧桑岁月，经过了辽金和元初多年战乱，已破烂不堪，要修建旧城市远比营造新城市难得多。从蒙古族传统风俗来讲，游牧移场最忌讳在别的牧户住过的地方安营扎寨，这被认为不吉利。蒙古人最崇仰盖新帐驻牧新草场，认为这是人畜两旺、欣欣向荣的预兆，而破旧的遗址是妖魔鬼怪兴风作浪之处。道森《出使蒙古记》曾记录道："当一个斡耳朵曾在一个地方安置时，在它搬走以后，只要那里有任何曾经烧过的痕迹，就没有一个人敢经过它曾经安置过的地点，不管是骑马还是步行。"①第三，一国之都人口要增加，商业要繁荣，建筑要发展，解决供水是第一要务。原来供应燕京的莲花池水系已满足不了新的需要，另选高梁河水系为大都的新水源。关于选择新城址，李淑兰教授在《北京史稿》中分析道："其主要原因有三：第一，这个地区原是金朝宫苑旧址，有岛屿湖泊，环境幽美；第二，琼华岛是中都一带的制高点，在此处建城有"镇压"住前朝的用意；第三，新城址可以利用西北山区的水源，与高梁河接通，引水入城，不仅可以满足宫廷和居民用水，而且顺利解决了大都的漕运问题。"②

建筑大都的各项准备工作就绪以后，至元四年正月丁未

---

①〔英〕道森：《出使蒙古记》，中国社会科学出版社，1983年。

② 李淑兰：《北京史稿》，学苑出版社，1994年。

（1267年2月14日）破土动工，用了18年时间，到至元二十二年（1285）城郭宫殿基本全部完工。是年忽必烈大汗七十大寿，新都城竣工庆典上有几分醉意的忽必烈大汗踌躇满志、春风得意地向世人宣布这一宏伟之都完工之喜。并下诏凡入住新城居民，每户免费可得八亩地皮，供盖屋造室之用[①]。

从此以后大都地区〔明洪武元年（1368）改元大都为北平，明永乐元年（1403）又改北平为北京〕成为全中国的政治中心。明、清两朝北京的形成乃至今天北京的规模就是元大都打下的基础。

①《元史》卷十三，《世祖纪十》。

第三章　大汗的天堂
苍狼白鹿挥墨斗
金殿银阙平地起

第一节　宏伟的大都城

一、大都外城——戈达尔浩特（γadar kot）[①]

元大都是13世纪当时世界上最大最繁荣的崭新城市。是根据当地的地理形势、气候水源及“天地人三才一统”的风水观点相结合而营造的。忽必烈薛禅汗结束了中国南北五百余年的分裂割据状态，成为统一当今中国范围和东亚、中亚大陆的第一个皇帝，他坚信蒙古族古老的“赖长生天之力”兴旺发达的哲理和“祖述变通、鼎新政革、宜新宏远”的精神，要营造世界上最大最美丽的城市。因而大都的建造不但体现了古老的蒙古族建筑、营帐宫殿之风格，并采用蒙藏、蒙汉风格相结合的形式。元大都也是世界性的城市，所以也有少量阿拉伯、波斯

① 元大都城门，宫殿的蒙古名称少数见于《元史》，王士点《禁扁》《掖庭记》和拉喜彭斯克《水晶珠》等著作，笔者根据成吉思汗、窝阔台汗、蒙哥汗的宫殿都有蒙古名称，忽必烈的宫殿不会全部是汉称，以此推理全部补译为蒙古名称，后用括弧标出蒙古语音标，仅供参考。

风格的建筑。它的独特设计思想和建筑风格是中国建筑工程学上的一大宝库，是蒙古族建筑艺术营造学上的顶峰，给以元大都为胚胎发展起来的北京城打下了坚实的基础。

元大都是中国历史上唯一在没有任何建筑物的平地上营造起来的都城，是雄心勃勃的忽必烈薛禅汗的杰作。

元大都建筑在金中都的东北方，是坐北向南、南北略长的长方形城市，南北长7600米，东西长6700米，周长为28600米，总面积为50平方公里。《元史》卷五十六《地理志一》记载："京城右拥太行，左挹沧海，枕居庸，奠朔方。城方六十里，十一门。"和新中国成立后实际测量周长为30.31公里相吻合。皇城在全城的1/3的前半部，宫城位置在皇城1/2的东半部，西半部为皇后、太子之宫。宫城内部的主体宫殿被四角有角楼、前有三门、左右各有一门的庑屋红砖墙围起来，固若金汤。这是从成吉思汗怯薛制[①]和"古列延"[②]发展起来的巴托浩特〔batu kot〕——蒙古语坚固之城之意。

元大都城的中轴线始于大都正门丽正门〔tob yosotu kaγalγa〕外一棵大松树，经皇城正门灵星门〔biligtu odon kaγalγa〕、宫城正门崇天门〔tenger susugtu kaγalγa〕、巴托浩特的正门大明门〔gegen čaγan kaγalγa〕、宫城北门厚载门〔buyan batu kaγalγa〕，到达鼓楼中心台为止。这就形成了同南北中轴线并行的主要街道，各街道又分出无数小胡同。关于元大都街道制，《析津志辑佚》载："大街二十四步阔，小街十二步阔。"[③] 元代制定的中轴线和街道制，明清以来直到新中国成立后，北京的中轴线和街道规格基本没有变更，也无法变更。

---

① 成吉思汗成立的禁卫军制度，怯薛是蒙古语〔gešig〕的音译，是蒙古军的精华，是蒙古汗国的军政中坚力量。

②"古列延"是蒙古语〔küriyen〕的音译，是圈子、院子的意思。古列延和蒙古族城市发展以及"斡耳朵"的产生有密切关系。

③（元）熊梦祥：《析津志辑佚》，第4页，北京古籍出版社，1983年。

元大都城墙四角都建有宏伟的角楼，经考古勘查，元大都东南角楼夯土较深，一般深约25米，南北长为50米，因元大都东边多为沼泽地、土壤泥泞，必须深打城基槽，元大都东北角楼的基槽，无论深度和面积都比东南角楼少些。西南、西北角楼情况不详。因明朝洪武初年将元大都南北城墙南移，城门、城楼、角楼和南北城墙全部被拆毁，无从知道角楼的具体建制，但因明朝基本上是承袭元城墙的设计，所以从明角楼中可以看到元角楼的身影。

元大都城墙一般在85—140米之间，建有墩台，城墙像锯条，墩台就像锯齿一样从城墙外部向外面凸出来，起到加强防御的作用。宋代称马面，元代称海森（蒙古语〔haiseng〕），明清称墩台。新中国成立后实测海森面积长为15米，宽为18米，顶部长为14米、宽为13米，这是明朝在城墙内外加砖石加固以后的面积。若干墩台中间还根据地形地貌，在五公里或五公里多之间建有大墩台，地基宽为80米、长为39米，顶部宽为18米、长为35米，大墩台上建有宿卫警室，以便日夜护卫。元朝末年大都十一门都建有马蹄状的瓮城、箭楼和吊桥。明朝洪武初年以战时不便于运兵为由，将北墙南移2.5公里，这样把由海子（现今积水潭）向东流出的河槽隔在城外，改为护城河了。以后又以元大都南城墙离皇城门太近为由，将元南城墙南移0.5公里左右。关于明朝压缩改变元大都城制的动机，一般史书认为是为了“便于防守而采取的措施”。但真正的目的在于贯彻朱元璋的政治意图。朱元璋是很有作为的帝王，但他对待“正统”与“非正统”观点采取了极端的行为。在他看来“正统”是汉族，建立西夏王朝的党项族，建立北魏的拓跋鲜卑族，建立辽王朝的契丹族，建立金王朝的女真族，建立元王朝的蒙古族都是“非正统”的夷族，他认为蒙古人的“王气”太甚，所以大烧大拆元朝宫殿，以镇元朝王气。关于元大都南北墙南移之原因，美纬堂先生分析，“元大都号称城方六十里”，扩建中的京师（南京）城才“围五十六里”，北京（开封城）“周四十八里有余”。对比三个数字，便不难理解明军占领北平后，即以大举缩城为急务的奥秘。原来，徐达只不过是贯彻皇帝的政治意图，不容北平城“违制”，以示天下之定于一尊，根本不是出自什么“便于防守的军事考虑”。①

元末明初诗人宋纳写有《壬子秋遇元宫诗》，对元大都宫殿荒废状况做了详尽描述，壬子是明朝洪武五年（1372），也就是说这是元朝统治者退出大都以后四年的情景，因原诗太长，无法全录，仅摘录数行，以供参考②：

离宫别馆树森森，秋色荒寒上苑深。
兴隆有管弯笙③歇，劈正无官玉斧④沉。
黄叶西风海子桥⑤，桥头行客吊前朝。
凤凰城⑥改佳游歇，龙虎台⑦荒王气消。
十六天魔⑧金屋贮，八千霜寒玉鞭遥。

① 美纬堂：《旧京述闻》，第51页，人民出版社。

②《日下旧闻考》，第192页，北京古籍出版社，2001年。

③ 兴隆笙：元廷宫殿著名乐器，高1.54米，宽0.92米，有管九十，由两位乐师演奏。传说是忽必烈所创制。《日下旧闻考》，第440页，载：“其器有曰兴隆笙者，实上所自作。”

④ 劈正斧：是五制的二尺余斧子。元帝上朝时由侍从武官持斧站立在大汗左侧，右侧站立着“镇殿将军”，肩负“骨朵”，骨朵是突厥蒙古语〔guta〕的译音，是棒子、杈的意思，实际上就是权杖。两者都是权力和排场的象征，起源于成吉思汗时代的怯薛制度。

⑤ 海子桥：元皇宫厚载门前一座大理石桥叫作万宁桥，是通惠河运入海子（今积水潭）的口岸，现今北京地安门桥又叫后门桥。

⑥ 凤凰城：指元皇宫诸宫殿。

⑦ 龙虎台：元朝实行两都制，每年四月至九月从大都到上都避暑办公、狩猎、宴饮时离开大都必经的第一站行宫，满昌《蒙古族通史》第三册第198页载：“哲别顺利进入居庸关，进抵中都（今北京）。成吉思汗便随之入关，驻跸龙虎台。龙虎台当时很可能是蒙古军进攻金中都的前线指挥部所在地。”

⑧ 十六天魔：十六个舞女跳的蒙古族宫廷舞蹈。

九重门辟人骑马，万岁山[①]空树集鸦。
御桥路坏盘龙石，金水河[②]成饮马沟。
虎卫龙墀人不见，戍兵骑马出萧墙[③]。
端本有书遗鹤禁，宣文无客进龙韬[④]。
拂郎天马[⑤]空逾海，不驾朝元玉辂高。

朱元璋又用挖掘皇宫护城河的泥土来埋压忽必烈薛禅汗的佛殿延春阁，名曰“镇山”以镇蒙古“王气”，后来又改为景山，蒙古人则称“朝克图山”〔čogtu aɣula〕（朝气兴旺之意）。这就是现北京的景山。

元大都城方圆30公里，而朱元璋称帝的南京城才围长28公里，他岂能容“非正统”的京城超过自己的京师呢？他的继承者仍迷信“正统”和“非正统”观点，永乐十九年（1421）明成祖迁都北京当年，在元大都内废墟上新建的奉天、华盖、谨身三殿失火烧毁，明成祖也认为蒙古人“王气”太大。况且，不说退去漠北的十万余蒙古兵力，北元丞相纳哈出在辽东陈兵二十余万，河南王扩廓帖木儿在陕甘一带有兵十余万，云南梁王也有十余万兵力，青海、新疆瓦剌部麾下也有十余万之众，虎视眈眈，轻骑骁勇，不断进袭北京，提出“还我大都”之声日益激烈。退踞应昌府的兀哈笃可汗妥懽帖睦尔曾前后三次大举进攻北京企图复辟。所以明廷不敢再大力营建北京宫

① 万岁山：太液池中的琼华岛，即今日北京北海公园白塔山。

② 金水河：从西山引来的泉水渠专供皇宫饮用水，由宿卫看护，禁止洗濯和饮畜。

③ 萧墙：元皇宫外墙，又称栏马红墙。

④ 端本阁、宣文阁：札丫笃汗图帖睦尔天历二年（1329）初建奎章阁，是皇宫文化艺术研究机构，珍藏书画、文物等。后来曾改为端本阁、宣文阁等。

⑤ 拂郎天马：于至正二年（1342）七月罗马教皇使者马黎诺在大都谒见兀哈笃汗妥懽帖睦尔，进呈教皇信并献油黑色骏马一匹，被誉为拂郎天马。

殿，他以后的明仁宗、宣宗之世曾一度打算还都南京。

永乐十七年（1419）将元大都南城墙和三个城门拆毁向南移了0.5公里许，盖了正阳、崇文、宣武三门，所以元大都的南墙三个城门及城墙痕踪很难找到了。但在德胜门、安定门外的小关之处，北城墙土堆痕踪是很明显的。这里于1958年建立了元大都城垣遗址公园并由北京史专家侯仁之教授撰写了《元大都遗址公园碑记》，在明光村城垣遗址上全国人民代表大会原委员长万里题写了《元大都城垣遗址》碑题。当时元大都东西两段南北向城垣2/3未被拆掉，其具体方位是东段从牌坊胡同附近元大都东南角楼遗址至光熙门城墙，西段从茄子胡同佛寺街附近元大都西南角楼遗址至肃清门的城墙。但光熙门、肃清门城楼、瓮城也全部被拆除。东城垣的崇仁门易为东直门，齐化门易为朝阳门，西城垣的和义门易为西直门，平则门易为阜成门。明清两朝继续加固并利用，直到“文化大革命”时尚在的元大都东西城墙和这四座城门全部被拆掉。

忽必烈营建元大都南墙的时候遇到庆寿寺海云、可庵两位大师的舍利塔，忽必烈薛禅汗特令“远三十步许环而筑之”（《元一统志》卷一《中书省·大都路》）。因而南墙西段庆寿寺所在的位置向外凸出半弧圆圈。元城墙是用石灰、黏土、沙子按一定比例合成的“三合夯土”，蒙古语叫作“约古拉戈”〔yoγuraγa〕墙。中间加有竖柱和横木，如同现在的钢筋水泥，墙基均深掘2米深的基槽，达到地面生土层，以1∶2∶3的比例筑成，相当坚固，地基宽24米，高约16米，顶宽8米。

庆寿寺和海云、可庵舍利塔在1954年扩建东西长安街时被拆掉，尽管建筑大师梁思成建议将其保留改为街心环岛，但终究没能实现。1969年拆西直门（元大都和义门）箭楼时挖出已叠压在箭楼底下的元和义门〔nayiramdγu jiramtu kaγalγa〕瓮城城门。从门洞中的石刻题记中得知这是至正十八年（1358）加固改造的。“城门高22米，门洞长9.92米，宽4.62米。内券高6.68米，外券高4.56米。上面有抵御火攻的石制设备和水道，城门楼地面铺砖，当间靠近两壁的台阶下有并列的两个水窝，水窝用有五个水眼的石箅子做成，石箅子下为一砖砌水池，水池外又砌有流水沟，分三个漏水孔径内，外券之间达木质门额之上。是专门设计的防御火攻城门时的灭火设备。”[①]其设计科学巧妙，令建筑学家惊叹不已，中国城市建筑史记录上还未发现这方面的先例。拆毁和义门瓮城城门时建筑学家傅熹年、罗哲文观察拍照过。有些建筑学家、考古学家对这一发现兴奋不已，给当时主管文教工作的国务院副总理郭沫若申请无论如何要保护元和义门瓮城城门的建议。“文革”后才得知郭老当时处境也十分危急，郭老说：“我自己都难保，哪有力量来保护和义门呢？”破除“四旧”的暴风骤雨中，和义门还是被拆除了。多亏中国科学院考古研究所、北京市文物管理处元大都考古队的专家们不辞辛苦，日夜工作，抢先拍照考察记录，才留下了珍贵资料，其余构件、建筑材料不知去向。

元大都的十一个城门和瓮城以及西北部分城墙采用砖砌，其余都是三合土夯成的土墙，未来得及包砖，因此雨季到来之前都要用芦苇遮盖，以防雨水浸蚀造成坍塌，有专业宿卫编席和做护卫工作，每年大约用50万公斤芦苇，芦场原在元大都文明门南5公里多的地方，现今北京外城珠市口东大街路北的草厂前胡同、草厂中胡同、草厂北胡同以及从草厂一条到十条大约20万平方米的地方就是当年元大都城墙所用的编席场。以后沿革成了住宅区但名称未变。现外城龙潭湖公园一带原来有不少苇塘，就是当年供应芦草的基地。每年用大量芦苇编席不但花费很高，也不是一劳永逸的方法。当时忽必烈和阿里不哥争夺皇位的斗争正在激烈进行，为了预防敌方火攻停止了这项工程，准备用石砖加固，直到忽必烈去世也未完成，忽必烈以后

---

①《元大都的勘查和发掘》，《考古》，1972年第二期。

的继承人内讧加剧，再加上农民起义风起云涌，朝廷再也无力经营了。忽必烈在世时，海运暴发户朱清、张瑄自告奋勇愿以家资购买石砖包裹城墙，但因怕损伤了蒙古帝国的尊严，始终未能获准。直到明朝逐年裹砖方得以完成。元大都城墙长、宽、高的比例是3∶2∶1，有相当的收分，元大都的建筑方法被波斯史学家拉施特记入《史集》中："大城墙用土建筑，其地可用两板夹土，掷湿土于其中，用大木桩捣之使坚，已而去板，土遂成墙。大汗晚年曾命运石甃墙，然工未成而身死。若上帝许可，此种计划将由铁目耳汗完成之。"①冯承钧译的《马可波罗行纪》中记载大都城墙："环以土墙，墙根厚十步，然愈高愈削，墙头仅厚三步，上筑女墙，女墙白色，墙高十步。"②与新中国成立后考古实测相差无几。

元大都共有十一门，东、南、西三方城墙各有三门，唯有北城墙设有二门。南三门正门是丽正门〔tob yosotu kaγalγa〕，有三个门洞，中间为御道，左右供文武将相出入，南墙东门为文明门〔soyol gegereltu kaγalγa〕，西门为顺承门〔eyeber ilebgeltu kaγalγa〕，南墙和三个门明初全部被拆毁。西墙三门是平则门〔keb doromtu kaγalγa〕（现今阜成门）、和义门〔nayiramdaγu jiramtü kaγalγa〕（现今西直门）、肃清门〔čiber tungγalag kaγalγa〕明初拆毁。东墙三门是光熙门〔gegen amuγulan kaγalγa〕明初拆毁，崇仁门〔ondor oršiyeltu kaγalγa〕（现今东直门）、齐化门〔bügüd soyoltu kaγalγa〕（现今朝阳门）。北墙二门是健德门〔engge erdemtu kaγalγa〕和安贞门〔döbšin batu kaγalγa〕，北墙和两个门于明初被拆毁。中国历代城镇都是讲究城门的对称，而唯有大都城门为奇数，引

①〔波斯〕拉施特：《史集》，余大钧、周建奇译，商务印书馆，1983年。

② 冯承钧译：《马可波罗行纪》，第309页，河北人民出版社，1999年。

起了国内外建筑界的兴趣。陈高华教授在《元大都》一书中分析道："像大都这样一个十分齐整的长方形城市，应该是八门、十二门或十门才对，为什么北墙，偏偏是只开二门，这是令人费解的。"元代官方文献中没有对此事做过说明，倒是一些作家的诗文笔记中讲到了这个问题。元末明初长谷真逸的《农田余话》中说："燕城系刘太保定制、凡十一门，作哪吒神三头六臂两足。"[①]这里说的刘太保是营建上都、大都工程的总负责人刘秉忠，他按汉族神话传说的解释，认为十一个门中南面三个门是哪吒的三个头，东西六门是哪吒的六臂，北二门是哪吒的两腿。这种解释和蒙古族古老建筑历史和居住习俗相去甚远。笔者关于大都设十一门原因的基本看法是：

第一，蒙古民族是世界上最开放的民族之一，只要是有利于民族、有利于国家的东西就会毫不犹豫地全盘接受。但是成吉思汗的"必力克"〔bilig〕（即箴言）是不容篡改的。蒙古族步入中原后，招聘以汉族为主的各族能人贤士，学习其他各民族的先进事物，如治国之道，有人则以为采取了"汉法"。对元代"汉化"问题史学界有不同看法，这方面李治安教授分析得很中肯。他写道："自元世祖忽必烈开始，蒙古统治者在部分吸收汉法、运用汉法的同时，仍较多保留了蒙古草原旧俗。保持蒙、汉政治和文化的二元结构及蒙古贵族的特权支配。这始终是元帝国的重要国策。"[②]实际上忽必烈薛禅汗处理帝国政治，推动前所未有的多民族统一国家事务发展中始终贯彻着"蒙内汉外"的基本国策。像如何建筑大都这样的城市，他有自己的一套既定方案。有人说大都建筑采取了《考工记》中的营造法，它的主要内容为："匠人营国。方九里，三门。国中

① 陈高华：《元大都》，第51页，北京出版社，1982年。
② 李治安：《忽必烈》，第151页，人民出版社，2004年。

九经九纬，经涂九轨。左祖右社，面朝后市，市朝一夫。”[①]共31个字。因为大都不是由旧城改造而来，而是在一块无任何建筑物的平原上建筑起来的，最适合用《考工记》的定制来营造。但忽必烈薛禅汗没有硬搬照抄《考工记》，而是按照蒙古族居住条件以崇尚大自然为要，认为驻地一定要建在“靠山傍水、山清水秀”的地方，《蒙古秘史》记录成吉思汗和札木合结为“安达”〔anda〕（盟友）之后安营扎寨在水草丰美、风景秀丽的地方。后来关系走向破裂，札木合就说：“咱如今挨着山下。放马的得帐房住。挨着涧下，放羊的放羔儿的喉咙里得吃的。”[②]用草场分割，“马羊分群”的比语暗示关系的破裂。别说古代，现在草原上的牧民四季搬家，移牧的驻地都是选择水草丰美、山川秀丽的地方。所以忽必烈把金朝避暑山庄万宁宫太液池纳入皇城之内。宫殿的安排上以朴素实用为主，大明宫〔gegen čaγan ordun〕、延春阁〔nasan hutugtu örgüge〕、隆福宫〔buyan badraltu ordun〕、兴圣宫〔hobilaγan mandaltu ordun〕、广寒殿〔saran tungγalag karši〕五大宫殿都是用蒙古族吉祥结实的永固结——巴托恰哈特〔batu čikatu〕“工”字形图案设计出来的，汉族建筑专家称之为“工”字形建筑。这种形式的建筑在元大都考古挖掘中被发现。除宫殿以外，还普及到中层阶级。如今在鄂尔多斯成吉思汗陵中的前大后小葫芦状帐“朝木楚克斡耳朵”〔čomčog ordun〕就是巴托恰哈特形建筑，是由成吉思汗时期的“绰儿罕格尔”〔čurhan ger〕[③]传承延续下来的。

农耕文化产生的《考工记》以及儒家学说在建筑上崇尚

---

① 戴吾三：《考工记图说》，第80页，山东画报出版社，2003年。

② 额尔登泰、乌云达赉：《蒙古秘史》，校勘本，第119页，内蒙古人民出版社，1980年。

③ 请见拙文《蒙古族古代建筑学家帖木格·斡惕赤斤生平探微》，《科学》（学术版季刊蒙古文版），第111页，2014年。

《中庸》，以防左倾右斜，以方方正正为主，皇帝的京城必须是平行四方，城门数量必须是以四、八、十二等偶数为主。不考虑对地形地物的利用，聂崇文《三礼图》中的“王城图”、戴吾三《考工记图说》中的王城图[①]再典型不过了。且不说农耕文化的京城和宫殿，就是农耕地区的居宅也是以方正为主的。中间以大房为主，其余分为东厢房、西厢房之类，院子也是四方的，南方正中开门。这种建筑体系和思维完全主宰了汉族建筑体系，以至反映到汉族文学作品之中，比如《西厢记》《红楼梦》《万花楼》等。正如以上所述，蒙古民族游牧文明也讲究事物的对称，双双对对认为吉祥。就拿牲畜圈来讲，圈门都在南面，如果这圈实在太大，就要在东西方再设门，但决不会在北面开门，忌讳北面有门。他们认为积聚的财富、吉祥福禄会从南门进来，再从北门流散出去，弄得人财两空。蒙古民族历来崇尚大自然、崇尚吉祥，说话办事以相诚为宗，讲究吉祥渗透到蒙古人生活的每个角落，从而产生了蒙古民族特有的《颂词》这一古老口头文学形式。元大都是十一个门，上都七个门，应昌府（老虎城）三个门，德宁府（敖伦苏木）也有三个门。对蒙古族这一传统习俗如何能用神话传说来解析呢？

第二，有的学者认为从元大都的中轴线来看，从丽正门起步的中轴线到鼓楼以后经海子（现积水潭）漕河向东、西方向延伸，东边一线直到安贞门，西边一线直到健德门，开了两个门，所以北墙无须再开中门。当时测定大都中轴线时忽必烈看中了丽正门外一棵大松树，定为南北中轴线的起步点，此线经丽正门、皇城灵星门、宫城崇天门巴托浩特，直到鼓楼为止。并在鼓楼附近竖立了书有“中心台”三字的石碑，以兹为据。这就是后人所说的“元大都半个中轴线”。当时完全有可能有能力把中轴线延伸到北城墙一线，并在那里开北门，完全是可以

① 戴吾三：《考工记图说》，第123页，山东画报出版社，2003年。

的。但没有开北门的原因还是必须用蒙古族游牧文化来诠释。

蒙古族是大自然之子，依“长生天之力”，崇拜山川河流、森林，忽必烈看中丽正门外一棵松树，正是这一信念的反映。蒙古人在所有的树木中更崇拜敬仰松树，松树有“常青树王”之誉。《蒙古秘史》135节记有：成吉思汗征服塔塔尔部落时在“纳剌秃·失秃额”之下拾到一个“鼻子上带一个金圈子，又金纻丝貂鼠里儿做兜肚”的婴儿，交给母亲诃额仑抚养为六子，起名叫“失乞刊忽都忽”[①]。后来他做了蒙古帝国的千户长和最高“札鲁忽赤”〔jarγuči〕诺颜（断事官）。这里所记的“纳剌秃·失秃额”蒙古语〔nartu šitugen〕是“圣松之神”，即是在圣松之下拾到的人更是无限尊贵的。母亲诃额仑认为“必是好跟脚人的儿子”。在蒙古族原始萨满教颂词中记有对松树的崇拜：

八十丈高雄伟的圣松树，
长有八十万茂密的枝头，
太阳和月亮雨露滋润，
葱郁的枝头盘满了丽春花。[②]

又如：

蓬松紫桤木，
青枝3000条，
日月闪金光，
挂在绿树梢，

① 额尔登泰、乌云达赉：《蒙古秘史》，校勘本，内蒙古人民出版社，1980年。

② 贺·宝音巴图：《蒙古族树木崇拜》，第39页，内蒙古文化出版社，1990年。

嫩叶何清新，
开花更妖娆，
高高紫柰木，
本自地脐生，
大树独技撑，
屹在峻岭顶。[①]

蒙古族是大自然之子，依“赖长生天力”生存发展，崇拜山川河流、森林，忽必烈薛禅可汗审定元大都中轴线的终点时，看中丽正门外一棵松树，正是这一信念的反映。蒙古人在现有的树木中更崇拜松树，冠以“常青树王”之誉。有许多传说：其中有原始人类丢失享受长生不老机遇的故事，金燕子从长生天那里衔着“永生圣露”到人间，途中遭到蜜蜂的叮蜇，把含在口中的“永生圣露”失落在松树上，所以松树四季常青，而人类却失去了长生不老的福分。[②]

蒙古学家杨·道尔吉先生在他的力作《成吉思汗陵史话》中阐述道：成吉思汗生前曾到一处，看到此处有一棵孤树，甚爱之。大汗纳凉于其树荫下，盘良久，遐思，而后对左右说：“我死之后可葬于此。”这些都是证明蒙古人何等崇拜树木之道。忽必烈看中丽正门外一棵孤松并把它作为元大都中轴线起点的奥秘就迎刃而解了。熊梦祥的《析津志辑佚》载：“世祖皇帝建都之时，问于刘太保秉忠，定大内方向。秉忠以丽正门外第三桥南一树为向以对，上制可，遂封为独树将军，赐以金牌。每元会圣节及元宵三夕，于身悬挂诸色花灯于上，高低照耀，远望若火龙下降。”[③]

---

① 刑莉：《游牧文化》，第464页，北京燕山出版社，1995年。
② 葛·纳·胡尔查毕力格：《蒙古丧葬文化》，内蒙古文化出版社，2002年。
③（元）熊梦祥：《析津志辑佚》，第213页，北京古籍出版社，2001年。

另一方面，元大都设十一个门是与蒙古族游牧文化“古列延”有密切渊源关系。“古列延”是蒙古语〔küriyen〕的译音拼写。是圈子、院子、营盘的意思。《蒙古秘史》129节为“圈子”“营”，明代译为“库伦”，张穆《蒙古游牧记》译音为“囫囵”。

“古列延”最初产生于氏族社会，当时生产能力低下，无法抗拒大自然的灾害、食肉动物的袭击和部落战争的杀掠。出于被迫，人们聚集居住，把勒勒车围成一个圈子，部落酋长居中，其余人住在他的周围。前方把两辆车辕竖立起来做门。这就是最原始最古老的“古列延”的形式，也就是蒙古族最早游牧流动城市的雏形。随着畜牧业生产的发展和争夺人口、牲畜、财富战争的频繁，“古列延”的规模日趋扩大，从几百帐幕、几千帐幕发展到了上万余帐幕。阿拉善巴丹吉林沙漠边缘的曼德拉乌拉山方圆十余里的岩画中除狩猎、各种动植物图以外，第一次出现了有好多毡包围成环形的“古列延”之图①。

拉施特在《史集》中记述到：“在古时候，当某部落屯驻在某地时，就围成一个圈子，部落首领处于像中心点那样的圈子中央，这就称作古列延。”②长春真人丘处机于1221年从山东去中亚撒麻耳干（今乌兹别克斯坦撒马尔罕）谒见成吉思汗时路过斡惕赤斤诺彦的古列延时，曾看到“皂车毡帐、成列数千”③的壮观景象。法国蒙古学权威勒内·格鲁塞先生在《草原帝国史》中写道：“所谓（蒙古人的）‘城’，不过指一种巡回的营，就是蒙古人所称谓古列延的环绕着首领的帐，这种游

---

① 阿拉善盟博物馆长敖云采访记录。

②〔波斯〕拉施特：《史集》，余大钧、周建奇译，第一卷第二册，第112页，商务印书馆，1983年。

③（元）李志常：《成吉思汗封赏长春真人之谜》，第45页，中国旅游出版社，1988年。

牧城是常常可以随着他们的汗王而移徙的。”[①]蒙古族历史上最有名最残酷的一次战役是12世纪末札答阑部与蒙古部之间的十三翼“古列延”之战。成吉思汗调动了十三个古列延三万余精兵，札答阑部札木合也组织了千余台勒勒车的十三个古列延骑兵来对抗，最后札木合大败。便出现了“成吉思汗用七十二个铁锅煮敌酋”的传说。

蒙古人的“古列延”是生产单位，也是军事单位和居住之地，逐步发展成为以汗宫帐斡耳朵为中心的政治、经济、军事为一体的“古列延”游动城市形态，这就是蒙古人最早的城市。

元大都是蒙古族游牧文化“古列延”的发展和延续，按蒙古族的习俗来说把皇城建在大都的“肚脐眼点”“肚脐眼线”，也就是我们所说中心点和中轴线。类似于古埃及雕塑绘图的“正面律”哲理一样，再由外城、内城、皇城、巴托浩特层层圈围起来，在最里面的心脏部位上营建了帝国的中枢迦坚茶寒斡耳朵——大明宫，如同“古列延”中心是王汗宫殿，依次是羊群扈卫，牛群扈卫，马群扈卫，军民一体的连锁防卫辐射到几十公里、几百公里。这样，外敌难以入侵，而一旦出击却很迅速便利。

再者，中原地区兴起的唐、宋王朝及诸多封建王朝，把皇宫建在京城中轴线的实例是没有的。只有蒙古族营建的大都把皇宫建在京城的中轴线上。建筑大都之前首先勘测出全城的中心点和中轴线，然后以中轴线为准，确定皇城、宫城、巴托浩特〔batu kot〕，诸宫殿、衙署、兵营、官邸、住宅、街道、寺庙位置和水源供应系统。这是蒙古族在世界建筑史上的创造性贡献。难怪马可·波罗惊奇地记述道：“汗八里街道甚直，此

①〔法〕勒内·格鲁塞：《草原帝国》，黎荔、冯京瑶、李丹丹译，国际文化出版社，2003年。

端可见彼端，如同棋盘，从此门可由街道远望彼门也。”①

明朝虽然以镇“蒙古王气”为由火烧、拆毁诸宫殿，但仍依据大都中轴线在原诸宫的废墟上盖建了新的宫殿。所庆幸的是清朝没有烧毁明宫诸殿，稍加维修改建就加以利用了，是所有游牧民族传承的节俭为上的共同优秀品德之一。

二、内城〔dotor kot〕

汉族学者把内城一般称为皇城，广义是皇帝住的地方，又把宫殿区叫作宫城，又称大内。实际上蒙古族的宫廷管理制度来自“古列延”，就是层层圈围，组织严密，最里边的一层才是汗王的宫殿。正如上述元大都是以外城、内城、宫城和巴托浩特来区分的。外城圈里面是内城，内城圈里面是宫城，宫城圈里面是巴托浩特，巴托浩特圈里才是具体的宫殿。而且从宫廷警备森严的怯薛制度上也可看出四级分割的必要。《蒙古秘史》255节，记有成吉思汗大斡耳朵禁军卫士分为“客卜帖兀勒”〔gebtegül〕、“客失克”〔gesigeten〕两类：“客卜帖兀勒”这个词在蒙古语中是“躺着的”意思，即要躺着警卫，那就可以理解成为“固定的暗哨”或“定位哨兵”。《元史》译为宿卫。“客失克”这是“轮班警卫”的意思。《元史》译作怯薛，这就是“内廷府的值班”警卫。他们都是从大汗国开国元勋的子弟或有“大根脚”的佼佼者。

内城在大都正门，丽正门的正北。大约占1/3的南部中央区，方圆为10公里，用红砖城墙圈围起来，叫作萧墙，蒙古人叫作“栏马红墙”〔aduγu horihu ulaγan herem〕。可见内城喂养有大批骒马，专供宫廷马湩。忽必烈薛禅汗每天正餐都离不开“其格”〔čige〕（马乳）和手抓羊肉。

马乳虽然营养丰富，但产量却非常稀少，每匹骒马一天也

① 冯承钧译：《马可波罗行纪》，第319页，河北人民出版社，1999年。

就是1.5千克的产量，为了满足宫廷的大量需要，必须有大批马群，难怪宏伟森严的皇城内竟然有“栏马红墙”。这也是大都皇宫的特色之一。萧墙周围种满了参天树木，形成天然屏障，大草原的自然气息十分浓烈。史书称内城有十五个红门，名称和位置难以查证。只有南门灵星门、北门厚载门记录在册。

在方圆10公里的内城范围内由五个区域组成了庞大的宫区：

1. 宫城（大明宫和延春阁诸宫）
2. 万岁山（又叫琼华岛或万寿山）——广寒殿和太液池。
3. 隆福宫
4. 兴圣宫
5. 北苑和西苑

大都正门丽正门和皇城正门灵星门中间，蒙古语叫作〔alukan talbai〕，意为锤形广场。汉语叫作“丁”字形广场或“T”形广场，又称千步廊。过了灵星门就是有名的金水河上的周桥，蒙古语叫作〔nomon kökurge〕（此桥旧址为今故宫内金水河桥），是用汉白玉建筑的三座桥，中间为御道，两边为文武大臣道。《日下旧闻考》卷三十二载：“河上建白石桥三座，名周桥，皆琢龙凤祥云，明莹如玉，桥下有四白石龙，擎载水中甚壮。绕桥尽高柳，郁郁万株，远于内城正门崇天门。”崇天门对面是巴托浩特环绕的大明宫和延春阁。

从大都正门丽正门进入，就是宫廷广场，汉族学者从形状上观察俗称“丁”字形广场，广场左右两边是千步长廊，实际只有七百余步，千余米长，“丁”字形广场用蒙古族游牧文化来讲的话，它是锤形广场，为什么设计成锤形广场呢？蒙古族中广泛流传着和蒙古族生存创业有关的著名的《额儿古纳·昆》的传说：成吉思汗的族先，乞颜部落，在部落争夺战中只剩下两户逃到深山密林中，繁衍生息，最后以惊人的智慧和毅力，宰杀了70头牛马，做成皮风箱，熔山化铁，制作了武器，打开了到草原的通道，从种族濒于灭绝的危境中复活过来，创造了走向世界的英雄业绩。蒙古语“乞颜”是从悬崖峭壁流下的狂暴巨大的湍流的意思。因为乞颜部落生性刚强、彪悍无畏、所向无敌，所以蒙古人不会忘记这艰苦创业的熔山炼铁的伟业，每到除夕之夜，用锤子锻打烧红了的铁棒，以示自己民族复兴的风俗[①]。忽必烈薛禅汗把宫廷广场设计为锤形，不是哪个建筑师的杰作，而是蒙古族古老游牧文化沉积下来的传统结晶，可见寓意深远。这在宫廷建筑史上又是一个创举，一改中原历代封建王朝不把宫廷广场建在京城正门内的惯例，从而使人一进大都正门就看到金碧辉煌的宫殿，更加突出了汗权的威严。

三、宫城〔ordun kot〕

宫城的位置在内城的1/2的东部，从至元八年（1271）八月十七日开工，日夜施工到次年三月十五日全部竣工，共用工28000余人。

宫城为南北长方形，城墙高三十五尺合11米高[②]，南北长六百一十五步，合948米，东西宽四百八十步，合740米，周长为3376米，等于70余万平方米。若把元宫城建筑面积和世界著名的宫殿相比较的话，欧洲最大宫城俄国的克里姆林宫只占一半左右，法国著名的卢浮宫只占1/4左右，英国的白金汉

①〔波斯〕拉施特:《史集》，余大钧、周建奇译，第一卷第一册，第四编，第251页，商务印书馆，1983年。色道尔基、梁一儒、赵永铣编译评注:《蒙古族历代文学作品选》，内蒙古人民出版社，1982年。

②“尺”和“步”是元大都规划设计时使用的专用计量单位；一步为五尺，当时的一尺合现制为0.308米，那么一步是合1.54米。本书的步和尺均以此为据换算。11米合现制为10.78米，和《马可波罗游纪》中记录的11公尺相符，而大都城墙高为10步，合现制15.4米，马氏曰宫城周围为4哩，大约合现制3公里。

宫仅占1/10左右。

朱启钤先生在《元大都宫苑图考》中载："洪武元年八月，大将军徐达，遣指挥张焕计度之皇城，周围一千二十六丈，将宫殿拆毁。"这里所说的一千二十六丈用元制换算为3161米，即合3公里多。正好是元宫城周距，所以作者生疑，提出这里的"皇城"应指的是"宫城"。元皇城周距为10公里，不会是一千二十六丈。不管如何，留下这数字是很珍贵的。《日下旧闻考》中所说"周围一千二百六十丈"，也就是3.5公里多，与实际数目相差无几。

仅因朱元璋是和尚出身，许多事宜多从迷信角度考虑。只毁了元宫，元代所建众多庙宇却完全保留下来，比如现保留完整的白塔寺、卧佛寺等。

从内城的正门灵星门步入数十步便是有名的金水河（即明清皇宫的内金水河），上面架有三座白石桥，蒙古语称〔nomon kükürge〕（是弓形桥的意思），汉名称"周桥"，"皆琢龙凤祥云，明莹如玉。桥下有四白石龙，擎载水中甚壮。绕桥尽高柳，郁郁万株，远与内城西宫海子相望"[①]。又朱偰《元大都宫殿图考》中称："按今天安门前桥上，亦有华表二，东西峙立，毕头狮南向：其制盖沿自元，而稍加变通耳。"萧洵所说"桥下有四白石龙擎载水甚壮"是否就是华表有待考证。明建承天门（天安门）时，将二华表移在天安门前，另二华表于新中国成立后移置到陶然亭公园。中间桥是御道，两边桥是文武大臣道，过桥二百余步就是宫城正门崇天门。宫城有六门，"凡诸宫门皆金铺、朱户、楹藻绘、影壁琉璃瓦饰檐脊"[②]。四角有雄伟的角楼，皆"垛楼琉璃瓦饰誉脊"[③]，都是红砖城墙。蒙古帝王历来极其重视皇宫的豪华，如《元史》卷二十三《本

① 萧洵：《故宫遗录》，北京古籍出版社，1980年。

②③ 陶宗仪：《南村辍耕录》，中华书局，1959年。

纪第二十三·武宗二》载："壬午，诏中都创皇城角楼。"中书省臣言："今农事正殷、蝗遍野、百姓艰食，乞依前旨罢其役。"帝曰："皇城若无角楼，何以壮观！先毕其功，余者缓之。"乃继续施工。崇天门十二间有五个门洞，东西长57.6米，深16.94米，高26.18米，崇天门的建筑设计很特别，是历代中原王朝所没有的，左右两边垛楼向前突出形成汉字"凹"字样，实际上这是蒙古族〔güdüger〕双线封闭形建筑图案，最初原型是向阳住宅或羊圈图，原始游牧条件下产生的和自然相结合的最简陋的产物，最初是全部用木材、柳条营造，后来发展到土木相结合。蒙古族游牧点也就是居住地，一般靠山临水、向阳避风，无形中形成坐北朝南的建筑，它的最大优点是冬暖夏凉、通风干燥、能防备野兽的侵袭。尤其左右两翼向前突出，以这种形式营建的城门类似半开的瓮城，便于阻击来犯之敌靠近城门。清朝皇城的午门便是承袭了元崇天门的形式建筑的。

崇天门左边是云从门〔egulen dahilγatu kaγalγa〕，右边是星拱门〔odun dahilγatu kaγalγa〕，都是三间一门洞，东西长16.94米，南北宽13.86米，高15.4米。宫城西墙有西华门〔örnö badraltu kaγalγa〕，东墙有东华门〔dorno badraltu kaγalγa〕，都是七间三门洞，东西长33.88米，南北宽13.86米，高24.64米。宫城北门叫厚载门〔buyan batu kaγalγa〕，五间一门洞，东西长26.8米，南北宽13.86米，高24.64米。

崇天门前竖有"涂金铜幡竿"（汉字"旛"和"幡"同义）。中国社会科学语言研究所编辑的《现代汉语词典》把"旛"字解释为"一种窄长的旗子，垂直悬挂"。忽必烈薛禅汗不会在宫门前挂什么垂直旗子。它实际上就是成吉思汗的大

"圣纛"——速勒迭〔sülde〕[①]，到了元朝，除了祭祀速勒迭以外，忽必烈崇仰佛教为国教，所以已经有了佛教迷信色彩的"风马"，蒙古语叫作"海玛尔"〔haimar〕。在蒙古人看来，世上一切事物如果没有"海玛尔"，便没有了灵魂，便没有了精神。所以蒙古可汗、王公乃至普通牧民都要在门前竖立"玛尼杆"[②]，挂红、蓝、绿、白、黄五种颜色的画有骏马的旗帜，祈求国泰民安，万事如意。

四、巴托浩特〔batu kot〕

巴托浩特[③]是城中之城，是围绕可汗大宫殿的坚固的小城垣，这也是蒙古族汗王宫殿建筑的特色之一，原型来自"古列延"的结构，城垣虽小，但完全按照可汗京城的建制营建，有正门和左右掖门，有鼓楼、钟楼、四角角楼、东西两门，但没有北门。中间是"工"字形大宫殿。

宫城中巴托浩特共有四座：忽必烈薛禅汗经常居住和办公，直至八十高龄后驾崩的大明宫、紫桧殿。办理佛事的延春阁，周围都有巴托浩特围绕，此2个巴托浩特长为331.1米，宽为261.8米，按现制面积为8万多平方米。另有隆福宫和兴圣宫两大宫有巴托浩特，隆福宫长308米，宽231米，合今制为7万多平方米，兴圣宫不详。

---

① 速勒迭〔sülde〕:《蒙古秘史》202节"虎儿年，于斡难河源头，建九脚白纛"。白纛就是白牦牛尾做装饰的旗子，《蒙古秘史》原文为"察安秃黑"〔čaγan tug〕，白旗之意。白纛何时演变成"速勒迭"难以考证。速勒迭是蒙古民族的精神支柱，神圣不可侵犯。

② "玛尼杆"蒙古语叫作〔mani-yin baγana〕。玛尼是藏语，六字真言中的第二字，是"心想事成"的意思。

③ 笔者根据历史上蒙古汗王之宫、核心区宫殿叫作"巴托斡耳朵"〔batu ordun〕，即坚固之宫之意，这是从成吉思汗怯薛制和"古列延"老营"阿兀鲁黑"〔aγurag〕发展起来的宫制，所以笔者将元宫迦坚茶寒殿——大明宫、延春阁、隆福宫、兴圣宫等由庑屋围起来的小城式宫墙称为巴托浩特，仅供参考。

巴托浩特的城墙建制有点特别，靠城墙内侧除角楼以外，都建有庑屋，大约有150间，供值班官员、宫女、宿卫居住。这样不但节约了建筑面积，突出主宫殿的地位，避免杂乱无章，使宫廷更显得简朴整洁。虽然是庑屋但同样“凡诸宫周庑，并用丹楹藻绘、琉璃瓦饰檐脊”[①] 而成。

第二节 美丽的大都宫殿

元大都皇宫是世界著名的皇宫之一，通过对萧洵《故宫遗录》，王士点《禁扁》，陶宗仪《南村辍耕录》《元氏掖庭记》，朱启钤《元大都宫苑图考》，朱偰《元大都宫殿图考》，拉喜彭斯克《水晶珠》等古籍文献进行考察对比，据不完全统计，元大都皇宫共有宫殿、楼、阁、院、斡耳朵116座，直到元朝灭亡共经营了百余年。其中66座的设计及规模、用途、文献记录十分明确。其中尚有50座文献上只留有亭堂楼阁名称，很难确定其用途及方位。本文根据确切资料，以下仅介绍13座主要宫殿：

一、大明宫（迦坚荼寒宫）〔gegen čaγan ordun〕

二、延春阁〔nasan kutugtu örgüge〕

三、玉德宫〔kas erdeni karši〕

四、广寒殿和万岁山诸宫殿〔saran tungγalag karši ba tümen nastu aγula-yin karši〕

五、仪天殿〔tengri šinjikü karši〕

六、兴圣宫〔kubilaγan mandaltu ordun〕

七、隆福宫〔buyan badraltu ordun〕

八、万安宫〔tümen amuγulan ordun〕

---

① 陶宗仪：《南村辍耕录》，卷二十一，第250页，中华书局，1959年。

九、毡阁〔mongγol ger dalai čaγan〕

十、茶恰儿斡耳朵〔čačar ordun〕（也称失剌斡耳朵〔šira ordun〕黄色之宫）

十一、水晶宫〔bolor ordun〕

十二、畏吾儿殿〔oyiγur karši〕

十三、玉华宫〔kas büren ordun〕

一、大明宫（迦坚茶寒宫）〔gegen čaγan ordun〕

大明宫是由一宫五殿组成的[①]。

拉喜彭斯克在《水晶珠》中称之为〔yike saraγul ordun〕大明宫建于至元十年（1273），是由一宫五殿的巴托恰哈特〔batu čikatu〕，即“工”字形宫殿组成。它北边是延春阁，西边是太液池，和太液池西岸的隆福宫形成“中心五”型宫殿区。中间是万岁山和广寒殿诸宫殿。东边是皇城之外的枢密院。大明宫矗立在有五门四角楼的巴托浩特中央。

大明宫南门为大明门，七间三门，东西长36.96米，南北宽13.55米，右边是月华门，左边是日精门，都是三间一门。西边宫墙中间有麟瑞门，东边宫墙中间有凤仪门，都是三间一门，陶宗仪称：“凡诸宫门皆金铺朱户丹楹藻绘影壁琉璃瓦饰檐。”

大明宫共11间，东西长61.6米，南北宽36.96米，高27.72米，按现制换算面积为六万多平方米的建筑物，矗立于三层3.08米高的汉白玉须弥台基上，被雕有龙凤的白石栏杆所围绕，非常雄伟壮观。殿前有大约六平方尺粗的12个方柱，每个柱都有0.92米高的汉白玉雕花须弥座。方柱上雕有鑫龙方花，

① 大明宫，《元史》及诸汉文史籍称迦坚茶寒殿——大明宫，笔者根据蒙古族谓称：宫叫斡耳朵〔ordun〕，殿叫〔karši〕，以其功能和建制而言，按蒙古族习俗，斡耳朵大于殿。清代学者拉喜彭斯克在巨著《水晶珠》中称〔yike sarγul ordun〕大明宫，广寒殿也称为宫，故将上述两殿改写为宫。

柱头撑拱雕有鹿头，鹿头原是建筑构件，如同斗拱一样，后来在上面做装饰雕塑了。比如雕有麒麟头、龙头、虎头、狮头和鹿头。鹿和蒙古族的古老生物图腾崇拜有密切关系，但和祖先崇拜无关系，《蒙古秘史》一开头就写道："当初元朝的人祖，是天生一个苍色的狼。与一个惨白色的鹿相配了。产了一个人名字唤作巴塔赤罕。"

这里所说的"元朝的人祖"，原文是"成吉思汗之根源"，按明朝时的译法，指蒙古族。

目前蒙古文献上尚未见狼和鹿是蒙古族祖先的记载，其他民间故事传说中也无此种说法，对此最准确的解释莫过于道润梯步教授所著新译简注《蒙古秘史》第3页中的注脚："孛儿帖赤那：原文旁注为'苍色狼'，豁埃马阑勒：原文旁注为'惨白色的鹿'。明译为'天生一个苍色的狼，与一个惨白色的鹿相配了'云。这当然是正常人不会理解的说辞，无论狼与鹿不能相配，即使配了也不会生出人来，学者们为了论证这个问题，发表了种种议论，都是蛇足。其实这不过是传说中的两个人名罢了。就同范文虎不是虎，蓝田豹不是豹，马云龙不是龙，岩井万龟不是龟，毛闹海也不是赖狗一样，只是人名而已。"

蒙古族是著名的"大自然民族""马背民族"，生存生态环境与野生动物息息相关。狼有猎食牲畜的劣迹，但牧民却把它誉为"草原上的清洁工"。狼群能有神奇的灭疫功能，把草场上的死畜腐尸连肉带骨吞食得干干净净，又不发生疫情。狼皮又是绝好的防寒材料。

鹿是食草动物，不伤害畜群，又是"草原上的医药库"，全身都是宝，人见人爱，游牧的蒙古民族更没有不爱护它的道理。所以蒙古族对鹿和狼有特殊感情，把鹿雕在器具上，如茶具、酒杯上。绣在生活用品上，如鼻烟壶套、手套上。画在建筑物上、墙壁上，大都宫殿的额枋、柱头、檐枋、垫墩上多有鹿的图案雕刻不足为奇。至于狼，传说成吉思汗狩猎遇到一只青色的狼，不但没有射杀，而且高声下令不准伤害。忽必烈薛禅汗于至元二年（1265）置在广寒殿的“哈斯·秃速儿格”〔kas tüsürege〕（即渎山大玉海）上面就有口含灵芝的鹿、双翅骏马、腾云驾雾的龙等动物。考古工作者也在蒙古族生活过的地区发现过多处画有鹿之形象的岩画。透雕雀替民族图案漆有蒙古族喜爱的红、蓝、绿、黄、白五种颜色。大都宫殿中只有大明宫和广寒殿殿楹才有十二个柱子，其他宫殿无这种殊荣。因为大明宫和广寒殿是蒙古帝国的门面，是具有代表性的建筑物。

大明宫的结构和装潢是蒙古式的，以汉族建筑技术和材料为主，是波斯、色目、维吾尔、尼泊尔、藏族建筑形式和技术相结合的产物。在建筑方面也体现了元朝民族多元化的特征。尽管忽必烈薛禅汗的个人生活比较朴素，但为了彰显国威和帝王的威严，他把宫殿盖得富丽堂皇。大明宫有屋檐翘起的大屋顶，全是黄色琉璃瓦，精巧的斗拱，透雕的雀替，彩画的额枋，无不精美豪华。蒙古族建筑尤其对柱子特别重视，由于游牧民族居住的独特环境形成的帐幕，蒙古包都是以柱子支撑的。大到几百人、千余人聚会的大蒙古包，恰恰儿斡耳朵因为外部全用黄色缎装饰又称失剌斡耳朵（黄色宫之意），都离不开柱子。一般有四到六十四根柱子。因为蒙古族居住习俗常常把哈那（围墙）、乌那（椽木）用幔帐遮盖起来，最明显的外露部分就是柱子了。所以对柱子加倍装潢。当时到过蒙古拔都可汗、蒙哥可汗宫殿的道森、普兰·卡而宾、维廉·鲁布克等世界著名旅行家都有详尽的描述，蒙古考古学家达·迈德尔的著作中记载，1949年蒙苏联合考察队对哈剌和林遗址挖掘中发现窝阔台汗的万安宫有七十二根柱子[①]。元宫只有大明宫和广寒殿门楹有十二根柱子，其他宫殿无此殊荣。大明宫“殿楹四向皆方柱，大可五六尺，饰以起花金龙云，楹下皆白石龙云花顶，高可四尺。楹上分间，仰为鹿顶斗拱攒顶，中盘黄金双龙”[②]。

大明宫同样按照蒙古族居住习俗将墙壁装潢得金碧辉煌，天花板都挂有幔帐，冬天用貂皮、黑狐皮、银鼠皮暖帐，夏天用“纳失失”[③]及绸绢等凉帐，十分奢华。大地中央铺有大地毯，上面设有大玉桌，陶宗仪《南村辍耕录》载，“雕象酒桌一，丈八尺，阔七尺二寸”，就是指的这个玉桌。在玉桌前置有十七尺高（直径不详），按现制计算的话大约有五米多高的巨大银裹檀香木秃速儿格（大酒瓮），可装七千五百余公斤酒。这是绝无仅有的庞然大物。在重大庆典上在它周围有答剌赤〔darsuči〕（掌酒者）二十人，郃剌赤〔karči〕（掌湩者）二十人，博儿赤〔bγurči〕（庖人）二十人专事伺候。《元史·志第三十·舆服三》载：“酒人，凡六十人，主酒国语曰答剌赤。二十人，主湩国语曰郃剌赤。二十人，主膳国语曰博儿赤。二十人。冠唐帽，服同司香。酒海直漏南，酒人背面立酒海南。”蒙古可汗、王公在幕帐或宫殿中设置大酒具是蒙古族古老习俗的传承，是权力的象征，往往还要在旁边放置一把马头琴。在大都重要宫殿中都置有秃速儿格，广寒殿中的玉瓮经过七百余年沧桑坎坷，一直保留到现在。原来秃速儿格是牛皮囊做的，后来开始用金、银、玉石、檀香木、紫檀木制作了。道森在《出使蒙古记》中记录蒙古帝国都城哈剌和林蒙哥汗宫

---

①〔蒙古〕达·迈德尔：《蒙古城镇考古概况》，第60页，国家出版局，乌兰巴托，1972年。

② 萧洵：《故宫遗录》，北京古籍出版社，1980年。

③ 纳失失是波斯出的一种薄绸，以后大都、河北附近寻马岭、新疆巴升伯力等地都能生产。

殿的情景时写道："巴黎的威廉师傅，鉴于在这座宫殿的入口如果摆着盛着奶和其他饮料的皮囊，那是很不好看的，因此为蒙哥汗制造了一棵大银树，在它的根部有四只银狮子，每一只狮子嘴里有一根管子，喷出白色的马奶。在树干里面，有四根管子通到树顶上，管子的末端向下弯曲。在每一根管子上面，有一条金镀的蛇，蛇的尾巴盘绕在树干上。这四根管子中，一根管子流出葡萄酒，另一根管子流出哈剌忽迷思，即澄清了的马奶，另一根管子流出boal，即蜂蜜酒，另一根管子流出来米酒，称为terracina。在每根管子下面，即在树的根部，在四只狮子中间，有四个银盆，准备各自承接一种饮料。"[①]这是这位巴黎的能工巧匠把古老的秃速儿格机械化了，但它的作用是一样的。

在置银裹檀香木秃速儿格的玉桌前，又置有巨大的金桌，上面置着5.24米高的计时器七宝灯漏，据说是著名水利专家郭守敬所造，史籍文献有记载，现将《元史》记录抄录如下："灯漏之制，高丈有七尺，架以金为文。其曲梁之上，中设云珠，左日右月。云珠之下，复悬一珠。梁之两端，饰以龙首，张吻转目，可以审水平之缓急。中梁之上，有戏珠龙二，随珠俯仰，又可察准水之均调。凡此皆非徒设也。灯球杂以金宝为之，内分四层，上环布四神，旋当日月参辰之所在，左转日一周。次为龙虎乌龟之象，各居其方，依刻跳跃，铙鸣以应于内。又次周分百刻，上列十二神，各执时牌，至其时，四门通。又一人当门内，常以手指其刻数。下四隅，钟、鼓、钲、铙各一人，一刻鸣钟，二刻鼓，三钲、四铙，初正皆如是。其机发隐于柜中，以水激之。"[②] 可见大明宫摆设豪华无比，民族

---

①〔英〕道森：《出使蒙古记》，第194页，中国科学社会出版社，1983年。

②《元史》卷四十八，《志第一》，《大明殿灯漏》。

形式和科技因素相结合的巧妙，不同于历代封建王公一味追求满屋金光宝珠、俗不可耐的摆设。

大明宫中央设有七宝云龙御榻，《南村辍耕录》中载有大明宫七宝云龙御榻情景：大明宫："青石花础，白玉石圆碣，文石甃地，上藉重裀，丹楹金饰，龙绕其上。四面朱琐窗，藻井间金绘饰，燕石重陛，朱阑涂金铜飞雕冒。中设七宝云龙御榻，白盖金缕褥，并设后位。"[1] 榻在汉语中有卧具之意，但这七宝云龙御榻不是床，而是实实在在的巨大的双人宝座。因为蒙古族帝王有汗王和汗后共席一张宝座（汗右后左），共同参与朝政的传统。这是中国历代各族王朝所没有的习俗，只有蒙古族才有。蒙古族在长期的游牧文化熏陶之下，对于妇女特别尊重，蒙古族民间有大量歌颂妇女的歌曲和谚语，如"连可汗也是女人生的""没有女人就没有生活"，把生长万物的大地比喻为母亲，赋予无限的崇拜和感激之情。蒙古族妇女是生产劳动、生育抚养下一代的一把手，必要时还要参加战斗，成吉思汗远征军的后勤主要由妇女来完成。蒙古族妇女的政治地位历来是很高的。史籍记载成吉思汗和孛尔帖夫人共席宝座同诸文武大臣共商国是的场面屡见不鲜。马可·波罗在游记中记录大明宫就座情况时写道："大汗之席位置最高，坐于殿北，面南向。其第一妻坐其左。右方较低之处，诸皇子侄及亲属之座焉。皇族等座更低，其座处头与大汗之足平，其下诸大臣列坐于他席。妇女座位亦同，盖皇子侄及其他亲属之诸妻，坐于左方较低之处，诸大臣、骑尉之妻坐处更低。各人席次皆由君主指定，务使诸席布置，大汗皆得见之，人数虽众，布置亦如此也。"在汗王高大威严的七宝云龙御榻两角置有两只老虎模型，有机关操纵，时卧时起，龇牙咧嘴，如跳如跃，如同活虎一般。

---

①《南村辍耕录》卷二十一。

蒙古帝国重大仪式都在这里举行，皇帝即位、祝寿，太子公主嫁娶，白月团拜（即春节联欢），接见外国贵宾等隆重喜庆活动大多在此举行。元朝廷各种礼仪繁多，《元史》记载，“自是，皇帝即位，元正、天寿节，诸王、外国来朝，册立皇后，皇太子群臣上尊号，进太皇后，暨郊庙礼成、群臣朝货，皆如朝会之仪；而大飨宗亲，赐宴大臣，犹用本俗之礼为多”。《元史》记载有至治元年（1321）三月乙丑英宗硕德八剌在大明宫接见过缅甸特使的记录。

朱元璋占领大都以后改大都为北平，参与拆毁大都各宫殿工作的明朝工部郎中萧洵在《故宫遗录》中详尽描述了各宫殿的华丽：“大明殿基高十尺，前为殿陛，纳为三级，绕置龙凤白石阑，阑下每楯厌以鳌头，虚出阑外，四绕于殿。”“寝宫中仍金红小平屏床。上仰皆为实如，方隅，缀以彩云金龙凤，通壁皆冒绢素，画以金碧山水。”，“皆金红推窗，间贴金花，夹以玉版明花油纸，外笼黄油绢幕，至冬则代以油皮，内寝屏障，重复帷幄，而裹以银鼠。”

大明宫重大仪式上，当汗王汗后就座七宝云龙御榻之后，左侧肃立手持“劈正斧”的侍从武官，右侧肃立肩负“骨朵”的镇殿将军。鸣鞭三声，“其日比”〔čirabi〕（蒙古语司仪）宣布隆重仪式开始，高奏兴隆笙，兴隆笙是很特殊的乐器，相传是忽必烈薛禅汗亲自制作。“其制为管九十，列为十五行，每行纵列六管，其管下植于匮中，而匮后鼓之以。鞲自匮足至管端，约高五尺，仍镂版风形，绘以金采，以围管之三面，约广三尺，加之节焉。”[①] 每次大朝会由二人演奏，和其他各种乐器合奏，其声音洪亮悦耳，历古所无，并配以“巍巍圣元，龙兴朔土。于皇世皇，诞统区宇。南诣北燮，东宾西旅，聿昭圣文，丕布神武。宝历是膺，玉烛爰抚。德庞功隆，超轶今

① 于敏中：《日下旧闻考》，卷三十。

古"[①] 等好长一段歌功颂德的诗句。

隆重的仪式结束之后，举行盛大的质孙宴（蒙古语〔jisün〕，颜色的意思，又称诈马宴）。与宴者穿着等级森严的一色服，开怀畅饮，通宵达旦。这是蒙古宫廷保持游牧文化特有的一种形式。

从这里不但看到蒙古宫廷的生活习俗，而且也可以看到蒙古民族的审美观。蒙古民族步入中原，在博大精深的汉族文化的熔炉之中能坚持自己独特的生活方式和信仰，未重演辽金王朝灭国灭族，即全民族同化的悲剧，实在是一个奇迹。造成蒙古族汉化迟滞的主要原因除了本民族特有的秉性以外，还有其他各种因素，各民族的发展和融合是非常复杂的问题。

大明宫后有连后宫的走廊，走廊宽13.55米，长73.92米，高15.4米，按现制换算面积为1.5万多平方米。巨大的走廊把忽必烈薛禅汗居住的寝宫拏头殿（拏头为蒙古语睡眠敬语〔noyirasaku〕的音变）、忽必烈办公的紫檀殿和机要处文思殿连起来，这种特有的宫殿结构形成了蒙古帝国指挥便利的政治枢纽。紫檀殿东西宽10.78米，南北长23.1米，高9.24米，按现制面积为2000多平方米。紫檀殿全部是用紫檀木构造的，内部布置摆设完完全全是典型的蒙古民族形式，除柱子以外，外露部分挂有幔帐，地板是象征草原的绿色，墙壁选用蒙古包哈那毡一样的白色，用白玉饰壁。墙壁上挂有虎豹、熊罴、狼鹿等野兽皮做以装饰，"皆以紫檀香木为之，镂花龙眼（一种象似龙眼的宝石）相间白玉、饰壁，草色髹绿其皮为地衣"[②]。

这位雄才大略的忽必烈薛禅汗住在这样华贵的宫室却常常善于忆苦思甜，他一生戎马倥偬打造帝国的盘基，晚年稍加安定，感到创业的艰难，守业的不易，唯恐子孙有所闪失。于是

---

① 于敏中：《日下旧闻考》，卷三十。

② 朱偰：《元大都宫殿图考》。

在大明宫丹墀之前，开辟小栏池移植漠北青沙蒿，谓之誓俭草，教育子孙身居繁华的大都毋忘草地发祥之地，毋忘草地父老养育之恩，毋忘父辈艰苦创业之难。沙蒿蒙古语称希日拉吉〔širalaji〕，是多年生植物，耐寒味苦，分黄青两种，都能入药，牲畜爱吃且上膘。忽必烈薛禅汗的这种做法大有“借物警世”之意，当时诗人大司农达不华惊叹不已，以诗诵之：

黑河[①]万里金沙漠，
世祖深思创业难。
数尺阑干护青草，
丹墀留与子孙看。[②]

同时，忽必烈薛禅汗晚年把自己穿过的旧衣服，特制一皮箱藏在上都大安阁二楼上并留下了“藏此以遗子孙，使见吾朴俭，可为华侈之戒”的圣训[③]，可见用心良苦。这位毕生图强的蒙古帝国第五代巨人迈进人生八十岁高龄的时候，是在紫檀殿走完了他人生的最后一步，驾崩于至元三十一年（1294）正月癸酉。

拏头殿在紫檀殿和文思殿中间，是忽必烈薛禅汗的寝宫，根据气候变化，设置紫檀、楠木、白玉、樟木不同材质的各种御床。“席地皆编细簟，上加红黄厚毡，重复茸单，至寝处床座，每用茵褥，必重数叠，然后上盖纳奇锡，再加金花贴薰异香，如邀临幸。”[④] 皇帝皇后御座，是被蒙古语称为“朵儿别

---

① 元朝蒙古族称黄河为墨河、黑河、红河、哈敦河，“哈敦”〔qatun〕在蒙古语中是皇后之意。相传成吉思汗征服西夏时妃子溺水而得名。蒙古族现在也称哈敦河。

② 叶子奇：《草木子》卷四上，中华书局，1959年。

③《元史》卷二百四，列传第九、十一。

④ 萧洵：《故宫遗录》。

真”〔dörböljin〕（方形坐垫之意）的金锦褥。宫中可汗贵族朝会和文武大臣议事，除按等级各自坐自己固定的座椅外，一般情况大都不分职位高低按草原生活习俗坐在地毡上，围成一圈互称姓名，高谈阔论。据说，在一次庆贺上都凉亭落成的宴会上，忽必烈当着诸王大臣的面，把（宠臣）爱薛抱在自己双膝上，亲昵地用口水啐他的脖颈，又用左手挽起他的长胡须，右手将酒灌入他口中。还对身旁的皇太子真金说：“有臣如此，朕何忧焉？”在等级森严的宫廷中呈现出另一番景色，反映出草原游牧文化尊重人权、自由平等的深层含义。宫内用具十分考究，桌子有“宝舆方案、香镫朱漆案、香案朱漆案、诏案、册案、宝案、表案、礼物案”等[①]。其他陈设豪华雍贵自不必再述。

文思殿殿制和紫檀殿相同，是忽必烈身边的军机处，是重大决策出台之地。

宝云殿〔erdeni ekületu karši〕在拏头殿之后，为高9.24米，东西宽17.25米，南北长19.4米，按现制为3000平方米左右的建筑，至正十一年（1351）因药熏老鼠而发生火灾，后来重建。

生活服务区还建在巴托浩特麟瑞门、凤仪门边，有内藏库、庖人室、马湩室、温石浴室等。

元大都皇城各大宫殿的具体情景，莫过于意大利大旅行家马可·波罗和传教士鄂多立克的描述，其中一些记载和中国文献史料相吻合，而有些记载是中国史料所没有的，显得很珍贵。马可·波罗在忽必烈时代，侨居元朝17年，鄂多立克于元朝中期格坚汗硕德八剌时期在大都居住了三年左右。冯承钧译《马可波罗行纪》中对忽必烈汗宫记述道：“应知大汗居其名曰汗八里之契丹都城。在此城中，其大宫殿，其式如下：

① 《元史》卷二百四，列传第九、十一。

“周围有一大方墙，宽广各有一哩，质言之，周围共有四哩。此墙广大，高有十步，周围白色，有女墙。此墙四角各有大宫一所，甚富丽，贮藏君主之战具于其中，如弓、箙、弦、鞍、辔及一切军中必需之物是已。千角千宫之间，复各有一宫，其形相类。由是每宫各贮战具一种。

“君等应知此宫之大，向所未见。宫上无楼，建于平地。惟台基高出地面十掌。宫顶甚高，宫墙及房壁满涂金银，并绘龙、兽、鸟、骑士形象，及其他数物于其上。屋顶之天花板，亦除金银及绘画外别无他物。

“大殿宽广，足容六千人聚食而有余，房屋之多，可谓奇观。此宫壮丽富赡，世人布置之良，诚无逾于此者。顶上方瓦，皆红黄绿蓝及其他诸色。上涂以釉，光泽灿烂，犹如水晶。致使远处亦见此宫光辉。应知其顶坚固。可以久存不坏。”《鄂多立克东游记》记述道：“大汗在这里（指大都——引者）有他的驻地，并有一座大宫殿，城墙周长约四英里，其中尚有很多其他的壮丽宫殿（因为在大宫殿的墙内，有第二层围墙，其间距离约一箭之遥，而在两墙之间则有着他的库藏和他所有的奴隶；同时，大汗及他的家人住在内层，他们极多，有许多子女、女婿、孙儿孙女，以及众多的妻妾、参谋、书记和仆人，使四英里范围内的整个宫殿都住满了人）。大宫墙内，堆起一座小山（指万岁山今北海白塔山——引者），其上筑有另一宫殿，系全世界之最美者。此山遍植树，故此名绿山。山旁凿有一池，方圆超过1英里，上跨一极美之桥（即指仪天殿北之白石桥——引者）。池上有无数野鹅、鸭子和天鹅，使人惊叹；所以君王想游乐时无须离家。宫墙边内还有布满各种野兽的丛林，因之他能随意行猎，再不要离开该地。总之，居住的宫殿雄伟壮丽。其殿基离地约两步，其内有24根金柱；墙上均悬挂着红色皮革，据称系世上最佳者。宫中央有一大瓮，两步多高。纯用一种叫作密尔答哈的宝石制成（而且是那样精美，以至我听说它的价值超过这座大城）。瓮的四周环绕以金，每角有一龙，形象凶猛搏击状。此瓮尚有下垂的以大珠缀成的网缝，宽为一拃。瓮里的酒是从宫廷用管子输送进去，瓮旁有很多金酒杯，随意饮用。宫殿中尚有很多金孔雀。当鞑靼人想使他们的君主高兴时，他们就一个接一个地去拍手；孔雀随之振翅状若舞蹈。那么这必定系由魔法驱动，或在地下有机关。”①

宋宜昌、倪健中在其巨著《风暴帝国》中总结道：“大都城的繁华美丽，在当时世界首屈一指。”② 蒙古族作为一个游牧民族，入主中原农业区以后能纠正以牧为主的方针，农牧并举，以长城为界，“北为牧南为农”，以“以汉治汉，以夷治夷”，获得巨大成功，这就是游牧的蒙古民族能够建筑当时世界上第一流城市的基本原因。

二、延春阁〔nasan kutugtu örgüge〕

大明宫正北是延春阁。

延春阁是由一阁三殿组成的庞大的“巴托恰哈特”式宫殿。分前宫、走廊和后宫。形成“工”字形建筑。

延春阁东西长46.2米，南北宽27.72米，高30.8米。延春阁前宫为3万余平方米的三檐重层的大建筑。一层为延春堂，是举行佛事、“质孙”宴和会见贵宾的地方。汉白玉台阶周围都植有高大笔直的万年青松，无比庄严整齐。延春阁地板“甃地皆用濬州花版石甃之，磨以核桃，光彩若镜”③。堂中央设置玉制御座，两旁有两只老虎模型，内有机关操纵，如同大明

---

①《鄂多立克东游记》，内蒙古教育出版社，2001年。

② 宋宜昌、倪健中：《风暴帝国：解读世界史上最大版图的蒙古王朝》，中国国际广播出版社，1997年。

③ 萧洵：《故宫遗录》。

宫老虎。前面放置着四个金制秃速儿格。《元史》卷一百四十四·列传第三十一《答里麻》载："帝宴大臣于延春阁，特赐答里麻白鹰以表其贞廉。"延春阁二层是专门进行佛事的楼阁，四周环以栏杆，凭栏远眺，大都西山绮丽风光尽收眼底。《元史》载泰定至治三年（1323）十月，雕塑玛哈拉（大黑天佛——有求必应之佛，八思巴由吐蕃引进后成为元廷信仰的主佛）。延春阁是元皇宫中唯一的双层建筑，所以比大明宫还要高3.08米。元朝宫廷由于草原帐幕建筑文化的影响，历来不太注重多层建筑。

慈福殿在后宫的东边，东西长10.78米，南北宽22.18米，高不详。是嫔妃们的宫室，所以也叫东暖殿。《元史》卷一百七十八《列传第六十五》载："中宫命僧尼于慈福殿做佛事，已而殿灾，结言僧尼亵渎，当坐罪。"西边也是嫔妃们的冬宫，叫明仁殿又称西暖殿，建制如同慈福殿。元宫廷贵族难熬内地酷暑季节，流连草原生活，一到四月份移到上都避暑办公，九月份方回到大都过冬。

清宁宫[①]是后宫的最后一个殿，又称宣文殿，在巴托浩特北墙的中央，是佛事专用殿。皇太子们经常在此殿和西番、高丽等地名僧高谈阔论，讲经说道常常到夜深。至正十一年（1351）因熏鼠发生火灾，烧掉古籍财宝数万计，造成了不可弥补的损失。

延春阁也有森严封闭的巴托浩特。四周有周庑172间，四隅也有角楼。巴托浩特正门是延春门，设在正南方，五间三门，南北长23.72米，宽和高不详。延春门的右掖门是嘉则门三间一门，左掖门是懿范门。巴托浩特西边周庑中间是清灏门，三间一门，高9.24米。南边有23.1米高的鼓楼。东边周庑

① 叶新民：《元上都研究》（内蒙古大学出版社，1998年出版）一书称元上都也有和大都同名宫殿，如清宁宫、玉德殿、明仁殿、兴圣殿等。

中间是景耀门，建制和懿范门相同，南面有23.1米高的钟楼和鼓楼遥遥对称。巴托浩特是周庑值宿怯薛护卫、宫女们的住处。

当时大都诗人张翥直看到延春阁雄伟姿态，赋诗道：

延春阁诗

蓬莱海上第三山，仙掌云间十二槃，
鸡树烟深殊窈窕，凤楼天近自高寒，
铜壶传漏声相应，紫诏封泥墨未干，
雇祝君王千万寿，坐施雄断济艰难。

——摘自（元）张翥直《蜕庵集》

三、玉德宫〔kas erdeni ordun〕

玉德宫是由一宫四殿组成的庞大宫体。

从延春阁的西门清灏门出去，迎面矗立着玉德宫，玉德宫在拉喜彭斯克所著蒙古文古籍《水晶珠》中称［erdeni kas asar］。玉德宫东西长30.8米，南北宽15.1米，高12.32米，为5000多平方米的宏伟宫殿。“饰以白玉，甃以文石，中设佛像。”[①]《元史》卷二十七《本纪第二十七·英宗一》载：“庚戌，铸铜为佛像，置玉德殿。”殿内装饰具有民族形式的雕龙云图，宫中央设置白玉金花山字屏台，上置有玉质御座。它是元宫廷的主要佛事殿之一[②]。有时还要举行忽里台，蒙古语发音为〔kuraldai〕，聚会之意，《元史》记为忽里台。最初是蒙古部落联盟的议事会，成吉思汗时代成为国朝大会，决定重大国策，推举大汗继承等重大事项。忽必烈第一次改革忽里台制度，加强中央集权制，但元朝乃称忽里台，讨论决定国家大事。

---

①② 陶宗仪：《南村辍耕录》。

玉德宫的附属殿有，东西香殿、东西更衣殿、如宸庆殿。东西更衣殿都是五间、高9.24米的建筑。香殿和更衣殿顾名思义，便可知道它的用途。宸庆殿〔odun dahilγatu karši〕东西长40.04米，南北宽12.32米，高12.32米，为6000多平方米的建筑。“中设御榻，帘帷裀褥咸备，前列朱栏。”[①]这个殿除正门以外左右还设有两个红门，从其名称和建制来看，好像专为举行隆重仪式或祭祀之用的。大明宫和延春阁中间从东向西有一条宫廷街，每当正月十五便张灯结彩，演戏歌舞，乐声四起，除皇帝皇后幸临以外，有身着五彩缤纷质孙服的太子、公主、文武大臣前来观看，还有头顶高崇罟姑帽的嫔妃佳人，通宵狂欢。是内府盛大节日之一。延春阁巴托浩特之北是宫城的北门厚载门〔buyan batu kaγalγa〕。于德元先生在其《北京历代城坊宫殿苑囿》中称“延春阁周庑亦有北门”，延春阁如果有北门的话，即要正对宫城北门厚载门；延春阁北门之事《南村辍耕录》《故宫遗录》均无记载，延春阁北庑中间是清宁宫，要开北门则要拆掉清宁宫，否则破坏了建筑对称的规则。而从蒙古族建筑习惯来看，无特殊需求是不开北门的。

厚载门前面建有戏台，有飞桥和厚载门的门楼相通，门楼上设有御座，皇帝皇后携带众臣经常在此观看戏曲歌舞，最著名的便是十六天魔舞，与其说是天魔舞，实际是天女下凡舞，是蒙古族民间舞蹈和藏传佛教舞蹈——查玛〔čama〕相结合的宫廷舞蹈。由十六舞女，头戴象牙装饰，身着红色长裙，披瓔珞，手挚“加巴剌”〔γabal〕，意为骷髅头，蒙古语又叫作“高合麦”〔gohimai〕，由宗教仪式上的镇魔器变为装饰品，手持孔雀羽毛、海螺、金刚杵、手鼓、手铃翩翩起舞。另有十一个歌伎用笛、琵琶、胡琴、响板伴奏。除在宴饮表演之外，常常在宗教仪式上演奏，是元廷庆典活动时必不可少的经典节目之一。

---

① 陶宗仪：《南村辍耕录》。

戏台之东有观星台，旁边种植着万株雪松，郁郁葱葱，景致优雅。戏台之西有浴室。《元史》卷十三《世祖十》中记有至元十六年（1279）二月癸未，建司天台于大都，仪象圭表皆铜为之，至元十九年（1282）敕给驸马桑吉宝印，修宫城大庙司天台，说的就是这件事。至元十年（1273）圣旨命令把回族、汉族司天台一并移交给密书监管理，人员、仪器得到扩充，这个皇家司天台和元大都观象台相结合，成为当时世界上最宏伟、设备最完善的天文台，对祖国和全世界的天文科技的发展做出了巨大贡献。

四、广寒殿和万岁山诸宫殿[①]〔saran tungγalag karši ba tümen nastu aγula-yin ordun〕

万岁山诸宫殿由广寒殿〔saran tungγalag karši〕、仁智殿〔öršiyel ukanγantu karši〕、介福殿〔buyan damjiku karši〕、荷叶殿〔lianhua nabčitu karši〕、仪天殿〔tengri šinjihü karši〕、延和殿〔üleji nayiramtu karši〕和诸多亭台组成。

万岁山是美丽的太液池琼华岛的主峰。

琼华岛原来是金中都东北方向的一个湖泊和积水潭（海子）连成的一个大水泊。是金朝离宫大宁宫所在地。成吉思汗九年（1214）蒙古大军占领金中都时，将大宁宫改为万宁宫，又把中都改为燕京。又过了50年，成吉思汗孙子忽必烈登上蒙古汗国大汗以后，他每次到燕京都驻跸在此。他看上了这块山清水秀的风水宝地，中统三年（1262）忽必烈下令全面修缮琼华岛的宫殿，并且又新建了一批宫室。至元八年（1271），在忽必烈将“大蒙古国”易为“元朝”的盛典之际，遂将万宁宫

① 万岁山就是现在的北海公园，当时是一片苍茫绿洲，处在太液池靠南湖中，意大利旅行家马可·波罗在游记中记载：“其色甚碧，由是树绿，其山亦绿，竟成一色。故人称此山曰绿山，此名诚不虚也。”

改为万寿山，过后不久又复为万岁山。

至元四年（1267）开始肇建大都时，把琼华岛太液池纳入皇城之内，琼华岛山顶营造了著名的广寒殿，太液池东岸是大明殿、延春阁，西岸是隆福宫和兴圣宫，大朝枢纽所在。修建大都城墙时又把偌大的积水潭（海子）纳入城内，又成了一条美丽的风景线，海子（今积水潭）西岸楼台酒楼林立、商家拥挤，是沿海子北岸而建成的著名的斜街。这里成了大都最繁华的地方。

万岁山经过几年的修缮，面貌焕然一新，峰峦隐映。奇山怪石，珍树奇花，鸟语花香，绿草中红栏黄瓦，宫殿林立，尤其用木辗抽水上山，形成石雕龙头喷泉，既是优美的景观，又能灌溉滋润树木花草，别有一番创意。山南麓有汉白玉石桥直通仪天殿[①]。

万岁山东麓有汉白玉石桥与北御园，大明宫和延春阁相通，桥长21.56米，宽12.63米，看来此桥长宽比例好像失调，其实桥面分为两半，一半为金水河槽，一半为行道。

在万岁山顶便是举世闻名的广寒殿[②]，这里主要迎见国宾、使者和给皇后太子授玉册金宝，举行国宴的地方。广寒殿矗立在三层汉白玉须弥座上，长36.96米，宽19.1米，高15.4米，为1万多平方米的雄伟建筑。园碣座〔蒙古语称bagbur saγudal〕上的十二根圆柱雕有骏马和龙，世人都知道蒙古民族和马的关系，马被誉为战神。装饰图案、毡包、建筑物上都离不开马的形象，“蟠龙矫蹇于丹楹之上”[③]。宫殿墙壁上雕以哈

---

① 陶宗仪：《南村辍耕录》。另见翁万戈编《美国顾洛阜藏中国历代书画名迹精选》，上海美术出版社，2009年。

② 现在北海白塔就是元宫广寒殿旧址，广寒殿建筑在大都之前。至元元年（1264）十月忽必烈曾在该殿接见过高丽国王王刚。

③ 朱启钤：《元大都宫苑图考》。

那[①]菱形图案，夏季挂纳失失凉帐，冬季挂貂皮或银鼠暖帐，地板为草原绿色，完完全全的蒙古包宫帐的管理方式。萧洵在《故宫遗录》中写道："广寒殿，殿皆线金朱琐窗，缀以金铺，内外有一十二楹，皆绕刻龙云，涂以黄金，左右后三面，则用香木、凿金为祥云数千万片，拥结于顶。仍盘金龙殿。"这是非常中肯的描述了。

广寒殿中还设有一座精致的全玉制作的小宫殿，内置有皇帝、皇后并坐的金嵌五山珍龙御榻[②]，前置有文武诸官座位和著名的"渎山大玉海"[③]，旁边还要放置一把马头琴，这是蒙古汗王宫廷权力的象征。

万岁山形状如同"山"字形，高166.67米，主峰有广寒殿，广寒殿以下半山腰松柏郁郁，奇石异花丛中，从东到西一排建有介福殿、仁智殿、延和殿三殿。仁智殿[④]高9.24米（元代旧址大约为今北海公园普安殿），介福殿、延和殿建制相同，长均为7.7米（延和殿元代旧址大约是今北海公园清小楼），广寒殿东邻金露亭[⑤]，金露亭亭檐尖顶置有水晶琉璃球，5公里以外，光辉耀眼。在它后面置有"铜幡竿"（笔者考证铜幡竿乃速勒迭，请见拙文《元上都铁幡竿和元大都铜幡竿涂金铜幡竿探微》于《元上都学术研究论文集》，内蒙古教育出版社，2013年），铜幡竿（即法轮竿）底宽0.3米，上宽0.17米，

---

① 哈那是蒙古包墙壁支架，可以折叠。

②《元史·世祖》记载："至元三年（1266）四月，五山珍御榻成，置琼华岛广寒殿。

③《元史·世祖》记载："至元二年（1265）十二月，渎山大玉海成，敕命置广寒殿。"

④ 罗马教皇本笃二十世于后至元二年（1335）派遣马黎诺向元廷赠送"天马"，赠送仪式就是在仁智殿举行的。邱树森教授《元朝简史》（福建人民出版社，1999年）则说此事在上都，因大都有仁智殿，上都有慈仁殿，易发生混淆。

⑤《南村辍耕录》卷二十一载："金露亭在广寒殿东，其制圆、九柱、高二十四尺，尖顶上置琉璃球，亭后有铜幡竿。"

“高百尺”[①]。广寒殿西邻玉虹亭，玉虹亭建制如同金露亭，东西遥遥相对称。

荷叶殿在万岁山东峰上，高9.24米，殿顶中央置有琉璃珠，虹光四耀。温石浴室在万岁山西峰上（旧址在今北海景稀轩后面），殿顶中央置有鎏金宝瓶[②]，元宫设有多处浴室，这是设在山顶上较大的温泉沐浴殿。《元氏掖庭记》载：“漾碧池旁，一潭曰香泉潭，至上巳日，则积香水以注于池，池中又置温玉狻猊、白晶鹿、红石马等物，嫔妃浴澡之余，则骑以为戏，或执兰蕙或击球筑，谓之水上迎详之乐。”大概指的就是此处。温石浴室前方就有华丽的胭粉室、更衣殿，是嫔妃们沐浴后化妆休息之处。

沿着弯曲的山径分布着生活服务区、庖人室、马湩室、宿卫室等。

五、仪天殿〔tengri šinjikü karši〕

仪天殿在万岁山南面圆坻上，元代也称“圆殿”，因为它是蒙古包式穹庐顶建筑物。四面为太液池水，明朝时改为承光殿至今，经历代王朝屡次修缮。原来形状已改变。现在的北海公园团城的承光殿，是元宫廷遗留建筑物旧址之一。

仪天殿高10.78米，围21.56米，是“重檐圆盖顶圆”[③]蒙古包顶式宫殿，地基形状如同蒙古族经常用的佩坠〔bel〕状。“台址甃以文石，借以花茵”[④]。

因仪天殿圆坻四面环水，北有60多米长汉白玉石桥和万岁山相通（此桥就是现在的北海公园永安桥），东西宽6.78米、

---

①《元史·世祖十》记载：“至元二十一年（1284）二月，立法轮竿于大内万寿山，高百尺。”

② 宝瓶，蒙古语叫作〔bumba〕，金、银、铜制瓶中，内置五谷五宝，五宝即金、银、铜、珊瑚、珍珠。外加经文祝词，祈求国泰民安之意。

③④ 朱偰：《元大都宫殿图考》。

长36.96米的木桥与大明宫、延春阁相通。西有一木吊桥设计独特，宽6.78米，长144.76米，中间有二木舟为浮桥，和隆福宫、兴圣宫相通，每年四月至九月可汗、皇后在上都避暑期间，撤掉中间浮舟，严禁通行。此桥就是后来的北海东西方向白玉石桥（即金鳌玉蝀桥，1955年拓宽北海大桥工程中被拆除。）

仪天殿前面是犀山台，上植有木芍花，非常有名。犀山台现纳入中南海范围。

六、兴圣宫〔kubilaγan mandaltü ordun〕

兴圣宫在万岁山之西，南面正阳即隆福宫。此两大宫殿一前一后矗立在太液池西岸。由仪天殿圆坻仪天门处架起的木吊桥相互联通。

兴圣宫是皇后嫔妃们住的地方。（旧址为今北京图书馆古籍文献部），所以又称作西宫。是曲律汗至大元年（1308）春三月正式兴建的①，普颜笃汗爱育黎拔力八达就是在至元二十二年三月丙子生于营建兴圣宫前的帐幕宫殿的②。

兴圣宫除有巴托浩特以外，外围还有两层红砖墙，夹墙中间有宿卫值卢四十余间。最外层红砖墙有四门。东门与仪天殿吊桥相通，西门与徽政院相通，北门可直通大街，南门可能为史料所疏忽，并无记载，因为皇后嫔妃们住的地方不会没有南门。

内红砖墙有五红门，南面有三门，东西各有一门。最里面才是巴托浩特环卫的兴圣宫。

兴圣宫巴托浩特的正门为兴圣门，五间三门，是东西长22.8米的重檐建筑（高不详），左边为明华门，右边为肃章

---

①《元史》卷二十二《武宗一》载："丁卯，建兴圣宫，给钞五万锭、丝二万斤。"

②《元史》卷二十四《仁宗一》载："讳爱育黎拔力八达，至元二十二年三月丙子生于兴圣宫。"

门，都是三间一门，建制相同。正门对面就是兴圣宫，东西长30.8米，南北宽27.72米（高不详），有巨大的走廊，和后面寝殿、香阁和右耳宫宝慈殿、左耳宫嘉德殿相通，是元宫四大巴托恰哈特式宫殿之一。“正殿四面悬朱帘琐窗，文石甃地，借以毳裀，中设扆屏榻，张白盖帘帷，皆锦绣为之。诸王百僚宿卫官侍宴坐床，重列左右。其柱廊寝殿，亦各设御榻，裀褥咸备。白玉石重陛，朱栏，涂金冒楯，覆以白磁瓦，碧琉璃饰其檐脊。”①

东墙中间有弘庆门，前有凝晖楼。西墙中间有宣则门，前有延显楼。门是三间一门，楼和东西门、楼制度相同。

宣则门之北就是有名的奎章阁学士院。

宣则门西进是西厢院，学士院、生料库、鞍辔库、军器库、藏珍库、化鉴局等由北向南一字排开，中间有牧人室、庖人室、宿卫室。

弘庆门东进是东厢院，井亭、凌室（画室）、酒房、庖室、宦人之室等。西厢院、东厢院是宫廷生活服务区。

兴圣宫后面是延华阁，前有山字门。延华阁长宽24.4米，合现制为600余平方米的建筑物（元制一尺合现制0.308米）。“延华阁五间，方七十九尺二寸，重阿，十字脊，白琉璃瓦覆，青琉璃瓦饰其檐，脊立金宝瓶，单陛，御榻从臣坐床咸具。”②延华阁左右有东西殿，各五间前轩一间，延华阁后有园亭，重檐芳碧亭和徽音亭左右相对，后有咸宁殿，制度不详。《南村辍耕录》卷三《正统辨》记载：“至正二年壬午春三月十有四日，上御咸宁殿，中书右丞相脱脱等奏命史臣纂修宋辽金三史。”可见是一个重要宫殿。

徽音亭西邻著名的畏吾儿殿，畏吾儿殿具体设置不详，体现了元廷多民族多宗教融合的现实表现，具有重大历史意义。畏吾儿殿和芳碧亭东邻的浴室盝顶房，制度相同，是由蒙古族

---

①② 陶宗仪：《南村辍耕录》卷二十一。

民间半锤形图案设计建筑的，别有一番创意。

延华阁东厢院是由东鹿顶殿和两个嫔妃院组成的。东鹿顶殿东西长20.02米，南北宽12.01米，为240平方米建筑，由寝殿、柱廊、缝纫女库房、嫔妃库房庖室等组成。嫔妃院有正室、夹室、前轩、侍女室等。

延华阁西厢院是由西鹿顶殿和两个嫔妃院组成的。规制如东鹿顶殿，包括寝殿、柱廊、好事房、正室、夹室、前轩、侍女室等。

整个兴圣宫廷之内种植各种桃树、梨树，呈现一番春意盎然的景象。

七、隆福宫〔buyan badraltu ordun〕

隆福宫在兴圣宫正南，隆福宫建于至元十一年（1274）四月，初称东宫，后改为隆福宫。隆福宫是太子们住的宫殿。《元史》卷十八《成宗一》载："己巳，改皇太后所居旧太子府为隆福宫。"由元代著名书法家赵孟頫书写匾额。这是至元三十一年五月的事情了（隆福宫在明初为潜宫仁寿宫，旧址在今集灵囿）。

光天殿是隆福宫的主殿，东西长30.18米，南北宽16.94米，高21.56米，为1万余平方米建筑物。右耳宫为嘉禧殿，左耳宫为寿昌殿，中部是巴托恰哈特式（即"工"字形）宫殿之一。寝殿东西长40.04米，高18.03米。《南村辍耕录》卷二十一载：光天殿是重檐、藻井、琐窗、文石甃地，借花毳裀，悬朱帘，重陛，朱阑、涂金雕冒楯。正殿缕金云龙樟木御榻，从臣坐床，重列前两旁。寝殿亦设御榻，裀褥咸备。

隆福宫巴托浩特的正门为光天门，高9.24米，五间三门、重檐。右边为膺福门，左边为崇华门，都是三间一门，建制相同。西门为明晖门，前有骖龙楼，东门为青阳门，前有翥凤楼。靠北庑墙中间有针线殿。隆福宫巴托浩特外围还有两层红砖墙环绕，内红砖墙的西边夹层中有西鹿顶殿，中部有文德殿，文德殿是三间，前后轩一间，全用楠木建筑，所以又叫作楠木殿。前面有文宸库。东边夹墙中有东鹿顶殿，中部有睿安殿。其余为浴室、庖室、酒房、侍女室、宿卫室等。外红砖墙东、南、西、北各有一门。内红砖墙南有三门，东、西、北各有一门。

诸宫殿中间种满了牡丹，为隆福宫一大特色。

八、万安宫〔tümen amuγulan ordun〕

万安宫建制不详，万安宫原是金朝行宫所在之地琼华岛上的一座宫殿，因全真道领袖长春真人丘处机在此修道，又叫作太极宫，长春真人丘处机于成吉思汗十四年（1220）应成吉思汗之诏，在西域雪山成吉思汗行宫（今阿富汗兴都库什山，又叫印度山）进谒成吉思汗讲道以后，于1224年回到燕京，一直住在太极宫这座著名道观。成吉思汗特赐名为长春宫，下诏书免除全真道的赋税，任命长春真人丘处机掌管天下道教事务。从此以后琼华岛樵薪捕鱼者绝迹，青山绿水，仿佛仙境，一直保持到忽必烈中统三年重修琼华岛，易名万岁山为止。

1227年成吉思汗去世，幼子托雷担任监国，长春真人丘处机大弟子李志常于1228年撰写了有名的《长春真人西游记》（汉文由纪流注译，侯仁之、于希贤审校，中国旅游出版社，1988年出版，蒙古文版由忽赤罕编审蒙译，内蒙古教育出版社，1993年出版），记述了长春真人丘处机和成吉思汗的亲密交往以及西域沿途风俗人情。清朝著名历史学家钱大昕从《道藏经》中抄出，为学术界共同认可的一部13世纪记载蒙古高原和中亚地区状况的最重要著作，钱大昕考证出长春真人丘处机和成吉思汗同年同月（1227年7月）里相继去世。成吉思汗葬于漠北起辇谷，长春真人丘处机葬于燕京长春宫处顺堂，也就是今天北京的道教圣地白云观。

九、毡阁（蒙古包）〔mongγol ger dalai čaγan〕

世界建筑学家认定蒙古包是最科学，最能抗衡大自然灾害，最能保护生态的建筑物，如同自然界的树木、植物瓜果是圆形一样（现代人造卫星也是圆形），蒙古包定型为圆形是蒙古族对世界建筑事业的巨大贡献。这是蒙古族在千百年的游牧生活、辛勤劳动实践中崇拜太阳创造出来的文化结晶。蒙古族入主中原，修城池、盖楼阁，身居闹市，吃尽山珍海味，穿遍绫罗绸缎，却不忘漠北龙兴之地，不嫌弃古老简易的传统居室，这是蒙古族崇拜"长生天"的理念和文化心理的表现，是屹立于世界民族之林的基本要素之一。

据史料所记，当时在上都和大都宫殿置有数以千计的蒙古包。毡阁又叫作毡殿，就是大型蒙古包，蒙古语叫作达赖查干〔dalai čaγan〕。在皇城厚载门外御苑有一座大型蒙古包，就是毡阁。《故宫遗录》记载为："有花亭毡阁，环以绿墙兽闼，绿障窗，左右分布异卉幽芳，参差映带，而玉床宝座，时时如浥流香，如见扇影，如闻歌声出外户，而若度云霄，又何异人间天上也。"此段记录，和传统蒙古包装潢摆设是相符合的，元代宫廷蒙古包一般内部要挂草原绿色幔帐，托那（天窗）本来就是太阳的形象，乌尼（椽木）就是太阳放出来的光芒。加以装饰，包内正北中央要置帝王宝座。

蒙古族古老诗史《江格尔》中对汗王蒙古包宫殿的描述中也有类似上述情况：

> 把四方的能工巧匠召集起来，
> 制作了有四十四个哈那，
> 四千五百椽子的蒙古包，
> 用马鹿的皮张制作盖毡，
> 用大象的牙齿制作纽结，

椽子根部雕刻狼和猎狗，
哈那头部雕刻羊和盘羊。

这些比喻虽然有艺术夸张，但总的来说反映了蒙古族对住居的审美观点。

蒙古包从成吉思汗时代一直传承到现在，没有多大变化。蒙古民族把蒙古包称作〔mongγol ger〕，汉文古籍文献称作“毡阁”“毡房”“毡包”“穹庐”等。蒙古包是人类建筑史上最节约和最保护环境的建筑物。有少量柳条、皮条和毛毡就能做成蒙古包。是蒙古族劳动人民千百年的伟大创造。

蒙古包当然也有大小规格，分四哈那、六哈那、八哈那、十二哈那等。出使蒙古的使者和来自欧洲的传教士有详尽的描述。成吉思汗宫是装在大车上的巨型蒙古包，有十余只轮，用七十多头牛才能拉动。

十、失剌斡耳朵〔šira ordun〕

失剌斡耳朵是世界闻名的蒙古族建筑之一。失剌〔šira〕是蒙古语黄色之意，斡耳朵〔ordun〕也是蒙古语、宫殿之意。失剌斡耳朵从成吉思汗时代开始到元代只有登上皇位的黄金家族的人才有资格入住失剌斡耳朵。当时世界闻名的旅行家、佛教师、使者都有详尽记载作品问世。

凡蒙古汗王定都或常驻的城镇，都有失剌斡耳朵。失剌斡耳朵不是固定型建筑，是根据季节变化和需要安置的游牧性建筑。基本结构不用任何砖木、石块和蒙古包一样由哈那（围毡支架）、乌尼（椽木）、图拉古尔（柱子）和敖日（天窗盖毡）组成，但面积大而高，能容纳数千人。

蒙古族五大都城哈剌和林、上都、大都、中都、瓦其尔察罕浩特（白城子）都有失剌斡耳朵。

元代汉文文献有把失剌斡耳朵、棕毛殿、竹毛殿混为一谈的嫌疑。《故宫遗录》载："（延华阁）又东棕毛殿，皆用棕毛以代陶瓦。"《元史》卷二九九《泰定帝也孙铁木儿一》载："辛未，新作棕殿成。"同书卷三十《泰定帝也孙铁木儿二》载："甲戌，作棕毛鹿顶楼。"元代诗人杨允充也在《滦京杂咏》诗注中说："棕毛殿在大斡耳朵。"失剌斡耳朵是用木料做支架，用鬃毛、羊毛编织品和毡子、绸缎等制成的大型宫帐。是蒙古包原型的变相扩大，棕毛殿、竹毛殿则是用棕皮、竹子等植物制成的夏季纳凉的亭堂。当前最权威的中国科学院语言研究所词典编辑室编，商务印书馆1980年出版的《现代汉语词典》对"棕毛"的解释是："棕榈树叶鞘的纤维，包在树干外面，红褐色，可以制蓑衣、绳索、刷子等物品。"但用这种植物做永久型宫殿是不可思议的。

蒙古皇宫除失剌斡耳朵以外，还有之代文献所记录的一种叫作茶迭儿的建筑，茶递儿是蒙古语茶恰儿（čačar）的音译。当时在蒙古古都哈剌和林、上都城以及四大汗国宫廷中皆有设置，因为它是简便、豪华，又可以随意迁移的宫帐。叶新民教授在《元上都研究》中分析道："失剌斡耳朵，蒙古语，义为黄色宫帐。在窝阔台汗的驻夏地，就设有可容千人的失剌斡耳朵，忽必烈建立元朝后，沿袭蒙古旧制，在上都也设失剌斡耳朵。马可·波罗所记的上都'竹宫'外墙用木、竹制成，用白毡覆盖，帐顶饰以织金锦缎。泰定五年（1328）五月，制作上都棕毛殿地毯二扁，积二千三百四十三尺，青白羊毛一千三百四十四斤。由此可见，毡帐的建筑风格和内部的陈设都具有蒙古民族特点。"①

13世纪大旅行家马可·波罗和柏朗嘉宾对大都宫廷茶迭儿斡耳朵和贵由可汗的茶迭儿斡耳朵多有详尽的描述，《马可波罗行纪》中写道："前行久之，抵于一地，名称火奇牙儿末

---

① 叶新民：《元上都研究》，第33页，内蒙古大学出版社，1998年。

敦，其行帐及其诸子、诸臣、诸友、诸妇之行帐在焉。都有万帐，皆甚富丽，其帐之如何布置，后此言之。帐门南向，诸男爵、骑尉班列于其中。西向有一帐，与此帐相接，大汗居焉。如欲召对某人时，则遣人导入此处。

“大帐之后，有一小室，乃大汗寝所。此处尚有别帐、别室，然不与大帐相接。此帐及寝所布置之法如：

“每帐以三木柱承之，辅以梁木，饰以美丽狮皮。皮有黑白朱色斑，风雨不足毁之。此二大帐及寝所外，亦覆以斑纹狮皮。帐内则满布银鼠皮及貂皮，是为价值最贵而最美丽之两种皮革。盖貂袍一袭值价金钱三千，至少亦值金钱一千，鞑靼人名之曰‘毛皮之王’。帐中皆以此两种毛皮覆之，布置之巧，颇悦心目。凡系帐之绳，皆是丝绳。总之，此二帐及寝所价值之巨，非一国王所能购置也。”①

《柏朗嘉宾蒙古行记鲁布鲁克东行记》中写道：“即当贵由从帐篷里出来时，在他们之中称这个地方为失剌斡耳朵……位于山中间靠近一条河流旁边有一个风景秀丽的平原，平原上已经矗立着另一顶幕帐，当地人称之为金斡耳朵或“金帐”……用来搭幕帐的支柱以金片相裹，然后用金键将其他支柱钉在一起。幕帐的天幕和内壁上也蒙上了一层华盖布，而外面则是用其他织物装饰的。”②

十一、水晶宫〔bolor ordun〕

元宫内水晶宫有数座，建制、形状、位置尚不明确。《故宫遗录》载：“新殿后有水晶二圆殿，起于水中，通用玻璃饰，日光四彩，苑若水宫，中建长桥，远引修衢，而入嘉禧

① 冯承钧译，党宝海新注：《马可波罗行纪》，第352页，河北人民出版社，1999年。

② 耿昇、何高济译：《柏朗嘉宾蒙古行记鲁布鲁克东行记》，第98页，中华书局，1985年。

殿，桥旁对立二石，高可二丈，阔止尺余，金彩光芒，利锋如斫，度桥步万花，入懿德殿，主廊寝宫亦如前制，乃建都之初基也。”

《元史》卷三十《泰定帝也孙铁木儿二》载：“壬子，皇后受牙蛮答哥[①]戒于水晶殿。”

十二、畏吾儿殿〔oyiγur karši〕

畏吾儿，现写作维吾尔，西北少数民族之一，在军事、经济、政治上对元廷做过许多贡献，备毕受元廷的重用。皇宫中特设畏吾儿殿是在情理之中。建制和用途不详，史料只记有在兴圣宫延华阁东，共六间。

十三、玉华宫〔kas büren ordun〕

玉华宫不是大都皇城的宫殿，是在真定路首府真定城（现河北正定县）营造的忽必烈薛禅汗的家庙，供祭父亲托雷和母亲唆鲁帖尼怯烈氏。

中统元年（1260）忽必烈登上蒙古汗国宝座以后，特派亲信选择中原最富泽之地真定，建筑玉华宫，设立影堂。规模相当宏伟，据《常王銮影》载，其位置“在真定路城中衙城之北，潭园之东。外为红绰楔垣墙，四周槐柳森列，重门綮戟，广殿修庑，金碧辉映，宏壮华丽，拟于宫掖”。旧址很可能是现在的正定隆兴寺。

1227年成吉思汗去世以后，托雷遵循成吉思汗遗嘱，只担任了一年监国，积极说服诸王公贵族，文武大将，推举三兄窝阔台继承了汗位，自己则跟随窝阔台参加征服金朝宋廷的战役，他作战机智勇猛，所向披靡，经常担任全军开路先锋。

---

① 牙蛮答哥即指佛教镇魔大佛大威金刚佛，有九头，二十四只手，十六条腿。

窝阔台汗四年（1232）春，中路大军和窝阔台中路军会师于河南勾州（今河南禹县），准备向汴京进攻前夕，组织了三峰山战役，托雷利用雨雪之机，以少数精骑偷袭金兵十万，活捉移剌蒲阿和完颜哈达二员大将，攻取了潼关，使灭金的决定性战斗取得了辉煌成绩。这对当时金蒙政局发生了重大影响，金朝灭亡时日几乎屈指可数。遂随窝阔台继续攻取河南诸郡，计划最后攻取汴京。入夏以后，蒙古军马不适应中原气候，逐渐退驻塞外，托雷随同窝阔台出古北口避暑于官山，准备秋高气爽、马肥兵壮以后再度南进，不料，此时窝阔台病倒，巫师们卜卦则说：需要由亲属替身喝咒水才能辟邪。当时托雷毫不犹豫地喝了巫师配制的咒水，几天以后大军行至阿拉格·德力苏地方，托雷去世，时年40岁。《蒙古秘史》二十二节也说，因喝了巫师的为窝阔台汗替身的咒水而亡。忽必烈当时只有18岁，对于自己父亲的英年早逝，耿耿于怀，寄托了无限的哀思。蒙古史专家也曾指出托雷是蒙古汗权争夺的政治牺牲品。从此蒙古贵族集团内部开始了最初的内讧，蒙古汗王大权从窝阔台系转向托雷系。

中统四年（1263）忽必烈在大都营造了太庙，设立了成吉思汗父亲也速该至蒙哥汗八代列祖列宗影堂，但真定玉华宫的祭典每年照祭不误，延续到元亡。祭典相当隆重，除皇帝主祭以外，有时由集贤院大臣代祭，《元史》载：“其祖宗祭享之礼，割牲、奠马湩，以蒙古巫祝致辞，盖国人俗也。”诗人萨都剌曾作为监礼官随同集贤院大学士知儿哈丹出席过玉华宫盛大祭典。有诗曰：

大帝天香出内宫，孝思与世总无穷。
百年礼乐行三献，一派箫韶起半空。
使者领班云气里，女仙摇佩月明中。
小臣监礼陪清列，两袖葵花映烛红。

第四章　天无二日，地无二主 昔日扬鞭驰草原 今日下马理大都

第一节　大都人口和蒙古族及北方少数民族的内迁

一、大蒙古国（蒙古语为伊赫·忙豁里兀鲁思）

成吉思汗建立蒙古国之初，蒙古国总人口究竟有多少，尚无统一结论。

周清澍教授说："成吉思汗统一漠北后，从出兵数字估计，人口远低于一百万。"并在其注释中记道："《蒙古秘史》202节载成吉思汗建国时有九十五千户。《史集》第一卷下册《成吉思汗的军队和万户、千户长》一节载，他晚年有129个千户，每千户按足数计，每户以平均五口计算，也不过五六十万人。"①

黎东方先生说："据费儿那兹基估计，蒙古人的总数，当成吉思汗逝世时，只有一百万人左右。这一百万人以其十二三

---

① 周清澍：《元蒙史札》，第30页，内蒙古大学出版社，2001年。

万的兵，加上若干汉军，花剌子模、钦察等各国所征召来的壮丁，竟然建立了横跨欧亚的一大帝国，确是世界历史的奇迹。”①

倪健中说：“用不足200万人去统治上亿的人口，并不是传说，是一个真正的历史事实。”②三位大师的估计基本一致，当时蒙古国的人数也就是60万到100万左右。蒙古族以及成吉思汗的继承者们，经过祖孙三代的努力，终于实现了成吉思汗的“天无二日，地无二主”征服世界的战略部署。这是世界封建社会历史上的一个奇迹。说明了蒙古人人口少、能量大，有无限的智慧驾驭整个世界方向盘的运转，所以世界史称“十三世纪是蒙古人的世纪”。

二、入主中原的蒙古族人口状况

蒙古族入主中原建元朝筑大都，究竟有多少蒙古族入关？至今还没有一个公认的数字。

根据萧启庆教授考证：“据估计，徙入中原的蒙古人、色目人大约有四十万户，二百万口，占全国总人口的3%，比例不可谓不高。”③萧教授讲的是蒙古人、色目人的总和，其中蒙古人具体占多少没有细说，如果按对半分的话，也就是一百万左右，接近于周清澍、黎东方、倪健中三位先生的考证。关于入主中原的具体数字，倪健中先生说得更干脆：“入关60万，回去时20万。”④

从1206年成吉思汗成立蒙古国到忽必烈入主中原建立元朝，时间已度过了半个世纪，半个世纪中虽然战火连绵，蒙古

① 黎东方：《细说元朝》，第136页，上海人民出版社，1997年。
② 倪健中主编：《风暴帝国》，第58页，中国国际广播出版社，1997年。
③ 萧启庆：《内北国而外中国》——蒙元史研究，第49页，中华书局，2007年。
④ 倪健中主编：《风暴帝国》，第162页，中国国际广播出版社，1997年。

高原却相对比较平静，取得了喘息休养的机会，蒙古国的总人数翻一番是完全有可能的，加上从中原往漠北移民（主要是种田、种菜的农民），《元史》载："屯霸州，秉直拊循有方，远近而附者，十万余家，寻迁漠北。"[①]还有战俘、驱口和流民，总数达到二百万也是有可能的。但是漠北蒙古人不可能全部涌入中原地区，"龙兴之地"的漠北后来成为元朝岭北省，是元朝的大后方重要的根据地，需要有人守卫。

元朝建国初期，入主中原的蒙古族主要是军人、官员及其家属等，为数不多的统治阶层，大约在五六十万左右。而以色目人为主的西域人的内迁，远远超过了蒙古人，大约在一百万左右。日本学者佐口透曾估计过当时随蒙古人入主中原的波斯回回人数大约在一百万以上，身份以士兵、工人、技师、官吏、武将为主[②]。这个数字也是比较客观而符合实际的数字。根据当时漠北情况，再多再少都不可能，接近于萧启庆教授考证的入主中原的蒙古人和色目人二百万左右的估计数。

三、元朝人口

关于元朝人口，目前学术界普遍采用的元朝人口的统用数字是《元史地理志》〔记载至元七年（1270）抄籍数，为13196206户，58834711人〕这个统计数字显然是原金朝、南宋、大理、吐蕃地区的数字，更准确一点说的话是"腹里"地区和十一行省统计数字。不包括窝阔台、察哈台、钦察、伊利四个宗主汗国的人口数字。

---

①《元史》卷一四七《史天倪传》。

②〔日〕佐口透：《鞑靼的和平》，载《日本学者研究中国论著选译》第九卷，第467页，中华书局，1993年。

四、大都人口

幽燕地区经过蒙金宋三朝几十年的相互争夺厮杀，受害最大，人民流离失所，农田荒芜，人口减少。在元太祖六年（1211），蒙古铁骑第一次进攻金中都时，中都城有54万余口[①]。1215年蒙古军大将木华黎攻占中都，因金守将蒲察七斤献城投降，木华黎下令不屠城，并“悉令安业，仍以粟赈之，众皆感悦”[②]。所以城市破坏不严重，人口死亡也相对不多。

金中都五十坊原制无变化，元大都初建时为五十坊，元末发展到七十六坊，坊是元大都城市行政管理的最小单位，是居民居住之地，坊的多和少是能够反映人口多和少的唯一标准。

元太祖十一年（1216）木华黎将金中都易名为燕京，至元元年（1264）忽必烈又将燕京改为中都，至元九年（1272）将新建首都命名为大都，于是人们习惯上将中都称为旧城，大都称为新城，或者从其存在位置称南城或北城，统属元大都管制。所以南北两城人口的总和才是大都的总人口。

据《元史》卷五十八《地理一》载，至元七年（1270）的人口统计数字为：“户一十四万七千五百九十，口四十万一千三百五十。”

这个数字基本上是旧城统计人口（即金中都）。那时元大都（即新城）刚刚开始建筑，仅过三年，尚未完工。建新都之初的人数，除蒙古族和色目人官吏、军人以及家属以外，不会有多少蒙古族居民。大量移民进入大都是至元二十一年（1284）大都工程全面完成之后，忽必烈发表著名的“八亩房宅”方案以后的事。

从初筑大都的至元四年（1267）到元末的至正二十八年

① 曹子西主编：《北京通史》第四卷，第123页，中国书店，1994年。

②《元史》卷一五〇，《石抹明安传》。

（1368），已经度过了108年，大都人口从当初四五十万，翻一番、二番、三番的可能性都有，元代史学家权衡所著《庚申外史》载："丞相脱脱曰大都人烟百万。"据陈高华教授考证这是后至元六年（1340）的统计数字。

曹子西主编的《北京通史》第五卷称："大都及京畿地区的居民，到元代中期最繁盛之时，大约已增加到八十万至一百万人口之多。"[①]

周良霄教授说："大都人口号称十万户，在当时世界上，它的巨大规模与富赡壮丽，是很少有城市能与元相比的。"[②]若把十万户按"每户五人"计算法估计的话，也就是50万左右。

据《中国古代城市管理》一书统计："总之（元代——引者注）各年份大都新旧二城户口分别是：至元元年（1264年——引者注）约4万户，计11万人。至元八年（1271年——引者注）11.95万户，42万人。至元十八年（1281年——引者注）21.95万户，88万人。"[③]

元朝中期是泰定皇帝也孙铁木儿执政阶段，可以说是国泰民安的太平盛世。据《中国古代民族统计研究》估计，泰定年间户数不详，至元三十年（1293）户数已达14002760户，按每户五口人惯例算法，总人数已达七千万以上[④]。

元代结束自隋唐以来四五百年的纷争扰乱之后，的确创建了安定繁荣的社会环境，《草木子》中有一段生动描述："元朝自世祖统一后，天下治平者六七十年，轻刑薄赋，兵革罕用，生者有养，死者有葬，行旅万里，夜泊如家，诚所谓盛也。"[⑤]

---

① 曹子西主编：《北京通史》第五卷，第110页，中国书店，1999年。
② 周良霄：《忽必烈》，第104页，吉林教育出版社，1986年。
③ 伊钧科：《中国古代城市管理》，第148页，同心出版社，2004年。
④ 杨全照：《中国古代民族统计研究》，第217页，民族出版社，2006年。
⑤ 叶子奇：《草木子》卷三上，《克勒篇》。

大都的居民蒙古族属统治阶层，但人口最少，其次为色目人，也是人口很少。居民中人口最多的仍然是汉族，占百分之九十以上，其次为女真人、契丹人，因为他们的先人在此建立过国都，都是从白山黑水故里到中原来的有国都之民。他们人数不少，而且大都汉化程度很高。除此之外，还有完全汉化了的渤海、柔然、库莫奚、鲜卑等少量的北方少数民族。蒙古族是后来者居上，爬上了统治者的宝座。汉族和其他少数民族混杂交错，居住在一起。这一情况反映了当时民族关系的融洽性，这是忽必烈的民族政策和宗教改革所产生的积极作用。但是竟有“好心人”“提议大都蒙古人应与汉人相间居处，以制不虞”。还是那个“元代魏征”“不忽木还特意绘测大都蒙古人贵宦第宅与民居犬牙相形的图形，进奏忽必烈，以制此事”[①]。

13世纪大都蒙古族、汉族和其他少数民族已经开始交流，从居住交错开始到文化交流，甚至开始相互通婚，这是自古以来各个民族民间长期来往所造成的实事。是无论哪个统治阶级都不能限制的，实际上也无法禁止的历史规律。因为大都本身的政治条件，一开始就造就了多向来往的多民族熔炉。所以今天的北京市区和郊区都有元代留下的蒙古文和其他少数民族命名的街道、地名、村庄，如元代大将孛罗军营遗址被称为保罗村，维吾尔民族居住地叫作畏吾村，后来变成魏公村。蒙古族居住过的地方叫鞑子村，蒙古族的坟地叫作鞑子坟等。朝鲜族居住的地方叫作高丽村等。

在任何社会，就算是在民族隔阂比较严重的社会，各民族之间的人民群众的来往依然是平等友好的。社会发展的自然规律总是向有利于群体的方向发展。蒙古族当政的封建社会也不例外。

只要社会安定，生产发展，人口总是要增长的。

---

① 李治安：《忽必烈》，第660页，人民出版社，2004年。

忽必烈计划筹建大都城初期，中统元年（1260）从各路调遣两万余名蒙古军组成御林军，内府四怯薛，是保卫皇宫的精锐之师。此外还有布置在军事要地的属于国防军的左、右、中、前、后亲卫军，还有质子军，女真、高丽、色目各民族军和乣军，加上农垦军，合起来大约有20余万人。

从各地调来的工匠、手工业者67700余户，加上家属将近30余万人。此外还有工种兵3万余人，这些兵种主要从事建筑、烧砖制瓦、打制铁器、纺织等工作。忽必烈于至元三十年（1293）五月从上都调来工匠2999户，一户按五口计算，即14995人，每年由官方供应15000余担米①。

蒙古族本身从漠北进入大都的人数，从至元元年至至元十八年的十余年中，大约每年迁进1万人左右，合计17万人。据不完全统计，泰定四年（1327）大都市区户口为212万户，人口为952万口②。

大都当时是世界上最大的国际贸易城市，波斯、阿拉伯、中亚、西欧、东南亚乃至朝鲜、日本等地商人云集往返，据不完全统计，也有六万四千余人。

这里特别要提出的是，以大都最著名的大圣寿万安寺为首的15座庙刹共有7.3万多喇嘛，此外还有儒教、道教、伊斯兰教、景教教徒和宗教人员3万余人。

城市居民、流民、商人等也超过了40余万人，到元末达到150万人是有客观依据的。

忽必烈在大都地区积极采取增加人口的政策。幽燕地区经过蒙、金、宋三家几十年的相互争夺厮杀，人民流离失所，农田荒芜，人口减少。忽必烈营造大都当务之急是采取稳定社会、增加人口、增加生产的各种有效措施。忽必烈考核官员主

---

①《北京居山区地名志》，第274页。

② 伊钧科：《北京郊区村落发展史》，第115页。

要看粮食和人口增加了没有。经过几年励精图治，取得了较好成果。

忽必烈具体做法主要有以下三项：

第一，削减蒙古贵族的特权，解放被占有的奴隶。把蒙古贵族私人占有的奴隶，编入州县为民，纳入户口编制，扩大人口数量。蒙古族西征南侵，俘虏了相当数量的人口，有的当作私有奴婢，《元史》称为“驱口”，字义为“抢来的人”，实际上这是蒙古人驱赶牲畜时常发出的“cuk、cuk”的声音，是“快走”的意思。后来逐渐形成了俘虏的汉文贬义之词“驱口”。蒙古国时期为了鼓励士兵作战，允许将俘虏作为个人战利品，可以买卖奴婢，形成了私人奴隶占有制。忽必烈不但解除奴隶占有制，而且允许从“哈拉出”〔karaču〕（黑头百姓）升为“阿拉巴图”〔alabatu〕（有户口的国家属民），可以成家立业，参加生产，增殖人口，使他们成为帝国的纳贡者。规定州县一级“口增者赏”，“隐匿者罪”（《元史》卷五《世祖纪》）。这是大都地区增加人口的正确措施之一。

第二，坚持自古以来蒙古族同家族不通婚的习俗，也严禁汉族和其他民族同姓结婚，尊重大都各民族居民的各种婚俗“各依本俗，以男方为主”的方针。目的是为提高人口质量，防止近亲成婚，危害下一代。这种由政府出面重视人口质量的行为在七百多年以前的中国历史上出现实属罕见。

蒙古族自古以来坚持严格的家族外婚，禁止同家族内部通婚，黄金家族世世代代只能和翁吉剌惕部通婚成为一个铁定的婚俗。《蒙古秘史》第64节载：“俺翁吉剌惕百姓，自古以来，以甥之貌，以女之颜，而非争国者也。”[1] 讲了成吉思汗九岁时随父到翁吉剌部相亲的动人故事。从此以后成为蒙古黄金家族的根本习俗，以至延续至今。

---

① 道润梯步新译简注：《蒙古秘史》，内蒙古人民出版社，1979年。

忽必烈也鼓励蒙古族和汉族及其他民族结婚，婚俗以男方为主。奖励多生、优生，族别以男方为主。在七百多年前，这算是比较科学的方法，对人口增长起到积极作用。

第二节 游牧文明和农耕文明的交流发展

蒙古族入主中原，忽必烈建元朝筑大都，游牧文化和农耕文化开始碰撞，交融开花结果。

一、蒙古族入主中原是成吉思汗征服世界战略的一部分，忽必烈实现了中华民族的大一统

蒙古族入主中原筑大都、建元朝是13世纪世界上最大的盛事之一。在封建社会，国和国之间的关系、民族和民族之间的关系是理所当然的弱肉强食、大鱼吃小鱼的关系。蒙古族入主中原的目的除上述成因以外，最主要的是要实现成吉思汗征服世界的总战略部署，是西征战略的一部分和延续。在完成这个伟大战略部署过程中，忽必烈自觉或不自觉地实现了中华民族的大一统，变消极因素为积极因素，真是无心插柳柳成林。这件事充分说明了蒙古族游牧文化的能量和智慧是无限的。历史学家曾称“得中原得天下”，忽必烈筑大都建元朝是蒙古族以征服者姿态开始统治中原广袤土地之始，也是蒙古族游牧文化和汉族农耕文化碰撞之始。

成吉思汗的“天无二日，地无二主”征服世界的战略思想，产生于他的“赖长生天之力”的哲学思想。成吉思汗把自己的前途和蒙古族的命运，同蒙古帝国的发展联系在一起。把自己和民族、国家的兴旺发达归结于长生天的保佑。称天为父亲，地为母亲，被誉为“天之骄子”。他认为地上万物皆凭借长生天之力而存在，“天之骄子”自然有自由享用支配的权

利。这就是成吉思汗征服世界战略思想的理论基础。他的这种思想的最形象的解释，贵由可汗用一句名言做了全面的总结："征服从太阳升起的地方到太阳降落的地方，一切众国的权利，是由长生天赐给的，谁人竟敢违抗苍天的旨意呢?"[①]

西征是实现成吉思汗征服世界战略部署的前奏曲。

1206年铁木真统一蒙古各部，建立大蒙古国，被推举为成吉思汗，又经过八年的准备，便开始了征服世界的伟大战略。

1218年征服了西辽。

1221年灭了花剌子模。

1215年攻克金国首都中都，1234年灭金。

1226年灭西夏。

西征战略是从1218年开始，于1223年结束，历时五年。西征征服了东起亚洲本土，西抵西欧波兰、匈牙利等地，北至西伯利亚、伏尔加河流域、南俄大草原各公国，包括莫斯科，中亚波斯地区的伊朗、伊拉克等地，南至印度半岛的广大地区。西征的结果产生了蒙古四大汗国：即成吉思汗长子术赤系的钦察汗国（又称金帐汗国），次子察哈台系的察哈台汗国，三子窝阔台汗国，幼子托雷系的伊利汗国。关于西征各国蒙古学者多有评论，巴拉吉尼玛教授在《千年风云第一人》中评论道："蒙古人横扫全球，既充当了征服者，也充当了人类文明无可匹敌的文化载体。"[②]

1260年（中统元年）在中国本土做皇帝的忽必烈，从西征的长辈那里学到了游牧社会所学不到的丰富知识，开阔了眼界，积累了治国的经验和策略。

忽必烈不同于历代蒙古皇帝，成长环境为他造就一代辉煌，打下了坚实的基础。忽必烈从小一直到成吉思汗去世，都

---

① 拉喜彭斯克：《水晶珠》，内蒙古人民出版社，1985年。
② 巴拉吉尼玛：《千年风云第一人》，第321页，民族出版社，2005年。

在他爷爷的身边。多桑《蒙古史》讲，有一次他跟随爷爷出猎，12岁的忽必烈和旭烈兀各自猎取了兔子和马鹿，成吉思汗非常高兴，在猎场上为两位小孙子举行了“入猎仪式”，将猎物的鲜血涂在他们俩的大拇指上。忽必烈是成吉思汗的“骄子”，自由出入朝会，聆听过耶律楚材和长春真人丘处机的真知灼见，受益匪浅。他21岁时听从哥哥的调遣担当起治理漠南汉地的重任，45岁称帝，戴上了大蒙古国大汗和元朝皇帝的双重冠冕，成为蒙古帝王中除窝阔台汗以外第二个接触和接受汉文化的开路先锋。

忽必烈完成了中国本土的征服工作，前后占领了云南大理国、吐蕃和南宋，完成了中华民族的大一统。

至此，成吉思汗的“天无二日，地无二主”的征服世界的战略部署，经过祖孙三代人的艰苦奋斗，灭四十多个国家，征服七百多个民族，开创了大约三千万平方公里的版图，可以说是画上了圆满的句号。

二、成功地处理了牧业文化和农业文化的矛盾

忽必烈实现了成吉思汗的“天无二日，地无二主”征服世界的战略部署，得到了中原地区，但是这个地区经过辽、金、宋三朝和蒙古四家的几百年战乱，已经是千疮百孔、哀鸿遍野的烂摊子了。

忽必烈认识到要治理文化高度发展、人口众多的以汉族为主的农耕地区和幅员辽阔的元朝其他各民族，将是一件“克楚”〔gečikü〕（蒙古语，头痛的事）之事。他非常明白游牧文明是蒙古帝国兴旺发达的命根子。现在首先要处理好牧业和农业的矛盾，这将是关系到新建元朝能否站得住脚的关键所在。

面对诸多难题，年轻的忽必烈却出手不凡，他以非凡的胆略完成了爷爷的战略部署，以“思大有为于天下”的宏伟抱负提出“祖述变通，宜新宏远，鼎新改革”的伟大改革措施，施

展了他的政治才华。

首先，他不顾蒙古贵族保守势力的激烈反对，坚持将蒙古帝国政治中心南移，非常巧妙地将大国首都设在农牧文明互相碰撞的边缘——幽燕地区，并采取上都、大都两都制。这个英明策略的实施，也保证了蒙古族退出大都以后，没有遇到灭顶之灾，打下了能和明廷相争二百余年的政治基础。所以李治安教授评论说："亡国而未亡族。"相比之下，和契丹族建立的辽朝，女真族建立的金朝，以及以后满族建立的清朝，形成了鲜明的对照。

其次，他从理论上认识到大自然的降水不均造成了农牧文明的分野，这是人的意志所不能抗拒的伟大真理。农牧业要发展生产、要增产必须遵循这一条必然规律，以长城为界，南耕北牧，他下诏书严禁诸王侵占农田、圈农放牧，严厉批判蒙古贵族保守势力代表人物别迭等提出的"汉人无补于国，可悉岂其人以为牧地"的害国害民的错误观点。提出"国以民为本，民以衣食为本，衣食以农桑为本"的政策，以50户为一社，专门成立了奖励农业生产的行大司农司和营田司，这是历代朝廷所没有过的重大措施。随之加强了农田水利建设，颁布各种保护措施，出版发行《农桑辑要》具体进行技术指导，改进农具，提高了农业单位产量。

像大都这样元末已经达150余万人口的城市，粮食供应已不成问题，蔬菜水果、蛋禽鱼虾、牛羊猪肉都达到了自给自足的程度。

牧业方面首先保证蒙古铁骑和大都禁卫军战马所需，除官办14处马场以外，漠北草原是供应役马役牛和皮毛的主要基地。长城沿线所谓的口外牧场是供应大都牛羊肉、皮毛、耕牛耕马的市场。长城沿线的各个关卡开辟了"茶马互市"互通有无，繁荣了市场，增进了蒙汉群众的友好来往。当时大都已成了国际化大都市，各种商品琳琅满目，欧洲、西亚、波斯、东南亚、朝鲜、日本等国外客商云集，各方面的需求量很大。

蒙古族是世界上最顽强抗拒同化的民族之一，他们所能做到抗拒同化的最大法宝是保持游牧文化和民族气节。

游牧文化的最大特点是，世世代代生活在辽阔大草原的蒙古人，他们饱经大自然的恩惠和艰辛，养成了勇敢、坚韧、好斗、诚实的性格，乐于接受新鲜事物，善于吸收异族文明，具有开放性。蒙古族能够入主中原、建大都，这些品质发挥了主导作用。蒙古族从“穹庐为室兮毡为墙，以肉为食兮酪为浆”的社会环境中一下进入繁华喧嚣、红灯酒绿的大城市环境中，本身就是对保持游牧文化的一种最大的挑战。这里所说的保持游牧文化，主要指入主城市的蒙古族如何保持游牧文化传统，并非是把草原生活原汁原味地搬过来，住在人口集密、大街小巷纵横交错的大城市里，天天过游牧方式的生活将是不可能的。

蒙古族入住大都，从衣食住行都进行了适应性的改革，但仍保持蒙古风俗习惯，说蒙古话，写蒙古文字，礼仪、祭祀都按古老传统行事，大都的宫殿基本风格都是蒙古族斡耳朵式建筑，另有蒙古包、恰恰尔斡耳朵、水晶宫、失剌斡耳朵等，饮食仍以牛羊肉、奶食、马湩为主，穿的还是长袍马褂，马靴为主，出行则骑马、坐轿、乘象辇等。基本保持了蒙古族传统习俗。

三、蒙古族入主中原，成吉思汗的“赖长生天之力”哲学思想和汉族儒家思想，初次相交，开始融通交融，形成了治理国家的“以佛治心，以儒治国”的基本策略

蒙古族入主中原是以强大的军事力量做支柱的。好些人认为是“弓马之力取天下”的，忽略了成吉思汗“赖长生天之力”哲学思想所发挥的治理国家的指导作用。忽必烈这位“思

大有为于天下”的开明之主，更懂得“马上得天下，不能马上治天下”的大道理，当时占全国2%—3%的蒙古族要统治98%的汉族和其他各民族人民，谈何容易？

成吉思汗的“赖长生天之力”哲学思想是以治国根本法“大札撒”为核心，提出了如何使一个民族、一个国家、一个社会安宁、团结、富裕的问题。儒家学说是在农耕文化的基础上形成的“仁”“义”为核心的治国之道，千百年来铸造的以子、史、集、经为主的庞大学说，和成吉思汗的“赖长生天之力”的哲学思想体系一样，都是讲治国安民之道的。忽必烈当然钦敬谙熟成吉思汗哲学思想的精髓，但仍感到“武功迭兴，文治多缺”（登基诏书），他在这个认识的基础上又提出“祖述变通”的重大政治改革措施。这就是史家所称的忽必烈的“汉化”之道。

忽必烈综观中国历史，看出入主中原的少数民族建国立都，颇热闹了一阵，但最后没有一个能逃脱被同化的命运（如契丹族的辽朝，女真族的金朝等）。忽必烈左思右虑，担心蒙古族有一天走向同化，终于想出了“蒙内汉外”“大蒙古为中心”的双规制，这是以成吉思汗的“赖长生天之力”的哲学思想和儒家学说相结合的产物。忽必烈推动了这一策略的实施，保证了元朝百余年的生存，所以《元史》称：“用能以夏变夷，立经陈纪，所以为一代元治者，规模宏远矣。”（《世祖纪十四》）

关于这一点国内外蒙古帝国和元朝文化研究专家多有精湛分析，如“蒙汉二元化”政策（〔法〕勒内·格鲁塞教授）、“内蒙外汉”政策（李治安教授）、“夷夏并用”政策（陈高华教授）、“蒙汉杂糅的四不像的政治体制”（倪健中教授）、“内北国而外中国”（台湾萧启庆教授）。蒙古族入主中原大地，实践显示“全盘汉化”不可能，“全盘蒙化”也不可能，只能采用“蒙汉结合”的方式，这是元朝所形成的特殊政治体制，具体完成了如下项目：

（一）为适应中国封建王朝的管理传统和尊重广大汉族民众的心理状态，采用汉族中央集权官僚制封建王朝，将大蒙古国易为“元朝”，采用适应汉族惯例的年号，如“中统”“至元”之类，但蒙古内部和四大汗国之间仍用“大蒙古国”之称。这实际是忽必烈创建的“一国两制”制度。

（二）元朝十个皇帝谥号用蒙古文，庙号用汉文，为了便利起见，年号则完全用汉称。诏书和公文用蒙汉两种文字，具体显示了蒙汉并举、以蒙古为中心的思想。元代也有大批汉族人学蒙古语、蒙古文，以取蒙古名字为荣，蒙古语和语法掺和在汉语中，形成“元代白话”的文体，汉语中自古以来第一次出现蒙古化的风格，实为罕见。

（三）对祖先的祭祀则完全用蒙古仪制，并规定外族不得参与。《元史·祭祀一·祭祀二》称，“元之五礼，皆以国俗行之”，“其祖宗祭享之礼，割牲，尊马湩，以蒙古巫祝致辞盖国俗也”。在上都（蒙古语称：德都·尼斯勒〔degedü nay-islel〕）或大都（蒙古语称：伊克·尼斯勒〔yihe nayislel〕）祭祀祖先都要到郊外向北方“龙兴之地”设祭坛祭之。

（四）在游牧和农耕地区的边缘，建立帝国“两都制”，即上都和大都，蒙古文和汉文名称同时启用。二者意思相同，互不冲突。

（五）政府要害部门仍坚持成吉思汗时代一直沿用的怯薛（宿卫）、达鲁花赤（长官）、札鲁忽赤（断事官），并用蒙古族来担任正职，次要的则用汉称官衔，由色目人或汉人担任。体现了“蒙汉二元化”的特点。

忽必烈精通汉文汉语，有时自己写诏书，诗词曲赋也写得不错（见李治安《忽必烈》王叔盘孙玉溱《古代蒙古族汉文诗选》）。忽必烈上朝时多用“怯里马赤”（译员），为了显示重视蒙古文化，是权力的象征。忽必烈一向注重实际，提倡务实精神，对深奥的儒家著作有选择、有保留地研读，在耶律楚材的建议下，他派人找到了孔子五十一代孙子孔元措，仍命袭封“衍圣公”之爵，在大都设置编修所，选择蒙译四书五经和《资治通鉴》《贞观政要》等分发给文武官员学习。至元八年（1271）在大都设立蒙古国子学，由“大根脚”的勋臣中“选子弟俊秀者入学”，培养栋梁之材。在他的鼎力支持下，出现了一批蒙汉兼通的蒙汉两族高级知识分子，如汉族的虞集、王遵、马充实、贾居贞、赵壁、廉希宪、张文谦、管如德等，蒙古族的保鲁德铁睦尔、希日布曾格、查干、楚伦大希、库德勒特穆尔、斯亲丁、阿怜土木尔、乔吉斡斯尔、安童、拜住、不忽木等是大都光彩夺目的明星。但是大都的汉族儒士们提倡恢复科举时，他则认为深奥烦琐的儒学束缚人们思想，读死书，死读书，迟迟不予批准。

忽必烈的侍臣董文忠讲到儒家的不足之处时说：“俗儒只知遵守亡国余习，卖弄自己的学问，以顽固地保守自己的主张，恐怕对于陛下的上建皇权、下修人纪没有多少帮助。”忽必烈很赞同[①]。重视实际的忽必烈，对空话、假话、脱离实际的行为表示反感。对于儒士们咬文嚼字满是之乎者也脱离实际的作风多有批评。但不是反感所有的儒士们，只是对俗儒、腐儒表示己意而已，汉族儒士们对他抱以极大希望，推崇儒学、强行汉化时他却态度暧昧，但汉族儒士们授予他“儒教大宗师”荣誉称号时他高兴接受，说明忽必烈本人对孔孟学说治国安邦之道是很赞同的。

其实，忽必烈不是盲目排斥儒学，他手下的刘秉忠、姚枢、张德辉、窦默、廉希先、王鄂、海云等谋士、大臣不下三十多位，他每天苦心孤诣地思谋帝国前程、国计民生，都离不开他们，他们是他的“智囊团”。忽必烈懂得入主中原踏进了

① 蔡峰：《纵马驰中原》，第216页，华夏出版社，2000年。

异国他乡，不能和漠北草原相比，必须要有一套行之有效的策略才行。策略是否可行关系到蒙古帝国的存亡大计。当姚枢提出三十条施政纲领时，忽必烈全盘接受，元朝百余年的生存基本上实施了诸条，并为明朝所运用。

《元史》卷一百五十八《姚枢传》载有三条施政纲领是："立省部、辟才行、举遗逸、慎铨选、汰职员、班俸禄、定法律、审刑狱、设监司、明黜陟、停征敛、简驿传、修学校、崇经术、旌节孝、劝农桑、宽赋税、省徭役、禁游情、肃军政、周贵乏、恤鳏寡、布屯田、通漕运、免债赋、广储蓄、复常平、立平准、绝侥辛、杜告汉。"忽必烈很是赞同。

接着刘秉忠上谏献出五条施政大计，忽必烈也采纳，《元史》卷一百五十七《刘秉忠传》载，第一，选用官员方面："以马上取天下，不可以马上治。君之所任，在内莫大乎相，相以领百官，化万民；在外莫大乎将，将以统三军，安四域。内外相济，国之急务，必先之也。"第二，赋税生产方面："天子以天下为家，兆民为子，国不足，取于民，民不足，取于国，相须如鱼水。有国家者，置府库，设仓库，亦为助民；民有身者，营产业，辟田野，亦为资国用也。"第三，推行兴儒办学："古者庠序学校未尝废，今郡县虽有学，并非官置。宜从旧制，修建三学，设教授，开选择才，以经义为上，词赋论策次之。兼科举之设。"第四，重视纳言进谏方面："君子不以言废人，不以人废言。大开言路，所以成天下、安兆民也。""常选左右谏臣，使讽喻于未形，忖画于至密也。君子之心，一于理义，怀于忠良；小人之心，一于利欲，怀于谗佞。"

刘秉忠所讲的这些治国方略是中国历代封建王朝统治天下的政治经验，对忽必烈经营中原汉地提供了极其宝贵的政治财富。其中诸条条文被忽必烈一一实施，为调和具有深厚游牧民族风格的蒙古族统治者和具有浓厚农耕风格的大多数汉族官员之间的差异，起到了缓冲作用，但期望忽必烈完全汉化也不可能，忽必烈是草原游牧贵族集团的总代表，他自然要坚持《成吉思汗法典》为核心的“蒙古中心论”，其结果是蒙古帝国和元朝自始至终只能是“既行汉法，又存国俗”的混合体。就这样蒙古帝国和元朝延续了160余年的统治，在中国历史上算是长寿之朝。在中国历史上凡是入主中原的少数民族所建王朝，过百寿的有9个，而汉族所建王朝过百寿的只有5个，相比之下，差异之处在哪里，是值得探讨的一个大课题。

元代有“一官、二吏、三僧、四道、五医、六工、七猎、八民、九儒、十丐”之说，经分析不太确切，任何社会，官和吏必须排在第一位，当然元代也不例外。元代尊佛教为国教，道教和其他宗教（伊斯兰、基督等教）是利用对象，仅占三位、四位。元代重视技工匠人、医师，占五位、六位理所当然。蒙古族本身就是游牧狩猎民族，猎户地位不低，和民（牧民、农民还有城市游民）排在七、八不会有争议。其中应该把乞丐算在游民之中，不应该把乞丐作为一个阶层来看待。唯有把儒士放在第九毫无道理，又安排他们和乞丐为伍，更有污蔑贬低之意，儒士地位再低也不可能和乞丐相比。根据忽必烈的方针政策，自始至终对于儒士是非常重视的，实际上他不依靠由儒士组成的强大的“智囊团”，也不会有行之有效的策略出台。

忽必烈入主中原以后也懂得如何巩固蒙古贵族集团的统治：第一，必须和汉族地主集团组成同盟，他也这样做了，像史天泽这样的汉族地主集团的代表人物，曾爬上了中书省右丞相的高位，便说明了一切。还有许多蒙古化了的汉族担任高官。第二，精神统治方面，必须要和汉民族的孔孟之道相结合起来，忽必烈希望有一个“蒙汉文化合璧”的新局面出现，只不过是他脱离实际的幻想而已。

元朝建立以前，中国历史上的封建王朝总是对少数民族采取逐步蚕食、吞并同化策略。元朝以前的契丹族、女真族和其他弱小的少数民族就是这样退出历史舞台的。这是“小人口”被“大人口”融化的典型历史，是中国封建社会形成的一条自然规律，是不可抗拒的历史规律。忽必烈懂得这个道理，这就是元朝为什么以大都和上都两都为中心，采取“蒙汉双轨制”的思想和理论基础。

倪健中先生在《风暴帝国》中对游牧和农耕文化碰撞的最后结果做了一番精彩的分析。他有一本书这样写道：“任何一个闯入中原的马上帝国都面临着两种选择，或者留在中原，或退回塞外；任何一个决定留在中原的马上帝国也面临着两种选择，或者从马背上走下来，完成以游牧向农耕的历史巨变，或者继续留在马上，马上夺天下，马上治天下，马上失天下。”但元朝的灭亡有许多复杂的原因，不能归咎于没有完全接受农耕文化、全部汉化。中国历史上许多农耕王朝，也不是周而复始地改朝换代了吗？元朝覆灭的主要原因是民族矛盾，不在于农耕和游牧，在封建社会，民族和民族之间的矛盾将是不可调和的你死我活的矛盾。朱元璋提出来的具有强烈的民族仇恨意识的“驱逐胡虏，恢复中华”的口号才是真正使蒙古从中原退出去的要害所在。

第三节　元大都布局诠释

一、忽必烈迁都中原的原因

忽必烈是成吉思汗最喜欢的孙子之一，成吉思汗初见婴儿时的忽必烈，虎头虎脑、皮肤黝黑透红，十分喜欢，命保姆精心照料。忽必烈七八岁时学习蒙古文和汉文，再大些便和公主王子们一起学习治国安邦之道。成吉思汗期望他成为栋梁之材。忽必烈没有辜负爷爷的培育。

成吉思汗命木华黎进攻金国都城中都时，忽必烈尚在襁褓之中，50年以后他已经是大蒙古国的皇帝，并着手筹建元朝都城——大都城了。

忽必烈是最虔诚地遵循成吉思汗意志的人，他本人就是在成吉思汗大札撒和箴言的熏陶下成长的。成吉思汗是持“天无二日，地无二主”[①]“身子有头好，衣裳有领好”[②]的扩张主义思想和“恩仇必报”的哲理走向世界的。成吉思汗认为：赖长生天之力，大蒙古国的骑士们，从太阳升起的地方，走到太阳落下的地方，无人匹敌。所以早在成吉思汗西征时曾告知诸子：“大地辽阔，江河众多，你们可以统治自己的封国。”（《史集》）这就是横跨欧亚的著名蒙古四大汗国诞生的直接因素。而他的治国治军的五彩光环却丰富了世界思想文化宝库。

成吉思汗金戈铁马，南征北战，从实践中看中了地大物博、人口众多的中原地区，大有欲征服世界，必须征服中原的预见，具有重大的战略意义。本来蒙古和金朝是冤家世仇，成吉思汗不会忘记俺巴孩汗的“木驴之辱”，并亲自策划了灭金、西夏、南宋的锦囊妙计。说明忽必烈迁都中原是和成吉思汗的“征服世界”的战略思想一脉相承的。

忽必烈当上大蒙古国皇帝以后，急于迁都中原，曾征求亲信们的意见。木华黎之子霸突鲁进言：“幽燕之地，龙盘虎踞，形势雄伟。南控江淮，北连朔漠。且天子必居中，受四方朝觐，大王果欲经营天下，驻跸之所，非燕不可。”[③]

忽必烈登位之前，遵照其兄蒙哥大汗之令，经营漠南汉

---

① 道润梯步新译简注：《蒙古秘史》，第189节，内蒙古人民出版社，1979年。

② 道润梯步新译简注：《蒙古秘史》，第33节，内蒙古人民出版社，1979年。

③《元史》卷一二五，《高智耀传》。

地，招聘了一批各族饱学之士，组成金莲川“开平幕府”出谋划策，使其如虎添翅。他对于中原大地的政治、经济、历史的发展了如指掌，胸有成竹，登上大汗宝座以后，中统五年发表《建国都诏》，将燕京改为中都，又将开平府加号为上都，按照游牧民族春夏秋冬四季营盘的传统，实行春冬在大都办公，夏秋在上都办公的两京制度。忽必烈充分认识到，定都在何处、如何定都是关系到王朝的命运，国家能否有个永久之安的大事。有人曾建议因金国中都宫殿官署尚破坏不大，建国之初资金不足，稍加维修可用之。忽必烈认为：根据蒙古族古老传统，新婚嫁娶、成家立业都要盖新蒙古包，选择肥美草场定居。遵循“要在阳光明媚的地方居住，要在肥美的草场上放牧”的习俗。更何况洋洋大蒙古国的都城岂能以旧替新？当年忽必烈筹建开平府时，也有人曾建议修复金桓州，由于同样原因被忽必烈否定，却在离桓州二十里滦河北岸优美的金莲川心脏地区营建了开平府。开平府是开启平安盛世之意。正如道森在《出使蒙古记》中所描述的：“当一个斡耳朵曾在一个地方安置时，在它搬走以后，只要那里有任何曾经烧过火的痕迹，就没有一个人敢经过它曾安置过的地点，不管是骑马还是步行。”[①]正如他所述，忽必烈按照蒙古建筑习俗，废弃金中都，在中都东北选择平坦地方营建崭新都城大都，这就是今日北京城诞生的前奏。至元八年，他发表《建国号诏》将大蒙古国易为元朝。

以上重大实践说明忽必烈早已有了将蒙古国政治中心南移的决心，步步为营，逐步完成了统治整个中原大地的重大计划。

首先，燕京地区正如霸突鲁所述，北连漠北龙兴之地，南控中原肥沃土地，西拥高纵太行险要，东临浩荡的渤海海口。

---

① 道森：《出使蒙古记》，第205页，中国社会科学出版社，1983年。

而且在历史上辽代京城南京、金代京城中都都是设在这个地区的。尤其从地理位置上新营建的大都离蒙古本土龙兴之地上都只有一日马程。一旦风吹草动，危急时刻，跃马挥鞭，顷刻就会回到作为根据地的辽阔草原，另图东山再起。事实上徐达攻入大都之时，元惠帝妥懽帖睦尔权衡大局利弊，毅然退回漠北，使北元和明朝抗争了二百余年，就是最好的说明。

其次，忽必烈从哈剌和林、上都走到燕京地区，看出地理位置上哪个地方也不如燕京地区富庶便利，哈剌和林虽然是祖上选定的吉祥之地，但北不靠先进发达的欧洲，南不靠农业发达的中原沃土。尤其忽必烈深知战胜阿里不哥是靠中原的人力和财力，使他进一步懂得了“得中原即得天下”的道理。

其三，哈剌和林、上都偏离经济、社会发展地区，人口稀少而且没有海口，“思大有为于天下”的忽必烈压根儿就没有打算把上都当作国都，而把它当作进入中原的桥头堡而已。忽必烈深知要作为一个世界强国必须要有海口来和世界各地交流，互通有无。忽必烈知道作为世界强国的元朝，没有强大的海洋舰队是挤不进世界列强之伍的。这也是元朝海运高度发展的原因之一。

二、元大都建筑布局体现了蒙古帝国的建国和建筑方针

在成吉思汗南征北战的时代，成吉思汗的金帐斡耳朵就是当时的军事、政治中心，是活动的都城。当时成吉思汗认为没有必要营造固定的城池都城，可是他晚年却示意窝阔台“该营建固定城池了”[①]。

窝阔台汗八年（1236）营建哈剌和林时，蒙古族建筑学家帖睦格·斡惕赤斤协助大汗提出了具有划时代意义的建筑宗

①〔蒙古〕D·麦德尔：《蒙古考古和城镇建设》，乌兰巴托，1972年。

旨："奠定世界强国之根基，建造繁荣昌盛之基础。"[①]这是当时的蒙古国宏伟的建国和建筑方针。当时哈剌和林的建筑，由于窝阔台汗过早地离开了人世，未能施展宏图规划，再加上条件的限制，哈剌和林的建筑尚未形成理想的规模。

蒙古族土木建筑形成规模是从忽必烈营建上都、大都开始的。为了实践窝阔台汗的宗旨，忽必烈营建大都时，不顾对南宋的征战正在激烈进行，使窝阔台汗提出的"奠定世界强国之根基，建造繁荣昌盛之基础"的建国建筑方针更加具体化：忽必烈引用了汉高祖刘邦修建豪华宫殿时，对萧何讲的一句名言："时方用兵江南，金甲未息，土木嗣兴，属于大业甫定，国事方张，宫室城邑非巨丽宏深，无以雄视八表。"（欧阳玄：《圭斋集》，卷九）乃坚持自己大兴土木，建筑辉煌雄伟宫室。所以元大都的规模之大、宫殿豪华达到了当时的世界一流水平，方圆30公里，总面积达50平方公里，宫殿区总面积70—140余万平方米。

三、中心点和中轴线

建城之前首先测定了城池的中心点和中轴线，中心点蒙古语叫作〔küisen čig〕，直译为"肚脐眼点"。中轴线叫作〔küisen utasu〕，直译为"肚脐眼线"，并在城池中心竖立了"中心之台"石碑。

城池有了中心点和中轴线，城市布局如同一盘棋，重点突出，井然有序。

忽必烈把从中心点起步的中轴线向南延伸到大都正门丽正门护城河1.5公里许的一棵松树为终点，这棵树被誉为"将军树"，得到精心照料。所以南北中轴线经外城丽正门、内城灵

① 〔波斯〕拉施特：《史集》，余大钧、周建奇译，第68页，商务印书馆，1985年。

星门、宫城崇天门和巴托浩特〔batu kot〕（蒙古语即为“坚固之城”之意，为宫城最里面的禁城。）的大明门、大明宫（迦坚茶寒殿）、延春阁，宫城北门厚载门直达鼓楼、钟楼附近的“中心之台”。陈高华教授评论道：“大城市设计和建造时，把实测的全城中心做出明确的标志，这在我国城市建设史上是没有先例的创举。”①

从“中心之台”射向城池四角角楼的距离是相等的，原设计为四方形，东、南、西、北城墙均为1.5公里，周围为30公里，但西墙遇到湿地不得不往里稍为缩减，因而使元大都成为长方形。东西为6700米，南北为7600米，合计28600米，总面积为50平方公里。

皇宫在全城中心稍偏南，这是为了把琼华岛风景区（今北海公园）纳入皇宫范围之内的特殊设计：即广寒殿矗立在中心琼华岛之巅（今北海公园白塔处），太液池东岸有大明宫和延春阁一前一后矗立，太液池西岸的隆福宫、兴圣宫一前一后矗立，形成“中心五”形图案，使整个皇城处在山光水色的美丽景色之中。侯仁之教授在《城市历史地理研究》一文中写道：“大都布局稳定和谐，又富有山光水色，规模宏伟，为历来宫城设计所未有，实属一重大发展。”②

因为有中轴线坐标，国家三大衙署、中书省、枢密院、御史台设置在皇宫周围。宝钞库、倒钞库、大都路总管府、大都巡警院等主要部门都设在街道主干道上。《析津志辑佚》称：“中书省在大内前东五云坛内。”③旧址现为北京劳动人民文化宫。“枢密院在东华门过御河之东，保大坊南之大御西。”④旧址现为王府井大街一带街道，从现在的位置可推断出当时所处

① 陈高华：《元大都》，第59页，北京出版社，1982年。
②《侯仁之文集》，第二部分。
③（元）熊梦祥：《析津志辑佚》，第5页，北京古籍出版社，1983年。
④（元）熊梦祥：《析津志辑佚》，第34页，北京古籍出版社，1983年。

等级的显要。御史台“台东澄清坊东”[①]。旧址现为东单北大街一带。

宝钞库、倒钞库、大都路总管府、巡警院都安置在著名的鼓楼东大街。另有四个巨大建筑物撑托着城中布局的平衡，即皇宫左边的太庙，右面的社稷坛和中心台附近的钟楼和鼓楼，钟楼、鼓楼的雏形就是古老古列延的木制瞭望塔，其功用乃是瞭望及报警。钟鼓楼初建于至元九年（1272），雄伟气派的钟鼓楼是元大都布局的重要标志之一。《马可波罗行纪》记载：“城之中央有一极大宫殿，中悬大钟一口，夜间若鸣钟三下，则禁止人行。鸣钟以后，除为育儿之妇女或病人之需要外，无人敢通行道中。纵许行者，亦须携灯火而出。”[②]

蒙古族建筑的中心点、中轴线学说起源于蒙古包的经营管理学，千百年来在高原地区的恶劣环境中生活的蒙古族，创建了抗风沙、抗雨雪、抗地震、合乎力学原理的圆形住宅——蒙古包。蒙古包中心点置在蒙古人崇拜的戈拉图拉格［γal tu-laγa］火灶处，戈拉是火，图拉格是支架，这是神圣不可侵犯的地方，有生命的神圣之处，是一家一户兴旺发达的标志，从中心点向门口画一条直线就是肚脐眼线，即中轴线。蒙古包的肚脐眼点就是中心点。每年除夕前都要举行祭火灶的礼仪，也由此产生了许多禁忌。这条线把蒙古包分为东、南、西、北四处，西边为最尊贵，是客人座位，北边是主座，是一家之主的座位，东边是家庭主妇操持家务之处，南边是过道。

元大都布局的形成，就是确定了整个城池的肚脐眼点和肚脐眼线以后，在“家业兴旺”戈拉图拉格处，营造了皇城，中轴线上建筑了大朝主殿——大明宫和忽必烈薛禅汗起居宫殿紫檀殿。

---

① （元）熊梦祥：《析津志辑佚》，第38页，北京古籍出版社，1983年。
② 冯承钧译：《马可波罗行纪》，第319页，河北人民出版社，1999年。

四、元大都琼华岛上的速勒迭（涂金铜幡竿）

元大都是13世纪世界最大的城市，它的建筑规模和建筑风格当时属世界一流。它的布局设计也是举世无双的，别具匠心地突出了蒙古族建筑风格和其他民族如汉族、藏族、回族、维吾尔族和波斯风格。

元大都的布局完完全全是和忽必烈的建城思想相吻合的。忽必烈遵循窝阔台汗营建哈剌和林时所制定的“奠定世界强国之根基，营建繁荣昌盛之基础”建国建筑方针并以这个划时代意义的宗旨去实施的。因此忽必烈的建城思想就是要遵循祖先的意志，营建世界上最大的国家，建筑最大最美的具有蒙古民族传统风格的都城。

元大都的总设计师是忽必烈本人，施工总监是刘秉忠。元大都是他们君臣二位紧密合作、精心策划的产物。

蒙古族古老草原文化的精髓中，有许多精练神秘的内涵，其中把信仰观以实物更形象地表达出来便是一种。这种文化因素在蒙古族建筑学中也有所体现。

忽必烈薛禅汗在元大都制高点琼华岛之巅竖立蒙古族精神之魂速勒迭，作为全城建筑至高无上的镇物，其目的是镇魔辟邪、保佑永久之安，具有蒙古文化深层含义。

在都城制高点竖立速勒迭的理论和历史文化根据，来自忽必烈薛禅汗撰写的经典著作《十善福白史册》[①]，该书体现了“政教并行，法律为据，治国安民”的主题思想。其中“皇帝至爱瑞祥九宝”中提到九项内容，第一项就是速勒迭为帝王法规、汗权的精神支柱。该书更具体阐述了一国之主大汗的职责

① 留金锁整理注释：《十善福白史册》（蒙古文版），第85页，内蒙古人民出版社，1981年。该书汉文版由鲍音先生《十善福白史册》浅译（《蒙古学资料与情报》1987年第二期，第44页，本文做了参考）。

有“三大政务，四大权力，六大故列，七大秉，九大象征”[①]，其中九大象征若要直译为“皇帝至尊瑞祥九宝”，和元大都的城市布局、宫殿摆设有关系，因原文只有九个标题无具体内容，内容由笔者发挥做了解释，仅供参考：

一曰国之瑰宝皂纛速勒迭
二曰国之重器宏声布日耶
三曰国之威武无敌弓箭
四曰国之恩宝黄色奶桶
五曰国之卫宝锋利战刀
六曰国之太平纯金马鞍
七曰国之弘宝帝王腰带
八曰国之奇宝陛后御榻
九曰国之依宝文武百官

第一国之瑰宝皂纛速勒迭的内容解释：速勒迭是蒙古民族的灵魂，全民族的精神支柱，含有希望、和平、成功、吉祥、胜利、保佑的内容，成吉思汗称帝时“至是虎儿年。于斡难河源头。建九脚白旄纛做皇帝”[②]。“旄纛”是速勒迭，旄是三叉茅银盘上用马鬃做的缨穗，“纛”原意是旗帜和速勒迭意同。速勒迭的原型是查干速勒迭（白纛），以后发展过程中演变为哈日速勒迭（黑纛）和阿拉格速勒迭（花纛），各有各的系列说法，多有学者专论，不再赘述。

关于琼华岛之巅竖立的速勒迭，《元史》及《日下旧闻

① 留金锁整理注释：《十善福白史册》（蒙古文版），第37页，内蒙古人民出版社，1981年。该书汉文版由鲍音先生《十善福白史册》浅译（《蒙古学资料与情报》，1987年第二期，第44页，本文做了参考）。

② 额尔登泰，乌云达赉校勘：《蒙古秘史》，第1010页，内蒙古人民出版社，1980年。

考》都称“涂金铜幡竿”，不称其为速勒迭，笔者经多年考察，认定“涂金铜幡竿”就是速勒迭。请见拙作《元大都涂金铜幡竿、铁幡竿和元上都铁幡竿之考》①。

蒙古族在王汗宫帐、宫殿前面设置广场或都城附近制高点竖立速勒迭是蒙古建筑文化沉淀的标志之一。忽必烈营建元上都时也在附近西北制高点哈登台上竖立了速勒迭。②

第二国之重器宏声布日耶内容解释：布日耶是蒙古语〔buriye〕，意为大型发号或军号，历史上蒙古军打仗联络指挥的信号，传说声音如同九龙怒吼，使敌人心惊胆战，未战先败。成吉思汗的军纪严明，此乃战胜的根本之一，治国安民需要严行法制，有法不依、治法不严等于无法。忽必烈把发号施令的布日耶作为国之重器，可见对法治的推崇程度。所以布日耶是不能随意放置的，必须把布日耶喇叭口朝天放置，以示敬仰。

第三国之威武无敌弓箭内容解释：古代蒙古人弓箭不离身，将弓箭视为自己的终身伴侣，弓箭是团结战斗胜利的象征。蒙古人认为巴图鲁（英雄）在沙场抱着弓箭死去，是最大的幸福和荣耀。《蒙古秘史》第19节讲的就是阿兰豁阿夫人用弓箭教育子女的故事，已成为全体蒙古族世世代代紧密团结、勇敢战斗、教育下一代接班人的典范，被称为“五箭训子”。

第四国之恩宝黄色奶桶内容解释：目前学术界存在“黄色奶桶”还是“黄色华盖”两种不同观点，原蒙古文为〔šir gükür：希尔古呼尔〕，内容的的确确是黄奶桶，鄂尔多斯成吉思汗祭祀十二种内容中也有黄奶桶，没有金腰带、黄色华盖和文武百官（成吉思汗祭祀十二种内容为：溜圆白骏、圣奶桶、弓箭、金马桩、红木号、御用大座椅、金刚宝刀、金马鞍、布

① 《元上都学术研究论文集》，第164页，内蒙古教育出版社，2013年。
② 明珠尔：《苏勒德文化研究》，内蒙古科学技术出版社，2014年。

日耶、布拉干呼图克〔bulγan hutug〕〔黑貂氅袍〕[①]敖包和速勒迭）。蒙古国学者桑旦孟和、策登旦巴所著《历代蒙古君王政要列传》将黄色奶桶称为黄色华盖[②]。

黄色奶桶〔šira gükür〕——“希尔古呼尔”又叫作“宝日温都尔”〔boru ondor〕，是成吉思汗祭天用的圣奶桶，用檀香木制成，有三道银箍、两边有兽头银环把手，高0.92米，可容190公斤奶汁，盛九十九匹白骒马乳汁，向长生天祭洒，祝福吉祥。元大都祭祀活动中常用白骒马奶汁，《马可波罗行纪》中有皇宫中喂养千余匹白骒马供应大内马乳的记录。祭祀活动中常用乳汁，却对盛具无详细记载，但没有记载不等于没有实物。然而祭祀黄色、白色华盖的事情是有的。黄色华盖蒙古语叫作〔šira šikür〕——希尔西呼尔，就是挡风遮雨的伞，帝王用的伞是用黄色绸缎制成的，黄色是蒙古族喜欢的“吉祥五色”之一，象征光明、圣神、永生。华贵又崇高才叫作华盖，是元代皇帝专用品。

蒙古族帝王从成吉思汗时代就用黄色华盖，一直沿用到北元。华盖从挡风遮雨的功能一跃而成为帝王权威的象征。忽必烈不但享用华盖，而且在广寒殿内精修的小玉殿中设五山珍御榻供上朝用，是华盖的演变形式之一。

元大都有一年一度的“皇城游”盛大庆典仪式，是弘扬华盖的政治和佛教作用的集会。《元史》国俗旧礼把使用华盖和皇城游的目的阐述得非常明确：“世祖至元七年，以帝师八思巴之言，于大明殿御座上置白伞盖一，顶用素段，泥金书梵字于其上，谓镇伏邪魔护安国刹。”“迎引伞盖周游皇城内外云与

---

① 《蒙古秘史》第95节原文为“哈剌（黑）不拉罕（貂鼠）答忽（袄子），因是孛儿兀真上见公姑的遗物，所以尊称‘福禄’（呼图克）”。

② 桑旦孟和、策登旦巴：《历代蒙古君王政要列传》，第16页，内蒙古文化出版社，2006年。

生祓祥除不祥，导迎福祉。”[①]

这里华盖的颜色由黄色易为白色，白色乃蒙古族喜爱的“吉祥五色”之一，象征纯洁、爱情、孝悌。周游皇城的目的是镇伏邪魔护安国刹，祓除不祥，导迎福祉。

游皇城的规模极其盛大隆重，“宣政院同中书省奏，请先期中书奉旨移文枢密院，卫八拔伞鼓手一百二十人，殿后军甲马五百人，抬舁监坛汉关羽神轿军及杂用五百人，宣政院所辖官寺三百六十所，掌供应佛像、坛面、幢幡、宝盖、车鼓、头旗三百六十坛，每坛擎执抬舁二十六人，钹鼓僧十二人。大都路掌供各色金门大社一百二十队，教坊司云和署掌大乐鼓，板杖鼓，筚篥、龙笛、琵琶、筝、秦七色，凡四百人。兴和署掌妓女杂扮队戏一百五十人，祥和署掌杂把戏男女一百五十人，仪凤司掌汉人、回回、河西三色细乐，每色各三队，凡三百二十四人。凡执役者，皆官给铠甲袍服器仗，俱以鲜丽整齐为尚，珠玉金绣，装束奇巧，首尾排列三十余里。”[②]

给予华盖如此高规格礼遇，就是要为推行政教并行、弘扬佛法，为巩固汗权政治和法规服务的。

第五国之卫宝锋利战刀：冷兵器时代刀是自卫武器又是攻击武器，尤其尚武的蒙古人手一把，是战斗狩猎中不可少的武器，蒙古弯形马刀负有盛名，尤其元大都研制的镔钢刀，比金子还要贵重，将军和权贵们都争相佩带。忽必烈给战刀赋予治国安邦的政治内涵，意义在于巩固自己的统治。

第六国之太平纯金马鞍：被誉为马背民族的蒙古族对马鞍是非常考究的，一般都用金银装饰，蒙古谚语云“马靠鞍，人靠衣”。而且马和蒙古人的关系更是亲密无间，在草原上勇士战场受伤落马，战马却不走，硬是把主人驮回来的故事不足为奇。蒙古族文学讴歌战马的作品很多，把马和祖国、母亲、自

---

①②《元史》卷七十七。

由画上等号，有脍炙人口的马头琴的故事。蒙古族登上世界舞台是靠成吉思汗的智慧和蒙古铁蹄马的耐力取胜的，给马鞍赋予国之安稳的内涵是理所当然的。

第七国之弘宝帝王腰带：马背民族的蒙古人对腰带非常珍视，不能脚踏，不准玷污。骑马不用腰带则易伤脾胃。腰带又是坚固、平安的象征，蒙古人不随意交换腰带，要和安达（知友）交换。成吉思汗向长生天祈祷时，把腰带挂在脖颈上以示敬重。军政官员宣读誓言时都要解下腰带挂在脖颈上。官员犯错误要撤下其腰带。种种清规戒律赋予腰带极其神圣的地位，尤其皇帝的腰带是权力的象征，神圣不可侵犯。

第八国之奇宝陛后御榻：蒙古族把王汗的宝座视为社稷安稳的标志，皇帝的御座不频繁更换则表示国泰民安。所以王汗们非常讲究御座，民间传说成吉思汗的御座是九条金龙雕刻的双人御座。世界帝王所有的御座都是单人的，为什么唯有蒙古帝王是双人御座呢？

这与成吉思汗规定的斡耳朵制度和蒙古族传统尊重妇女的风俗有关，斡耳朵制度规定皇帝必须由黄金家族的人继承，皇后必须是翁吉剌氏女性。蒙古社会的妇女在家庭中占重要位置，皇后同样有权参加国家大事的讨论，可以出席大朝议事，所以从成吉思汗开始，蒙古皇帝的御座是女左男右双座，男右是蒙古族尚右的风俗而来的。

忽必烈在大朝殿——大明宫置有“七宝云龙御榻”[①]，广寒殿置有“金嵌玉龙御榻”，光天殿置有“缕金云龙樟木御榻”[②]，其他宫殿内有白玉、紫檀木、五山珍宝御座、乌木御榻等。

汉语“榻”的本意是床的意思，因蒙古皇帝双人御座，宽而大，才称其为榻。

---

①② 陶宗仪：《南村辍耕录》卷二十一，中华书局，1959年。

第九国之依宝文武百官：成吉思汗的成功也和重视人才有关，他不分民族，不分出身，重用将相之才，谋士耶律楚材是金朝重臣，长春真人丘处机不远万里应邀到中亚给成吉思汗讲治国之道。手下有一大批各民族出身的政治家和军事家为他出谋划策。

忽必烈秉承长辈衣钵，非常重视人才，招聘了一群栋梁之材和文武百官，武将伯颜是西域人，是灭南宋第一人，文官虞集是汉族人，精通蒙古文、蒙古语，能用蒙古语给太子公主们讲述《资治通鉴》。刘秉忠是汉族和尚，精通天文地理和建筑学，帮助忽必烈策划营建了上都和大都城池宫殿。阿尔尼哥是尼泊尔建筑学家，主持了元大都、上都诸多庙宇佛塔的设计。至今还矗立的妙应寺白塔就是他的杰作。

五、忽必烈的“八亩方宅”制是元大都街道胡同布局形成“都日布勒斤”（方格化）的基础

元大都的皇城、宫城建成以后，五大宫区基本形成，即大明宫、延春阁、隆福宫、兴圣宫和广寒殿。主干道街道初具规模，除重要衙署、官员府第、军营和部分居民入驻以外，崭新的元大都乃是一座偌大的空城。

于是忽必烈下诏：“诏旧城居民之迁京者，以姿高及居职者为先，仍定制以地八亩为一分；其或地过八亩及力不能作室者，皆不得冒据，听民作室。”[①]迁居首府者，必有建房能力，八亩方宅的内容是每一户分到八亩地营建房屋，产权归己。当时八亩地相当于今日1720平方米，相当于四分之一个足球场，可见忽必烈大汗的宽阔胸怀。《析津志辑佚》载：“大都街制：小街自南以至于北谓之经，自东至西谓之纬。大街二十四步

①《元史》卷十三。

阔，小街十二步阔，胡同六之阔步。”[①]按元大都营造时的规制一步等于1.54米，核算为现制的话，二十四步等于96.96米，小街十二步等于18.48米，胡同六步等于9.24米。这是元大都街道布局形成田格化和形成四合院的基本因素。1956年中国科学院考古研究所对元大都宫殿遗址、街道历史状况做了一次普查，结果发现西直门（元和义门）、东直门（元崇仁门）、德胜门（元健德门大街向南延伸）、安定门（元安贞门大街向南延伸），这四个城门内大街的宽度乃为24步，合96.96米，胡同乃为6步，合9.24米，一般胡同的间距是44步，是居民建筑房屋的空间。以上情况基本上和《析津志辑佚》的历史记载相吻合。

在街道布局上，南北、东西方向虽然形成方格化，但元大都1/2的前半部中心由皇城和海子占据，元大都十一门、南三门、北二门相通街道一个也没有（只有文明门内大街直通北墙城根），东三门、西三门只有光熙门和肃清门有直通大街。

六、城区衙署、庙宇、街道、城门、胡同、居民区、市场、鼓楼、钟楼的布局

元大都的中轴线把城区分成了东、西两大区域，现今北京的东城区、西城区的谓称就是元代的遗风。

首先，因皇城和海子占据城市中心形成了核心区域，十一个城门的内大街除肃清门和光熙门内大街可直通以外，其余都不能直达，这是元大都不同于其他城市的特点之一。

由于这个特点，重要衙署中书省、枢密院、御史台三大政权机构都在皇城边缘区。《析津志辑佚》称：“中书省在大内前东五云坛内。”[②]中书省在皇城之南千步廊街东侧，现遗址为北京劳动人民文化宫。枢密院在现今北京南河沿一带，《析津志

① （元）熊梦祥：《析津志辑佚》，第4页，北京古籍出版社，2001年。
② （元）熊梦祥：《析津志辑佚》，第9页，北京古籍出版社，2001年。

辑佚》载："枢密院在东华门过御河之东，保大坊南之大御西。"[①]御史台遗址在北京南河沿一带，《析津志辑佚》称："台在澄清坊东，哈达门第三巷。"[②]可知三大衙门都设在皇城根下。

接着是皇亲国戚、达官贵人、臣商豪富的府第云集在其周围，这样这一地区自然成了富民区。绸缎、"纳失失"、珠宝、镔钢宝刀、文房四宝和海外名贵奢侈品在此云集，俨然成了元大都的"曼哈顿区"，著名的枢密院角街，沙拉胡同（沙拉是蒙古语〔širu〕，即珊瑚）以出售珊瑚而闻名于世。

（一）丽正门内大街

按照中国城市建筑惯例，帝国京城的正门自然要营建得辉煌雄伟不说，门内大街一定繁华热闹非凡，以显示繁荣强盛的大国风范。可是元大都的正门——丽正门内却无大街，是广阔的〔alukan talbai〕锤形广场，汉族建筑学家称其为"丁"字形广场，又称千步廊。

这种奇特的设计和蒙古族城镇发展的渊源"古列延"和蒙古族兴旺发达的"额尔古纳·昆"的传说有关。流传着蒙古族当初内部抢夺杀戮，只剩下一男一女逃到深山密林，生息繁衍，人口大增，烧山炼铁冶制武器，杀出山口，后来兴旺发达的故事。所以蒙古族习俗在大年除夕用锤头敲打帖子，以纪念自己的再生并走向世界（见拉施特《史集》）。

锤形广场同京城正门、皇城正门、宫城正门、巴托浩特正门和大朝正殿大明宫都处在中轴线上。

进了丽正门，过了锤形广场，就是皇城（内城）的正门灵星门，过了灵星门就是有名的周桥，对面是宫城正门崇天门。

① （元）熊梦祥：《析津志辑佚》，第34页，北京古籍出版社，2001年。
② （元）熊梦祥：《析津志辑佚》，第38页，北京古籍出版社，2001年。

这种设计传承了蒙古族建筑的历史渊源，大汗宫帐前不准有建筑物，只有广场供那达慕和阅兵之用。这样的设计更能突出宫城的雄伟高大，更能体现忽必烈的“宫城城邑非巨丽宏深，无以雄视八表”①的宏伟深远的建筑思想。

（二）文明门内大街

大都正门丽正门左边是文明门，右边是顺承门，二门都有内大街，文明门内大街元时可直通到北城垣下，但因北城垣是两个门，街道和城门错位不对称。经洪武年拆除元大都南城墙和三门向南扩张1公里许，又将北城墙和二门向南缩减5公里许，以元大都西垣的肃清门和东垣光熙门为界切割后营建了明北京北垣，所以文明门内大街的南段和中段依然存在，是现在的东单北大街，东四南大街，东四牌楼，东四北大街雍和宫大街。元代东四、西四交叉十字路建有木质四牌楼，是元大都街景奇特设计之一，民国年间改建为洋灰牌楼，新中国成立初期又拆毁。雍和宫大街以北的文明门内大街北段已彻底消失。

文明门内大街还有以哈达王府为主的蒙古王府官邸区，因持哈达谒见皇帝的亲王、将军、使臣会馆也在此处，便出现了一个哈达门的说法，一直沿用到现在。据说哈达是藏语〔hada〕，即“挂着的绸带”之意。蒙古族哈达的起源是忽必烈薛禅汗以蒙古族喜爱的红、蓝、绿、白、黄“吉祥五色”做绸带，赠给八思巴国师，八思巴带回布达拉宫挂在大佛的脖子上，从此便有了给贵宾赠送哈达的礼仪，传承到现在。

这条街保留的元代文化遗物较丰富，有孔庙、国子监、柏林寺和东西纵横的诸多胡同，国子监立有四座牌楼，乃元代遗物。国子监大门近处有一石碑雕刻有“官员人等到此下马”的蒙古、藏、汉文。

① 欧阳玄：《圭斋集》卷九。

(三)顺承门内大街

顺承门内大街从南段往北通至海子，海子对面的大街仍然一直通到北垣。这条街的南段，中段依然尚存，也就是海子南段部分。是现今的西单北大街、缸瓦市大街、西四南大街、西四牌楼、西四北大街、新街口南大街、新街口北大街。海子北段可以延伸到新街口外大街和花园路，直到元大都北垣遗址公园。因元大都北垣只有两个门，因此南、北城垣门是不对称的。这条街的元代遗物有南段路，西有大寿庆寺和海云、可庵双塔（今电报大楼处，新中国成立后扩建街道时拆除）以及金元时期著名曹洞宗派派大师塔和万松行秀禅师塔俗称万松老人塔，成吉思汗的谋师耶律楚材向其拜师三年，求治世之道，这位大师曾勉励他要“以儒治国，以佛治心”。此塔经历代多次维修地址尚在，为北京市文物保护单位。

(四)齐化门内大街与平则门内大街

齐化门（今朝阳门，“文革”时拆除）与平则门（今阜成门，“文革”时拆除）是一条街上遥遥相望的两个城门。但中间建有皇城，被分割成东、西两段街道。东段是齐化门内大街，今为朝阳门内大街，东四牌楼，猪市大街至东皇城根（猪市大街后又改为东四西大街，五四大街等）。今朝阳门内大街223号是大慈延福宫，传说是元代太庙遗址，现在是招待外交人员的服务处。

西段是平则门内大街，现在是阜成门内大街和西四东大街至西皇城根。西四牌楼是元大都有名的羊角市，是繁华的商业中心。有牛、马、羊、骆驼、驴、骡的交易市场，难怪中华人民共和国成立前北京地图称马市大街和牛市大街。这些都是游牧民族的遗风。

牲畜市场附近曾有贩卖人口的市场，至元晚期明令禁止，但坊楼依然保存下来了，成了历史教育的活教材。

元大都平则门内大街（今阜成门内大街）有至元八年忽必

烈薛禅建筑的妙应寺，因有尼泊尔建筑师建筑的高崇白塔，俗称白塔寺，白塔寺已是八百余年的古刹了，是北京市文物保护单位。

（五）崇仁门与和义门内大街

崇仁门（今东直门）是元大都东垣三门的中间门，明时改称东直门，“文革”时因修立交桥而拆除，它和西垣的和义门处在东西一条线上，但因海子分割成东、西两段。东段是崇仁门内大街（今东直门内大街）、今北新桥西大街和鼓楼东大街，中间以鼓楼和钟楼为分界线，由于海子的缘故，沿海子北岸向西北方向和健德门内大街相交叉，形成著名的斜街，通到健德门交叉路口（即今鼓楼西大街直通德胜门）。这两条街是元大都的最重要的街道，有重要的经济命脉机构宝钞库（印刷钞票的机构和金库）、倒钞库（调换破旧钞票的机构）、行政枢纽机关大都路总管府、警巡院、大天寿万宁寺、中心阁、中心台都设在这里。鼓楼和钟楼也营建在这里，是元大都标志性建筑物。

据《析津志辑佚》记载：这里有米市、面市、缎子市、皮帽市，元大都著名的三个穷汉市的最大的一个也在这里。还有鹅鸭市、珠子市、沙剌市（金银、珍珠、宝贝）、铁器市也在这里，还有著名的进士及第后赐宴的万春园，南北货物集散之地，南北运河终点也在这里。

尤其斜街紧靠海子，风景优美，楼台馆舍鳞次栉比，酒楼、妓馆、勾栏、戏院，热闹非凡，关汉卿的戏曲也经常在这里演出。波斯、印度、朝鲜、西域商人云集，这里货物充足，种类俱全，是元大都最大最繁华的商业中心。七百余年后的今天，什刹海、鼓楼东西大街、鼓楼前大街仍是北京的旅游观光首选地区。

（六）光熙门和肃清门内大街

光熙门和肃清门内大街是元大都唯一东西直通的大街，因明初压缩废弃元大都北部，这条大街中间修了南北贯通的北垣，分健德内门大街和肃清内门大街，交叉之处修了德胜门，安贞门内大街和光熙门交叉之处修了安定门。光熙门和肃清门内大街（旧貌难以考证，大约可以推测旧址在今安定门东西大街、德胜门东西大街之内）。

（七）健德门和安贞门内大街

健德门内大街大概可以推测为德胜门外大街至健德桥一段。安贞门内大街已成为大片住宅区，旧况难以考证。元大都十一门，向内延伸的街道情况布局基本如此，从大街延伸出的小街道和无数胡同情况，详见本书《元大都胡同和四合院的形成》章节。

另外元大都著名的街有长街（今址不详）、千岁廊街（即锤形广场、俗称“丁”字形广场，在皇城灵星门前）、丁字街（即哈达门丁字街，在文明门内大街）、十字街（今王府井附近）、半边街（即斜街，今鼓西大街）、基盘街（不详今址）、五门街和三叉街（在南城），既然有街道，肯定有市场，生活日用杂货应有尽有，还有沿街叫卖的货郎。

文明门为“舳舻之津”，是南北运河经通惠河上的船只出入大都的关门和税卡。

丽正门为（元大都南墙正门，遗址为今天安门）“衣冠之海”，是皇门贵族必经之路。

齐化门（今朝阳门）是“粮食之门”，以运粮为主。

顺承门是“南商之薮”，是江南贾商会集之处。

平则门是（今阜成门）“西贾之旅”又称煤门，城门楼内刻有谐音字“梅”。

和义门（今西直门）是“金水之门”；当时元大都居民饮水主要靠“胡同井水”和高梁河引入的海子之水。平时也有运水车从和义门入城。和义门附近有专供皇宫的西山泉水“金水河”。

光熙门是“漕运之门”，因有江南运粮船只从此入城至海子码头。

元大都晚期人口约有120万左右，粮食供应主要通过运河，和义门、文明门、顺承门、安贞门外都有粮食、柴、草、鱼、猪、水果等市场。

七、元大都外城、内城（皇城）、宫城、巴托浩特的布局

前面说过元大都是按照蒙古族“古列延”的模式营建的，“古列延”的首要条件是汗王的宫帐必须占据中心，建国功勋、皇亲国戚、贵族将军围绕其周围层层安营扎寨。中心就是中心点，也就是蒙古语所称的〔küisen čig〕（肚脐眼点），蒙古族把建筑物看成有神有形有生命的东西。元大都是由外城、内城（皇城）、宫城、巴托浩特四重城组成的。

1. 外城

元大都外城方圆30公里，南北长7600米，东西长6700米，总长28600米，总面积为50平方公里，城四角有雄伟的角楼，为13世纪世界最大城市。

南城墙：旧址位于今北京东西长安街北缘一线，其主要根据之一是民国元大都研究先驱朱启钤先生在其大作《元大都宫苑图考》中指出：“元丽正门，当今之天安门。”[①]历史变迁，元丽正门为明承天门，清时改为天安门，从民国至今仍称天安门，其位置均无变动。元大都南墙西段定基时恰遇庆寿寺海云、可庵双塔（位置在今北京电报大楼西侧），忽必烈下令“远三十步许环而筑之”[②]，因而南城墙向南突出围绕庆寿寺形成马蹄形半圆弧圈。如果元大都南墙在今东西长安街南缘的

---

① 朱启钤：《元大都宫苑图考》，中国营造学社汇刊第二卷第三期，中华民国十九年一月。

② 陈高华：《元大都》，第45页，北京出版社，1982年。

话，就不会有“远三十步许环而筑之”之举。南垣有三门，中为丽正门，位于今天安门；东面是文明门，位于今东单十字南口；西面是顺承门，位于今西单十字南口。明洪武初年被全部拆除。

西城墙：明清两朝均维修使用，今复兴门立交桥南北一线，北段尚存残墙，“蓟门烟树”就在这里，有全国人大常委会原副委员长万里书写的“元大都城垣遗址”碑。中为和义门，是明清至今日的西直门；南为平则门，即今阜成门；北为肃清门，明初拆毁，位于今学院南路与西土城路交接处。

北城墙：北城垣的健德门和安贞门于明初徐达缩减元大都北部时和墙城一起拆毁，遗址在今黄亭子北部至北京中日友好医院北部。俗称北土城路，原护城河已疏通，土城上种植花草树木，雕塑有忽必烈石像、文武忠臣塑像和营建元大都功臣烧瓷壁画和骏马雕塑，已开辟为“元土城遗址公园”。

东城墙：明清两朝和民国时期均维修使用，南头大概位于今大牌坊胡同南口，北头位于今北土城路东头衔接，角楼土台尚可辨认。北城墙中为崇仁门，即今东直门；南段为齐化门，即今朝阳门。二者在“文革”时均被拆除。西段为光熙门，位于今和平里北街东端，明初拆毁。

元大都城门是十一个门，使建筑学家大惑不解。《周礼·考工记》的原则应是“旁三门”，四周城墙应是十二门或者按中原地区建筑传统，讲究对称，建城郭，一般有四门、八门的规矩。而元大都是十一门，南城垣和东西城垣各三门，唯有北垣为二门。于是搬出《封神榜》中主人公哪吒的三头六臂两足形象来说明，南垣三门为哪吒的三个头，东西垣六门为六臂，北面两门是两腿①。

实际上从蒙古族建筑学的观点和民俗学观点来解释再容易

---

① 陈高华：《元大都》，第51页，北京出版社，1982年。

不过了。蒙古族建筑物一般不开后门，从蒙古包到宫殿，都不开后门，只有前门和左右门。蒙古族民俗学观点认为开后门是不吉利的，会使从前门招进来的福祉从后门流失出去。一般牧民的房屋、牲畜圈棚也都是不开后门的。

2. 内城（皇城）

蒙古族建筑学上对于城郭分内外之说，即〔γadar kot〕——外城，〔totor kot〕——内城。

由于游牧生活的习性，忽必烈见太液池、海子、金水河、通惠河已构成了一道天然的皇城护城河，方圆10公里的内城并不急于营建内城（皇城）城垣，只在南面修了一道萧墙，也叫栏马红墙，正门是灵星门。东西和北面的萧墙是忽必烈驾崩以后，他的孙辈成宗完泽笃汗铁穆耳元贞二年（1296）才宣告完工的，皇城周围据说有15个红门，今址不详。

3. 宫城〔ordun kot〕

宫城位于内城（皇城）1/2的东半部，在全城中轴线上，设置规范，雄伟辉煌，前门为崇天门，有左右掖门。《南村辍耕录》称："正南崇天门，西超楼之西，有涂金铜幡竿。"[①]这里所说的涂金铜幡竿就是速勒迭。东西宫墙有东华、西华二门，宫城特设有北门为厚载门，宫城四角有角楼。

4. 巴托浩特〔batu kot〕

巴托浩特是蒙古语"坚固之城"之意，这是城中之城，宫中之宫，中心之中心，也就是在"肚脐眼点"——中心点上的明珠，元朝的政治枢纽大明宫——蒙古语"迦坚荼寒斡耳朵"〔gegen čaγan ordun〕就矗立在这里。大明宫是对蒙古族传统的巴托恰哈特〔batu čikatu〕式宫殿的继续和发展。（见本书《蒙古族古代建筑家帖睦格·斡惕赤斤》章节）

皇宫还有许多汉藏式、回式、维吾尔式、伊斯兰式和波斯

① 陶宗仪：《南村辍耕录》，中华书局，1959年。

式建筑，但蒙古族式的建筑占主导地位。诸如水晶殿、棕毛殿、失剌斡耳朵、蒙古包、恰恰尔宫殿等。还有庖人室、酒人室、牧人室、马湩室、马圈、羊圈、鹰房等。

以上就是元大都外城、内城（皇城）、宫城和巴托浩特四重城的布局大观。

八、元大都建筑布局遗址

1. 白塔寺

至元九年（1272）元世祖忽必烈和皇后察必亲自主持所建，御赐为大圣寿万安寺，明朝天顺元年（1457）易名为妙应寺。北京民间俗称白塔寺。

白塔寺建筑宏伟，规模在大都地区首屈一指，据说寺的四边距离是遵照忽必烈的旨意："帝制四方，各射一箭，以为界至。"由白塔位置向四方射箭指定的，这就是蒙古人所说的"一箭之地"，那么一箭之地是多远的距离呢？忽必烈营建大都城之时，规定建筑尺寸，一步为五尺，一尺合现制为0.308米，一步为1.54米，当时蒙古军的弓箭分重型（远距离）和轻型（近距离）两种，近则100多米，远则400多米。蒙古人历史上射箭的最远纪录是成吉思汗西征时，将领于不哈速赤忽地方举行那达慕，成吉思汗胞弟次子也松格将军射了350步之远，为记录这一壮举，成吉思汗立了石碑，就是著名的"成吉思汗石碑"。黄春和先生根据现在白塔往南到临街山门距离约为200米，计算原寺面积为16万余平方米，是有一定根据的[①]。

大雄宝殿后白塔是由尼泊尔著名建筑师阿尔尼哥于至元八年（1271）所建，据《宛平县志》记载："凡塔下丰上锐，层层笋拔也。白塔独否，其足则锐，其肩则丰，如胆之倒垂然。肩以上长劲矗空，节节而起，顶覆铜盘，盘上又一小铜塔，塔

---

① 黄春和：《白塔寺》，华文出版社，2002年。

铜体皆白。”至今为亚洲最大藏传佛教覆钵式白塔，高50.9米，直径为18.4米。总面积约810平方米，由须弥座、覆钵体塔身、相轮、华鬘、铜鎏宝顶等五部分组成。如同一个洁白无瑕圣洁的大宝瓶，闪闪发光，神圣而雄伟，使人肃然起敬。艺术水准之高超也是当代塔式建筑的代表作之一。

据明代刘侗《帝京景物略》[1]载，有一次忽必烈驾临白塔寺，见供瓶底下一钱，竟有“至元通宝”四字，惊奇万分，加倍崇敬，遂下令建筑铜网石栏，加强维护。刘侗还援引了明代叶子奇《草木子》中的一段民间童谣：“塔儿红，北人来做主人翁。塔儿白，南人做主北人客。”元朝时塔色为焰红赤，明朝时塔色雪白，北人指蒙古族，南人指汉族。这不过是民间传说比喻世道变迁故事而已。白塔寺是元大都佛教活动中心和翻译印刷蒙古文佛经的地方。

白塔寺在阜成门内大街路北。

2. 卧佛寺

卧佛寺是因有释迦牟尼涅槃铜像而俗称卧佛寺。

最早唐代就有一座小庙叫作兜率寺，后改为昭孝寺、洪庆寺。元代英宗硕德八剌时期扩建为大承天护圣寺并铸造铜像闻名于世。每年六月有盛大庙会。《元史·英宗纪》载：“至治元年（1321）冶铜五十万斤作寿安山寺佛像。”

该寺在明代叫作永安寺，清代叫作十方普觉寺。大雄宝殿匾额“性月恒明”由大清慈禧太后所题。

因庙址在北京西山风景区寿安山，故也叫作寿安寺。

3. 白云观

白云观初建于唐代，为天长观。金代重建时易名太极宫。

成吉思汗十五年（1221）全真道领袖丘处机（字通密，登州人）应成吉思汗诏见，赴撒麻耳干谒见成吉思汗，探讨治国

---

①（明）刘侗：《帝京景物略》，上海古籍出版社，2001年。

兴邦之道，他进言“节欲止杀，内固精神，外修阴德，恤民保众，使天下安”，成吉思汗非常赞同，归纳为“清心寡欲，敬天爱民”八个字，誉为治国养生之道。封丘处机为“神仙”，命主管全国道教事宜。成吉思汗十八年（1224）丘处机回到燕京，成吉思汗赐燕京太极宫为丘处机讲道和居住之地。因丘处机道号为长春真人，遂改为长春宫。

成吉思汗二十一年（1227），丘处机与成吉思汗同年同月谢世，享年八十岁，葬于长春宫东侧的下院，墓上建起处顺堂（即灵枢堂），后来被称为白云观。现在主殿墙壁上镶嵌有《长春真人谒见成吉思汗之图》。

白云观在北京阜成门内大街白云路北侧。

4. 国子监

蒙古族历来以重视教育而著称于世，现代蒙古族人口虽少，但大学生和高级知识分子比例占全国各少数民族首位。

早在成吉思汗时代就有请乃蛮部落俘虏塔塔统阿为太子公主施教的记录。

据《元史·百志》记载，太宗窝阔台汗六年（1234）灭金后，在金代枢密院旧址设立了国子学，“以冯志常为国子学总教，命侍臣子弟十八人入学”。这是蒙古国子监的伊始。窝阔台汗十年（1238）全国实行了科举制度。

忽必烈薛禅汗于至元四年（1267）初建大都时，专门在新首都东北角划出地皮，建设新的国子监。据程矩夫《圣庙碑》记载：“至元四年，画地为庙学基。二十四年，备置监学官。”因建国之初，资金不足，直到完泽笃汗大德六年（1302）方动土，大德十年（1306）方和孔庙同时竣工，大德六年还在上都成立了国子监分校。早在中统二年（1261）在全国各路都建有学校，到后至元五年（1365）全国已有24400所学校。

蒙古统治者为了维护自己的长久封建统治，培养德才兼备的治国栋梁，建立蒙古和回回国子监，因外交需要教授亦思替非文字、突厥语、波斯文，是当时全国最高学府。国子监聘请当时有名的学者理学家徐衡担任祭酒（校长），请诸文豪赵孟頫、吴澄、程矩夫、郝经、懂蒙古文和汉文的双璧学者虞集、张文海、赵壁、廉希宪等学者讲课。

课程内容以“五经”“四书”为主，还有书学、算学、律学等和研修治国安邦的政略，培养封建王朝后备官吏。本着“学而优则仕”的精神，毕业生总能胜任各级官职。当时国子监毕业的优秀学生有达不花、阿剌帖穆尔、伯彦不花、哥都不花、巴剌等人。

国子监在北京北新桥成贤街，又俗称国子监街。

5. 大都孔庙

大都孔庙于完泽笃汗铁穆耳大德六年和大都国子监一起动工营建的。

蒙古贵族虽然已经在马上得天下，但根据成吉思汗箴言“力大无穷为一世英雄，智慧超群为万世英雄”的教导，从游牧社会进驻农耕社会，这是一个大变革，许多问题摆在蒙古统治者面前，首先就是如何处理好农牧文化的碰撞。所以采取了“内北国而外中国”（叶子奇《草木子》）的方针，第一，于至元八年（1271）将大蒙古国易为元朝。第二，尊孔崇儒。第三，立藏传佛教为国教。大都孔庙就是在这样的形势下营建的。孔子被封为衍圣公，规定“五经”“四书”是国子监的必修课，阴历八月二十七日孔子生日为祭祀之日。

大都孔庙总面计2.2万余平方米，主殿大成殿是典型的元代建筑之一，朴实粗犷。据说孔庙和国子监各有一棵国子监第一任酒祭（校长）亲手栽种的槐树，很有灵性，八百多年了多次枯而复苏，到现在也根深叶茂，槐花和其他名花竞相开放，为游人所喜爱。孔庙今藏有元代进士碑3座，明朝77座，清朝118座。大门两侧有4米高1米宽的蒙古、汉、藏三种文字的石碑，上面写着“官员人等至此下马”。大成殿内供奉着“大成至圣文宣王”牌位，旁有弟子颜回、曾参、孟轲等12位哲人的牌位。大成殿前立有孔子塑像。

孔庙和国子监同在一条街，即北京北新桥成贤街，又俗称国子监街。

6. 牛街清真寺

元大都伊斯兰教活动中心。

牛街清真寺是阿拉伯来中国传教的筛海（即伊斯兰教法师）那速鲁定于辽统和十五年（997）在辽代首府南京创建的。

牛街清真寺是典型的阿拉伯式建筑，结构壮丽、雕刻精美。不过一定程度上和中国传统木建筑形式相结合，表现在大门和殿顶的歇山式屋顶。由于《古兰经》禁止用动物的形象做装饰题材，建筑、装饰风格大都由阿拉伯文字和几何图案组成。按照伊斯兰教规做礼拜时要向西朝拜圣地麦加，因而大殿是坐西朝东的，在总平面面积上形成了倒卷式的布局。

元代是空前开放的朝代，包容各种宗教平等并存、共同发展，佛教、儒教、景教、伊斯兰教、道教都有自己教堂和众多信徒，各宗教都得到蓬勃发展。这是元大都政治文化上的一大特点之一。

牛街清真寺内保留有也里可温〔ergiküd〕教传教士阿里兄弟的墓碑，兄弟二人于至元十七年（1280）至二十年（1283）相继在大都谢世亦在此安葬。牛街清真寺在元代得到扩建。

牛街清真寺是中国最古老的清真寺，已有一千余年的历史。牛街清真寺、杭州凤凰寺、扬州化鹤寺、泉州麒麟寺、广州狮马寺为中国五大清真寺。

牛街清真寺在北京西城区牛街。

7. 万松老人塔

万松老人是金末元初著名的佛教曹洞宗流派的高僧，在他圆寂后，推崇者修了此灵柩塔，以“万松老人塔”而著称，塔在西四砖塔胡同，已有七百多年历史。一直保存到现在，为元代著名古迹之一。

万松老人，俗姓察，名行秀，山西运城人，生于金大定六年（1166），卒于元定宗贵由汗元年（1246），世寿80岁。

万松老人塔在北京西四南大街。（详情见本章第六节《元大都的胡同和四合院的形成》（一）砖塔胡同。）

8. 柏林寺

柏林寺建于兀哈笃汗妥懽帖睦尔至正七年（1347）。为元代在大都所建37座庙之一。

柏林寺闻名于世是因元代大文豪、历史学家翰林学士危素当明军围攻大都时，在此庙投井殉国，被寺内和尚救出的故事。危素，江西金溪人，"为人侃直，数有建白，敢任事"。元上都大安、睿思二殿失火，兀哈笃汗要重建，他却关心民间疾苦，苦谏不重建，有"澄清忠义，清白起家"的美名。负责主编宋、辽、金、元四部史，并注释《尔雅》。政绩、学术多有建树。诗词集《云林集》二卷，文集《说学斋稿》四卷。70岁谢世。

柏林寺因院内古木松柏高大挺拔、树枝斑驳而得名，清代重新修缮，康熙皇帝在六十周年为大雄宝殿书写"万古柏林"匾额，现保存完好。

寺内藏有明清二朝高僧著作和梨木经卷七千余卷、七万余版。

柏林寺在东城区北新桥雍和宫东侧。

9. 仪天殿

元大都时期至今唯一一座完整留下来的古殿。

原来是一座蒙古包式的宫殿，当时叫作圆殿，是祭祀长生天的地方，所以叫作仪天殿。经过明清两代的修缮，改为歇山顶殿。

它处在太液池万寿山（今北海白塔山）南部的一座小岛上，和汉白玉桥（今北海白塔山永安桥）相通，"山前有白玉长桥，长二百余尺，直至仪天殿后，即今之堆云积桥也"（朱启铃《元大都宫苑图考》)。西部有两只木船做浮桥，和太液池西岸的圣兴宫、隆福宫相通，皇帝去夏都上都避暑时，撤走两只木船，禁止通行（今北海大桥）。清代仪天殿改称承光殿至今，殿前水晶亭藏有忽必烈薛禅汗御制的著名渎山玉海。

承光殿在北京今北海团城。

10. 郭守敬纪念馆

郭守敬（1231—1316），元代著名水利专家，纪念馆在北京交道口。

11. 铁影壁和铁影壁胡同

发现铁壁影壁的地方称为铁影壁胡同，铁影壁胡同在北京鼓楼西大街。（详情见本章第六节《元大都的胡同和四合院的形成》（六）铁影壁胡同。）

12. 居庸关云台

元代兀哈笃汗妥懽帖睦尔所建重要佛教建筑物之一。《析津志》记载："至正二年（1342）今上始命大丞相别儿不花创建过街塔。"这就是指居庸关云台。

云台是一座石结构建筑珍品，是元大都遗留下来的一座举世罕见的文物珍宝。云台是研究元代历史文化、建筑、佛教、石刻艺术、语言文学方面的重要实物，有极高的研究价值。最有名的是过街塔门洞内雕刻的梵文、藏文、八思巴文、维吾尔文、西夏文、汉文等六种文字写的《陀罗尼经咒》和《建筑功德记》，其历史文化价值和民族文字研究价值非常高，得到国内外学者的重视。

忽必烈薛禅汗奉信藏传佛教为国教，尊奉萨迦派高僧八思巴为国师，皇室成员必须灌顶守戒，过街塔的功能是宣扬佛教功德，行人从云台下穿过，便得到佛的洗礼，脱离红尘，永得福祉。因而举国上下敬仰佛教，风靡一世，自此始元廷走向下坡路。

居庸关形势险要，是元大都的北关，俗称北门钥匙，是从元大都到元上都的必经之路，历来兵家必争之地。

居庸关云台在离北京45公里的八达岭旅游区。

13. 元大都观象台

观象台初建于忽必烈薛禅汗至元八年（1271），最初叫作司天台，以郭守敬为首的天文、水利专家制造了浑天象、候极仪、高表等12种仪器，观察气象变化对扶持农桑的发展起到了重要作用。《元史·天文志》记载："仪像圭表皆铜为之。"尤其郭守敬计算出一回归年的长度为365.2425日，这个值同现今世界上通用的公历值一样，元代科技发展可见一斑。普颜笃汗爱育黎拔力八达皇庆元年（1312）和回回司天台合并，直辖司天监管理。明清两朝扩建利用。

元大都观象台在北京建国门立交桥附近。

14. 广寒殿

初建于中统三年（1262），忽必烈在琼华岛之顶所建宫殿，主要用于朝会，盛大国宴，会见外国首相、使节等。是元皇宫五大宫殿之一。

遗址在今北海白塔山（元代称琼华岛，万岁山、万寿山等）白塔处，该白塔建于清顺治八年（1651）。

15. 海子桥

至元二十八年（1291）郭守敬修通惠河运河时所建，是进入海子（今积水潭）漕运的必经之桥。现称后门桥或地安门桥。遗址在今地安门大街。

16. 银闸胡同

银闸胡同是元大都著名遗址之一。是通惠河水利工程之一。

银闸胡同在北京五四大街南侧，旧北京大学红楼斜对过。（详情见本章第六节《元大都的胡同和四合院的形成》（五）银闸胡同。）

17. 宝钞胡同

忽必烈薛禅汗中统元年（1260）七月下诏，以丝棉做抵资发行了“中统交钞”绵纸币，以“两”做单位，十月以白银抵资又发行了“中统宝钞”绵纸币，以“贯”做单位，到至元十三年（1276）又发行了“至元宝钞”桑叶纸币。三种纸币可按一定比例兑换，也可以兑换白银。这是中国金融管理上的重大改革和进步。

波斯于1294年以元朝纸币为样板发行了纸币，上面印有汉字“钞”。

印度于1330年推行纸币。

朝鲜直接使用中统宝钞，以后自己发行了纸币。

日本于13世纪末使用纸币。

美国于1692年使用纸币。

法国于1716年使用纸币。

英国在拿破仑时代方使用纸币。

元朝管理钞票的机关叫宝钞库，宝钞库所在地叫作宝钞胡同。

宝钞胡同地址在鼓楼东大街。

18. 草厂胡同

元大都印钞厂所在地，因钞厂谐音变为草厂。草厂胡同十二号是完泽笃汗（成宗）于大德九年（1305）营建的万宁寺的遗址，成宗皇后去世以后曾在此设影堂。

地址在北京鼓楼东大街。

19. 元大都路总管府（明清京师顺天府）、倒钞库（兑换旧票、残票机构）、元大都巡警院等遗址在北京鼓楼东大街。

20. 元大都太庙遗址

元大都太庙，明清时改称延福宫，已拆毁。现在旧址为北京朝阳门大街223号，北京外交人员服务局办公楼。

21. 元朝中书省遗址

遗址在今天安门右侧北京市劳动人民文化宫。

22. 元大都北城墙水关

遗址在北京土城路元大都土城遗址公园内。

23. 元皇宫大内

元皇宫大内主要由大明宫附属诸殿和延春宫附属诸殿组成，原址在今故宫博物院和景山公园范围之内，约占七十万平方米的地方。

24. 兴圣宫

兴圣宫地址在今北海西岸。北京图书馆文献部。

25. 隆福宫

地址在北京集灵囿。

26. 仁智殿

地址今在北海公园白塔山普安殿。

27. 元大都琼华岛、太液池、海子

琼华岛即今白塔山，元代曾称万寿山、万岁山。太液池在今北海，海子在今什刹海，积水潭。

28. 厚载门

厚载门是元皇宫的正北门，明代称北安门，清代称地安门。

《故宫遗录》记载："又后为厚载门，上建高阁，环以飞桥舞台于前，回阑引翼。每幸阁上，天魔歌舞于台，繁吹导之，自飞桥而升，市人闻之，如在霄汉。"

厚载门北面就是著名的万宁桥，这是通惠河漕运进入海子（今积水潭）的关口，俗称后门桥、海子桥或地安门桥。也是元大都中轴线上的重要标志。通惠河之名的由来，是有一次忽必烈从上都返回大都，见海子万帆林立的繁荣景象，十分高兴，即命名为通惠河。地址在地安门大街。

29. 鼓楼和钟楼

鼓楼和钟楼营建于至元九年（1272），是已有七百余年历史的著名古迹。

建造鼓楼和钟楼的目的是军事瞭望、报警、报时之用，来自蒙古族城镇形成的雏形古列延的瞭望塔。《马可波罗行纪》中有关钟鼓楼的记载：“城之中央有一极大宫殿（指钟楼——引者注），中悬大钟一口，夜间若鸣钟三下，则禁止人行。鸣钟以后，除为育儿之妇女或病人之需要外，无人敢通行道中。纵许行者，亦须携灯火而出。”另一方面体现了元世祖忽必烈那种雄心勃勃、包容天下的气度及天下大一统的思想。鼓楼起初叫作齐政楼，是指用金、木、水、火、土、日、月七种因果来实施政治统治，即所谓七政。所以鼓楼钟楼建立在元大都中轴线上，是中轴线上的重要标志之一。

明清两朝曾因火灾重建。

地址在北京鼓楼东西大街交接处。

30. 在白云观，耶律楚材墓在颐和园。与蒙古帝国和元朝文化有联系的两位文化巨人丘处机墓。

第四节 两都管理制度的建立和元大都的管理

一、两都管理制度的建立

忽必烈作为藩王接受宪宗蒙哥的命令，总领漠南汉地时，于宪宗七年（1257）开始，选择辽阔的金莲川平川，桓州以东，滦河以北，背靠大忽尔克山，用三年时间营建了藩王府，命名为开平府。宪宗九年（1259）七月，蒙哥战死于四川钓鱼山，1260年三月忽必烈从燕京抵达开平，在东西两道部分王和功臣贵戚的拥戴下，举行忽里台。四月中旬成为蒙古第五任大汗，定为中统元年。同时幼弟阿里不哥也在哈剌和林附近按坦河营地宣布继承了蒙哥汗位，于是同室操戈，战火连绵四年，忽必烈依靠中原地区雄厚的人力物力战胜了阿里不哥，为庆贺蒙古帝国的重新统一，把中统五年改为至元元年，表示吉祥的新世纪开始。

中统四年（1263）五月忽必烈曾下令将开平府升为都城，定名为上都，次年八月将燕京改名为中都，从此元朝的两都制被正式确定下来。至元四年（1267）在中都东北选新址开始营建新都城，命名为大都。至元八年（1271）将大蒙古国易名为元朝。

忽必烈建立两都制，对元朝来说，有非常重大的意义。其意义和内容不同于中国历代的两都制和多都制。自元朝以来和蒙古族的生死存亡有重大关系，它是实实在在的两都制。上都和大都的政治待遇是平等的，上都并非陪都，主要表现在三点上：

第一，当时元朝民族区域分布及政治经济发展形势要求必须要有两个都城，一个在漠北为中心的蒙古地区，一个在以中原为中心的广大汉族地区，以后的社会发展趋势均说明了它的正确性。

第二，元朝实际上不露神色地实行“蒙内汉外”政策，对广大汉族统治区实行汉族帝王年号、官员制度。对广大蒙古地区仍称“大蒙古国”，每年在上都与漠北诸王举行“质孙宴”、那达慕、狩猎、祭祀活动，重温成吉思汗的“必力克”，探讨治国强兵策略，加强团结，奖赏各级官员。

第三，一年间帝王在上都、大都办公时间各一半，四月到九月在上都主要处理漠北事宜，十月到三月在大都办公。另外难以适应炎热的中原气候也是一个原因。

忽必烈登基后，首先考虑的问题是如何治理地域辽阔、人口众多、民族复杂、空前庞大的国家，漠北都城哈剌和林已不适合做泱泱大国的中心，当时忽必烈就长期考虑选择上都城或燕京做都城，举棋不定。开国元勋木华黎之子霸突鲁献策：“幽燕之地，龙盘虎踞，形势雄伟。南控江淮，北连朔漠。且天子必居中，以四上方朝觐，大王果欲经营天下，驻跸之所，非燕不可。”[①] 幕僚郝经也建议定都燕京：“燕都东控辽碣，西连三晋，背负关岭，瞰临河溯，南面以法天下。”[②] 负责营造上都城的刘秉忠也进言：“上都国祚短，民风淳；大都国祚长，民风淫。”[③]

这些高见，使忽必烈决心定都燕京。

1. 哈剌和林离经济发达的中原地区太远，窝阔台汗时期建立的三江流域农业基地已经满足不了人口增加和战争需要，粮食供应主要靠内地农业供给，当时运输相当困难，有时供不应求。

2. 蒙古统治集团步入中原以后，根据经济、政治、军事发展的需要，蒙古帝国的枢纽中心需要南移，不南移的话，一切事物会仅仅停留在蒙古帝国的水平上，不会注入新的契机，不会有新的发展。拥有雄才大略的忽必烈，对这一点头脑是清醒的，看得最清楚。

3. 上都处于游牧文化和农耕文化的边缘地区，北可联络漠北各路诸王、王公贵族和蒙古四大汗国，南可和大都保持紧密联系，减轻了大都的一半负担，可谓半个都城，政治意义重大，元朝皇位继承大典和蒙古民族传统的祖宗祭祀，重要忽里台都在这里进行。十一个帝王，六位都在上都继承皇位，有趣的是元朝的第一个皇帝忽必烈是在上都登极的，最后一个皇帝妥懽帖睦尔也是在上都登极的。上都是忽必烈的根据地，是“龙兴之地”，所以倍加重视。每年四月到九月元廷都在上都办公，处理重大国事，会见外国首脑、使者，慰问各路亲王，举行“质孙宴”，赐赏王公贵族，并举行野炊围猎。与其说上都

①《元史》卷一百一十九。
②《郝文忠公集》卷三十二。
③（明）孙承驿：《春明梦全录》。

是陪都，实际是半个都城。这是不同于中国历代陪都的内涵。陈高华、史卫民教授在《元上都》中评论道："以上都作为陪都，保持蒙古旧俗，联系蒙古宗王和贵族，则为蒙古民族的发展提供了较好的条件。两都制的实施，对蒙古民族是有好处的。"这是非常中肯的评语。虞集也说："世祖建上都，控引天下，重于大都。"①

4. 蒙古民族非常热爱自己的故乡，蒙古民歌一半是歌颂、赞美自己家乡的。蒙古民族老谚语中有："生长的草原是金子，喝过的水是甘露。""鸿雁离不开湖泊，蒙古人离不开草原。"历代蒙古统治集团虽然拥有广大肥沃的中原地区，但对瘠贫的漠北非常重视，除上都以外，对哈剌和林宫殿城垣曾几度修缮，作为根据地中心对待，忽必烈曾大举迁移汉族农民到哈剌和林附近屯田，使这个岭北省首府，更有发展前途。元亡以后，蒙古统治势力再次聚集力量，号称"北元"，和明廷抗衡了二百余年。不同于辽、金、夏少数民族政权，一旦失去首都和陪都，一个民族就走向了同化消泯。

5. 元朝的两都制是蒙古族游牧文化和中原地区农耕文化发生冲撞以后产生的结果，元朝时期的农耕文化和游牧文化的冲撞、交流、融合是非常有意思的，是值得研究的课题。农耕文化的核心是以孔孟之道为宗旨，有许多精辟的哲学思想做指导，特点是定居生产，以土地为基本生活来源，日出而作，日落而息，生活稳定，生育力强，人口不断增殖，农田不断扩大。

6. 蒙古族陪都制起源于成吉思汗时代。成吉思汗本人从来不主张营建城镇，认为"我的子孙穿起绫罗绸缎，居住砖瓦楼阁之时，就是蒙古帝国衰落之日"②。据说成吉思汗的大臣们

① 蒋一揆：《长安客话》。

②〔韩〕金正洛著：《千年人物》，民族出版社，2003年。

建议修建城镇、宫殿、花园时，这位伟人却说："有我自古崇尚的先世可汗们镇坐施政的白色毡房，这是抗拒天灾人祸易于迁徙的吉祥住所。我不需要大型宫殿和秀丽的花园。若不破金色大地的神圣皮肤，若不改变广袤草原的天然容颜，那么她便是一处天然的花园用不着人工修造！"[①] 此两条见《成吉思汗箴言》。可是不营建固定城镇不等于没有城镇中心。法国蒙古学家勒内·格鲁塞评论道："所谓的（蒙古人）'城'，不过指一种巡回的营，就是蒙古人称为古列延的，环绕着首领的帐，这种游牧城是常常可以随着他们的汗王而移徙的。"[②] 蒙古族游牧生活历来有非常科学的"四季轮牧"制度，有冬营盘、春营盘、夏营盘、秋营盘之说。

成吉思汗称帝以后，在风景优美的怯绿涟河流域建有四大斡尔朵，这是草原上的政治、经济、军事中心，是成吉思汗四季巡幸、狩猎、宴饮、赐赏、举行忽里台、决定重大决策的中心。

二、元大都的管理

元大都是当时世界上最大最繁华的都城，是元朝帝国的政治、经济、文化、军事中心，也是国际性商业大城市。大都的居民除蒙古、汉、回、藏、契丹、色目、畏吾儿、女真、西夏、沙陀、吐谷浑、党项、渤海等国内少数民族以外，还有波斯、欧洲、东南亚及日本、朝鲜等地来的居民。这些来自不同国家、不同地区、不同民族的居民的繁居，使大都成了多元化的民族都城，为世界之首。

大都分旧城（南城）和新城（北城），旧城为原金都城中

---

① 特·官布扎布、阿斯钢译：《蒙古秘史》（现代汉语版），新华出版社，2005年。

②〔法〕勒内·格鲁塞：《草原帝国》，黎荔、冯瑶、李丹丹译，国际文化出版公司，2003年。

都，分62坊，新城为大都，原分50坊，于成宗大德五年（1301）又新置26坊，计为76坊，中统初年新旧两城合计为138坊，大约有10万户，40万人，至元十八年（1281）大约有21万户，88万人，到元朝末期大约有128万人。这里仅指城市人口，不包括大都路人口。

大都的治安管理

蒙古族步入中原，营建了空前金碧辉煌的宫殿和城郭。在营建大都以前蒙古族就建有哈剌和林、上都那样的城市，其规模当然不能和大都相比。当时大都城市机构庞大，商业繁荣，居民复杂，人口流动频繁，自然形成了复杂的社会机构，治安管理工作相当艰巨。蒙古统治者在马上得天下，自然不能用军事管理的方法来治理都城，他们缺少管理城镇的经验措施。忽必烈薛禅汗，这位心胸开阔、雄心勃勃的开国之君，既然能委派刘秉忠主持营建大都的浩繁庞大的工程，也当然能学习历代王朝管理经营城镇的方法措施。大都是元朝的门面，“首善之区”，忽必烈经常亲自过问，健全了管理大都的行之有效的一切规章制度，使这座新兴的城市成了国际化的大都城。《马可波罗行纪》《鄂多立克东游记》都有详尽精彩的描述。

建都初期忽必烈制定“至元新格”，并由刑部拟定各种刑法条律，对扰乱社会治安的行为严加惩处。同时约束各级官吏，设置各级达鲁花赤（断案官）清理冤狱，把中国历代所置带有人格污辱性的刑法“墨、劓、剕、宫、辟”五刑改为比较轻缓的“笞、杖、徒、流、死”五刑，并通行全国，以后史学家曾评称“元之刑法，其得在仁厚”。《元史》卷一百二载：“元兴，其初未有法守，百司断理狱讼，缉用金律，颇伤严刻，及世祖平宋，疆理混一，由足简除繁苛，始定新律，颂之有司，号曰《至元新格》。”

大都的卫戍任务主要由大都留守司和大都路兵马都指挥使司、大都路都总管府负责。新城设有左右两个巡警院，新旧城各设一个巡警院，随着人口的增加，元代后期增加到五个巡警院，下设若干巡检司（相当于今派出所）。户籍管理分类细致，各成系统，有军籍户、匠籍户（手工业技师），宗教方面有儒籍户、释道籍户、也里可温（基督教）籍户、答识蛮（伊斯兰教）等。城防、民政、司法，无所不营。具体负责城市的户籍治安管理。

另有掌管全国军事事务的枢密院协助完成大都的总体防务。设有成吉思汗时代建立的“怯薛歹”即侍卫亲军，它是一支特殊部队，完全由有“大根脚”的蒙古贵族、开国元勋的子弟组成的精锐之师，分左、右、中、前、后五卫。平时屯田和参与营建工程。《元史》卷九十九《兵志二》载：“三年（即至元三年，1266年）五月，帝谓枢密臣曰：‘侍卫亲军，非朕命不得发充夫役。修琼华岛士卒，即日放还。’”可见元廷重视程度，这是一支机动警备部队。

大都的行政管理机构分为五级：路、府、院、坊、里（胡同）。其中坊和里是最基层单位，其负责人不是公差而是由公举选出的，属于义务性质的。这是成吉思汗时代军政合一、兵民不分机制的继续，也是这种机制在市政管理上的体现。

大都十一门都有门尉来管理城门启闭，管钥匙之事。《元史》卷一百五载：“诸大都、上都诸城门，夜有急务须出入者，遣官以夜行象牙圆符及织成圣旨启门，门尉辨验明白，乃许启。虽有牙符而无织成圣旨者，不论何人，并勿启，违者处死。”“诸夜禁，一更三点，钟声绝，禁人行。五更三点，钟声动，听人行。违者笞二十七，有官者听赎。其公务急速，及疾病死丧产育之类不禁。”难怪，在大都任职十七年的意大利旅行家马可·波罗在游记中写道：“城之中央（指大都——引者注）有一极大宫殿（指钟楼——引者注），中悬大钟一口，夜间若鸣钟三下，则禁止人行。鸣钟以后，除育儿之妇女或病人之需要外，无人敢通行道中，纵许行者，亦须携灯火而出。每城门命千人执兵把守。把守者，非有所畏也，盖固君主驻于此，礼应如是，且不欲盗贼损害城中一物也。”

大都的防火措施是很有特色的，世世代代生活在大草原的蒙古人，深受春秋两季草原森林火灾之苦，对绵延数百里的火海，面对倾家荡产的悲惨处境记忆犹新。从对火的敬畏崇拜到采取各种防火措施，思想认识得到提高。草原人春秋两季都要自动打“察如克”〔čarug〕(防火隔离带)，成了不成文的习惯法律。进入城市之后看见房挨房、人挤人的居住状况，更是畏惧火灾的发生，所以对大都的防火措施制定得相当严格，和明朝京师火灾频繁的状况形成鲜明对比。《元史》卷一百五载：“诸城郭人民，邻甲相保，门置水瓮，积水常盈，家没火具，每物经备，大风时作，则传呼以徇于路。有司不时点视，凡救火之具不备者，罪之。诸遗火延烧系官房舍杖七十七；延烧民房舍，笞五十七；因致伤人命者，杖八十七；所毁房舍财富，公私俱免征偿。烧自己房舍者，笞二十七；止坐失火之人。诸煎盐草地，辄纵野火延烧者，杖八十七；因致阙闭者，奏圣裁。”

另对偷盗、赌博、买卖假药者，直至酗酒斗殴都有详尽的惩处条例。

作为封建社会的元朝，它的法律某些方面体现了人道主义精神，实行一些恤刑政策，对贫困、患病、女囚徒给予适当照顾。《元史》一百五载：“诸在禁囚徒，无亲属供给，或有亲属而贫不能给者，日给仓米一升，三升之中，给粟一升，以食有疾者。”“其饥寒而依粮不继，疾患而医疗不时，致非理死损者，坐有司罪。”“诸狱囚有病，主司验实，给医药，病重者去枷锁纽，听家人入侍。”“诸在禁无家属囚徒，岁十二月至正月，给羊皮为披盖，裤袜及薪草为暖匣熏炕之用。”

对孕妇更加照顾，来自蒙古族的“尊重女性，母亲神圣”的哲学观点，蒙古族妇女历来是生产劳动力，生儿育女的楷模，在家庭中负有主宰地位，就是作为皇后，也有同大汗同坐御榻（汗右后左）参政议政的权力。不同于其他民族，是绝无仅有的。“诸孕妇有罪，产后百日决遣，临产之月，听令召保，产后二十日，复追入禁”等（《元史》卷一百五）。

大都地区自金末开始战乱不断，人口缩减，农田荒废，自世祖至元开始，安抚农民，恢复生产，严禁蒙古贵族“跑马圈地”，减轻赋税，兴水利，扩农田，农业生产得到恢复和发展，呈现物资丰富、社会稳定的可喜现象。医药卫生治疗方面，除特准太医院名医给老百姓治病以外，官方设有惠民局加强民间卫生治疗工作。又针对大都贫民设置多处“赈济米铺”和实行“中占粮”制度，低价供应粮食，保证了大都居民的温饱生活。

尹钧科《古代北京城市管理》一书中评论道：“元代中期基本上达到了老有所养，幼有所育，因而至大四年（1311）在大都地区生活的80岁以上的老龄人口达10662人。”

第五节　元大都城区（坊）的建制和职责

一、大都城区（坊）的建立和职责

大都分旧城（南城）和新城（北城）。旧城为原金中都，分62坊，新城为大都，原分50坊，元成宗大德五年（1361）根据人口增加又新置26坊，计为76坊，新旧两城合计为138坊。

坊和里（胡同）是大都最基本的行政管理单位，坊里设有达鲁花赤一名，但不是公差，是无俸禄的义务性质的服务，类似现今的街道办事处，当时看来是比较先进的管理措施。直接受上级关厢巡警司的管辖，坊的职责是：负责治安管理、户口管理、税务管理。

于敏中《日下旧闻考》卷三十八《京城总纪》载："左右警巡二院领大都大城坊市。"又"坊名元五十，以衍之敕成之，名皆切近，乃翰林院侍书学士虞集伯生所立"。每坊设牌楼，匾额上书坊名。大都的坊不同于金中都，金中都的坊四面设有围墙，只有坊门方可通行，坊门有专人管理，每天五更开坊门，黄昏即关闭，采取完全封闭式管理。大都的坊则四通八达，街道胡同，畅通无阻，只设坊名牌楼而已，没有围墙。说明治安管理先进，商业流通活跃，比金朝管理更有所发展。

《日下旧闻考》中虽说50坊，但只说了49坊。《析津志辑佚》也说有50坊，但只记了34坊。首都博物馆《元大都》（1988年版）记全了50坊，王壁文《元大都城坊考》（1930年版）总计了73坊。笔者考虑再三，增添了《析津志辑佚》所漏记的东甘泉、西甘泉二坊，又增添了侯仁之《北京历史地图集》（北京出版社，1988年）所记的靖恭坊，凑够了总数76坊[①]。

二、大都（新城）坊名称与方位

现将元大都的76坊及其坊名称和取名之义、所处方位略述如下：坊名称主要选自《周易》《孟子》《左传》《尚书》《论语》和其他诗词等典籍中含有吉祥之义语句。

1. 福用坊——《元一统志》记"坊有梵杀取福田之义"，《析津志辑佚》记方位为"在西白塔寺"，即今北京白塔寺一带。"有梵刹"指白塔寺，元时称大圣寿万安寺，建于至元九年（1272），由尼泊尔建筑师阿尔尼哥建筑的白塔而闻名于

① 所参考资料为《析津志辑佚》《元一统志》《日下旧闻考》，王壁文《元大都城坊考》，于德源《北京历代城坊宫殿苑囿》，首都博物馆《元大都》，张爵《京城五城坊巷胡同集》，朱一新《京师坊巷志稿》，《北京历史地图集》等。（详情见参考书一览，这里从简）

世。明天顺元年改称妙应寺。

2. 阜财坊——《析津志辑佚》载“在顺承门内金玉局巷内”，《元一统志》载“近库藏”。今北京民族文化宫以北西单附近。坊名《元一统志》称“取舜南风歌阜民财之义”。

3. 金城坊——《析津志辑佚》载“在平则门内”，即今北京阜成门内大街以南之大水车胡同一带，此处有一条街称锦什坊街，很明显是由金城坊演化而来。坊名《元一统志》载“取圣人有金城，金城有坚固久安之义”。

4. 玉铉坊——《析津志辑佚》载“在中书省前相近”，《元一统志》载“近中书省”。大都初建时中书省设立在鼓楼附近，和翰林院设在一起，后来便于办公迁到皇宫附近，今北京天安门东侧劳动人民文化宫之址。这样当时出现了两个称呼，即中书南省和中书北省。《析津志辑佚》所说中书省，当然是中书北省。所以玉铉坊大概在今鼓楼大街、什刹海沿海一带。于德源在《北京历代城坊宫殿苑囿》中（于德源先生的诸多考证，都出自本书，以下不再说明）说：“即今北京故宫午门以东”指的是中书南省位置。《元一统志》称坊名“按周易鼎玉铉大吉以坊近中书省取此义”。

5. 保大坊——《析津志辑佚》载“在枢密院北”，《元一统志》载“近枢密院”。当时枢密院角市是大都繁华市坊之一，枢密院旧址大约在今北京朝阳门大街西头，东华门附近。所以保大坊在今南池子和王府井大街一带。坊名《元一统志》记“按传曰武有七德保大定功以坊近枢密院取此义”。

6. 灵椿坊——《析津志辑佚》载“在都府北”，都府是指大都路总管府，旧址在今北京鼓楼东大街东头。明代北京顺天府就设在总管府旧址，此处曾设元廷主要机构巡警院、宝钞库、倒钞库等。灵椿坊应在今北京安定门内大街之西灵光胡同一带。

7. 丹桂坊——《析津志辑佚》载“在灵椿北”，明初时北城垣南移2.5公里时被划在城外自行消泯，大约位置在今北京青年湖公园、柳荫公园一带。坊名《元一统志》记为“取燕山窦十即教子故事丹桂五枝之义”。

8. 明时坊——《析津志辑佚》载“在太史院东”，《元一统志》载“近太史院”。太史院与元司天台毗邻，太史院旧址，陈晓先生在其《不朽建筑，元太史院》一文中考证为现中国社会科学院所在地。司天台就是今北京古观象台，明时坊大约在今建国门以西，蘑菇胡同一带。坊名《元一统志》称“取周易华卦君子治历时之义”。

9. 凤池坊——《析津志辑佚》载“在斜街北”，《元一统志》载“近海子在旧省前”。地近今积水潭（元时称海子），即今北京鼓楼西大街以北。坊名《元一统志》记“取凤凰池之义”。

10. 安富坊——《析津志辑佚》载“在顺承门内羊角市”，羊角市是大都有名的繁华市场，旧址在今北京西单北大街附近。安富坊大约在今西皇城根南街以西，甘石桥东北方位。坊名《元一统志》记“取孟子安富尊荣之义”。

11. 怀远坊——《析津志辑佚》载“地在西北隅”，大约在今北京西土城路以东，花园路以西位置。坊名《元一统志》记“取左传怀远以德之义”。

12. 太平坊——坊址虽无文献记载，但因坊内建有大承华普庆寺、普庆寺，方位在大都和义门内大街南侧，和义门为今北京西直门，所以太平坊大约在今西直门内宝屋胡同一带。《元大都》则记“在城北”。坊名《元一统志》记“取天下太平之义。”

13. 大同坊——坊址无文献记载，于德源先生考证：“以其取义，或在元大都国子学和宣圣庙，即今国子监一带。”坊名《元一统志》记“取四方会同之义”。

14. 文德坊——坊址无文献记载，于德源先生考证：“以其取义，或在元大都国子学和宣圣庙，即今国子监一带。”坊名《元一统志》记“按尚书诞敷文德取此义”。

15. 金台坊——坊址无文献记载，就坊位考察，右边是凤池坊，左边是灵椿坊，又因坊内有齐政楼（即今鼓楼）《元大都》则记“在鼓楼东”。可以推测大约在今北京鼓楼东西大街一带。坊名《元一统志》记“按燕昭王筑黄金台以礼贤士取此义”。

16. 穆清坊——《元一统志》载“近太庙”，太庙又称大慈延福宫，元太庙遗址在今朝阳门内大街北侧，可以推测穆清坊在今朝阳门内大街以北方位。坊名《元一统志》记“取毛诗于穆清庙之义。”

17. 五福坊——《元一统志》载“在中地”，中地可以理解为中心地区，或中心阁一带。可以推测在鼓楼、钟楼地段。坊名《元一统志》记“取洪范五福之义”。

18. 泰亨坊——《元一统志》载“在东北寅方”，是靠大都城垣东北地域，此处原比较偏僻，坊辖面积较大，大约在今北京东西一线的樱花西街到太阳宫桥，南北一线从和平街到大都北城垣为至。坊名《元一统志》记“取泰卦吉祥之义”。

19. 八政坊——《元一统志》载“近万斯仓八作司”。元大都城内有“千斯仓”，但无“万斯仓”，具体方法位难以考证，坊名《元一统志》记“取洪范八政食货为先之义”。

20. 时雍坊——地址无文献记载，坊内有元代庆寿寺和海云、可庵两位大师灵柩塔，一直保留到1958年才拆除。《元大都》则说“在今宣武门内大街东”。所以坊位比较容易推测，应在今北京电报大楼两侧一带。坊名之义《元一统志》记“取尚书黎民于变时雍之义”。

21. 乾宁坊——《元一统志》载“在西北乾位”，在大都西北角，西靠怀远坊，东靠清远坊，北边靠北城垣，大约方位可以推测为今北京北太平庄一带。坊名之义《元一统志》记“取周易乾卦万国咸宁之义”。

22. 咸宁坊——地址无文献记载，方位不清。于德源先生考证“地近海子，即今北京积水潭东北，鼓楼西大街一带”。坊名之义《元一统志》记“取尚书野无遗万国咸宁之义”。

23. 同乐坊——地址无文献记载，方位不清，于德源先生考证“地近海子，即今北京积水潭东北，鼓楼西大街一带”。坊名《元一统志》记“取孟子与民同乐之义”。

24. 寿城坊——地址无文献记载，方位不清，于德源先生考证“地近海子，即今北京积水潭东北，鼓楼西大街一带”。坊名《元一统志》记“取杜诗八荒寿城之义”。

25. 宜民坊——地址无文献记载，方位不清，于德源先生考证“地近海子，即今北京积水潭东北，鼓楼西大街一带”。坊名《元一统志》记“取毛诗宜民宜人之义”。

26. 析津坊——《元一统志》载“近海子”，于德源先生考证“地近海子，即今北京积水潭东北，鼓楼西大街一带”。坊名《元一统志》记“燕地分野上应析木之津地近海子故取析津为名”。

27. 康衢坊——地址无文献记载，方位不清，于德源先生考证“在大都城南部”。坊名《元一统志》记“取贤才并进之义”。

28. 嘉会坊——《元一统志》载“在东南方”。于德源先生考证“在大都城南部”。坊名《元一统志》记“坊东南方属礼取周易嘉会之义”。

29. 平在坊——《元一统志》载“在北方”。即在大都城北部，大约在今北京北辰路以西，大都北城垣以南地区。坊名《元一统志》记“取尚书平在朔易之义”。

30. 和宁坊——地址无文献记载，方位不清，于德源先生考证“在大都城西北隅”。《元大都》则说“在今和平里”。说法大致一致。坊名《元一统志》记“取周易保合太和万国咸宁之义”。

31. 智乐坊——《元一统志》载“近流水”。近流水不知指何处，于德源先生考证“在大都城西北隅”。坊名《元一统志》记“取智者乐水命之义”。

32. 命德坊——地址无文献记载，方位不清。于德源先生考证“在大都城西北隅”。坊名《元一统志》记“取论语德不孤义有命之义”。

33. 有庆坊——有的古籍作集庆坊，地址无文献记载，方位不清。《北京历史地图集》中元大都图（1341—1368年）中标有集庆坊，南北大约从西市（即羊角市）到宗国寺，东西从皇城根到武安王庙范围之内。估计今北京从西安门大街到地安门大街，东头至皇城根地区之内。于德源先生考证“在大都城西北隅”。坊名《元一统志》记“‘按尚书’一人有庆兆民赖之取其义”。

34. 清远坊——《元一统志》载“在西北隅”。大约在今北京北太平庄到健安路西街范围之内。坊名《元一统志》记“取远方清宁之义”。

35. 日中坊——有的古籍作日忠坊，《元一统志》载“地当市中”，市中则指以鼓楼、钟楼为中心的辐射市区，包括大都最繁华的斜街（即今鼓楼西大街）、鼓楼东大街、鼓楼前大街、海子周围地区。于德源先生考证“在今地安门西北”。坊名《元一统志》载“取日中为市之义”。

36. 寅宾坊——《元一统志》载“在正东”，在大都城东部，东部范围很大，具体方位难以确定。《日下旧闻考》卷四十八载“京师寅宾里有无量寿庵者，居士屠君所建也”。“至元二十一年，出已资七百贯买地十亩于太庙之西，作无量寿庵。”寅宾里就是指寅宾坊，清朝时改称思城坊，这里所说的太庙就是以后的大慈延福宫。元太庙遗址在今朝阳门内大街北侧，寅宾坊大约在今北京朝阳门内大街孚王府以北地区。坊名

《元一统志》记“取尚书寅宾出日之义”。

37. 西域坊——有的古籍作西成坊，《元一统志》载“在正西”，在大都西部，具体方位难以确定。坊名《元一统志》记“取尚书平秩西成之义”。

38. 由义坊——《元一统志》载“在西市”，西市是指大都有名的羊角市。于德源先生考证“在今北京阜成门内北三里”。坊名《元一统志》记“取孟子居仁由义之言分为东西坊名”。

39. 居仁坊——《元一统志》载“在东市”。东市指何处，不详。笔者估计既然把大都西部最繁华之一的羊角市称为西市，那么很可能也把处于大都东部最繁华之一的枢密院角市称为东市，此处位置也处于大都东部。今北京东四牌楼一带。坊名《元一统志》记“取孟子居仁由义之言分为东西坊名”。

40. 睦亲坊——《元一统志》载“近诸王府”。方位不清，可能在文明门一带，那里有诸多王府宅院，即今北京东单十字以北地区。坊名《元一统志》记“取尚书以亲九族，九族既睦之义”。

41. 仁寿坊——《元一统志》载“近御药院”，可能指太医院，方位不清，于德源先生考证“在今北京隆福寺一带。查《京师五城坊巷胡同集》附图，仁寿坊位置在今东四西北方，与今隆福寺所在位置大致相同”。坊名《元一统志》记“取仁者寿之义”。

42. 万宝坊——《元一统志》载“大内前右千步廊坊门在西”。千步廊在丽正门内，右为万宝坊，左为五云坊，今北京天安门右侧中山公园一带。坊名《元一统志》记“坊门在西属秋取万宝秋成之义”。

43. 五云坊——《元一统志》载“大内前左千步廊坊门在东与万宝对立”。元廷中书省在此坊内，今北京天安门东侧中山公园一带。坊名《元一统志》记“取唐诗五云多处是三台之义”。

44. 豫顺坊——坊址无文献记载。于德源先生考证“有福寿兴元观，即今北京西直门内桦皮厂胡同一带”。坊名《元一统志》记“按周易豫卦豫顺以动刘建候行师取此义”。

45. 甘棠坊——坊址无文献记载，无从考证。《中国历史地图集》上也无蛛丝马迹。坊名《元一统志》记“按燕地乃周召公所封诗人美名公之政有甘棠篇取此义”。

46. 湛露坊——《元一统志》载“近宫酒库”。于德源先生考证“近宫酒库，在大都城东部”，具体方位难以确定。坊名《元一统志》记“按毛诗湛露为锡宴群臣沾恩如湛露坊近宫酒库取此义”。

47. 乐善坊——《元一统志》载“近诸王府”。文明门内大街，今北京东单十字一带，和睦亲坊为邻。坊名《元一统志》记“取汉东平王为善最乐之义”。

48. 澄清坊——《元一统志》载“近御台”。今建国门内大街以北，东单北大街以西地区。于德源先生考证“地近御史台，在今北京朱市大街甘雨胡同一带”。坊名《元一统志》记“取澄清天下之义”。

49—50 居仁坊分东西二坊，总共为50坊。

到此元大都初建五十坊全部统计齐全。

以下为成宗大德五年新增置的26坊；坊名为大都教授所立。

51—1 里仁坊——《析津志辑佚》载“在钟楼西北”。今北京鼓楼西大街以北铸钟厂、果子市一带。

52—2 发祥坊——《析津志辑佚》载“在永锡坊西”。又“发祥坊西北大街，砖斗拱，扁溥光，最为年运”。今北京地安门西大街以北，新街口南大街以东地区。

53—3 永锡坊——和发祥坊东部为邻。

54—4 善利坊——《析津志辑佚》载“三相公寺前”。方位不清。

55—5 乐道坊——《析津志辑佚》载“三相公寺前”。方位不清。

56—6 好德坊——《析津志辑佚》载“三相公寺前”。方位不清。

57—7 招贤坊——《析津志辑佚》载“在翰林院西北”。元翰林院和中书北省同在一址西北侧，即今北京鼓楼西大街以北小黑虎胡同、前马丁、后马丁一带。

58—8 善俗坊——《析津志辑佚》载“在健德门”。大约在今北京北三环中路马甸桥以北，新街口外大街以东，西山关、马甸桥、裕民里一带。

59—9 昭回坊——《析津志辑佚》载“在都府南”。都府指大都路都总管府，即明清北京顺天府衙门旧址。即今北京鼓楼西大街以南到寒光街一带。

60—10 居贤坊——《析津志辑佚》载“在国学东”。《京师坊巷志稿》称“居贤坊国学东，监官多居之”。国学即指今北京国子监。据《元史》卷八十一，国子监初建于至元二十四年（1287），地址在东城。即今安定门内成贤街，左为清代雍和宫。位置最为显赫，《元大都》载“居贤坊于国子监街东北”。

61—11 鸣玉坊——《析津志辑佚》载“在羊市之地”。羊市则指羊角市，也称西市。即今北京西安门大街，阜成门内大街广济寺、平安里一带。

62—12 展亲坊——《析津志辑佚》载“草市桥西”。方位不清，《元大都》称“什刹海西”，大约在今北京西直门内大街以北地区。

63—13 惠文坊——《析津志辑佚》载“草市桥西”。大约在今北京西直门内大街以北地区。

64—14 清茶坊——《析津志辑佚》载“海子桥北”。海子桥即今地安门桥（又称万宁桥），《元大都》称“什刹海附近”。

65—15 训礼坊——《析津志辑佚》载“顺承门里倒钞库北”。倒钞库方位不清，顺承门则在今北京西单附近，大约在西单北大街、皮库胡同、达智营一带。《元大都》称“在西四南大街附近”。

66—16 咸宜坊——《析津志辑佚》载“顺承门里倒钞库北”。和训礼坊为邻，查《北京历史地图集》中元大都图（1341—1368年）。坊内有万松老人塔，此塔依然矗立在今北京西四北街北侧，从此可以推定咸宜坊则在西四一带。

67—17 思诚坊——古籍文献中有思成坊的写法。《析津志辑佚》载只有“东”一字，使人费解。查《元大都图》（1341—1368年）才知所说东即大都东部，和皇华坊、照明坊左右相对称。大约在今北京朝阳门内大街南侧一带，照宁寺、乾石胡同地区。《元大都》称“在西四北大街西”。

68—18 皇华坊——有的文献记为黄华坊，《析津志辑佚》载“皇华坊明照坊与上相对”。“与上”是指思诚坊。即今北京朝阳门内大街南侧，土地庙、礼拜寺街一带。《元大都》称“西四北大街一带”。

69—19 明照坊——《析津志辑佚》载“皇华坊，明照坊与上相对”。“与上”指思诚坊。即今北京西四北大街以南地区。《元大都》称“西四大街西侧”。

70—20 蓬莱坊——《析津志辑佚》载“天师宫前”。天师宫即崇天万寿宫。《顺天府志》载“崇天万寿宫在府前蓬莱坊”。这里所说“府”即明京师顺天府衙门，原址为大都路都府总管府。即今北京鼓楼西大街南侧东头。蓬莱坊大约在今紫禁城东北方位。《元大都》称“地安门大街南”。

71—21 南薰坊——《析津志辑佚》载“光禄寺东”。光禄寺已无从考证，南薰坊北为保大坊，南为大都南城垣，西为通惠河东靠澄清坊，区域变化不大，北起今锡拉胡同，向南延伸到明代北京南城垣，西从玉河至十王府范围之内。《元大都》称“今南池子大街附近”。

72—22 迁善坊——《析津志辑佚》载“在健德门”。《元大都》称出可封坊，方位在健德门大街右侧，北靠大都北城垣，《析津志辑佚》称可封坊在健德门。可能和可封坊为邻。

73—23 可封坊——《析津志辑佚》载“在健德门”。大约在今北京健安西路一带。

74—24 丰储坊——《析津志辑佚》载“在西仓西”。大都有仓库多处，有南北仓之称，西仓很可能指大都西部的万亿库。其方位大约在今北京什刹海西北地区。

75—25 东甘泉坊、西甘泉坊——《析津志辑佚》载有名称记录，无其他文字说明，《元大都》无记载，方位不详。

76—26 靖恭坊——《析津志辑佚》载，《元一统志》《元大都》均无记录。《北京历史地图集》中元大都图（1341—1638年）标有靖恭坊，方位在大天寿万宁寺以南，皇城以北，西为海子（即积水潭），东为园恩寺。即现北京积水潭以西，地安门大街以北地区。

三、大都南城（旧城）的坊和名称

1 西开阳坊 2 南开运坊 3 北开运坊 4 清平坊 5 美俗坊 6 广泛坊 7 广乐坊 8 西曲河坊 9 宜中坊 10 南永平坊 11 北永平坊 12 北楫楼坊 13 南楫楼坊 14 西县西坊 15 棠明坊 16 蓟宾坊 17 永乐坊 18 西甘泉坊 19 东甘泉坊 20 衣锦坊 21 延庆坊 22 广阳坊 23 显忠坊 24 归厚坊 25 常宁坊 26 常靖坊 27 西孝慈坊 28 东孝慈坊 29 玉田坊 30 定功坊 31 辛寺坊 32 会仙坊 33 时和坊 34 奉先坊 35 富义坊 36 来运坊 37 通乐坊 38 亲仁坊 39 招商坊 40 余庆坊 41 郁邻坊 42 通和坊 43 东曲河坊 44 东开阳坊 45 咸宁坊 46 东县西坊 47 石幢前坊 48 铜马坊 49 南蓟宁坊 50 北蓟

宁坊 51 啄木坊 52 康乐坊 53 齐礼坊 54 为美坊 55 南卢龙坊 56 北卢龙坊 57 安仁坊 58 铁牛坊 59 敬客坊 60 南春台坊 61 北春台坊 62 仙露坊

第六节 元大都的胡同和四合院的形成

至元四年（1267）开工的建筑大都的宏伟工程，经过18年的艰辛营造，于至元二十二年（1285）全面竣工。同时完成了皇城和皇城内五大宫殿区，即大明宫、延春阁、隆福宫、兴圣宫和广寒殿，以及各重要衙署、寺庙的建筑、主要街道的规划。皇城宫殿和重要衙署都处在大都的心脏部位，即全城中轴线两侧，成为全城的枢纽，处在全城中心靠稍南的位置。皇亲国戚、开国功勋、蒙古贵族、重要官员则围绕皇城建筑自己的官邸。于是忽必烈下令："诏旧城居民之迁京者，以赀高及居职者为先，仍定制以地八亩为一分。其或地过八亩及力不能作室者，皆不得冒据。听民作室。"① 这是著名的元大都"八亩方宅"规制②，大都的街道、胡同和四合院定制也由此产生。

元大都的胡同、四合院是"八亩方宅"的规制下，形成南北走向和东西走向的"井"字形大街，再从这些大街衍生出许多小街，再从小街滋生出无数胡同来的。《析津志辑佚》载："大都街制：自南以至于北谓之经，自东至西谓之纬。大街二十四步阔、小街十二步阔、胡同六之阔步。"③按元大都营造时的规制换算为现制的话，二十四步等于36.96米，小街十二步等于18.48米，胡同六步等于9.24米。

---

①《元史》卷十三，《本纪十三·世祖十》。

② 一亩地是540平方米，八亩地是4320平方米，大约等于四分之一个足球场的面积。

③（元）熊梦祥：《析津志辑佚》，第4页，北京古籍出版社，2001年。

1956年中国科学院考古研究所对元大都宫殿遗址、街道历史状况进行了一次普查，普查范围包括今西直门到东直门的广阔区域内的各个街道状况，西直门是元大都的和义门、东直门是元大都的崇仁门。明清两朝的北京东西城墙还保留了元代旧城墙，其中还有明朝废弃的元大都肃清门和光熙门以南的广大地区。还有明代德胜门、安定门以北直到今北京马甸一线，有明朝废弃的元大都北城墙的健德门、安贞门遗址，这是元大都北半部地区。在这广大范围之内有怀远坊、乾宁坊、清远坊、迁善坊、平在坊、泰享坊、丰储坊、水福坊、里仁坊、招贤坊、丹桂坊等十余坊。普查结果发现西直门（元和义门）、东直门（元崇仁门）、德胜门和安定门（这两个门是元代健德门、安贞门两条内大街向南的延伸），两个大城门的内大街的宽度是24步，合现制为36.96米，而且大街边缘至第一胡同的距离是70步，合现制为107.8米，胡同宽度为6步，合现制为9.24米，胡同之间的间距是44步，合现制为67.76米。基本和《析津志辑佚》历史记载相吻合。

按元大都的建制规定，凡大街两边首先安排商铺、衙署、建国功勋、贵族富豪、达官贵人的住宅，所以靠大街的第一胡同要比别的胡同宽度要大一倍左右，远远超过“八亩方宅”的规定。而一般胡同的间距是44步，合现制为67.76米，这是每个胡同和胡同之间的宽度，是居民建筑房屋的空间，元大都考古队于1965年在西直门内后英房北城墙基处就发掘出一座元大都的四合院。是元代典型的“巴托恰哈特”式建筑，也就是汉族建筑师所谓称的“工”字形建筑，围绕“工”字形主体建筑，还有附设东西厢房和小套院、小花园。房基完好，柱础、台阶、石兽等破损不大，经测量，占地面积约4320平方米，和元大都“八亩方宅”的规制相吻合。根据挖掘出的高贵摆设餐具、名贵青花瓷碎片、玛瑙棋子等等，可以断定这是一个富贵之家。元大都有“南富北穷”的说法，随着元大都人口骤增，说明北面也有富户涉足了。除此一处大型住宅外，还发现了雍和宫后面一处三合院及建华铁厂统建的廊房等十余处元代建筑遗址，对研究元大都的胡同、四合院提供了宝贵资料。

元大都胡同和四合院最典型集中的地区是今北京东西两城范围之内，今北京东西长安街以北，东单到北新桥，国子监一线。东四牌楼南北大街东西两侧诸胡同，西单到新街口西四牌楼南北大街东西两侧的诸胡同，基本上都是元大都遗留的街道和胡同。如今朝阳门（元大都齐化门）内大街北到东四牌楼一条至十二条完整的胡同，就是属于元大都寅宾坊、居仁坊范围之内，而东四牌楼附近的小胡同是在明朝时期形成的。今安定门内大街两侧整齐的诸胡同，东侧属大都居贤坊，西侧属灵椿坊范围之内。今交道口南大街西侧整齐排列的诸胡同属大都昭回坊范围之内，今西四牌楼北大街西侧，西四一条到八条诸胡同属大都鸣玉坊范围之内。其大街小街和胡同的行距，完全是和大都初建时的规制相符合的。如果细找探访，都能找到七百余年前元大都四合院，“巴托恰哈特”式建筑（蒙古语即指永固性建筑，俗称“工”字形建筑），因为元大都是在没有任何障碍物的平地上按照图纸营造的，所以街道形成了“井”字形直干道，于是胡同也就呈现出东西走向，胡同和四合院的房屋自然也形成坐北朝南的格局，非常适合北京地区的气候环境。北京历来冬季寒冷干燥，西北风多；夏季闷热，东南风多。在这种环境下坐北朝南的房屋也必然形成了冬暖夏凉的局面，是非常科学的。

忽必烈的“八亩方宅”制造了胡同和四合院的最基本格局，按规定每户只限八亩，这是对迁入元大都（新城）的平民百姓的最低底线，虽有“其或地过八亩及力不能作室者，皆不得冒据”的规定，“力不及能作室”的贫苦百姓自然不敢过问，但“其或地过八亩”者大有人在。于是从最基本的一进院

（北房为主，有东西厢房，有一个大门）就是当时元大都基本市民的住宅（还有许多城市流民穷汉，当然无力享受这份待遇）。元代的“八亩方宅”制究竟是什么形式，目前还未见文献记载，每户可占八亩左右建筑面积，这是肯定的。但营造起来各有所好，肯定不是千篇一律的。从后英房元代住宅的发掘，可以断定是一户中等富有人家，可以认定这是元大都住宅的典型式样。随着元大都人口的增长，商业的繁华，住宅从最低级的一进院发展到二进院、三进院、四进院、五进院，规模越来越庞大，甚至出现了带有花园、假山、湖池的复合型四合院。这些四合院经过明、清两朝的改建扩建，已不完全是元代面貌了，但胡同中遗留的拴马柱、上马石、抱鼓石，墙上的拴马环，磨出了深浅的圆形石头井盖等还是记录着失去的元大都的荣华，元代遗风主要蕴藏在胡同之中，供人们品味、推敲、研究。

胡同这个名称是同元大都一起诞生的，元大都的“八亩方宅”的制度产生和造就了胡同这个名词，胡同是居民住宅之间来往通行之道，那时大约每个胡同设有一个水井，以便解决饮水来源。胡同是蒙古语水井之意。

说到胡同和水井的关系，当然井离不开水源，元大都时期除皇宫有从西山引的专用泉水道“金水河”以外，普通市民饮用的都是井水。元大都胡同究竟有多少水井无人统计。朱一新《京师坊巷志稿》载，当时（1885）北京内外两城共有胡同2190条，水井1272口（不包括官府、寺院、王府、豪富和私家井数），还有许多住在海子（今积水潭）沿岸的居民直接取用海子水，自然不用掘井了。内城（故元大都）可能就有一千多口井，“每一条胡同有一口井”是有保障的。

元大都以水井命名的胡同有许多，大约有近百十来条，但它是不是元代谓称需要做一番艰难的考察。从现状来看，好多是明清时候形成的，而且在逐渐走向消泯。

现今鼓楼东大街一带。元代属于金台坊、靖恭坊范围之内，有沙井胡同、井儿胡同。此外同名的井儿胡同还有两处：一是在今东四南大街路北，属于大都思诚坊范围之内，另一个是在今西直门大街路北，属大都山义坊范围之内。地安门西大街路北有龙头井胡同，大约属大都丰储坊一带。东河沿大街路东有大甜水井、小甜水井胡同，路西有小井胡同，大约属大都睦亲坊范围之内。今朝阳门南大街以西有东水井胡同、西水井胡同，东苦水井、西苦水井胡同，元代大约属皇华坊一带。今朝阳门大街路北有后井胡同、前井胡同。元代大约属穆清坊范围之内。今什刹海，后海南沿也有前井胡同、后井胡同，元代大约属析津坊范围之内。今德胜门外大街路西有小井胡同，德胜门内大街路东有水章胡同，以上两处大约属元代凤池坊和可封坊一带。今阜成门南顺街以东有四井胡同，今雍和宫东四爷府附近有四眼井胡同，前者大约属元大都金城坊一带，后者属元代西城坊一带。

今新街口北大街路西有大铜井胡同，路东有小铜井胡同，大街北头还有大同井胡同，元代大约属永福坊一带。

小铜井胡同有清末大文豪梁巨川先生和其子现代著名哲学家、教授梁漱溟故居，梁巨川是元朝完泽笃可汗铁穆耳的后裔，有强烈的民族气节，看不惯即将崩溃的清朝的民族压迫、贪污腐化、草菅人命，愤而投入积水潭（即元代海子）自尽，后有好事者，在投水处立碑，并在其住处撰写对联以示纪念，横联为“桂林梁先生读书处”，上联为“忠于清所以忠于世”，下联为“惜吾道不敢惜吾身”。

据传张心溪《燕京坊古录》记载，积水潭西有一井名曰大铜井，有黄铜铸造的井框而得名。井沿原厚0.27米，镌有“大元至顺辛未秋七月赐雅克特穆尔自用”17个字，落款为“铁平章大铜井”6个字。“至顺辛未”是1331年，雅克特穆尔是人名，“雅克”是蒙古语大的意思，“特穆尔”是蒙古语铁的意思，合起来是“大铁人”或“巨铁人”之意，因铁元素和蒙古族的兴旺发达有密切关系，蒙古族非常崇拜火和铁（请见〔伊朗〕拉施特《史集》额尔古纳·昆的传说）。所以元代从民间到皇帝，从文武大臣到普通百姓，称“铁穆耳”的人实在太多，古籍有多种写法，如“帖睦尔”“铁木尔”“特木耳”“特们勒”“特穆尔”等，以及“伯合铁木儿”是“结实的铁”之意。“伯彦铁木尔”是“富裕的铁”之意。“不花铁木尔”是“铁牛”的意思。元朝皇帝完泽笃可汗（成宗）就叫铁穆耳，兀哈笃可汗（惠宗）就叫妥懽帖睦尔，是“铁锅”的意思。泰定帝叫“也孙铁木尔”是“九铁”之意。这里“铁平章大铜井”六个字，“铁”为姓，即铁木尔，“平章”是元代三品。

此处证明雅克特穆尔是元廷三品以上重要官员，毋庸多说这个井盖是皇帝赐给他的豪华住宅的私用井盖。

最先提出“胡同”一词是蒙古语的是元代学者熊梦祥。他在《析津志辑佚》中记载：“二字本方言。”[①]他所说的“本方言”是指蒙古语，其次指出“胡同”是蒙古语的第二人是明朝学者沈榜，他在《宛署杂记》卷五中记载：“胡同本元人语，字中从胡从同，盖取胡人大同之意。”[②]这里说的“元人语”就是指蒙古语而言。近现代以来，研究胡同来源和蒙古语关系的学者更多了，而且举出元曲之中的词句，如“杀出一条血胡同来”“我家住砖塔儿胡同”等，博引旁征说明自己的观点。

关于“胡同”一词来历和谓称是否是蒙古语，讨论热烈，现代学者曹尔驷、张清常、周汝昌、方令贵、鲁国尧颇有独到的见解，最后由著名文字学家照那斯图、包祥教授详尽解释了“胡同”一词的历史渊源及发展使用过程，论证了胡同就是蒙古语“水井”，才一锤定音，大家都认同“胡同”一词为蒙古

---

①（元）熊梦祥：《析津志辑佚》，第4页，北京古籍出版社，2001年。
②（明）沈榜：《宛署杂记》，北京古籍出版社，1980年。

语。这是七百余年来北京市留下来每日所用频率最多的蒙古语词汇了（见照那斯图教授载于1991年7月11日《北京晚报》的《胡同的语源和语义》及包祥教授学术讲座）。

胡同产生以来，胡同写法也在不同时代不同文献书籍中留下多种不同记录，如胡洞、衖通、火疃、衚衕、火巷、火弄等。

熊梦祥《析津志辑佚》载："大街二十四步阔，小街十二步阔。三百八十四火巷，二十九衖通。衖通二字本方言。"[①]这是见于文献记载的元代大都城的胡同的统计数字。实际数字远远超过此数目。明朝时北京内城有900多条胡同（其中包括元代胡同），明代所营造的外城有300多条胡同，共计1200多条胡同（内城是指元大都城，请见张爵《京师五城坊巷衚衕集》），清朝时内城1200条（故元大都范围之内），外城有600多条胡同，计约1800多条胡同（请见王伟杰《北京趣闻一千题》），民国时有3050条胡同（内城外城合计），现今内外城合计有4040条胡同（1997年统计，请见张清常《北京街巷名称史话》），这是元亡七百余年以后北京胡同的发展情况。

说到元大都遗留下的胡同，经过明、清、民国时代的磨合，逐步失去了原来元大都的风格，但遗留下来的几条胡同，仍都有一些蒙古草原文化因素：

（一）砖塔胡同——它坐落在元大都咸宜坊，今北京西四南大街丁字街路口附近，其名称一直由元朝叫到如今，已有740多年历史了。胡同东口是由一色青砖垒砌的砖塔，为金朝佛教大师万松行秀禅师（1165—1246年）圆寂以后修的墓塔。砖塔胡同由此而得名，塔高15米，为密檐八角九层塔，是元代流行的建筑风格，人们俗称万松老人塔。万松大师是河南人，原姓蔡，有人说是山西运城人（请见王彬《胡同与门楼》，中

① （元）熊梦祥：《析津志辑佚》，第4页，北京古籍出版社，2001年。

国文联出版社，2002年)，15岁出家，开始游学各地，曾拜高僧雪岩满禅师为师，修习佛法，精通佛道，盛名天下，成吉思汗时代的著名政治家耶律楚材就是出自他门下，他的“以儒治国、以佛治心”的主张，对整个元朝一代发生了影响，对元一代平等对待各派宗教政策，对国教从古老的萨满教转化为佛教起到了推动作用。砖塔胡同又是元大都杂剧活动的中心，就是元书所称的“勾栏、瓦舍”文化荟萃之地，设有豪华的戏台、神楼、暖棚，可容纳几千人，可谓繁华荣耀之极。元大都的戏曲大师关汉卿的《窦娥冤》、王实甫的《西厢记》都在这里演出过。还有元大都的艺妓珠帘秀、顺时秀等是从这儿走红的。

砖塔胡同好像是和文化艺术结有不解之缘，到了近代，大文豪鲁迅曾住在砖塔胡同84号，写出了《祝福》《在酒楼上》《肥皂》《幸福的家庭》等小说，还写了一本《中国小说史略》。清代刘侗《帝京景物略》载“砖瓷七级，高丈五尺，不尖而平，年年草荣其顶，群号之曰砖塔”。清代于敏忠《日下旧闻考》载：“仍旧制，塔尖则加合者也。”可见历代统治者和文人墨客对砖塔的青睐，历代多次进行过修葺，现为北京市文物保护单位。

（二）铁狮子胡同——这又是历经元代七百余年沧桑的老胡同了，因胡同口有一座别致的四合院，元朝时可能是哪位皇亲国戚的官邸，门口摆着一对元代成宗年间（完泽笃汗铁穆耳，1295—1367年）铸造的铁狮子而得名，元大都时属蓬莱坊范围之内，胡同附近有崇祯万寿宫，考古学家估计这一对铁狮子很可能是万寿宫门前的宠物，但无从考证。这个铁狮子原来是由鼓楼保存的，后来移交文物部门保管，现在下落不明。

小小的铁狮子胡同却经历了几代风云变化。明朝时这里曾是思宗（崇祯）皇帝朱由检的宠后田贵妃之父田畹的官邸，李自成起义军攻入北京之后，农民起义军将领刘宗敏入住田府，并霸占了大明隘关山海关总兵吴三桂爱妾陈圆圆。于是上演了一出精彩的“不爱江山爱美人”之剧，吴三桂一气之下大开山海关迎清军入关，又轻易地改朝换代了。北洋军阀时期爱国将军冯玉祥曾囚禁“贿选总统”曹锟在此，于1924年以国民革命军总司令的名义邀请孙中山北上主持国计民生，不料孙中山于1925年3月12日病逝于铁狮子胡同。1926年这里是段祺瑞的“临时政府”所在地，3月18日发生了镇压爱国学生的血腥惨案。

抗日战争时期，这里又成立了日本侵略军华北驻屯军司令部。铁狮子胡同好像是一栋精美的历史博物馆，诉说着无奇不有的人间史话。铁狮子胡同已被定为北京市文物保护单位和青少年爱国主义教育基地。

（三）学府胡同——在东城区学府胡同23号，内建有文天祥祠，大约在元大都昭回坊范围之内，这是从元代留下来的最典型、最古老的胡同之一，也是最有名的胡同之一了，明洪武九年（1376）为纪念文天祥的民族气节，在元大都囚禁他的地方建了“文丞相祠”，因而一度叫作“文丞相胡同”。元代原来一度称“巴儿”胡同，“巴儿”是蒙古语“老虎”的意思，这个小胡同和老虎没有什么缘分，倒是和英雄豪杰有一点瓜葛。元朝灭南宋，俘虏了南宋丞相文天祥曾关押在此处的兵马司系械宅。蒙古民族自古以来就有崇尚英雄的传统，也是英雄辈出的民族之一，非常崇拜对主忠诚的行为，将此处关押着的囚犯比作一只南宋“老虎”——巴儿，于是有了巴儿胡同。

关于蒙古民族崇尚英雄的历史记载有很多资料，对于巴儿胡同的来龙去脉，没有多少文字记载，只留下了一个“巴儿胡同”名称。最典型的一例，《蒙古秘史》卷八记有札木合和成吉思汗作战战败，其随从擒俘札木合到成吉思汗帐前请功。成吉思汗非常生气，认为侵害主人的人是万万不可留用的。成吉思汗乃降旨曰：“安可容此犯其本罕之人也？此等人，其能为谁之友乎？传旨：‘族斩其犯本罕者。’”政敌扎木合，虽然被俘，不愿投降，但求一死，成吉思汗非常敬佩，用蒙古族处置贵族的方法“稗勿流血而使亡之，勿露弃其骨，宜厚葬之”。（一般是用毛毡或用生牛皮裹住其人，用军马踩踏——引者注）《蒙古秘史》卷四记有阔亦田之役，成吉思汗脖颈受伤，是泰亦赤兀惕部猛将只儿豁阿歹所射，成吉思汗查询，只儿豁阿歹站出来大呼：“以汝射之乎！”成吉思汗非常敬佩他的英雄行为，遂为其易名为“者别”（蒙古语镞箭的意思——引者注），后来者别随成吉思汗南征北战，屡建奇功。（以上两例请见道润梯步新译简注《蒙古秘史》。）

上述二例充分说明了蒙古族哲学理念上可罕（皇帝）和属民的关系是永远不能倒置的，主人再破落也不允许哈拉阿勒巴图（黑头百姓）为取悦新主人而对原主人有所伤害。蒙古民族特别重视崇尚忠诚行为，认准它是蒙古人的标准品格。成吉思汗的处置是合乎蒙古族民族心理和精神追求的。只儿豁阿歹不隐瞒射伤成吉思汗的行为，不怕招来杀身之祸的英雄行为，受到成吉思汗的称赞，认为只有忠诚才可以依赖，可以委以重任，才是国家栋梁。实事也无可争辩地说明了这一真理。忽必烈对文天祥的尊重敬佩也是出自这种传统观念的。

（四）刘兰塑胡同——这个胡同是元代命名的胡同之一，也已有七百余年的历史了。刘兰塑胡同在元大都咸宜坊范围之内，现在北京西城区府右街北口。因为元朝著名雕塑家刘元住在此处而得名。后人在此立过刘元的雕像。

刘兰塑原名为刘元，字秉元，蓟州海津镇人（今天津市宝坻区刘兰庄人）。因避讳“元”字，就叫作“刘兰”“刘蓝”或“刘銮”。刘元大约生活在1240年到1324年间，活了八十多岁，历经元朝世祖、成宗、武宗、仁宗四朝，从事雕塑艺术六十余年。是元代著名雕塑大师。

元代是蒙古贵族从信仰原始的萨满教转化为信仰佛教的重要时期，这时元帝和皇后建筑寺庙多处，元两都建筑的庙宇佛像都出自刘元之手。至元十一年（1274）忽必烈的皇后察必精选郊外的高梁河畔美丽景区建筑大护国仁王寺，聘请尼泊尔雕塑家阿尔尼哥和刘元主持佛像的塑造。两国艺术家把中印两国的各种造像艺术融为一体，取长补短，创造了无与伦比的佛像艺术精品，于后世影响极大。

据说刘元住宅附近曾有一座天庆宫，所塑诸佛像都出自刘元之手，逼真华丽无比，但此处今无考证，据清代于敏忠《日下旧闻考》记载，天庆宫“正殿及玉皇大帝，右殿塑三清，仪容肃穆，道气深沉；左殿塑三元帝君，上元执簿侧首而问，若有所疑，一吏跪而答，甚战栗，一堂之中皆若悚听严肃者。神情动止。如闻謦欬，真称绝世”。清朝乾隆皇帝曾慕名前来一饱眼福，并作有《天庆宫像元刘銮塑诗》曰：

南雕北塑古所传
大都神塑犹存元，
名手刘姓元与銮，
东岳抟换称元贤，
兹天庆像銮坯埏。
栋宇剥落像巍然，
呵护丁甲其敢延！
为新栋宇再获鲜，
像佛增易如故焉，
是日路便展礼虔，
高居上帝降节翩。
侍臣仪从飘乎仙，
曹司聋哑解事艰，
斯作典欲为其难，
以神喻人至理存，
一洁矩及为心寒。

清高宗慧眼识货，高度概括了刘元绝妙精湛的艺术功底。难怪忽必烈对刘元非常重视，曾两次把宫女赐给他做妻子，封他为昭文馆大学士。刘元晚年的技艺达到了炉火纯青的地步，元仁宗爱育黎拔力八达延祐七年（1320）拜秘书卿，以后没有几年便谢世了。

（五）银闸胡同——元大都蓬莱坊范围之内，在通惠运河的河川之西沿，现地址在北京著名五四大街红楼（沙滩）斜对面。大概是在明代随着废弃的通惠河的干涸，便逐步在河川上盖起房子，形成了胡同，清代叫作银闸胡同。据张次溪《燕京访古录》记载，此地曾有一座白银铸造的水闸：横梁长四尺八寸，宽五寸，厚三寸。两旁竖柱，高三尺，厚三寸，为长方式。中间八竖柱，四棱式，厚三寸。横梁正中镌“银闸”二篆字。上首镌“大元元统癸酉秋奉旨铸银水闸一座”十五字。元统癸酉（1333）是元朝末代皇帝兀哈笃可汗妥懽帖睦尔登基的第一年。元代非常重视水利发展，修通了到大都的通惠河以后，南方三百担的货船直接到达大都城内海子（今积水潭）港口。一般水闸用木料、石料建造。但个别经皇帝赐名的水利枢纽，一般用铜、银制作，造价昂贵、排场大，代表皇帝对水利事业的关心。“银闸”是实例之一。妥懽帖睦尔35年以后丢失大都，退居漠北，是“北元”之始。

（六）铁影壁胡同——元大都属风池坊范围之内，现在北京鼓楼西大街路北。这里是元代大都最繁华的斜街，是达官贵人、世界各地名流商贾出没的地方，肯定也是居民密集之地，当然有很多的胡同，至于有过什么胡同，就无从考记了。铁影壁胡同是明代才出现的，明初徐达将军南移大都北垣一线，是在废弃的健德门内大街，被压缩的元大都广阔地域被发现的，具体地点是在元大都北土城到明代德胜门一带，后被安置在德胜门里的德胜庵做照壁，于是把德胜庵所在的胡同叫作铁影壁胡同。

说它是铁影壁，实际上它是火山岩浆形成的青褐色石头，好像锈迹斑驳的铁块一样，铁影壁长39米，高2米（包括底座），厚50厘米。正面雕刻一只母狮和三只小狮崽在松树下滚绣球戏耍，背面雕有峻山密林中一只龇牙咧嘴、凶猛威严的大狁猊。从画面上可以分析出，这是蒙古族入主中原之后，农耕文化和游牧文化相互交融的典型产物。壁座四周雕刻有奔马花纹，手法粗犷简朴，中心突出，毫无矫揉造作之风。这是元代蒙古族雕刻艺术的最大特征之一。

狁猊，又称狁狳，据说是古代北方的一个少数民族的别称。狁是狗，是一种长嘴巴的狗，狁字一般单独不用，和别的字组成一词，猊是狮子。秦汉时代称匈奴为狁。17世纪蒙古族史学家拉喜彭斯克所著《水晶珠》中称："狁猊即为汉族史上对我族早先称呼。"这和匈奴为蒙古族源学说不谋而合。中国封建社会称少数民族时都要带个犬字旁，一个是少数民族的图腾崇拜中多为狼、鹿、狗熊、鹰、虎、狮等，另一个是有贬义之意。狮子产于非洲和亚洲西部（印度），随着佛教传入我国，蒙古族民间传说中产生了许多关于狮子的故事，狮子是力量和吉祥的象征。因此这个铁影壁的主人肯定是蒙古族文武双全的统治者之一了。

元大都素有"南富北穷"之说，按理说元大都北部居住的一般为穷困民众，可是元大都考古队在雍和宫后面的后英房，挖掘出一处元代富户住宅四合院。说明元大都北部也有富户或王府住宅，至于铁影壁是属于哪个王府的，或是元皇宫的失落之物，就很难说了。

为了保护七百余年前的文物，在北京流传着一段佳话，1945年抗日战争胜利之后，一位美国收藏家要重金赎买铁影壁，当时德胜庵的住持青莲法师，把铁影壁上面两头的两个鸱吻砍掉，才勉强阻止了铁影壁流落到异国他乡的悲剧发生。

1947年由北京文物处移至北海公园澄观堂安置至今。

（七）杨家胡同——北京新街口南大街路东有大杨家胡同和小杨家胡同，它是元大都固有的古老胡同之一，元代属于发祥坊范围之内，原来叫作大羊圈胡同、小羊圈胡同，把人住的地方叫作羊圈不太雅观，后来改为大杨家、小杨家胡同，“文革”时曾一度改名为更文雅的养廉胡同，“文革”后又恢复原来名称。元代这里可能是御膳的羊肉供应处。40年代文学大师老舍住在小羊圈胡同八号，曾说：“小羊圈，说不定，这个地方在当初或者真是个羊圈。”他以住在此胡同的祁家祖孙四代的兴衰史为原型，创作了长篇小说《四世同堂》，反映了北京人民不当亡国奴，和日本帝国主义侵略者做艰苦斗争的可歌可泣的英雄故事。作品轰动一时，后来又改编为电视剧，受到热烈欢迎。

（八）锡拉胡同——现在北京东城区王府井大街，是只有三百余米长、六米多宽的一条小胡同，元代属于南熏坊范围之内，是元大都最繁华的枢密院角街市场，因专卖珊瑚与珍珠而闻名于市。蒙古语沙拉是珊瑚的意思，元代开始就叫作沙剌胡同。

北京近代史上在锡拉胡同十九号发生了一桩悲壮的惨案，北平和平解放之时，国民党特务埋藏定时炸弹，残害了积极参与北平和平解放的北平市市长何思源全家六口，何思源为全国人大常委会原副委员长何鲁丽之父。现此处改为一家幼儿园。

（九）沙络胡同——沙络胡同在北京鼓楼东大街路北。元代这里不但是繁华的商业中心，而且主要衙署设在这里，如大都路总管府、警巡院、宝钞库、倒钞库和银庄都设在这里。

清代朱一新的《京师坊巷志稿》载：“沙拉井一。《析津志辑佚》：沙剌一巷，皆卖金银珍珠宝贝，在钟楼前。案：沙剌即沙拉。国语谓珊瑚也，《旧闻考》译改作舒噜。今沙拉胡同，疑沿元时旧称。”这里所说国语是指蒙古语，元大都是世界性的贸易大城市，海运、河运和各个驿站联运畅通，朝鲜、日本、东南亚和波斯、西欧的大商贾、使者云集大都，货物齐全，沙拉是蒙古贵族、皇帝皇后历来必用的奢侈品，大都的珊瑚市场非常发达是理所当然的事了。

除以上比较典型的胡同以外，还有许多胡同和蒙古游牧民族的生活习惯关系密切，当然不能完全说是元大都时形成的，因为入关的满族也是游牧民族，接受汉族文化比较积极，汉化程度也高，定都北京二百多年的时间里，肯定也留下了游牧文明的痕迹。只是难以考证哪个胡同是元朝的，哪个胡同是清朝的而已。

根据明代张爵的《京师五城坊巷衚衕集》和清代朱一新的《京师坊巷志稿》，筛选出以下若干胡同名称，略去具体地址，供参考：

巴儿胡同（巴儿是蒙古语老虎的意思）、水獭胡同、骆驼胡同、豹子胡同、骆驼脖子胡同、牛角胡同、狗尾胡同、狗鹰胡同、牛蹄胡同、鞭子胡同、羊尾胡同、玛哈嘎拉胡同（玛哈嘎拉佛汉译为怙主大黑天佛，元代宫廷和蒙古族民间普遍信奉）、羊毛胡同、牛肉胡同、羊肉胡同、炒米胡同、烧酒胡同、茶叶胡同、大羊圈胡同、小羊圈胡同、骆驼圈胡同、马圈胡同、毡子房胡同、烟袋胡同、马尾帽胡同、养羊胡同、皮裤胡同……

第七节　元大都的设计思想和规划

中统元年（1260），忽必烈登上大蒙古第五任可汗宝座之后，决心统一中原，实现成吉思汗的宏愿。为此，他做了一系列思想上和物质上的准备。

早在蒙哥大汗时期，怀有雄才大略的忽必烈统领汉地当藩王时期，把藩王府当作进取中原的前沿阵地，宪宗六年（1256）命大臣刘秉忠营建开平府（今内蒙古正蓝旗东15公里遗址尚在）。《元史·刘秉忠》载："帝命秉忠相地于桓州东滦水北，建城郭于龙冈，三年而毕，名曰开平。继升为上都，而以燕为中都。"在忽必烈建上都、筑大都的过程中，刘秉忠功勋卓著。刘秉忠原名子聪，对天文地理无不精通，忽必烈爱才，至元元年赐名为秉忠。

中统五年（1264）忽必烈改元为至元元年。又于至元八年（1271）将大蒙古国号改为大元。元字源出《周易》："大哉乾元，万物资始，乃统元。"元朝之称主要用于中原汉族居住地区，蒙古四大汗国之间乃用"蒙古国""大蒙古国"称号。忽必烈在改用国号之前，于至元四年（1267）开始筑建新的都城。《元史·刘秉忠》载："四年，又命秉忠筑中都城，始建宗庙宫室。八年，奏建国号曰大元，而以中都为大都。"这就是举世闻名的元大都营建的开始。

一、元大都的设计思想是遵循蒙古族"赖长生天之力"哲学观点的结果①

兴旺发达的哲理和致力于"祖述变通"鼎新改革，宜新宏远的精神，要营建和蒙古帝国势力相当的世界上最大最美丽的

① 道润梯步先生在新译简注《蒙古秘史》二页中写道："（《秘史》中）提到长生天赞力之说。充分说明蒙古是个敬天的民族，而天是永恒的存在，故曰长生天。"据此看来，"蒙古"一词似于长生天有关。蒙古及忙豁勒〔monggol〕是长生天〔mongge tengger〕的〔mongge〕和表示民族或部族传统的象征之物炉灶火〔gal〕一词相结合，成为〔mongge gal〕。而这〔mongge gal〕又由语音和谐律的支配作用变为〔monggol〕，故蒙古云者，即长生（或永恒）的部族之意。

彭大雅《黑鞑事略》（内蒙古人民出版社，1997年）载："其常谈必曰：托长生天底气力，皇帝的福荫。彼所欲为之事，则曰：天识着。无一事不归于天，自鞑主至其民，无不然。"详细记录了蒙古民族敬天的虔诚程度是符合历史状况的。

城市。

忽必烈薛禅可汗经过十余年南征北战，结束了中国南北分裂五百年的割据状态，成为第一个统一了当今中国范围和东亚、中亚大陆的少数民族皇帝。忽必烈作为一个有作为的统治者，当时建筑大都城的思想基础和当年汉高祖营建未央宫时大致相同，史书载刘邦视察其新建皇宫甚为华丽，“上见其壮丽甚怒”，责问萧何欲要治罪，萧何说：“天子以四海为家，非壮丽以成重威。”史载忽必烈本人生活俭朴，而把帝国京城、宫殿建得富丽堂皇，主要是为了张扬国威。所以忽必烈认为：“大业甫定，国势放张，宫室城邑，非宏深，无以雄八表。”[①]而忽必烈的继承者也奉行这种观点。《元史》卷二十三《武宗二》载：“壬午，诏中都创皇城角楼。中书省臣言：‘今农事正殷，蝗蝝遍野，百姓艰食，乞依前旨罢其役。’帝曰：‘皇城若无角楼，何以壮观！先毕其功，余者缓之。’”

蒙古族“赖长生天之力”的思想，来自成吉思汗十三代先祖是“苍天之骄子”的传说，《蒙古秘史》第20节和第21节记载了很有寓意的一段故事：成吉思汗十二代始祖朵奔蔑儿干的夫人阿阑豁阿，时因其夫殁后又生三子，其二兄遂生疑，阿阑豁阿曰：“疑我生此三子，何人怎生之子云，汝等疑之固是。”“每夜，明黄人，缘房之天窗，门额透光以入，抚我腹，其光即浸腹中焉。及其出也，依日、月这隙光，如黄犬伏行而出焉。汝等何得可造次言之耶？以情察之，其兆盖天之子息乎？汝等何得此诸黔首之行而言耶？俟为天下之主时，下民方得知之耳！”[②]这里说的是天上光浸透腹中而生子，必定是永恒天之子，这就是成吉思汗所敬仰的“长生天”和后来成吉思汗被誉

① 欧阳玄：《圭斋集》卷九。

② 道润梯步新译简注：《蒙古秘史》，第11页，内蒙古人民出版社，1979年。

为“一代天骄”的原因。以后成吉思汗每临重大军事行动就登上高山之巅，卸下马鞍，解开腰带挂在脖颈上，向天祈祷：“愿长生天保佑!”然后下令进兵，所向无敌。

“赖长生天之力”是蒙古民族生长发展中形成的哲学观点，从原始的萨满崇拜敬仰日月山川的认识，又提炼升华，达到了新的境界。“赖长生天之力”是古代蒙古民族之魂、精神支柱，具体体现在成吉思汗的天赐圣物速勒迭上。速勒迭这个词在蒙古族文献上第一次出现，是在《蒙古秘史》第63节，记为“速勒迭儿”，是指成吉思汗父亲也速该家族的“灵神”，这是“长生天”的赐物，随着蒙古帝国的兴旺发达，变成了蒙古族神圣不可侵犯的神物，是全体蒙古民族的“精神之魂”。鄂尔多斯成吉思汗陵供有实物：上有0.308米长的铁矛，下有2.77米长的柏木柄，长矛和木柄的衔接处，有白银圆盘子。转圈凿有九九八十一个小孔，用来固定马鬃缨子的。形状如同一个硕大的红缨枪，打仗时执在军前，平时安置在可汗宫前。有的学者称“黑纛”或“军旗”（因速勒迭缨子分黑马鬃和白马鬃缨子，意义效果相同。）另外，速勒迭一词也有“徽标”“朝气”“精神”等之意。

著名蒙古学家符拉基米尔佐夫，在他名著《蒙古社会制度史》中解释为：“黑纛是成吉思汗后裔军事领主的标志。”萨冈彻辰在《蒙古源流》中写道：“（成吉思汗）于斡难河源，竖其九斿之白纛。”

留金锁先生经多年考证后，指出元代蒙古文《十善福白史册》[①]是忽必烈薛禅可汗亲自撰写的。忽必烈在书中阐述元廷“政教合一”政策时写道：“赖长生天之力，英明皇帝成吉思汗的福萨下，吾五色四夷……泱泱大国以求国泰民安……”“赖

① 留金锁注释：《十善福白史册》（蒙古文），内蒙古人民出版社，1975年。

长生天之力”是蒙古族筹办一切事物的宗旨之一，忽必烈营造举世无双的元大都，也没有放弃这个神圣的信念。

忽必烈建成元大都内的宫城以后，在前三门和东西门前都竖立了速勒迭。并且还在御苑太液池万岁山山巅竖立了小头直径0.15米，大头直径0.28米，高30.8米的镀金铜芯速勒迭。（万岁山即今日北京北海公园白塔山，请见拙文《铁幡竿，铜幡竿，涂金铜幡竿之考》）“奠定世界强国之根基，营建繁荣昌盛之基础”是营建哈剌和林时窝阔台汗提出的建国和建筑的总方针，较多处引用解释，此处故从略。

二、元大都的规划是对蒙古族“古列延”的继承和发展

“古列延”是蒙古族最早的生产单位、军事单位和居住之地，逐步发展成为以汗宫斡尔朵宫帐为中心，集政治、经济和军事为一体的“古列延”，后来形成游动的城市，这就是蒙古人最早的城市。

“古列延”本意是圈子、院子、营盘的意思。《蒙古秘史》129节中记为“圈子”“营”，明、清两代音译为“库伦”，张穆的《蒙古游牧记》则译为“囫囵”。

“古列延”最初产生于蒙古族氏族社会，当时生产能力低下，无法抵御大自然的灾害、食肉动物的袭击和部落战争的杀掠。人们被迫聚集居住，把勒勒车围成一个圈子，部落酋长居中，其余人住在他的周围。前方把两辆车辕竖起来做大门。这就是最原始最古老的“古列延”的形式，也就是蒙古族最早游牧流动城市的雏形。随着畜牧业生产的发展，争夺人口、牲畜和财富的战争越来越频繁，“古列延”的规模日趋扩大，从几百帐幕、几千帐幕发展到万余帐幕。阿拉善巴丹吉林大沙漠边缘的曼德拉乌拉山方圆五公里左右的岩画中，除狩猎、放牧劳作和各种草原植物、动物图案之外，第一次出现了有好多毡包

围成环形的“古列延”之图[1]。

拉施特在《史集》中记述道：“在古时候当某部落屯驻在某地时，就围成一个圈子，部落首领处于像中心点那样的圈子中央，这就称作‘古列延’。”[2] 长春真人丘处机于成吉思汗十四年（1219）从山东去中亚撒麻耳干谒见成吉思汗时路过斡惕赤斤诺彦的古列延时，曾看到“皇车毡帐，成列数千”[3] 的壮观景象。法国蒙古学权威勒内·格鲁塞在《草原帝国》中写道：“他们没有城市的概念，只有在迁徙的过程中渐渐组成了帐篷群。他们将随车携带的毡帐围成一圈，在圈子里生活……成吉思汗大汗的毡帐已经变成了真正的流动皇宫，毡帐中铺盖着皮毛和毯子，极为宽敞、舒适。”[4]

蒙古族历史上最有名、最惨烈的一次战役是12世纪末札答阑部与蒙古部之间十三翼“古列延”之战。成吉思汗调动了13个“古列延”三万余精兵，札答阑部札木合也组织了千余台勒勒车的13个“古列延”骑兵来对抗，最后成吉思汗大败札木合。便出现了“用七十个大铁锅煮敌酋”的传说。

元大都是蒙古族的游牧文化“古列延”发展的延续，按蒙古族的居住习俗和蒙古宫廷的建制，是把国家的都城、皇宫看作是有生命、有灵心，神圣不可侵犯的地方。所以要把都城建在国家的中心，把皇宫建在都城的中心，这个中心就是蒙古人所说的“肚脐眼点”（中心点）。再由外城、内城、皇城和巴托浩特层层圈围起来，在最里面的心脏部位上营建了帝国的中枢指挥总部——大明宫。如同“古列延”中心是王汗宫殿，依次

---

① 阿拉善盟博物馆馆长敖云采访录。

②〔波斯〕拉施特：《史集》，余大钧、周建奇译，第一卷第二册，第112页，商务印书馆，1983年。

③ 李志常：《成吉思汗封赏长春真人之谜》，中国旅游出版社，1988年。

④〔法〕勒内·格鲁塞：《草原帝国》，黎荔、冯京瑶、李丹丹译，第159页，国际文化出版公司，2003年。

是羊群扈卫、牛群扈卫和马群扈卫。军民一体的连锁防卫辐射到几十公里、几百公里。这样，外敌难以入侵，而一旦出击，却很迅速便利。

关于蒙古族敬仰“肚脐眼点”〔küisen čig〕的根源，满都夫教授在其《蒙古族美学史》（辽宁民族出版社，2000年）第58页有更精湛的分析：《蒙古秘史》上记述忽图剌称汗时，在“蓬松树”下举行欢庆歌舞活动——“蓬松树”就是“萨满树”。这里的“萨满树”是“本自地脐生”的意思，是说这种神树是从大地的“地脐”上生长出来的，以至在父权制时代的“天父和地母”论，也把大地称为母亲，因而将这神树与大地母亲之地脐相联系的观念，如同以闺女与母亲脐带相连的关系类比着神树与大地的关系。

所以元大都是由四层城墙构成的。史书一般认为有三层，即外城、皇城和宫城，但忽视了四大宫殿（即大明宫、延春阁、隆福宫和兴圣宫等“工”字形〔batu čikatu〕宫殿外围还有一层由庑屋形成的围墙，建制和外城、皇城及宫城相同，都有正门、掖门、东西便门及钟楼、鼓楼和角楼。这就是“古列延”的最里一层，称作“巴托浩特”〔batu kot〕——坚固之城的意思，这是不同于中国历代皇朝宫殿的特色之一。

三、元大都城市规划最大特点是突出了蒙古民族崇尚“青山绿水”的历史传统

蒙古民族游牧文明的核心是人与自然的和谐统一。蒙古族千百年来在无边无际的大草原上生活战斗，视野开阔，心胸宽广，从不保守、斤斤计较，对别的民族的好东西很容易接受，同时可以遗弃自己的陈俗陋习。所以成吉思汗统一蒙古各部落之后，仅仅做了八年的准备，就走向了世界。

蒙古民族依赖大自然，热爱大自然。高山峻岭、江海大河、草原森林不仅给牧人带来了物质财富，还使人享受到大自

然的神奇优美。成吉思汗时代，蒙古人形成了能够忍受极度严寒、酷暑、饥饿、长途征战、坚忍不拔、团结友爱、勇往直前的奇特而坚强的性格。蒙古族谚语说：

地是生物之源，
土是生活之泉，
太阳是收获之父，
水是丰收之母。

蒙古族和大自然是血肉相连的，对于破坏大自然的行为是不允许的，不可容忍的。蒙古民族是大自然的骄子，如果居住环境没有山、没有水，蒙古民族是难以生存的。

忽必烈薛禅可汗决心建筑新的京城以后，他把金中都行宫大宁宫太液池（包括琼华岛）和浩瀚的海子（今积水潭）圈入了方圆三十公里的大都城墙内。这在中国建筑史上不能不算是个奇特的创举，使七百余年以后的今天，北京人可以享受到北海、中海和什刹前海、后海、西海的美丽风光和清新空气。

太液池地处大都的南部稍偏西，海子紧靠太液池偏西北方位。但两个湖水互不相通，也是一种奇特的设计（金代太液池和海子是一体的，元时因需求不同，人为分成两个湖）。太液池和金水河系统是供大汗宫殿用水的。海子则通过人造通惠河解决南北大运河漕运之需求。

元大都在总规划设计上把琼华岛太液池纳入皇城内，呈“中心五”形图案：广寒殿矗立在中心琼华岛之巅，太液池琼华岛东岸是大明宫和延春阁一前一后，太液池琼华岛之西岸是隆福宫、兴圣宫，亦是一前一后；整个皇城处在山光水色之中。这实在是一个绝妙创举，充分体现了蒙古民族崇尚青山绿水、酷爱大自然的民族性格。侯仁之教授在《城市历史地理研究》一文中写道：“大都布局稳定和谐，又富有山光水色，规模宏伟，为历来宫城设计所未有，实属一重大发展。”①

四、元大都的设计思想体现了汗权至高无上的思想

元朝统治者把宫廷建筑在京城的“肚脐眼点”（中轴线）上，营造得非常雄伟庄严，金碧辉煌，把汗权至高无上、神圣不可侵犯的威严，通过建筑艺术的美感体现出来。并在重要宫殿设置“秃速儿格”〔tüsürege〕（大酒瓮）及马头琴，显示权力和尊贵。

蒙古汗王历来注重宫殿建设，有严格的斡耳朵制度②。

成吉思汗时期，在鄂尔浑河一带优美的风景区建立了四大斡耳朵，供四位皇后专用，考古曾发现蒙古帝国哈剌和林都城有75根柱子的大宫殿废墟③，当时建筑规模可见一斑，除土木建筑宫殿以外，还有许多恰迭尔斡耳朵（帐殿）和大型蒙古包。史书载：“宫殿之外别有帐殿，名斡耳朵，金碧辉煌，层层结构，棕毳与锦绣相措，高敞帡幪，可庇千人，每帐殿所费巨万。”④

元大都的建造不但体现了古老的蒙古建筑和营帐宫殿之风格，并走向以蒙藏、蒙汉风格相结合为主的形式。元大都也是世界性的城市，所以也有少量阿拉伯、波斯风格的建筑。它独特的设计思想和建筑风格是中国建筑工程学上的一大宝库，是

---

①《侯仁之文集》，第二部分。

② 斡耳朵是蒙古语〔ordun〕，意为宫殿。汉文古籍中有多种写法：斡里朵、斡耳多、兀鲁朵。按照蒙古族古老习俗制度，斡耳朵除王汗施政、居住以外，如果王汗去世，将由其后妃继承斡耳朵财产的权利。正如蒙古族王汗后妃有参政议政的特权一样，这是尊重妇女地位的表现。《元史·后妃表》载：“然其居有曰斡耳朵之分；没，更有继承守官之法。”

③〔蒙古〕达·迈德尔：《蒙古城镇考古概况》，国家出版局，乌兰巴托，1972年。

④（清）魏源：《元史新编》，江苏广陵古籍刻印社，1990年。

蒙古族建筑艺术营造学上的顶峰，给以元大都为胚胎发展起来的北京城打下了坚实的基础。

幽燕地区三千多年的建城史，七百余年的中国统一定都史，可谓光辉灿烂，气度不凡。潘谷西教授在《中国古代建筑史》中指出："大都的建设是元代城市建设和建筑成就的典型代表。它宏伟的规模，严整的规划，完善的设施体现了一个强大帝国首都的气势风貌。"[①]主持美国故都费城城市规划20年之久的培根年说："在地球表面上人类最伟大的单项工程，可能就是北京城了。这个中国城市是作为封建帝王的住所而设计的。企图表现出这里乃是宇宙的中心。整个城市深深沉浸在礼仪规范和宗教意识之中……它的（平面）设计是如此杰出，这就为今天的城市（建设）提供了丰富的思想宝库。"[②]建筑大师梁思成也把北京城比作庞大的历史陈列馆。无疑，这些专家的论述都是符合当时具体情况的。

第八节　元大都中心点、中轴线和建设布局

元大都是中国历史上唯一在没有任何建筑物的平地上营造起来的新都城。是雄心勃勃的忽必烈薛禅可汗的杰作。建成之前做了实地勘察测量，设计出精密的方案和图纸，才付诸施工。可惜记录当时营造盛况的《皇元建都记》《大都路图册》《内府宫殿制作》等珍贵资料已佚失。

营建元大都最精彩、最具创造性的一笔是，首先测定了全城的中心点，就是测定了全城平方布局，东南西北方向相等距离的交叉点。接着又确定了全城的中轴线，中轴线顾名思义，

---

① 潘谷西：《中国古代建筑史》第四卷，中国建筑工业出版社，2001年。
② 树军：《京城憾事》，九州图书出版社，1997年。

即在全城中间以中心点为起点，从南到北画一道线，中轴线到东西城墙的距离相等，形成东西比例对称的格局，把一座城池分为东西两个部分。

蒙古族建筑家把中心点称作“肚脐眼点”，把中轴线称作“肚脐眼线”，它起源于对蒙古包的经营管理学。千百年来在高原地区的恶劣环境中生活的蒙古族，创建了抗风沙，抗风雪，抗地震，合乎力学原理的圆形住宅——蒙古包。蒙古包中心点置于蒙古人有所崇拜的“戈拉图拉格”火灶之处，蒙古语“戈拉”是火，“图拉格”是支架，可译作灶火支架，这是神圣不可侵犯的地方，是一家一户兴旺发达的标志，每年除夕都要举行祭火灶的礼仪。由此产生了许多禁忌，比如，不准把脏东西抛入其中，不准从上面迈过，如果哪个人从主人的“戈拉图拉格”上面迈过，主人非和你持刀相见不可。“戈拉图拉格”的位置是蒙古包的中心，被看作有神灵、有生命的整体，这就是“肚脐眼点”（中心点）由它向蒙古包门口拉一条南北走向的线就是“肚脐眼线”（中轴线）。这个理论一直应用到成吉思汗的宫殿、行宫、元上都、元大都的营建实践中。关于中心点、中轴线的理论，就是著名的《考工记》也没有提及。

元大都的中心点在今鼓楼附近，竖立了有“中心台”字样的石碑，以兹为据。台东十五步（约合23米）的地方建筑了中心阁，其位置于今北京鼓楼附近。《析津志辑佚》载：“中心台在中心阁十五步，其台方幅一百，以墙缭绕。正南有石碑，刻曰中心台，实为都中东南西北四方之中也。”元代在其周围曾建有哨台十五步，怯薛（护卫）宿舍二百余间。陈高华教授在《元大都》一书中写道：“在城市设计和建造时，把实测的全城中心做出明确的标志，这在我国城市建设史是没有先例的创举。”[①]如果从元大都城墙东南角至西北角，西南角至东北角拉

① 陈高华：《元大都》，北京出版社，1982年。

两条线的话，它的交叉点正好落在中心点（肚脐眼点）上。如果用圆规把圆心设在中心点，半径点设在城墙某个角上，它的圆周率交叉点正好通过城墙四角，其结果四个城角的半径也是相同的。难怪中国测绘科学院专家要中羽航测以后惊奇地发现，元大都和元上都的中轴线偏离300米，实属历史建筑奇观，隐藏着蒙古民族建筑学奇特的奥秘[①]。

元大都建城过程中，东墙遇到沼泽地，不得不将东墙稍微向西移动，这样元大都城便成了南北微长的矩形城市，但中轴线没有变动。侯仁之教授说："从中心台向南采取了恰好包括皇城在内的一段距离作为半径，来确定大城南北两面城墙的位置。同时又从中心台向西恰好包括了积水潭在内的一段距离作为半径，来确定大城东西两面城墙的位置，只是东墙位置向内稍加收缩，因此，大都城的东墙去中心台的距离较西墙为近，这一点除非经过仔细比较是不容易觉察的。"[②]

元大都中轴线始于大都正门丽正门外四五公里处一棵大松树，经大都正门丽正门、皇城正门灵星门、宫城正门崇天门、巴托浩特的正门大明门、宫城北门厚载门到鼓楼中心台为止。形成了以南北中轴线为并行的主要街道，从主街道又分出东西方向小街道，从小街道又分出无数小胡同。关于元大都街道制《析津志辑佚》载："大街二十四步阔，小街十二步阔。"[③]明清王朝以来，直到新中国成立后，北京的中轴线和街道规格基本没有变更，也是无法变更的。

元大都的中轴线是最完美的城市中轴线。把元宫廷主要建筑——忽必烈朝政的大明宫、延春阁穿在一条红线上。皇城处在全城1/3的前半部，宫城位置处在皇城1/2的东半部，皇后、

①《内蒙古日报社》，2005年4月7日。

②《侯仁之文集》，第60页。

③（元）熊梦祥：《析津志辑佚》，北京古籍出版社，2001年。

太子之宫处在皇城1/2的西半部。风景优美的太液池荡漾在皇城中心，把金碧辉煌、宏伟森严的诸宫殿非常和谐地安排在大自然的怀抱中，起到了巧夺天工的妙用。

中原地区兴起的唐、宋两朝及诸多封建王朝，把皇宫建在中轴线的实例是没有的。只有元大都施工之前勘测出全城的中心点和中轴线。以此为据，确定皇城、宫城和巴托浩特诸宫殿、衙署、兵营、官邸、住宅、街道、寺庙的位置和水源供应系统。这是蒙古族在世界建筑史上的创造性贡献，难怪马可·波罗惊叹地记述道："汗八里，街道甚直，此端可见彼端，如同棋盘，从此门可由街道远望彼门也。"[1]

明朝虽然以镇"蒙古王气"为由火烧拆毁元诸宫殿，但仍依据元大都中轴线，在元诸宫的废墟上盖建了新宫殿。所庆幸的是，北方游牧兄弟民族满族建立的清朝没有烧毁明朝诸殿，稍加维修改建就加以利用了。所以明清两朝至今天，北京仍然保留了元大都的中轴线。

关于元大都中轴线的研究，主要有两种意见：第一种观点认为在"今旧鼓楼大街至今故宫武英殿附近"，主要代表人物是王朴子研究员，其观点发表在《故宫博物院院刊》总第三期(1960年)。第二种观点认为"元代与明代中轴线一致，即仍现在北京城中轴线上"，主要代表人物是侯仁之、徐苹芳二位教授，其观点发表在《故宫博物院院刊》1979年第三期[2]上。

正确确定七百余年前的元大都中轴线，是一项复杂繁重的工程，除大量文献资料以外，主要靠考古钻探资料来证实。

70年代以来，元大都考古队做了大量艰辛细致的工作，考古发掘结论认定：元大都中轴线即明清北京城中轴线，即今北京中轴线。"元大都全城的中轴线，南起丽正门，穿过皇城的

① 冯承钧译：《马可波罗行纪》，第318页，河北人民出版社，1999年。
② 姜舜源：《故宫断虹桥为元代周桥考》。

灵星门，宫城的崇天门、厚载门，经万宁桥（又叫海子桥，即今地安门桥）直达大天寿万宁寺的中心阁（今鼓楼附近），这也就是明清北京城的中轴线。经过钻探，在景山以北发现的一段南北的道路遗迹，宽28米，即是大都中轴线上的大道的两部分。”①

这次钻探对元大都中轴线的确定起了决定性的作用。

有的学者认为从元大都的中轴线来看，从丽正门起步的中轴线到鼓楼，又经海子（积水潭）漕河向东西两个方向延伸，东边一线直到安贞门，西边一线直到健德门，两处各开了一个门，所以无须再开中门。测定元大都中轴线时忽必烈薛禅可汗看中了丽正门外一棵大松树，定为南北中轴线的起步点。此线经丽正门、灵星门、崇天门、大明门，直到鼓楼北中心点为止。这就是后人所说的“元大都半个中轴线”。可是根据当时情况，这个中轴线完全有可能有能力延伸到北城墙一线，并在那里开北门。但最终没有开北门，其原因只能用蒙古族母体游牧文化渊源关系来诠释。

以上诸多说明对元大都中轴线的设置原因做了最有根据、最生动、最有力的解释。

第九节　元大都的营建和《周礼·考工记》的关系

《考工记》是中国古代建筑学的伟大著作，大约成书于春秋战国时期，由齐国人所著，作者不详。《考工记》篇幅不长，内容却非常丰富，记载了许多建筑工艺技术和营建制度，是非常珍贵的建筑文献。但是它的营建制度论述得太概念、太

① 中国科学院考古研究所、北京市文物管理处、元大都考古队：《元大都的勘查和发掘》，《考古》1972年第2期。

理想、太象征化了。具体施工难以照章实施、营建制造。

在营建城市方面，其主要内容为："匠人营国，方九里，旁三门。国中九经九纬，经涂九轨。左祖右社，面朝后市，市朝一夫。"共32字[①]。侯仁之教授将其译成白话文为："一个帝王都城的设计，应该是一个正方形的大城，四面各有三个城门，门内各有笔直的通衢（宽阔的大道）纵横交错。在大城之内，中央部位的前方（南面）是朝廷，后方是市场。在朝廷的左方（东面）是太庙，右方（西面）是社稷坛。"[②]

元大都不是旧城改造，而是在无任何建筑物的平原上建筑起来的，最适合用《考工记》的定制来营造。但忽必烈薛禅可汗没有硬搬照抄《考工记》，是按照蒙古族的母体文化的传统来处理的。

一、元大都的地址选择

其一，蒙古族汗宫的地址选择，有一条传统常规，就是不能把宫帐安置在旧的宫帐位置上，这是极不吉利的事情。道森在《出使蒙古记》第三十二章哈剌和林与蒙哥的家族中描述道："当一个斡耳朵曾在一个地方安置时，在它搬走以后，只要那里有任何曾经烧过火的痕迹，就没有一个人敢经过他曾经安置过的地点，不管是骑还是步行。"[③]读到这里，我们就会明白忽必烈为什么不在金中都定都，而另选新址营造新都城的主要原因了。元上都的筹建也是这样，那时金朝的"那钵"——避暑山庄桓州城在蒙古进攻金朝的战争中破坏不大，可是忽必烈废弃不用，就在离它向东15公里的滦河北岸建筑了新城开平

① 戴吾三编著：《考工记图说》，第80页，山东画报社，2003年。

② 侯仁之：《城市历史地理研究》，《城市规划》（双月刊）1997年第3期。

③〔英〕道森编：《出使蒙古记》，吕浦泽、周良霄校注，第203页，中国社会科学出版社，1983年。

府，即上都城。

其二，忽必烈是按照蒙古族居住条件——崇尚大自然为要，坚持驻地一定要建在“靠山傍水，青山绿水”的地方，这种安排是违背《考工记》建制的。《蒙古秘史》118节记录成吉思汗和札木合结为“安答”（盟友）之后，安营扎寨在水草丰美、风景秀丽的地方，后来关系逐渐走向破裂，札木合就说：“咱每如今挨着下山。放马的得帐房住。挨着涧下。放羊的放羔的喉咙里得吃的。”[①]这是用“草场分割，马羊分群”的比喻暗示关系的破裂。对蒙古人来说，山、水、草原是和政治画等号的。别说古代，现在草原上的牧民四季搬家移牧选择的驻地都是水草肥美、山川秀丽的地方。所以忽必烈把金朝避暑山庄太液池（今北海）纳入皇城之内，把偌大的海子（今积水潭）也纳入元大都城之内，对蒙古民族来讲是不足为奇的，但其他民族则认为这是奇世壮举。

元宫殿设计也有其蒙古民族特色，以朴素实用为主，大明宫、延春阁、隆福宫、兴圣官、广寒殿等五大宫殿都是根据蒙古族吉祥结实的永固结——巴托恰哈特（“工”字形）图案设计出来的。汉族建筑专家则称之为“工”字形建筑。这种形式的建筑在元大都考古挖掘中曾多次被发现，如后英房遗址等[②]。“工”字形建筑除宫殿以外普及到中层阶层。“工”字形建筑的最初雏形，是由古老的蒙古包演变而来的前厅大、后厅小的葫芦状双帐（如同现代住宅，前面是大客厅，后面是小卧室）。巴托恰哈特式建筑就是在其基础上传承延续的。今在鄂尔多斯成吉思汗陵中还能看到双帐宫殿。

元大都的规划设计是以草原游牧文化为根基的，有设计图

① 额尔登泰、乌云达赉校勘：《蒙古秘史》，第957页，内蒙古人民出版社，1980年。

② 中国科学院考古研究所、北京市文物管理处元大都考古队：《元大都的勘查和发掘》《北京后英房元代居住遗址》，《考古》1972年第6期。

纸，主要由营造上都的刘秉忠和也黑迭儿来完成的。已佚失的《大都路图册》记有元大都建制沿革等情况，该书大约编纂成书于至元二十二年（1285）至至元三十一年（1294）之间[①]。

农耕文化产生的《考工记》以及儒家学说在建筑学上反映出崇尚“中庸”之道，以防左倾右倒；以方方正正为主，皇帝的京城必须是正方形，城门必须是以四、八、十二等偶数为主。不考虑地形、地物之山川秀色的利用，聂崇义的《三礼图》中的“王城图”，戴震的《考工记图》中的“王城图”等再经典不过了。且不说农耕文化的京城和宫殿，就是农业地区的住宅，也是以方正为主的。中间的大房为正房，其余分为东厢房、西厢房等。院子也是四方的，南方正中开院门。古代汉族娶大老婆为正房，小老婆为偏房，以房子位置大小为准，有严格的等级观念。这种建筑学上的思维完全主宰了汉族建筑体系，并反映到汉族的文学作品之中，比如《西厢记》《东窗事发》等。

二、皇宫·市场和“南朝北市”

总览元大都研究诸说，有些文章说元大都是典型的根据《考工记》营造的产物，值得商量探讨。比如高智瑜先生在《紫气贯中华》一书中评述道：“大都城继承我国历代都城建设的传统，力求体现《周礼·考工记》建设王城的理想要求……从秦咸阳，汉唐长安、洛阳至北宋汴梁，历代皇城都没有完整地实现这一设计理想，而元大都城的设计营造却基本符合这一都城制度的准则，这实在是一个创举。”[②]

翁立先生在《北京的胡同》中论述道：“刘秉忠就担当起大都城的规划设计与修建工程的主持人……基本是按照《周

---

① 王灿炽：《燕都古籍考》，京华出版社，1995年。
② 高智瑜：《紫气贯中华》，第52页，中国人民大学出版社，1994年。

礼·考工记》中关于帝王之都建设的理想布局去设计规划，并付诸实施的。”①

沈福煦先生在《中国古代建筑史》一书中阐述道：“元代虽为蒙古人统治，却也努力汉化，故元大都的规划思想，概仿《周礼·冬官·考工记》中的做法，‘左祖右社，面朝后市’。”②

张驭寰先生在《中国城池史》中写道：“大都城纯粹是根据《周礼·考工记》王城图所记的式样，按照其规制实现的……也是按照这个制度进行的。”③

自从蒙古族进入封建社会以后，蒙古族居住习俗，由于“古列延”的传承，蒙古汗王、贵族、万户长、千户长、百户长的帐幕、宫殿处在中心地位，这里所说的中心地位，可以理解为政治、经济、军事中心和居住地的中心。这自然形成了权力和尊贵的象征。

元大都的皇城处于全城1/3偏南的位置。并不像《周礼·考工记》的定制一样设在全城中心。它设计的主要目的是为了利用琼华岛（今北海琼岛）的山光水色，以求适合于蒙古民族喜爱大自然，和大自然同呼吸、共命运的心理要求。如果非要按照《周礼·考工记》的定制，要把皇城设计在全城中央，按当时的地理条件、营建能力来讲，未必不可，那么皇城就要被安置在大都东南西北之中心，也就是“中心之台”的位置，这样西北边的海子（今积水潭）将影响大内的中心地位，除非把琼华岛太液池（今北海公园）和偌大的积水潭安排在大都城外，这对忽必烈来讲是不能接受的。按照忽必烈的意向，刘秉忠的设计，原来大都城是等边四角形的，但是东墙一线沼泽地太多，施工艰难，方稍往西移位，终于使大都城变成稍有不等

① 翁立：《北京的胡同》，第57页，北京图书馆出版社，2003年。

② 沈福照：《中国古代建筑史》，第136页，上海古籍出版社，2001年。

③ 张驭寰：《中国城池史》，第234页，百花文艺出版社，2003年。

边的城郭，这也是和《周礼·考工记》的建制相违背的。

中国的城市发展史，主要是城和市的共同产生和发展，城是起防卫作用的，是土、石头、砖堆积的工事，同时是为了保护各自的上层统治集团利益的。市是属于商业供给系统的，是为了满足人们生活需求而产生的，商人则是为赢利所驱动的供销人员。所以有多大的城郭便有多大的市场。城郭大，人口众多，便有多种物质需求，商业活动就越频繁。像元大都这样当时中国历史上最大，也是世界历史上最大的城郭，最繁华时期人口达到了150万左右。

当时元大都大的市场有三十多处，并非都处在“北市”。城内最大最繁华的市场有四处。一个在日中坊鼓楼西边，沿海子北岸伸张，自然形成，是全城唯一一条斜形街道（元时称其为斜街，今鼓楼西大街）。这里又是南北大运河的终点码头，商品荟萃，货物齐全，始于日本、朝鲜、东南亚，远至西域、波斯、欧洲的商人，云集于此。这里风景优美，酒楼戏台比比皆是，是元大都最繁华最热闹的地方。斜街东头就是钟鼓楼市场，这里主要是米面食品、杂货市场。这两个市场算是元大都唯一的“北市”了。另外两处一个在成宜坊（今西四牌楼附近），叫作羊角市，主要经营牛、马、羊、驼、驴、骡等，地处“南朝”西南位置。一个在明照坊（今东四牌楼附近），叫作旧枢密院角市，主要经营锦缎、珍珠宝石、金银首饰、沙剌（珊瑚）等，地处“南朝”东南位置。此外九个城门的内街和顺城街，十一个城门外都有各种商市。《考工记》所说的“南朝北市”是比较理想化的产物，元大都市场是根据街道、胡同的建立和人口居住密度而形成的。

三、太庙社稷坛和“左社右稷”

忽必烈薛禅可汗建元以后，实行两都制，这是保持蒙古族古老游牧母体文化传统的特色之一，有很重要的意义。也是元朝从中原地区退到漠北之后，号称“北元”能够和明朝抗衡二百余年的重要原因之一，不像西夏、辽、金三朝那样，失掉国都便走向灭族的道路。实行两都制以后，元廷除冬春两季在元大都朝政以外，每年夏秋两季都在上都办公，举行忽里台，策划重大政要，按照惯例进行祭祀活动。当时蒙古族只有祭祖先和祭祀“长生之天”两种，没有什么“左社右稷”之分。《元史》卷七十二《祭祀》载：“元之五礼，皆以国俗行之。”虞集在《道园类稿》卷五十三中所记的“世祖建上都，控引天下，重于大都”，就充分说明蒙古族重视母体文化传统，上都重于大都。元朝十一个皇帝六个都在上都举行继位仪式，因而，元朝的祭祖礼仪也都是在上都举行的，除皇族成员以外，其他人员一律不准参与。祭祀仪式由蒙古巫师主持，向北叩拜，朗诵国语（蒙古语），祭祀品也用传统的九只绵羊和马湩（马奶酒），仪式简单朴素。《元史》卷七十四《祭祀三》载：“其祼宗祭享之礼、割牲、奠湩以蒙古巫祝致辞，盖国俗也。”

元大都太庙和社稷坛不是起初和大都一起规划建筑的。这就说明建城之初就未按《考工记》建制来设计。太庙是至元十年（1273）在齐化门内穆清坊修建的。社稷坛是忽必烈薛禅可汗驾崩前一年，即至元三十年（1293），在大都和义门外建造的。太庙设在大内之东，社稷坛设在大内之西。“社稷”来自古老汉文化祭祀传统，“社稷”包括两种含义，即“社”和“稷”。最权威的中国社会科学院语言研究所词典编辑室编，商务印书馆1980年出版的《现代汉语词典》1003页，对“社稷”的解释是：“‘社’指土神。‘稷’指谷神。古代君主都祭社稷，后来就用‘社稷’代表国家。”那么，《考工记》的“左社右稷”是否可以理解成为“东边设土地神坛，西边设谷物神坛”呢？这里并没有涉及祭祀祖宗的太庙位置。元大都专门设置有太庙，是祭祀祖宗的。后来随着历史的发展变迁，“社”和“稷”合起来变成了“社稷坛”。后来的清王朝设置的太庙和社稷坛的位置一左一右，基本和元代大都设置相同，只是地点更新而已。

看来，元大都的太庙和社稷坛都没有按照《考工记》的建制规划，忽必烈末期，随着蒙汉文化交融的加深和对农耕文化的重视，蒙古族祭祀的内容渗透了汉文化的成分。

四、元大都的城门设置

元大都共有十一个门，东、南、西三方城墙各有三个门，唯有北城墙设有两个门。这也是和《考工记》营建制度相悖的事。中国历代城镇都是讲究城门的对称，而唯有元大都为奇数，引起了国内外建筑界的兴趣。陈高华教授在《元大都》一书中分析道："像大都这样一个十分齐整的长方形城市，应该是八门、十门、十二门才对，为什么北边偏偏只开两个门，这是令人费解的。"元代官方文献没有对此事做过说明，倒是一些作家的诗文笔记中讲到了这一问题。元末明初长谷真逸的《农田余话》中说："燕城系刘太保定制，凡十一门作哪吒神三头六臂两足。"[①]这里说的刘太保就是建上都、筑大都工程的总负责人刘秉忠，他按照汉族神话传说的解释为十一门，南面三个门是哪吒的三个头，东西六个门是哪吒的六臂，北面两个门是哪吒的两条腿。

侯仁之教授对元大都十一门的解释是，认为和"天五地六，合为十一"的道家思想有关：按《周易》称天一、地二、天三、地四、天五、地六、天七、地八、天九、地十。天地之数，阳奇阴偶。取天数一、三、五、七、九和地数二、四、六、八、十，这些数的天地之中和，即将天数的中位数"五"，和地数的中位数"六"相加之和为"十一"。这取象为阴阳和谐相交，衍生万物、天地和合，自然变化之道尽在其

---

① 陈高华：《元大都》，第51页，北京出版社，1982年。

中[①]。

忽必烈薛禅可汗是元大都的总设计师，手下还有刘秉忠、也黑迭儿那样的能人骁将，而且忽必烈本人也是一位从谏如流的帝王，每逢大事来临都要倾听手下的高见。关于如何营建元大都，他肯定采纳了部下许多合理化意见。

蒙古帝王之中，接触汉文化比较广泛的是忽必烈，忽必烈通晓蒙古文和汉文，能写一手好诗好字，《陟玩春山纪兴》诗和在北岳庙元代建筑德宁殿亲笔题书的“德宁之殿”四个字苍健秀丽，传承至今。他有时还亲自撰写诏书[②]，和汉族大臣用汉语交流，除非重大场面，否则是不用怯里马赤（译员）的。他还用蒙古文书写刊印了阐述政教合一理论政策的《十善福白史册》[③]，他积极学习汉文化的精华，但对深奥莫测、远离实际的《周易》不一定十分拜读，对于元大都建设行为也不会运用神话中的哪吒和《周易》来解释。如果有必要解释，一定会用蒙古族古老的建筑历史以及和居住习惯有关的内容。关于忽必烈对儒教的态度，李治安教授分析道：“忽必烈对儒学始终没有完全信奉和尊崇，而仅仅是有选择地学习和吸收。”[④]这是比较客观的评价。

忽必烈的“汉法”，不是全盘接受汉族儒家文化，它是蒙古、汉、藏、契丹、波斯和正在西域形成的回族上层贵族阶级为主相联合的对其他各民族的统治。蒙古族在成吉思汗时代就已经完成了封建社会的飞跃，蒙古族哲学、军事思想达到了高度发展[⑤]。蒙古族步入中原以后，蒙古族游牧文化和中原农

---

① 侯仁之：《城市历史地理研究》，载《城市规划》，双月刊，1997年第3期。

② 李治安：《忽必烈传》，第217页，人民出版社，2004年。

③ 留金锁整理注释：《十善福白史册》（蒙古文），内蒙古出版社，1981年。

④ 李治安：《忽必烈传》，第546页，人民出版社，2004年。

⑤ 格·孟和：《成吉思汗哲学思想研究》，辽宁民族出版社，1997年。

耕文化发生拼撞，蒙古族贵族部分保守势力从中发难，这种形势下雄才大略的忽必烈采取了重大政治措施。

总之，元大都的营造是突出了蒙古族古老文化的特征。潘谷西先生说："元大都规划与建设的最突出之点是镕汉、蒙古两族文化于一炉，创造了一具有崭新风貌的伟大都城。它非但不是复《考工记》之古的都城典型，相反，倒是一个能充分因地制宜，利用旧城、兼收并蓄、富有创新精神的都城建设范例。"[①]这是最中肯的总结了。

第十节　元大都丽正门和明清京师天安门之考

丽正门是元大都正门（南门），是有三个门洞的宏伟建筑，《日下旧闻考》载："丽正门，门有三，正中惟车驾行幸郊坛则开，西一门亦不开，止东一门以通车马往来。"

丽正门何时建成，尚未见明确记载，大约是和元大都外城工程同时完成的。元大都城墙是至元四年（1267）开始修建，于至元二十年（1283）完工的，历时16年，丽正门和元大都南墙肯定就是在这个时间里完成的，《元史·世祖纪九》载："至元二十年（1283）六月丙申，发军修完大都城。九月丙寅，徙旧城市肆局院、税务皆入大都，减税四十分之一。十一月戊辰，大都城门设门尉。"门尉不是普通人所能承担的，是由蒙古开国功臣子弟、有"根脚"的怯薛来担任的。

至正二十八年（1368）八月，明军攻占大都，元朝灭亡以后，大都改为北平，永乐元年（1403）又改为北京，"北京"这一名称由此在世界上产生了。此后元大都城垣改建工程有两

① 潘谷西：《中国古代建筑史》第四卷，第21页，中国建筑工业出版社，2001年。

次，第一次，洪武元年（1368）徐达将军以“防卫需要”为由，将故元大都城北垣南移2.5公里。第二次，永乐十七年（1419）十一月以“拓宽皇城建筑空间”为由，又将故元大都南城垣南移0.75公里。旧址就是以当今的北京正阳门为中心的东西一线。就是在这次改建中完全拆掉了故元大都南城垣的文明、丽正、顺承三门。文明门旧址在今东单什字附近，顺承门旧址在今西单什字附近。丽正门虽然被拆掉了，但它的旧址在何处，有几种不同说法。不同说法的根据对故元大都南垣位置的确定有密切的关系。因为首先把元大都南墙位置确定下来以后，才能正确确定丽正门的位置。

1. 元大都考古队《元大都的勘查和发掘》一文载：“元南面城墙的位置，在今东西长安街南侧。南城墙在靠近庆寿寺双塔的地点，稍向外弯曲，以便绕开双塔。”（《考古》，1972年第六期）这里出现一个疑问，于德源先生在其《北京历史城坊宫殿苑囿》一书中写道：“至元四年（1267）城京师，有司定基，正直师塔。敕命‘远三十步许，环而筑之’。庆寿寺今已不存在，其址在今北京电报大楼西侧。元大都城南垣在此处向外展三十步，绕过庆寿寺后复直向西去。”如果说，庆寿寺和海云、可庵两师双塔位置在今北京邮电大楼西侧，那么，故元大都南城垣在今东西长安街南侧，长安街南侧至北侧的距离为数百米左右。庆寿寺和海云、可庵双塔足可以不影响元南城垣直线营造。也不会有元大都南城垣西段遇“正直庆寿海云、可庵两师塔，忽必烈特意下令远三十步许环而筑之”之举（《元一统志》卷一《中书省·大都路》），从这里可推测出元大都南城垣不在长安街南侧，而是在今长安街北侧天安门一线。

于先生在书中又继续分析道：“明北京皇宫是在元都旧皇城基础上又稍向南移而新建，所以宫城、皇城的南垣都在元大都旧皇城南垣以南。宫城南门午门在元大都皇城南门灵星门附近，承天门在今天安门（清代改称），皇城南门大明门在今天安门广场南部。”这就又说明承天门就是在今天安门的位置上。

2. 元大都研究先辈朱偰先生写道：“以为大都南至今西长安街北双塔寺，北至今德胜门外土城。”（朱偰《元大都宫殿图考》第三章元大都古城考，中国营造学社，1932年）这里的一个“北”字非常重要，元大都南墙位置为什么“远三十步，环而筑之”的重大问题可以迎刃而解了。

3. 元大都研究先辈朱启钤先生在其《元大都宫苑图考》中明确指出：“元丽正门，当今之天安门。”（《中国营造学社汇刊》第二卷第三期，中华民国十九年一月）

4. 王壁文先生在《元大都城坊考》中说：“案庆寿寺今名双塔寺，在西长安街路北，双塔尚巍然矗立，南距今城南垣约一里半，元城既环塔南三十步，其旧址似即今长安街稍南之地，而其他部分，亦也与双塔同在一平行线上，故可断定元之南垣，实在今垣之北约一里数十步，至一里半之间也。”（《中国营造学社汇刊》第六卷第三期，1930年）。这里明确了两个疑难问题，一个是肯定“双塔寺在西长安街路北”。一个是断定“元之南垣，实在今垣之北约一里数十步，至一里半之间也”。如前所述，这和元亡以后第三十九年，即永乐十七年将元之南垣之三城门拆掉南移一里半的记载是相吻合的。这里说明元大都之南垣很可能就在今天安门平行的一线上。

5. 高智瑜先生主编的《紫气贯京华》一书中写道：“天安门所在位置，接近元大都南城丽正门旧址：城楼之南的河水名金水河，是沿用元代旧有河名，与五个城门卷洞一一相对的金水桥，更是以元皇城崇天门前的周桥为蓝本而营造的。”（《紫气贯京华》，中国人民大学出版社，1994年）元大都外城是有护城河的，天安门前的金水桥河很可能就是元大都外城的护城河。东段是和从文明门附近入城的通惠运河连在一起的。明初元大都南垣拆毁南移，那么元护城河的去向如何，史籍文献中尚不见明确记载。

6. 路秉杰先生编著的《天安门》一书中把清代北京天安门的位置说得非常明确，是在故元金水河周桥之后，并详尽叙述道："南丽正门内曰千步廊，可七百步，建灵星门，门建萧墙，周边可二十里，俗称红门栏马墙。门内数十步许有河，河上建白石桥三座，名周桥，皆琢龙凤祥云，明莹如玉；桥下有四白石龙擎载水中甚壮。此乃后世天安门前庭先河。"（《天安门》，同济大学出版社，1999年）这也是值得探讨的一种观点。又好在元大都城垣东南角楼位置十分明确，位于今北京建国门南侧（今建国门立交桥西南角）。蒋忠义先生《北京观象台北京考察》（《考古》，1983年第六期，第526页）一文说："大都城东南角楼的位置，与1964年考古所在古观象台西侧（东裱褙胡同偏北的鲤鱼胡同内）发掘出的元大都南城墙的基础位置是一致的，同在东西向的一条直线上。"而且元大都城垣东南角楼东长安街南侧，难以推测，因为东长安街到东单什字以后，为建国门内大街，未形成东西直线，稍向东北斜去。元大都东南角楼和现在位于邱祖胡同附近的西南角楼在一条直线上。否则，不会有绕道庆寿寺和海云、可庵两师灵塔之劳。除此以外，如果要找到元大都南城正确位置，非经过钻探不可。

目前很难找到元大都南垣拆迁的有关资料，只有永乐十七年（1419）故元大都南垣南移，乃称文明门、丽正门、顺承门的记录，是否在丽正门旧址上建了承天门，却不见历史记载。永乐十五年（1417）二月建皇城正门承天门。初建承天门时为一座黄瓦飞檐的木牌坊（具体位置不详），由当时著名工匠蒯祥设计，皇宫南门为承天门，北门为北安门，东门为东安门，西门为西安门。既然是皇宫的正门，为何盖成非常简易的木牌坊呢？使人费解。这是对皇宫的规划营造策略举棋不定的表现。它和明宫殿屡遭火灾，和明朝廷上下酝酿是否在北京定都还是迁回朱元璋时代的南京的决策有关。

原建承天门于天顺元年（1457）英宗朱祁镇时，被烧毁未修，直到成化元年（1465）才由工部尚书白圭主持重建，才南移到今天天安门的位置，乃称承天门。至于是否移到了丽正门旧址？可能性很大。目前只是一种推测而已。

承天门改称天安门是清朝的事，顺治八年（1651）清政府改建承天门，九月十八日竣工，定名为天安门。取“受命于天，安邦治民”之意。这是今天天安门的来历，世界第一次出现了天安门这个名称。原建天安门总高33.7米，城台高为14.6米，有5个门。城楼为重檐歇庑顶，东西宽九间，南北深五间，绘金龙和玺案图，非常雄浑庄严。现将上述诸说，总结如下：

元大都考古队在景山门前的钻探结果，确定了元大都中轴线就是明清北京中轴线，否定了明北京中轴线东移五百米的说法。因为中轴线未变，证明丽正门和天安门就是在一条南北中轴线上，只是前后位置的争议而已。也就是确定故元大都南城垣究竟是在长安街南侧，还是在北侧的问题。按朱启钤先生的说法，天安门就是在丽正门的位置，可惜他没有为其做进一步论证。但他是民国初期建筑泰斗，中国营造学社的创始人，元大都研究的先辈，不会轻易发表任何论断。天安门很可能是在元大都的正门丽正门的旧址上或在其附近营造的。

第十一节　国内外研究元大都概况

元大都是13世纪世界上最大、最繁华的国际大都市，是当时世界文化、经济、军事中心，是东西方文化交流的会聚地。2000年1月1日《广州日报》以《元大都是古代联合国总部》为标题进行了报道。

13世纪《马可波罗行纪》诞生，引起了西方对东方、对神秘的蒙古帝国的向往。于是旅行者、探险家、传教士、外交官接踵而来，帝国大都的神奇传说，从此传播到世界各地。

一、国内研究情况

国内外元大都的研究大约最早始于13世纪初，元末明初和清代相继出版了有较高质量的有关书籍，其中最有影响和学术价值的是萧洵的《故宫遗录》，不到5000字的小文章却详尽描述了元大都宫殿的金碧辉煌，举世无双的蒙古民族建筑群。因他是明廷工部郎中（等于现代的建筑部部长），受朱元璋之命拆毁元宫城，拆毁之前视察诸宫规模："绕白石龙凤阑植。阑植上每柱皆饰翡翠，而置黄金鹏鸟狮座中，建小直殿，引金水绕其下，甃以白石。东西翼为仙桥，四起雕窗，中抱彩楼，皆为凤翅飞檐。"最后惋惜之余，不敢抗命，只好全部拆毁。

侯仁之教授说："由于明朝统治者的愚昧和迷信，就以消除前朝的'王气'为理由，而被全部拆毁了。"（《北京城的起源与变迁》）

元末明初有王士点的《禁扁》以及《昭俭录》等书问世。又出版了熊梦祥的《析津志辑佚》，陶宗仪的《南村辍耕录》和叶子奇的《草木子》等著作，这些书不是专题研究元大都的作品，但都在书中大量记录了元大都这座城市的面貌和城市蒙古族的生活习俗。

在明代有关元大都和北京的研究有张爵的《京师五城坊巷衚衕集》。近代语言学专家们研究认定胡同是蒙古语中"井"的意思（见《北京晚报》1991年7月14日照纳斯图《胡同的语源和语义》），是元代元大都遗留下来的词汇。这本书记录了大量体现游牧文化的胡同名称：如锡蜡胡同（锡蜡为蒙古语黄色之意）、取镫胡同、喇嘛胡同、养马胡同、牛肉胡同、蛮子胡同、炒米胡同、羊肉胡同、皮裤胡同、羊毛胡同、弓弦胡同等。

语言学家张清常是唯一从语言学角度对北京的地名做了深刻的调查研究的研究者，撰写了《北京街巷名称史话；社会语言学的再探索》（北京语言文化大学出版社，1997年），是一部非常有科学性的珍贵著作。其中第五章第二节专门讲述了元大都城门名称及坊名，街巷胡同的名称和来历。张清常先生写道：“‘胡同’借自蒙古语的什么词，这有好几种说法。我认为借蒙古语‘水井’，为此用了不少力气，还得到内蒙古大学陈乃雄教授的帮助。更应该感谢素昧平生的中国社会科学院民族语言研究所照纳斯图研究员，他的论文《论汉语中的蒙古语借词‘胡同’》及在《北京晚报》的另一短篇极有说服力，令人佩服。到此争论多年的‘胡同’一词的辩论终于画上了圆满的句号。”

清代中期出版了朱彝尊的《日下旧闻》四十二卷，于康熙二十九年（1690）出版，因王勃《滕王阁序》中有“望长安于日下”的诗句，以后文人们就把首府、京城称为日下。这是一部记叙北京建都历史的重要资料书，从周朝的蓟城，辽代的燕京，金代的中都，元代的大都一直讲到明代和清代的北京城市的诸多的变化和发展。但过了六十八年，乾隆三十九年（1774）乾隆皇帝下令增补《日下旧闻》，于是由于敏中、英廉任总裁，重新增补编辑为《日下旧闻考》一百六十卷，内容更为丰富，充实可靠，是研究元大都必不可少的一部著作。

清代研究北京城坊胡同的著作有朱一清的《京师坊巷志稿》。在张爵的《京师五城坊巷胡同集》的基础上做了更详尽的考察，比较全面地辑录了明清两代北京坊巷胡同的产生和名称变化，掌故传说。从词句行间可以窥视元大都街道演变的蛛丝马迹。

进入民国以来，随着近代中国建筑事业泰斗朱启钤先生于1930年成立“中国营造学社”承办营造学社汇刊开始，元大都研究取得了更广泛、更深入、更丰硕的成果。可以说30年代初是国内元大都研究的一个高峰。

这里首推朱启钤先生的大作《元大都宫苑考》（中国营造学社汇刊第二卷第三期，中华民国十九年一月），先生在大作中写道："故研究北京宫殿，必自元大都宫苑始。"首先肯定了元大都宫殿在北京宫殿研究史中的应有地位。本书共分十部，对元大都宫殿的规模建制、功能都做了精确的考证，更可贵的是对在元大都之前的辽、金两个少数民族建立的都城南京和中都制度做了比较研究。篇幅不多，却很中肯。并对萧洵和陶宗仪著作中的不足之处做了修正，有248条注释，附图七幅，是元大都宫殿研究入门的基本史料。尤其朱启钤先生对元大都宫殿中民族形式建筑、蒙古族风格和宫廷内部摆设做了精致的描述，如广寒殿前廊柱是"蟠龙矫蹇于丹楹"。广寒殿前廊柱是12根，每根柱子雕刻着金龙和骏马，按照蒙古族习俗是雕刻九条龙和八匹骏马，八匹骏马被誉为"成吉思汗的八骏"。在《蒙古秘史》第90节里，记录了"成吉思汗的八匹骏马"的来历，年轻的铁木真为夺回被抢走的八匹银合马和孛斡儿出结成无私伴当，后来孛斡儿出南征北战为蒙古帝国建立了功勋，是成吉思汗著名的四杰之一。八匹银合马的故事在蒙古族民间广泛流传，是蒙古族的道德标准。民间有八匹骏马图和雕塑，蒙古族建筑多用八匹骏马图案来做装饰。

龙是中国北方游牧少数民族的共同图腾，蒙古民族在服饰、家具、地毯、工艺品、建筑物装饰上多用龙纹图案，在王府和贵族用品之中司空见惯。

元宫紫檀殿是元世祖忽必烈办公和居住的地方，也是至元三十一年（1294）忽必烈80岁去世时所在的宫殿。其宏伟和华丽程度在当时首屈一指。

朱先生在大作中对紫檀殿的考证尤为详尽，紫檀殿宽10.78米，长22.18米，高10.78米，合现制为2.6立方米的建筑物。紫檀殿全部为"紫檀木为之"。紫檀殿内部装饰，其地板为“草色鬃绿其皮为地”，墙壁冬季多用“黑貂”“黄貂”“银鼠”暖帐，夏季多用“纳失失”围帐。宫内摆设有“木质银裹漆瓮”“雕像酒桌”“黑玉酒瓮”（此瓮俗称“渎山大玉海”，现存北京北海公园团城，高0.7米，直径1.35米，重约3500公斤，可贮酒1500余公斤）等用具都是蒙古族喜爱使用的物品。

朱先生还在章节中间开空白栏专门介绍了古代营造施工知识，如“木材防腐”“水秤与水平”“计算工料法”等。从建筑学的角度给研究元大都宫殿和古代建筑提供了翔实可靠的资料。书中所附元大都诸宫平面图，已成为元大都宫殿的唯一示范图纸。为研究使用者多次转载。朱先生当时是内务部部长，是当时元大都研究的领路人，还主持“中国营造学社”的日常业务，除修缮故宫博物院的繁重工作以外，还手持银镐主持过明清正阳门改建的宏伟工程，对中国古代建筑事业的研究发展做出了巨大贡献。

其次是王壁文的《元大都城坊考》（《中国营造学社汇刊》第六卷第三期，1936年）和阚铎的《元大都宫苑图考》（中国营造学社，1930年）。他们的研究成果各有千秋，王壁文先生对元大都50个坊的来历、名称和划分做了切实的对比，考察出现在具体的地理位置，并指出尚有28个坊无法考证出具体地理位置，给后来的研究者留下了探讨课题。王壁文先生的另一部大作《元大都寺观庙宇建置沿革表》（《中国营造学社汇刊》第六卷第四期，1937年）则对元大都的寺观庙宇做详尽的考察，留下了珍贵的材料。

王壁文，字璞子，又以王璞子为名撰写了《元大都城平面规划述略》，有一定的研究水平（发刊于《故宫博物院院刊》），并附有两张地图，即元大都城坊宫苑平面配置示意图和北京内城外城平面略图。著作极其详尽地阐述了元大都城平面设计规划的来龙去脉，其精密程度证明元大都是有图纸的设计（图纸早已丢失），并提出“案元以来蒙古族崛起漠北，其武功足可睥睨一世，然而在文化方面，实落后于汉人，所以世祖经营大都时，不惜变更其宗国固有的习惯，而引用汉法”，建筑了宏伟的大都城。元大都不但有蒙古族建筑，还有畏吾儿、藏族、回族、汉族建筑，此外还有波斯式等建筑，元大都是中国各族人民的智慧和勤劳的结晶。

20世纪30年代元大都研究著作比较有名的还有朱偰的《元大都宫殿图考》，五万余字（见《故都纪念集》第一种商务印书馆，民国二十五年），成书于1935年。朱偰先生是故宫博物院名誉顾问，德国柏林大学哲学博士，台湾中央大学教授，是近代国内少有的元大都研究大家。

朱偰先生的贡献在于首先肯定了元大都宫殿的历史地位，“元固起自漠北，混一欧亚，当年太祖、世祖，叱咤风云，其度自与他代不同。元代宫阙之影响于后世者”，而后列举了千步廊、华表、双阙、文武楼、三级陛、十二楹、角楼等制加以比较，做了精辟的说明。其次，专开一章为“史料之选择及其批评”。明确指出萧洵、陶宗仪文章疏误之处。其三，专设一章为“不可考之诸殿”，从5种文献史料中考证出47个无法说清的宫殿名称。其四，拍摄了500余幅照片，留下了珍贵的资料。还根据章节内容选配了元代诗词、宫词共35首，别有一番情趣。朱偰先生是值得永远纪念的大家，不但是元大都研究的开创者之一，而且是学者楷模，一身正气，为了保护南京文物中华门被打成“右派”，又在“文革”中遭迫害，年仅61岁就离开了人世。

中华人民共和国成立后，元大都的研究工作逐步步入轨道，取得了丰硕的成果。侯仁之教授和徐苹芳教授是元大都研究的两位领路者。中国科学院考古研究所和北京市文物管理处、元大都考古队共同做了大量细致的工作，前后对元大都重点遗址做了挖掘，收获巨大。当时正处于1972年“文革”混乱之中，元大都考古队坚持挖掘工作已经很不容易。经过艰苦的勘查和重点发掘，澄清了以下研究课题。

第一，新中国成立以来第一次查明了元大都外城的建制和规模。全城平面图为南北略长的长方形，南北长7600米，东西宽6700米，周长为28600米，总面积为50余平方公里。和《元史》所载“城方六十里，十一门”相吻合。

第二，查明了元大都城墙全部用夯土建成，为加固城墙中间，加了“竖木”（永定柱）和“横木”（纴木）。如同现在的钢筋水泥骨架一样。城墙根基为24米，收分很大，基宽、城高和顶宽比例为3∶2∶1。

第三，查明了皇城和宫城的位置，皇城位于全城南部中央地区，皇城墙基宽约三米左右。宫城偏在皇城东部，宫城墙基大约1.6米左右。

第四，查清了元大都的中轴线，南起丽正门，穿过皇城的灵星门，宫城的崇天门、厚载门，经万宁桥（今地安门桥），直达大天寿万寺的中心阁（附近有中心台石碑）。从而正确确定了明清两朝北京城的中轴线，乃为元大都中轴线。但王璧文（璞子）先生认为明清北京城的中轴线为元大都中轴线的东移。

第五，查明了元大都的街道分布的基本形式是在南北向的主干道的东西两侧，等距离地平列着许多东西向的胡同，大街宽约25米，胡同约6—7米，基本和《析津志辑佚》所载“大都街制自南以至于北谓之经，自东至西谓之纬；大街二十四步阔，小街十二步阔，胡同六之阔步”相吻合。

第六，查明了大都供水系统有两条：一条是由高梁河、海子、通惠河构成的漕运系统；一条是由金水河、太液池构成的宫苑用水系统。

第七，查明了元大都主要建筑物是“工”字形建筑。蒙古族“工”字形建筑在蒙古语中称“巴托恰哈特”〔batu čikatu〕形建筑物，形状呈“工”字形，意为“坚固的结”。象征营造的建筑物永固结实之意。

蒙古族“巴托恰哈特”式建筑的渊源关系是：祭祀成吉思汗仪式奉献的第一面哈达在中间要打一个结，象征成吉思汗的精神永固不解。像蒙古族搏克（角力）脖颈上戴的哈达环就叫作“巴托章戈”意为“永固不解的结扣”，象征摔跤手力大无比，永远不衰落。还有鄂尔多斯成吉思汗祭祀陵的前小后大相连的葫芦形蒙古包，以及苏联科斯洛夫考古队在蒙古三河流域（鄂尔浑、克鲁伦、土拉河）发现的“工”字形砖木房屋遗址（见蒙古考古学家阿·敖其尔访谈录）。蒙古族“工”字形建筑物的渊源来自成吉思汗的“朝木楚格”斡耳朵〔čomčog ordun〕，窝阔台汗时期的“迦坚茶寒宫”〔gegen čaγan ordun〕（《元史》），即元大都的大明宫及蒙古包的经营管理，蒙古包内部的后半部是主人的位置，西边是客人的位置，这和蒙古族尚右有关，东边是主妇的家务区，前半部是出入活动区。

第八，挖掘发现了八思巴字的文物和其他石碑等物品。

中国科学院考古研究所、北京市文物管理处元大都考古队相继发表了考古发现的重要成果：《元大都的勘查和发掘》《北京西绦胡同和桃园的元代居住遗址》《北京后英房元代居住遗址》等（《考古》，1972年第一期）。

元大都研究方面，侯仁之教授的《试论元大都都城的规划设计》（《城市规划》，1997年第三期）对元大都城设计程序的分析，提出八项设计条件，并指出元宫殿设计“布局稳定和谐，又富山光水色，规模宏伟，为历代宫城设计所未有，实属一重大发展”。

侯先生在文中全面总结了元大都规划设计发展史和对我国城市规划的重大贡献，并从道家思想角度分析了元大都规划设计。比如，把太液池（今北海公园）和海子（今积水潭）的广阔水域纳入城市核心，是道家“人法地，地法天，天法道，道法自然”的回归自然的思想反映。大都城设十一个门是道家的天数“五”和地数“六”相加之和为“十一”，这是阴阳和谐、衍生万物、天地合一的思想反映。

从蒙古族建筑学和蒙古族传统精神角度来探讨，则和道教学说大相径庭，蒙古族是崇尚大自然的民族，从原始的萨满崇拜敬仰日月山川的认识又提炼升华到了新的境界，是以朴素的“赖长生天之力”的哲理兴旺发达的民族，所以游牧文明的核心是人与自然的和谐统一。游牧文明把自然放在第一位，畜群为第二位，牧人是第三位。蒙古族和大自然是血肉相连的，是大自然的骄子。蒙古民族的居住环境如果没有山、没有水、没有草原，是难以生存的。蒙古族帝王建筑的历代都城——哈剌和林、上都、中都、白城子等都是靠山傍水，营造在山清水秀的地方，就是最普通的王爷府也营筑在当地景区。何况帝国首府的大都很自然要选择有山有水的地方，忽必烈把金朝避暑山庄万宁宫、太液池（今北海公园）和海子（今积水潭）纳入大都城内是很顺理成章的。

大都设十一门，是和蒙古族风俗习惯有关系的。蒙古族营造房屋城池忌讳设置开后门。蒙古族是非常讲究吉祥的民族，认为开后门是把从前门聚进来的福祉又从后门流散出去。

元大都北城墙中间不设门，左设健德门，右设安贞门，道理也许在此。也并非《农田余活》中所记录的“燕城系刘太保定制，凡十一门，作哪吒神三头六臂两足”，也不是道家的“五”“六”学说（请见本书《元大都的设计思想和规划探索》章节）。

侯仁之、邓辉二位先生的另一部大作《北京城的起源与变迁》（北京燕山出版社，1997年）全面系统地论述了从辽、金、元、明、清五朝以来的北京的巨大变化，是难得的珍贵著作。

侯仁之教授的有关元大都研究的另一部大作是《元大都城与明清北京城》，这是先生为中国科学院自然科学史研究所主编的《中国古代建筑技术史》城市建设章中所写的专题长篇。

文章系统地介绍了元明清三大首都北京城的演变与发展。

徐苹芳教授的《元大都在中国古代都城史上的地位》是为元大都建城720周年而写的一篇论文。首先肯定了元大都是中国历史上最宏伟的都城之一，给以后的北京城的发展打下了最坚实的基础。

中国建筑技术发展中心建筑历史研究所傅熹年先生的《元大都大内宫殿的复原研究》（《考古学报》，1993年第一期）、赵正元先生的《元大都平面规划复原的研究》（《科技史文集》，第二辑，1979年），这两篇论文的科学性、技术性都很强，根据史籍记载对元大都各宫殿做出了推算复原的结果。

傅熹年先生在书中指出："元朝的宫式建筑是经过金朝间接继承北宋宫式的，经金朝一百余年的发展，就有一些变化。元朝立国后进行了大量建设，建立了专为建宫殿而设的机构"宫殿府"，也必有像《营造法式》一类的建筑法规。清乾隆年间曾从《永乐大典》中辑出元代这类著作，定名为《元内府宫殿制作》，可惜得而复失，未能流传至今。我们目前只能通过用现存元代建筑的实测数据和《营造法式》相比较的方法来了解元代宫式建筑的特点，再利用它去推求大都宫殿的具体面貌。"据王灿炽先生的《燕都古籍考》记载，元代确是撰有《元内府宫殿制作》《皇元建都记》《大都路图册》等珍贵古籍，可惜已佚。可想而知，要营建大都这样的宏伟工程，没有设计图纸及精密策划是难以实现的。

经傅熹年先生的比较研究，得出元代建筑在比例上有很大变化，用材等级比宋代降低二至三等，分值就低于宋代。傅先生更是一步指出元宫制的一些特点。

1. 元宫在寝殿的左右各建东西寝殿，则为宋、金宫室所无，而是元代独创的。笔者认为这是蒙古包经营管理思想在土木建筑施工上的具体体现。

2. 元大内前宫和后宫差别不大，因元代帝后并尊，同御大朝，共商国是，为中国历代朝代所不同。笔者认为蒙古族是世界上最尊重妇女的民族之一，蒙古族妇女历来和男子地位平等，是生产劳动的主力军，战时承担运输物资、护理伤员、传递情报的工作。成吉思汗时代开始，皇后有权参加国家大事的讨论，蒙古民间故事和民歌中歌颂母亲、歌颂妇女的歌曲和故事最多。

侯仁之教授在大作《北京城的起源与变迁》第二章《北京建城之始》中对北京建城3040年的确定，提出了科学依据，他指出："由历史记载中我们知道，今天的北京城的前身，是西周初年周武王分封的蓟国的国都——蓟城，今天的北京城便是这个基础上发展起来的。只是到了东周的时候，蓟国被燕国兼并以后，蓟城转而成为燕国的都城，但是城址并没有变化。这就是说：北京建城的历史应该从周武王分封蓟国的时候算起。"

侯教授还强调："近年北京师范大学历史系的赵光贤教授，总结了中外一些重要的研究成果，利用天象和历法加以推算，又参考了历史文献和金文材料，最后推定周武王灭纣是公元前1045年，这个最新的研究结果已经被学术界的大多数人所接受，据此，北京建城的起始年代问题得到了比较圆满的解决。"

从公元前1045年蓟城初建，到1995年，正好是3040周年，2010年则是北京建城3055周年了。

陈高华教授的《元大都》一书是元大都研究的一个亮点（1982年由北京出版社出版，1984年日本东京中央公论社出版了由佐竹靖彦教授翻译的日文本，译者将原有的9张照片和图增加为44张，并加了文字说明。在原章节的总体安排上，根据内容将原七章扩充为九章。有原著的序文、译者所设序章和译者后语。1985年民族出版社出版了仁庆、斯庆朝克图翻译，卓日格图校译的《元大都》蒙古文版本，将原文9张照片和图缩减为一张元大都平面图）。

该书出版以后受到广泛的好评，蒙古文译本受到蒙古族同胞的欢迎，很快销售一空，日译作者佐竹靖彦在译者后语中说："《元大都》一书的确解答了我多年的疑问，而且为能够立体化地把握近世北京的定位提供了丰富的线索。"李治安、王晓欣教授在《元史学概论》中评价道："陈高华的《元大都》一书，可谓有关元大都研究的集大成者。既是一部较好的地方史，又是一部人文地理志。"

罗哲文先生是20世纪30年代"中国营造学社"唯一健在的社员，已过九十大寿，师从梁思成学习古建筑，新中国成立后曾任中国文物研究所所长。在其主编大作《中国古代建筑》（上海古籍出版社，2001年）一书中第172页简述了元明清建筑的特点，书中谈到元大都建筑时写道："在结构方面，元以前城门洞上部一般做成梯形，用柱和梁架支撑，从元代起已有一些城门用半圆形砖券，如1969年发掘的元大都和义门瓮城城门洞，是1358年（至正十八年）修建的，用四层砖券砌筑，不用伏砌，四券中仅一个半券的券脚落在砖墩台上，说明当时起券技术尚未完全成熟，是从唐宋以来"过梁式"木构城门发展到明清砖券城门的过渡形式，到了明清则全部采用砖券。"总结了元代到明清砖券门结构发展变化过程。

梁思成是中国建筑事业的泰斗之一，是著名的"中国营造学社"的骨干，1944年写成了《中国建筑史》，由于种种原因，作者谢世33年以后，由夫人林洙于2005年6月出版。在第七章元明清建筑第一节元明清宫殿建筑大略中讲述了元大都的宫殿情况。第二节元代实物中专门讲述了元代木构和元代砖石建物。

潘谷西教授主编的《中国古代建筑史》（元明建筑第四卷）对元大都城建和宫殿以及窝阔台汗营建的哈剌和林宫殿、忽必烈营建的开平宫殿都做了极其详尽的描述，指出元大都的布局与建设有以下特点：

（一）依托旧城建设新城。

（二）以水面为中心的城市格局。元大都规划最具特色之处就是以太液池水面为中心来确定城市布置的格局，这是一个大胆的创新，也使元大都在中国历代都城建设史上独具一格，而富有魅力。

中国建筑史上像元大都这样以广大水面为依据，环水建在宫阙和城市中心区的例子前所未有。

（三）适宜的规模和平整的格局。

（四）居民区和商业街市的分布，分东城、北城、西城、南城四区。

（五）城市引水、排水工程。大都城中，用水有四种途径：一是居民饮用水，主要依靠井水；二是宫苑用水，由玉泉山设专渠引至太液池；三是城濠水，也由西山引泉水供应；四是漕渠水。

潘谷西教授最后总结指出："总之，元大都规划与建设的最突出之点是融汉蒙两族文化于一炉，创造了一具有崭新风貌的伟大都城。它非但不是复《考工记》之古的都城典型，相反，倒是一个能充分因地制宜，利用旧城，兼收并蓄，富有创新精神的都城建设范例。"潘谷西教授的结论是非常有道理的。

近年来元大都的研究从元大都的布局、规模，宫殿的营造拓展到经济、政治、社会生活方面的研究。史卫民教授的《元代社会生活史》（中国社会科学出版社，1996年）和《都市中的游牧民——元代城市生活长卷》（湖南人民出版社，2006年）是研究反映元代蒙古族和元大都城市生活的两部历史巨著，重点揭示了游牧文化与农耕文化互相交融、互相学习所产生的社会效果。蒙古族是草原之子，住穹庐，食肉干，饮奶汁，骑骏马，他们的风俗习惯与城市居民的生活方式有天壤之别，驾驭草原的蒙古族统治者是如何营造和管理大城市的，作者从行政管理、生态环境、衣食住行等诸多方面做了详尽的描述。反映了蒙古族心胸开阔，善于学习其他民族先进的东西，也善于抛弃自己的陈规陋俗的品格。他们以“祖述变通，鼎新改革，宜新宏远”的改革精神，因事制宜地适应新的发展形势，终于开创了元大都在世界城市发展史中应有的历史地位。蒙古族从寒冷萧条的高原入主中原温暖繁华的城市，起初有许多格格不入的情况，从游牧生活向农耕文化的转变是一个飞跃，是一个进步。在此过程中，衣食住行和思想行为方面起了很大的变化。但蒙古族统治阶级经不起农耕文化的豪华奢侈的诱惑，个个走向腐化堕落，没有超越封建帝王周而复始的周期性灭亡的命运。

吴建雍研究员主编的《北京城市生活史》（开明出版社，1997年）题材新颖，内容丰富，在元大都史学研究中占有重要地位。

北京有三千多年的建城历史，在辽、金、元、明、清几个朝代成为中国的政治中心，所以北京是中华多民族文化融合的核心。《北京城市生活史》把北京建城以来的变化从城市管理、社会结构、民族、宗教、文化、人口、习俗、饮食等方面着手做了详尽描述和研究，其中从第二章元大都城市生活中，可以看到“思大有为于天下”的元世祖忽必烈的丰功伟绩，建大都、管大都，打下了今天北京发展的坚实基础。

这里需要提一下，元大都研究的两位新秀——王军和王彬，王军著有《城记》（生活·读书·新知三联书店，2003年），王彬著有《旧京街巷》（百花文艺出版社，2002年）。两个青年作者，宏观北京的过去和现在，展望将来，纵观北京旧城的改造、古建筑的保护、新建筑的规划安排（王军还把北京的城市规划和伦敦、华盛顿、罗马的城市规划做了比较），关心大城市历史变迁的诸多问题，以第一史料拥有者的身份，写出了非常翔实的文字，并且图文并茂，尤其集刊了昔日见不到的许多珍贵照片，基本上对北京城过去和现在的重大变迁做出了初步总结。

曹子西主编的《北京通史》（十卷，三百余万字）是当前研究北京的最具权威性的巨著，由十多位专家组成编写小组，侯仁之、单士元任学术顾问，陈高华、徐苹芳等为特邀编审。其中第五卷是专门讲述元大都的，共设十二章，对元大都的营造、管理、政治、经济、文化、民族民俗、宗教寺庙的来龙去脉及演变过程都做了详尽介绍，是目前元大都研究的最辉煌的顶点。本卷为北京市哲学社会科学规划"六五""七五"项目及国家社会科学基金"七五"赞助项目的子课题研究成果。

近年来元大都的研究成果喜人，从元大都的建制、规模、经济、文化、军事等诸多方面深入到社会生活的研究，可谓更上一层楼。

陈高华教授的《元大都的酒和社会生活探究》（《中央民族学院学报》，1990年第四期）对蒙古族酒的酿造史做了全面的分析，从奶酒到阿拉吉酒发展是中国烧酒的起源所在。果酒、药酒琳琅满目，不下百余种。是蒙古族对中华民族饮食事业的贡献之一。

蒙古民族是好酒的民族。蒙古族谚语说："没有酒，就没有宴席，没有歌，就没有欢乐。"酒和蒙古人结下了不解之缘，这与高原气候的寒冷和蒙古民族固有的英雄豪爽气概有关。大蒙古国二代大汗窝阔台就是因每日贪酒而英年早逝。元大都的帝王们好酒而喜好酒具，今天给我们留下了十分精美的金银玉制和青花瓷酒壶酒盘，竟成了绝世珍品。

关于元大都城市生活方面的研究还有闫崇年教授的《中国古代都市生活》（九州出版社，2009年），尚园子、陈维礼教授的《宋元生活掠影》（沈阳出版社，2002年）。这些著作都专开一章，从不同角度对元大都的礼仪习俗、宗教祭祀、行政区划、生态环境、民族婚姻、丧葬习俗、伦理道德、社会禁约等方面做了全面分析和介绍。

二、国外元大都研究情况

自从《马可波罗行纪》作为东方奇书传播于世界各地以后，引起了世界各国对元朝和元大都的向往和探索，对蒙古史、元朝史和元大都的研究逐步深入发展，涌现出了一批学者和研究作品。

西方研究元大都的第一人，应该是属于中西文化交流先驱马可·波罗先生，他来到元朝，在忽必烈身旁工作了17年之久，对忽必烈本人和宫廷生活多有描述。这段经历使他知道了许多从来不曾听说过的东方“天方夜谭”。他向欧洲和全世界介绍了当时高度发展的中国物质文明和精神文明，他的游记第二卷第81章《大汗的汗八里城》，第84章《大汗之宫廷》和第85章《大汗太子之宫》等文章就是专门描述元大都的宏伟雄壮，宫廷金碧辉煌、华丽荣贵的情景。如《大汗之宫廷》一章中写道：“应知大汗居其曰汗八里之契丹都城，每年三月，即十二月、一月、二月是已；在此城中有其大宫殿，其式如下：周围有一大方墙广大，高有十步，周围白色，有女墙。此墙四角各有一所，甚富丽。”“君等应知此宫之大，向所未见。宫上无楼，建于平地，惟台基高于地面十掌。宫顶甚高，宫墙及房壁满涂金银，并绘龙、兽、鸟、骑士形象，及其他数物于其上。屋顶之天花板，亦除金银及绘画外别无他物。大殿宽广，足容六千人聚会而有余，房屋之多，可谓奇观。此宫壮丽富赡，世人布置之良，诚无逾于此者。顶上之瓦，皆红黄绿蓝及其他诸色。上涂以釉，光泽灿烂，犹如水晶，致使远处亦见此宫光辉。应知其顶坚固，可以久存不坏。”以上描述基本上和元大都诸宫殿的情况相吻合。（以上诸文引自冯承钧译，党宝海新注《马可波罗行纪》，河北人民出版社，1999年版，第309—310页）

元大都是至元四年（1267）开始动工，150余万军民日夜施工，用了18年时间，到至元二十一年（1284）全部完工的一座古老而年轻的城市，以它富丽堂皇的外观和宏大的规模矗立在亚洲的中心。这位雄才大略的元世祖忽必烈此时已征服南宋，平定大理和吐蕃，踌躇满志，睥睨东南亚，又觊觎西方，欲知欧洲方面情况，于是在至元十一年（1274），派精通蒙古语、汉语、波斯语、俄罗斯语和欧罗巴等各种文字语言，知识渊博的基督教徒扫马和随从马可·波罗出使西欧，经叙利亚、巴格达到达英国和法国。扫马和马可·波罗是同一时代的人，马可·波罗在至元十二年（1275）走向东方，扫马虔诚地宣传介绍各自国度的文明和生活方式。扫马是向西方介绍元大都的宏伟建筑、富丽宫殿的第一人，也是元朝第一个西进的开拓者，可谓意义重大。宝毅、于新粒二位先生写的《元朝西游记——扫马西行》一书（宗教文化出版社，2003年）是以传记文学手法写的颇有研究价值的作品，详尽地介绍了元大都文化经济、宗教生活的方方面面。

20世纪二三十年代法国人普意稚、英国人沙利宁、瑞典人喜仁龙等都对元大都进行过测量研究。日本学者那波利贞写了《辽金南京燕京故城疆城考》（原文刊于北平燕京大学出版的《燕京学报》第五期）。

瑞典美术家奥斯伍尔德·喜仁龙先生的《北京的城墙和城门》（中文版许永全译，宋炀冰校订，北京燕山出版社，1985年）初版于1924年在伦敦上市时，周谷城教授和侯仁之教授都写了热情洋溢的序言，肯定了他的做法和成果。喜仁龙先生在原序中写道："我所以撰写这本书，是鉴于北京城门的美。""对北京城门艺术风格的兴趣，使我渐渐产生一种愿望，即了解一下它们作为古迹的重要意义，进一步研究它们的修建史与历代沿革。"喜仁龙先生测绘的城门和城墙中包括经明清两朝修复的元大都四门，即齐化门（今朝阳门）、崇仁门（今东直门)、和义门(今西直门)、平则门(今阜成门)和东西两面城墙，留下的元大都遗址大气壮观，供作研究之用。喜仁龙先生的原书实为从美术家角度出发编辑的摄影图册，文字只是图片的说明而已，他在结束全书时曾用带有几分惋惜的口气写道："这些奇妙的城墙和城门，这些绚丽多彩历史的记录者，它们的丰姿到底还能维持多久呢?"果然不出所料，今天北京城的城门和城墙除东南角楼以外，在"文革"中，元大都城墙、城门已被铲除干净。所以喜仁龙留下的精美照片和实测图纸，更显得十分珍贵，喜仁龙先生的功劳将永垂千秋。

英国建筑家协会会员、中国建筑史研究专家安托里·鲍特撰写的《中国建筑和都市》(日本鹿岛出版社，1955年)在第四章住宅庭园和人工景貌一节中专门介绍了宋元以来的历史建筑。

对蒙古学和元大都的研究在国外研究最活跃、最有成果的是日本。日本从19世纪开始和广泛研究蒙古学相结合，开展了元大都研究工作，先后发表了综合性和专题研究成果，收获颇丰。

日本京都大学文学部教授、日本天皇紫绶勋章获得者杉山正明是当代日本蒙古史和元大都研究的佼佼者。他以懂得多种语言的优势，把民族学、社会学、语言学、历史学结合起来，做综合性研究，突破了断代与区域性研究的局限性，对蒙古学和元大都研究方面做出了重大贡献。

杉山正明是日本元大都研究领域的多产专家之一。

他的名作有《大元朝兀鲁思首都圈》《忽必烈和大都》《蒙古帝国的首都和首都圈》等著作(梅原郁编《中国近世都市和文化》专集，京都大学人文科学研究所，1984年)，对元大都的建成和发展做了系统的论述：他认为由于历史的偏见和语言方面的限制因素，对蒙古族的兴起发展，有"黑暗落后，野蛮杀虐"等不实之词。实质是吹嘘西方中心论的产物。从成吉思汗建立蒙古帝国到忽必烈营建大都，是打破东西方隔阂，使东方文明和西方文明互相交流融合大发展的时代，元大都的营建使中国经济繁荣、科技发展达到了新的历史阶段。

岩村岩教授的《元大都》和受宕松男教授的《元大都》（以上两文刊登于日本《蒙古》专刊115卷，1942年《历史教育》12—14卷，1966年），从不同角度对这座13世纪世界名城做了肯定的评价。对元大都城建研究方面进行论述的还有渡边健哉先生的《关于元代大都南城》（《集刊东洋学》82卷，1999年）和驹井和爱先生的《关于元朝上都和大都的平面设计》等文章。

日本学者多田负一先生于20世纪30年代定居北京，专门研究北京地名，撰写了大作《北京地名志》，原文于1944年由北平新民印书馆以日文版出版。作者对元代大都遗留下来的地名特别做了一番考察，作者讲北京历史有“达子馆，达子营（达智营），骚达胡同，骚达子大院，达子庙，达子桥（达智桥），蒙古府等，达子也书作韃智，即蒙古人”。作者又接着写道：“从这个具有蒙古人部落的意思的达子营、达子胡同等散在的情况看，可以知道，从元大都以来，北京和蒙古的关系是极深的了。”（该书57页、58页）另外也详尽地介绍了元代的白塔寺、青塔寺、铁影壁、砖塔胡同的过去和现在。

韩国国立文浦大学人文科学研究院教授、中国中央民族大学中国少数民族研究中心兼职教授崔敬吴在北京工作多年，专门研究元大都七百余年遗留下来的胡同。崔敬吴教授写了专门研究北京胡同的大作《北京胡同变迁与旅游开发》（民族出版社，2005年）。他的研究不同于别人，专门从文化人类学的视角去探索，全面、系统、深入地论述了元大都胡同文化的历史由来、发展演变和未来的走向。提出了胡同由民居文化向民间文化遗产保护与开发发展的新思路。

崔敬吴对胡同的蒙古族文化特点是这样描述的：“元大都的胡同名究竟叫什么，今天已基本无法知道了。可以证实的是西四南的砖塔胡同从元朝叫到今天，一直没变。今东城景山地区美术馆后街北端东侧的利薄营胡同，以前称‘喇嘛杨家胡同’，喇嘛〔lama〕是蒙古语借自藏语〔lha ma〕的词，是对藏传佛教高僧的尊称。元代蒙古族崇尚藏传佛教，大都有‘喇嘛大院’‘喇嘛寺’多处。喇嘛杨家胡同就是喇嘛居住之处。在西四南大街西侧的羊肉胡同，以前称为北褡裢胡同。在蒙古语中，褡裢〔dalian〕是两头装物件的口袋，可以搭在肩上。由蒙古语衍生的‘喇嘛胡同’‘褡裢胡同’很可能是元代大都胡同名称的遗存。如果这一推测成立的话，那么元大都‘火巷’与‘胡同’的区别在于‘胡同’大多用在蒙古语借词命名的街巷。”这是很中肯、科学性的结论了。

元大都始建于元世祖至元四年（1267），至今已有七百余年的历史了。元大都昔日的辉煌，吸引着国内外无数研究者的兴趣，元大都是中国城市建设史上的一个发展高峰。难怪中外建筑学的顶级专家们给予最高级别的评论。潘谷西教授在《中国古代建筑史》中指出：“大都的建设是元代城市建设和建筑成就的典型代表。它的宏伟的规模，严整的规划，完善的设施体现了一个强大帝国首都的气势风貌。”主持美国故都费城城市规划20年之久的培根年说：“在地球表面上人类最伟大的单项工程，可能就是北京城了。这个中国城市是为封建帝王的住所而设计的。企图表现出这里乃是宇宙的中心。整个城市深深沉浸在礼仪规范和宗教意识之中……它的（平面）设计是如此杰出，这就为今天的城市（建设）提供了丰富的思想宝库。”无疑，这些专家的论述都是符合当时具体情况的。

在我国改革开放的大好形势下，元大都研究工作正在蓬勃发展。一座元大都，其分量是半部元朝史，为推动中国的历史进程和世界的进步产生过重大影响。我们展望未来，随着元上都申请进入世界文化遗产的成功，元上都和元大都将会成为“元上都学”和“元大都学”登上国际蒙古学研究的辉煌殿堂。

第五章　盛名之下金碧辉煌 世人注目宫殿美 众人惊叹穹庐辉

第一节　元大都的历史地位

忽必烈遵循成吉思汗的遗愿统一中原，结束了自唐末以来五百余年的封建割据分裂状态，建立了中国历史上统一的多民族国家——元朝，它不但是“一切蒙古君主的君主”，而且是第一个由少数民族执政的统一国家。但元朝的“中国”概念比较宽阔，它不是指原来黄河流域的“国中之国”的中国，而是包括漠南漠北和现在中国故土以及中亚、东亚大片土地，是中国历史发展中的领土面积最大的重要朝代。

元朝对横跨欧亚的四大汗国也有宗主权，因而形成了两大特点：第一是地区辽阔，第二是民族众多。忽必烈薛禅汗清醒地认识到，要驾驭这样的国家，要有一个政治中心。窝阔台可汗时期的哈剌和林，自己称帝的上都，已不适应新兴强大蒙古帝国的发展了：一是作为帝国的首府地理位置偏北，二是经济不发达，三是交通不便。因而忽必烈决定在金中都东北选新址营建元大都城。

当时蒙古帝国的政治中心南移是时代的要求、发展的需要，也经过了蒙古贵族革新与保守两派的激烈斗争。少壮派霸突鲁认为："幽燕之地，龙盘虎踞，形势雄伟，南控江淮，北连朔漠，且天子为居中，以受四方朝觐，大王果欲经营天下，驻跸之所，非燕不可。"[①]著名汉族谋士郝经也建议，"燕都东控辽碣，西连三晋，北负关岭，瞰临河朔，南面以莅天下"[②]，更何况"燕见自古霸国，虎视中原，为万世之基"[③]，这些英雄豪杰们都看中了幽燕这块宝地。看准了它的"内跨中原，外控朔漠"的军事战略地位和"鱼盐枣果之饶"的富庶的自然条件。但是蒙古族保守势力却极力反对，派遣使者质问忽必烈："本朝旧俗，与汉法异。今留汉地，建都邑城郭，仪文制度遵用汉法，其故何如？"[④]忽必烈在社会的前进与倒退两者中选择了前者。忽必烈头脑清醒、旗帜鲜明地抗拒来自保守势力的威胁，甚至不惜大动干戈，依然营建了当时世界上最大最繁华的都城——元大都。从此中国建都史上展开了新的一页，元大都成了中国的心脏，促进了军事、政治、经济、文化上的飞跃发展，对伟大中华民族的发展做出了卓越的历史贡献。它的历史地位应该给予充分的肯定。

一、元大都是北方游牧各民族和中原各民族相互融合的凝聚点

13世纪中叶蒙古族入主中原的目的，已不像初期以掠取财物和人口为主，而是要征服中原、扩大领地，所以不存在再建国家的问题。忽必烈只是为了更有效地统治广大中原地区，至元八年（1271）易蒙古国为元朝，蒙古内部则仍称"大元蒙古"或"蒙古帝国"。忽必烈建筑元大都以后成功地解决了北

---

①《元史》卷一一九，《木华黎传》。
②《郝文忠文集》卷三二。
③《三朝北盟会编》卷二四二。
④《元史》卷二二五，《离智耀传》。

方少数民族贵族统治阶级入主中原地区后遇到的三大矛盾，即多民族、多宗教和游牧文化与农耕文化的矛盾，忽必烈的方针是民族关系上承认多民族的存在，尊重他们的语言文字、风俗习惯、宗教信仰，一视同仁。宗教关系上也承认多民族宗教的存在，采取“信仰自由，各教兼容并蓄”的政策。在游牧与农耕文化的矛盾上采取“坚决保护农业，严禁圈占农田，重农桑”的政策，以长城为界，南耕北牧。执行“重农桑，宽赋敛，省徭役”措施，使农业生产得到发展。忽必烈看到营建元大都成功，各项事业突飞猛进，曾十分感慨地说过：“朕居此以临天下，霸突鲁之力也。”[①]同时对博大精深的汉族文化的冲击采取了“蒙古中心”策略，保留了蒙古传统法规，保证蒙古贵族的特权支配和蒙古、汉及其他各民族的多元化结构，逐步缓和消减了历史上多少年来沉积的民族间相互隔阂、歧视、仇恨的关系，以蒙古族统治阶级为主，各民族之间出现了比较和谐融洽的新面貌，第一次开创了中国历史上各民族在安定和平的条件下共同发展的新局面。元大都是一个新兴的城市，商业繁荣，人口众多，也是全国各民族成员聚集生活的地方。当时在元大都的少数民族以北方民族为主，主要有契丹、女真、西夏、突厥、回鹘、渤海、维吾尔、藏族、回回、蒙古族、高丽和波斯人，他们主要在元大都为官，从军、经商、从艺、侨寓、传教。忽必烈主张“蒙汉亲处”“民族通婚”，尊重各民族的婚俗，两个民族的青年结婚以男方民族婚俗为准，促进各民族关系的融洽、平等。

在元大都聚集了信仰各种宗教的民族，基督教、伊斯兰教、道教、佛教、儒教、景教等，荟萃于元大都。佛教是元廷的国教，大都内建有许多宏伟的寺院，如忽必烈薛禅可汗至元九年（1272）建筑的大圣寿万安寺，即现在的白塔寺。札丫笃

① 《元史》卷一一九，《木华黎传》。

汗图帖睦尔天历二年（1329）建筑的大承天护圣寺，即现在的卧佛寺，兀哈笃可汗妥懽帖睦尔至正六年（1346）建的法明清真寺，即现在的东四清真寺等诸多庙宇。元大都建有许多宏伟的教堂庙宇，有很多信徒。不同民族、不同宗教的各种风格、各种形式的宗教建筑是元大都的独特风光之一。

由于忽必烈开放的民族政策，元大都各级衙署官员的任用并非全部清一色的蒙古人，有才华的各民族的能人贤达都被安排至“达鲁花赤”（官员）的位置，如回回人阿合曼，藏族八思巴，尼泊尔人阿尔尼哥，色目人也黑迭儿，女真人高觿，意大利人马可·波罗，维吾尔人廉希宪，汉族鲁世荣、王统、郭守敬等。汉族刘秉忠、史天泽和契丹人耶律铸（元朝开国元勋之一耶律楚材后裔）升到了权力的顶点，曾担任过中书省丞相。除此以外，还有许多下级官员，他们都是转动庞大帝国机构的中坚力量，这种民族开放政策不但促进了蒙古族本身的发展，也促进了各族人民的相互信任和友好相处，共同向先进的汉族文化学习。忽必烈营建元大都，除蒙古族以外，还有许多包括汉族和其他各族劳动人民、工程人员献出了自己智慧和血汗。管理元大都这样的大城市，需要向善于建筑都邑城郭，精于管理的汉族学习，这个过程中蒙古族和其他少数民族文化与汉文化互相渗透，造就了元大都的光辉历史。从此以元大都为中心，出现了北方游牧各民族和中原各民族的相互融合的新状况，营建元大都至元朝灭亡的百余年的时间中，各民族的文化有了不同程度的发展。也有融合交流。蒙古文被誉为国字，元朝官方文件多是用蒙古文或蒙汉文并用写成的，还有出现了“蒙古式的汉文”——硬译白话（即元代白话）。这就是蒙古文化和汉族文化交融的实例。除蒙汉文两种文字以外，藏文、维文、波斯文得到普遍使用和推广。最突出的是在文化交融方面，也为中国各民族文化相互学习交流奠定了坚实的基础。其中最大亮点是忽必烈这位拥有雄才大略的帝王，异想天开地想创造“各民族通用的国字”（以汉、蒙古、藏、契丹、女真、维吾尔语族为主），至元六年（1269）推广使用吐蕃高僧学者八思巴创制的蒙古新文字。在元大都的蒙古族和其他各族官员积极学习汉语汉文，服务于朝廷的汉族和其他官员也积极学习蒙古语、蒙古文。如虞集、贾居贞、廉希宪、张文谦、管如德等汉族官员都能用蒙古语熟练地会话、书写蒙古文。虞集能够用蒙古语给贵族子弟讲解“四书”“五经”。首先忽必烈本人懂汉语汉文，能用汉文书写诏书，并能写一手好字好诗，他的墨宝诗文一直流传至今。元朝其他皇帝，如格坚可汗硕德八剌、札丫笃汗图帖睦尔、普颜笃可汗爱育黎拔力八达、兀哈笃可汗妥懽帖睦尔等都是能驾驭蒙汉文字的才子。

元大都的一大批蒙古族学者，如希日布曾格、乔吉斡斯尔、楚伦大希、斯亲丁等，从汉文、藏文、梵文中翻译了不少文学、哲学、宗教精品。汉文经典“四书”“五经”、《资治通鉴》，印度梵文巨著《大藏经》，藏文名著《苏布喜地》就是在这时得到蒙译并在元大都刊印的。忽必烈将蒙古文《资治通鉴》分发给主要文武官员，以求以史为鉴，勤于治政。蒙古族文学家杨景贤所著的《西游记》等十余种杂剧一直流传至今。在元大都为官的蒙古族翻译家察罕精通各种文字，将蒙古文的《圣武开天记》《蒙古秘史》《太宗平金始末》等译成汉文。

在大都的其他少数民族学者对各民族的文化交流、融合也做出了巨大贡献。维吾尔诗人贯云石，维吾尔史学家海牙、廉惠山，维吾尔书法家廉希贤，维吾尔翻译家安藏等把汉族经典《贞观政要》《尚书》《资治通鉴》《本草》等译成了维文。翻译家必兰纳识里将汉文、梵文、藏文佛经主要经典也译成了维吾尔文。

在元大都的回族书法家康里巎巎、画家高克恭、曲艺家马九泉等对各民族的文化交流做出了重大贡献。回族天文学家札马鲁丁制造了浑天仪等观测仪器，其作品有《万年历》。回族医学家萨德弥实等有《瑞竹堂经验方》等医学专著。回族科学家瞻思精通水利、数学、天文、地理等多种学科，著有《镇阳风土记》《西国图经》等科研专著。著名的汉族水利大师郭守敬治理金水河、修通惠河，使南北运河直达元大都市区海子码头，解决了“南粮北调”重大课题并创制了当时居世界领先水平的《授时历》。

元大都作为统一的多民族国家的首府，名副其实地成了全国各民族文化教育中心，国家级教育机制的设置超过了中国历代任何王朝。元大都设立了全国最高学府蒙古、回回、汉族三种国子学，主要目的是为元廷培养骨干力量，同时也促进了各民族的文化交流，为各民族多元文化的共同发展创造了良好的基础。国子学最初建于窝阔台可汗六年（1234），蒙古国子学建于至元八年（1271），回回国子学建于至元二十六年（1289），学生来自蒙古、汉、色目等民族，学习蒙古、汉、亦思替非文（即波斯文），课程有“四书”“五经”、《通鉴节要》等，结业合格者分配为各级官员或“怯里马赤”（即译员）。这种开放的文化教育政策，疏通了各民族间交往的障碍，尤其回回国子学的创立对开发西域起到了巨大作用。

除国子学以外，元大都还有三处著名理学书院：大都太极书院、昌平谏议书院和房山文靖书院。大都太极书院是元廷建立的第一个书院，创立于窝阔台可汗八年（1236），也是北方地区传播理学的中心。其他两座是元文宗天历年间（1328—1330）创立的。

以上诸多实例充分说明元大都在中华民族文化领域里的领先地位，驾驭庞大帝国的基础是各族文化铸造起来的。艺术家皇帝图帖睦尔天历二年（1329）筹建了闻名的奎章阁，是珍藏文物、研讨文化艺术的天堂。《蒙古秘史》就曾珍藏于此阁，这里多次召开过全国的文学艺术大会。

史书上经常提到元朝采取了“四等人”政策，元大都是这个政策的发源地。它具体体现在官员的录用上，但直到目前，这一制度的官方文件尚未见到。这是以蒙古贵族统治阶级的“蒙古中心”特权思想和行为自然造成的歧视事实，中国封建社会历史上统治民族对其他被统治民族的政治压迫、文化歧视、经济剥削总是存在的，元朝也不例外。其实在元大都的蒙古贵族统治阶级对本民族劳动人民的剥削奴役也是存在的。元大都街头“穷汉市”中以出卖苦力为生的也有蒙古族贫苦流浪者，蒙古话所说的“哈拉出”（黑头百姓）就是包括他们的。在元大都的汉族官员、地主、巨商对本民族和其他民族的劳动群众的剥削压迫同样也是存在的。但元大都的民族关系、文化关系，总的说来，处在平衡状态，在封建社会达到这种状况是难能可贵的。如前所述，有才华的各族人士受到元廷重用的机会非常多。

中国历史上北方游牧少数民族总是向南方中原农耕地区入侵，而入主幽燕地区的北方少数民族中出现了一个奇特现象：在幽燕地区建立陪都南京的契丹族，建立都城中都的女真族，包括以后建都北京的满族，一旦失去都城，便走向了全民族的分化，溶化于汉民族的汪洋大海之中。只有蒙古族例外，当明军前锋兵临城下之时，从容不迫地退出元大都，回到了漠北发祥之地。实际上，元朝灭亡以后，漠南漠北仍是蒙古民族奔驰的天地，所以李治安教授说：“蒙古人亡国而未绝种，丧权而未灭族。”[①]其中奥妙何在？马克思说：“野蛮的征服者总是被那些他们所征服的民族的较高文明所征服。”[②]恩格斯也论述道：“每一次由比较野蛮的民族所进行的征服，不言而论阻碍了经济的发展，摧毁了大批的生产力。但是在长期的征服中，比较野蛮的征服者，在绝大多数情况下，都不得不适应征服后存在的比较高的经济情况；他们为被征服者所同化，而且大部

① 李治安：《忽必烈传》，第791页，人民出版社，2004年。
②《马克思恩格斯全集》第九卷，第247页。

分甚至还不得不采用被征服者的语言。”[①]那么契丹族、女真族、蒙古族是“野蛮的征服者”吗？如果是，蒙古民族就突破了这个论点。遵循成吉思汗的《必力克》垂训，以“蒙古中心”思想为核心，保留成吉思汗时代忽里尔台、怯薛、札鲁忽赤、达鲁花赤、分子（即投下）和蒙古帝王继承制。始终保持蒙古民族特性，即保证了蒙古母语语言文字的纯洁性、居住地区的独立性、风俗信仰的继承性。忽必烈虽然营建了雄伟的元大都城、巍峨的宫殿，但仍然保留祭奠于二山三江流域（肯特山、杭盖山和鄂嫩河、土拉河、鄂尔浑河）的成吉思汗四大斡耳朵并派自己的嫡系严加守卫。更重要的是游牧经济文化的存在保证了蒙古族一代一代生息繁衍的重要条件。

蒙古民族历来对传统游牧文明充满自豪和优越感，热爱本土文化，称苍天为父亲、大地为母亲，这正是代代哺育蒙古民族的摇篮。蒙古族只有一个信念，那就是千百年以来崇仰的成吉思汗《必力克》。

成吉思汗《必力克》中写道：“由于伟大的主的仁慈，使用了这些律令，并推行了这些必力克，因此使我们的安宁、欢乐和自由的生活一直继续到现在。将来，直到五百年、千年、万年以后，只要嗣承汗位的后裔们依然遵守并永不改在全民族中普遍沿用的成吉思汗的习惯和法令，上天将佑助他们的强国，使他们永远欢乐。”[②]美国学者罗沙比说：“（蒙古族）在中原建立了一座首都，支持中原宗教和文化，并且为朝廷设计出合适的经济和政治制度。然而，他并未抛弃蒙古传统，保持着大量的蒙古习俗。”[③]这是比较中肯的评价，合乎历史的实际。各民族的文化交融历来是双向的，蒙古族入主中原建元大

---

① 恩格斯：《反杜林论》。

②〔波斯〕拉施特：《史集》，第一卷第二册，余大钧、周建奇译，第354—355页，商务印书馆，1983年。

③《剑桥中国辽金史》，第561页，中国社会出版社，1998年。

都城，必然要受到汉文化的影响，只是接受和同化程度不同而已，并非完全倒向汉法典制，也不是固执地坚持“马上得之，马上治之”，这是完全遵循成吉思汗《必力克》的前提下，接受汉族先进文化，服务于元廷。蒙古族是世界上最开放的民族之一，以爱接受新鲜事物、爱学习而著称于世的。忽必烈营建元大都以后仍坚持“蒙古中心”，遵守祖宗法度，以“黄金家族”“大根脚”为核心的皇亲国戚、开国元勋子弟组成了庞大帝国的支柱。推行了“蒙古有别，蒙汉两制”的政策〔有的学者称之为“蒙汉二元化”政策（格鲁塞教授），“内蒙外汉”政策（李治安教授），“夷夏并用”政策（陈高华教授），“蒙汉杂糅的四不像的政治体制”（倪健中教授）〕，获得了丰硕结果。这就是蒙古族入主中原，营建元大都，丢失元大都以后仍衍生发展至今的奥秘所在。

二、元大都是中华民族文化和世界文化商贸交流的中心点

元大都不但是中国文化、宗教、经济中心，也是世界文化、商贸交流、融合的中心点。蒙古族是非常崇尚文化科学和尊重人才的民族。忽必烈成功地解决多民族、多宗教和农牧三大矛盾以后，新兴的城市元大都充满了活力，以雄伟的步伐进入中国历史的舞台，走向了13世纪世界城市最辉煌的顶点，引起了全世界的注目。

元大都作为元朝最大京城和世界闻名的商业贸易中心，它首先占据了商业领先地位，商业店铺、戏馆酒楼林立，百货云集。除鼓楼、斜街、羊角市场、枢密院角市场四大市场以外，还有三十多处货物集散之地。斜街（今鼓楼西大街）是元大都最繁华的商业区，因设有南北大运河的终点海子码头，南北货物多在这里吞吐，有皇亲国戚、功臣大将、中外巨商、高官富人所需要的高档商品，如金银珠宝、玛瑙、沙刺（蒙古语，珊

瑚)、蒙古贵族炫耀佩带的昂贵的镔铁腰刀和波斯、欧洲、东南亚、非洲海岸等地的奢侈品以及普通居民所需要的盐、粮食、煤等日用百货。元大都外商以波斯、阿拉伯、高丽、欧洲和东南亚商人为主，他们主要输出布匹、绸缎、茶叶、糖、瓷器、皮货、中成药材、纸墨书籍、马匹、铁制品和手工艺品、进口毛织品、珠宝、人参、香料、地毯、铜器、象牙以及稀奇古怪的高档奢侈品。在《马可波罗行纪》中写道："凡是世界各地最有价值的东西也都会集中在这个城里，尤其是印度的商品，如宝石、珍珠、药材和香料。契丹各省和帝国其他地方，凡有值钱的东西也都要运到这里，以满足来京都经商而住在附近的商人的需要。这里出售的商品数量比其他任何地方都要多，因为仅马车和驴马运载生丝到这里的，每天就不下千次，我们使用的金丝织物和其他各种丝织物也在这里大量的生产。在都城的附近有许多城墙围绕的市镇。这里的居民大多依靠京都为生，出售他们所生产的物品，来换取自己所需的东西。"这是对元大都商贸繁荣的真实写照，马翁对来自欧洲、亚洲的众多商队和四方使者络绎不绝的盛况也有精彩描述："每个城郊在距城墙约一英里的地方都建有旅馆或招待骆驼商队的大旅店，可提供各地往来商人的居住之所，并且不同的人都住在不同的指定的住所，而这些住所又是相互隔开的。例如一种住所指定给伦巴人，另一种指定给德意志人，第三种指定给法兰西人……每当有外国专使来到大都，如果他们负有与大汗利益相关的任务，则他们照例是由皇家招待的。"当时大都有名的产业有官营、民营两种，主要有制革、皮毛、炼乳、制毯、阿拉吉（酿酒）和军需品刀箭盔甲之类。《危太朴集》卷九中曾记录元大都商贸盛况："四方之士，远者万里，近者数百里，航川舆陆，自东西南北而至者，莫有为之限隔。"

成吉思汗时代打通的欧亚大陆桥，经窝阔台可汗苦心经营，到元朝以元大都为中心的站赤（驿站）制度空前发展，可谓四通八达，以元大都为终点的运河、海洋运输业也迅速发展，更加促进了世界各地的文化商贸交流。我国伟大的四大发明——罗盘、火药、造纸、印刷术和元大都发行的纸币——中统交钞也第一次传到欧洲，引起一场改革沉重金属币的浪潮。同时西方的机械铸造、天文、医学、测量学、气象学也传入中国，对东西文化互相学习、交流融合起到了积极的促进作用。

三、元大都是中国建都史上的光辉点

元大都奠定了今天北京城的基础，元大都当时不但是中国最大最繁华的城市，也是世界上所公认的最大城市。它的图纸规划具有科学性，建筑规模、布局安排、建筑艺术充分利用了地理条件和先进管理，不仅在中国都城建筑史上无比辉煌，而且在世界都城建筑史上占有不可磨灭的重要位置。它的最大特点是规模宏伟、规划整齐，有高峻的城墙和角楼，具有蒙古族和其他民族形式的宫殿，雄伟肃穆的寺庙，美丽的万岁山和太液池，皇家园圃和动物园，宽敞整齐的街道和扬名中外的胡同。

元大都始建于至元四年（1267），用了18年时间才全部竣工。方圆30公里，总面积为5000多万平方米。至元八年（1271）命名为大都，是元帝国的首都，元朝晚期人口达到了150万左右。

元大都不是旧城改造，是在没有任何建筑物的金中都东北选新址筹建的。动工之前精密勘测，定了城市中心点和中轴线（蒙古族建筑学称之为“肚脐眼点”和“肚脐眼线”），所以它的街道、市场、寺庙、衙署、居宅区安排在南北中轴线两侧，整齐划一、经纬分明。大街24步①（合36米多）、小街12步

---

① 步为营建元大都时特定的计量单位，一步等于五尺，一尺等于0.308米。

（合18米多）、胡同6步（合9米多）。今北京街道也延续了这种规划。难怪马可·波罗在其大作《马可波罗行纪》中写道：“街道甚直，此端可见彼端，盖见布置，使此门可由街道远望彼门也。”“全城地面规划有如棋盘，其美善之极，未可言宣。”①

城市的三分之一前半部是皇城，是元帝国的中枢神经，周围是中书省、枢密院、御史台等重要衙署，并把优美的自然风景万岁山（琼华岛）、太液池纳入皇城范围之内，和园圃动植物园组成皇家御园。皇家宫殿的内部和外部设计都具有草原民族特色，宫殿外部是由蒙古族崇尚的红、黄、白、蓝、绿五种颜色搭配而成，显得高贵荣华。金碧辉煌的宫殿群，红色宫墙和绿色园圃，荡漾的湖水形成非常和谐的风景线。这是和蒙古族热爱大草原、山川森林、大自然的禀性有关，是一种独一无二的精湛设计。

皇宫的建筑理念是仿“巴托恰哈特”——永固结扣“工”字形而建的，象征吉祥牢固万世坚固。汉族建筑学家则称为“工”字形建筑（现在鄂尔多斯成吉思汗陵中的前小后大葫芦形帐包“朝木楚格”大殿就是对这种建筑形式的继承和发展）。内部装饰以蒙古人的习俗、宗教、欣赏习惯为依据，柱子上雕金龙骏马纹，地板着草绿油彩，墙上绘有蒙古包“哈那”（围毡支架）方孔图案，夏季挂纳失失帷帐，冬季以黑貂皮、银鼠皮帐保暖（笔者曾见蒙古国首都乌兰巴托八世哲布尊丹巴冬宫中有巨型蒙古包披有黑貂皮帷帐，这也是对元大都宫殿的继承和发展）。元大都还有许多其他蒙古民族特征的宫殿，能容千余人宴饮之处的失剌斡耳朵（黄色帷幄殿），用马鬃马尾编织的夏宫鬃毛殿，用水晶石制作的水晶宫，用玉石制作的宝殿，达赖察罕（大型蒙古包），恰恰尔斡耳朵（大型帷

① 冯承钧译：《马可波罗行纪》。

幄殿）。忽必烈在大都最喜欢居住的紫檀殿，则是全部用名贵的紫檀木建成的。此外还有汉、藏、回族和波斯风格的建筑群起落交错，形成具有东方各民族风格的大城市。元大都皇城总面积方圆10公里，约620万平方米，其中宫殿区70—140余万平方米，和世界著名皇城相比较的话，法国卢浮宫仅占元大都皇城面积的1/4，英国的白金汉宫仅占1/10，号称欧洲最大的俄罗斯宫城克里姆林宫才占元大都皇城的1/2。从大都城设计规模和宫殿设计的气派都可以看到忽必烈的宽阔心怀、雄伟气度以及蒙古族宫殿艺术和中国各民族建筑艺术相结合的光辉点。

世界著名建筑与城市规划学家、丹麦建筑学家罗斯穆森在他撰写的《城镇与建筑》一书中写道："整个北京城（平面设计）匀称而明朗，是世界的奇观之一，是一个卓越的纪念物，一个伟大文明的顶峰。"从元大都到北京城的演变反映着中国封建时代元、明、清三个朝代传统文化的高度发展，也反映着蒙古、汉、满三个民族帝王将相的统治才能和以蒙古、汉、满族为主的中国各民族劳动人民的智慧和创造才能。北京是一座中华各民族的博大精深的博物馆，是我们各民族珍贵的历史文化遗产。

多少年来，有些学者认定北京建都是从金朝中都开始，这实在是一个历史的误区。

金朝中都和北京无缘，中都是金朝海陵王完颜亮贞元元年（1153）迁都原辽朝陪都南京城，易名为中都，历史上才有了中都之称。金中都和元大都虽近在咫尺，相隔一条莲花河，但两个都城是两种概念，是在两个不同朝代营建的两个不同性质的城市。金中都前身为南京，自唐朝以来在不同朝代、不同历史时期，都有不同的名称：幽州、析津府、燕山府、燕京、南京、中都。而且那时北京这个名称尚未诞生，北京是燕王朱棣"靖难之变"登上皇位后，明成祖永乐元年（1403）从南京迁都元大都，易名为北京，世界上第一次才有了北京之称。

元大都是至元四年（1267）开始营建的崭新城市，是中国第一个由少数民族实现大统一的国家首都，版图之大无可对比，是完整江山之都，不能和旧城改造的半壁江山的金中都混为一谈。元大都是真正的今天北京城的前身，今后应以元大都的始建为北京定都之始，才合乎历史的真实性。

元大都的营建，是中国都城建设史上的里程碑，是中国各族劳动人民智慧的结晶。元大都也是中国封建社会营建的最后一个都城，它所处的历史地位，再不会有哪个城市所能代替，元大都也是13至14世纪世界上最宏伟的城市之一，它在世界建都史上的历史地位是不可否认的。元大都建城思想的先进性、规划设计的科学性、建筑艺术的民族性都是中国和世界建都史上所罕见的壮举，也是今天有必要深入研究的重大课题。

第二节　元大都的宫殿装饰艺术

元大都宫殿建筑是中国各民族建筑文化中最有特色的一株绮丽的花朵，被中国和世界建筑界誉为“中世纪中国少数民族建筑的顶峰”。它和隋唐、明清建筑属于中国三大建筑系列之一，元朝国都——大都和明清两朝国都——北京，是中国历史上和世界历史上最具有盛名的三大帝都。

元大都的大明宫和中国最著名的三大宫殿——唐朝的大明宫、清朝的太和殿、山东大成殿相媲美。

元大都方圆30公里，总面积达5000多万平方米。当时是世界上最大的城市，有著名的大明宫、延春阁、兴圣宫、隆福宫、广寒殿等金碧辉煌的宫殿。皇宫总面积70—140多万平方米，可谓巨丽宏深。

可惜洪武初年，除仪无殿（今北海团城承光殿）以外的所有元宫全部被拆毁，旧址上营建了明朝皇宫（今故宫），也因为朱元璋是和尚出身，像大都妙应寺（今称白塔寺）、大承天护圣寺（今称卧佛寺）、白云观等少数寺庙遗留至今，经历代王朝多次修缮，多少有些实物可供考察。

元大都城邑宫殿取得这样光辉成果，始于窝阔台汗于1235年修建的蒙古帝国第一个土木建筑国都——哈剌和林时，所制定的“奠定世界强国之根基，营造繁荣昌盛之基础”[①]的划时代意义的建设宗旨。尤其忽必烈筹建大都伟大工程时，征战南宋战役正在进行，所以将这宗旨更加具体化，坚持汉高祖刘邦所主张的“金甲未息，土木嗣兴，属于大业甫定，国事方张，宫殿城邑非巨丽宏深，无以雄视八表”[②]。使得方圆30公里的大都城，仅用了18年即全面竣工。

元大都宫殿建筑装饰，一定程度上继承了我国古代中原地区的优良传统和风格，同时具有浓厚的蒙古族风格。最突出的是龙和马的图案，浮雕是元大都宫殿装饰的主旋律。

蒙古族土木建筑始于何时？大约在8世纪，《蒙古秘史》中所言的“泥土为墙的城中百姓”，就说明那时蒙古高原已经有了：土木建筑、定居游牧、农业生产和城市雏形。

从人类的审美愿望讲，有了居住建筑，就有装饰行为。因为建筑是人类社会生活必要的物质条件，是社会生活的人为物质环境。

蒙古族土木建筑，经过窝阔台时期肇建的哈剌和林，忽必烈时期的上都宫殿建筑，已经积累了不少宝贵经验。除西征带来的能工巧匠以外，又培养了一批工程技术人才，加之中原地区丰富的财力和建筑材料，更是锦上添花，使元大都宫殿建筑取得了辉煌成果。

龙是中华民族的共同图腾，其中当然也包括北方诸少数民

---

①〔波斯〕拉施特：《史集》，第二卷，第68页，商务印书馆，1986年。
② 欧阳玄：《圭斋集》卷九。

族文化集大成者——蒙古族。龙又是中国各族人民融合的历史见证。龙是神秘和权威的象征，是公正、吉祥的代表。从龙的传说诞生之日起，在中华民族大地上传承数千年，长盛不衰。龙的神秘传说几乎进入了每个家庭，每个生活角落。要说清蒙古族崇拜龙到和中原龙文化相结合的过程，是比较困难的课题，可能是在历史长河中既保留了草原龙文化的原始形态，又发展了中原高度发展的龙文化的传统。

忽必烈建立元朝以后，为了巩固自己的统治，积极接受儒家文化，重用汉族知识分子总结历代王朝治国安邦的经验。建筑作为一种综合艺术，理所当然地受到这些措施的影响，在建筑形式和装饰方面，大量接受了中原龙文化传统，把龙的地位提高到和帝王画等号的地步。如《元史·礼乐志》载，尚未登上宝座的皇帝居住过的府第叫作“龙邸”。据罗二虎先生讲：“从元代开始，中央朝廷三令五申地颁布命令，规定只有皇帝和他的某些亲属才能穿五爪龙袍服。其他人不许织造和穿着五爪龙袍。有些官位很高的大臣可穿四爪或三爪龙的袍衣，然而并不称龙袍，而称为‘蟒袍。’”于是，五爪龙就演变成为皇帝的专用徽号①。

而且在建筑方面元廷也有明确规定，限制龙纹的使用，《元史·顺帝本纪二》记，后至元二年夏四月丁亥诏：“禁服麟、鸾凤、白兔、灵芝、双角五瓜龙、八龙、九龙、万寿、福寿字、赭黄等服。”②另外奉信藏传佛教为国教，尊藏传佛教大师八思巴为国师，这样藏传佛教的龙文化源源不断地涌入元廷，形成了蒙藏汉佛教文化相结合的新的内容。太阳、月亮、云纹、山纹、灵芝、莲花纹装饰和其他佛教装饰在这时有了更高水平的发展。

① 罗二虎：《龙与中国文化》，第141页，三环出版社，1990年。
② 宋濂：《元史》，第466页，岳鹿书社，1998年。

根据朱启钤先生的《元大都宫苑考》[①]、萧洵的《故宫遗录》[②]和陶宗仪的《南村辍耕录》[③]中记载有关元大都诸宫殿龙和马的装饰大观如下：

《南村辍耕录》载："广寒殿在山顶，七间，东西一百二十尺，深六十二尺，高五十尺。重阿藻井，文石甃地，四面琐窗，板密其裹，编缀金红云。而蟠龙矫蹇于丹楹之上。中有小玉殿，内设金嵌玉龙御榻，左右列从臣坐床。"

这里说的"蟠龙矫蹇于丹楹之上"，是指广寒殿十二廊柱上的龙和马的浮雕。龙和马是蒙古族崇拜之物。一般是八匹马和九匹金龙相配，缠绕浮雕在宫殿柱子上。八匹银合马的来历是《蒙古秘史》卷二中所记载的故事。成吉思汗年轻时，八匹银合马被盗，在单枪匹马追赶盗马贼途中遇到孛斡儿出相助，夺回八匹银合马。后来孛斡儿出跟随成吉思汗南征北战，出生入死，成了成吉思汗的"四杰"之一，是蒙古帝国开国元勋。以后八匹银合马的故事家喻户晓，成了蒙古族结交挚友的典范。八匹银合马的图案和工艺品在民间广为流传。

《故宫遗录》载："大明殿殿楹四向皆方柱，大可五六尺，饰以起花金龙云槛，下皆白石龙云花顶，高可四尺。楹上分间，仰为鹿顶斗拱攒顶，中盘黄金双龙，四面皆缘象金红锁窗，间贴金铺。中设山字玲珑红屏台，台上置金龙床。"这里描述的"饰以起花金龙云槛""白石龙云花顶""中盘黄金双龙""上置金龙床"等描述都是突出龙的装饰。

《南村辍耕录》载："据《经世大典·工典》（此书已佚失——引者）所列，故有总例曰：'凡诸宫殿、皆丹楹然于大明寝殿及广寒殿，特出丹楹蟠龙，以其华侈，与他宫殿不同

---

① 朱启钤：《元大都宫苑考》，《中国营造学社汇刊》第二卷第三册，中华民国十九年（1930）。

② 萧洵：《故宫遗录》，北京古籍出版社，1980年。

③ 陶宗仪：《南村辍耕录》，武进陶氏景元年刊，1923年。

也。’”

《元氏掖庭记》[1] 载：“漾碧池，池用纹石为质，小宝石镂成，奇花繁叶，亲砌其间，上张紫云九龙华盖。”

这里描述的“特出丹楹蟠龙”“上张紫云九龙华盖”，都是和龙有关的装饰。

《元大都宫苑考》中对元大都诸宫殿的龙装饰的描述是“丹楹金饰龙绕其上”（大明宫），“矫蹇于丹楹之上”（广寒殿），“臂皆张素画飞龙舞凤”（延春阁），“七宝云龙御榻”（大明宫），“缕金云龙樟木御榻”（隆福宫），“金嵌玉龙御榻”（小玉殿）等。

《故宫遗录》中对龙装饰的描述是：“广寒殿，皆缘金珠锁窗，缀以金铺，内外有一十二楹，皆绕刻云龙涂以黄金，左右后三面，用香木凿为祥云数千万片，拥结于顶，仍盘金龙。”又载：“桥名周桥，皆琢龙凤祥云，明宝如玉，桥下有四白石龙，擎载水中甚壮。”“盘龙左底叩首而吐吞一丸于上，注以温泉，九空交涌，香雾从龙口中出。”“玉德殿，殿楹拱皆贴白玉云龙花片，中设白玉金花山字屏台。”“兴圣宫白石龙凤栏楯上，每柱皆饰翡翠而置黄金”等。

《南村辍耕录》对诸宫殿龙装饰的描述是：“直崇天门，有白玉石桥三虹，镌百花蟠龙。”“仁智殿后，有石刻蟠龙，昂首喷仰出。”“上籍重茵，丹楹金饰，龙绕其上。”“有小石笋二，内出石龙首，以噀所引金水。”从以上诸书描述，大都诸宫殿简直是变成了龙的世界。

蒙古族汗王贵族的宫殿，多用两种居住宫帐。一种是“脉罕”式的有围墙的大形帐幕，汉族建筑家称其为歇山顶。另一种是“崩布格尔”，大型蒙古包“达赖察罕”被汉族建筑家称为“穹庐”顶的“失剌斡耳朵”（黄色之宫，可容纳数千人），

---

① 《元氏掖庭记》，红袖添香室丛书，上海群学社，1963年。

小一些的叫作“恰恰尔斡耳朵”。而且最著名最典型的是从成吉思汗金帐传承下来的“朝木楚格宫殿”，即前小后大连体的葫芦形蒙古包（又称双帐宫殿）。蒙古族建筑学上又称其为“巴托恰哈特”斡耳朵（永固型宫殿），汉族建筑学家则称其为“工”字形宫殿。哈剌和林、上都、大都、中都、林丹汗的“瓦其尔察汗”都城（白城子）都有“工”字形宫殿。其中大都、中都、白城子遗迹最为清楚。

按照蒙古族的古老建筑习惯，往往把住室的围墙用幕布遮挡起来，一是为了美观好看，二是冬季有保暖作用。因为宫帐和蒙古包的围墙是用可以折叠起来的木料制作的，形成许多菱形的窗眼，蒙古语叫作“哈那”或“哈那牛得”，这是蒙古族宫帐和建筑的最大一个特点。据83岁的茫·牧林教授回忆，他12岁时曾看过元大都宫殿的断墙残壁，画有菱形图案，当时不知道画的什么，现在看起来这就是“哈那牛得”的装饰。蒙古国学者鲁·巴图楚伦在其《蒙古族毡绣工艺》[①] 一书中展示了13世纪宫殿的围墙外部的装饰图形，是毛毡缝制的“希日德格”（蒙古包铺毡）残片，有菱形、三角形图案。可惜书中没有做进一步的说明。看来这是最古老、最传统的毛毡围墙图案。

《元氏掖庭记》对元大都宫殿建筑多有精确描述：“元祖肇建内殿，制度精巧。”“殿上设水帘，阶琢龟文，绕以曲楹，楹与阶白玉石为之，太阳东升，殿中灿烂，阶更飞辉，古谓天子有金殿玉墀，名不虚也。”蒙古族崇尚草原文化，离龟文化接触相远矣，这里所说的“阶琢龟文”就是在宫殿底座、墙壁上所雕刻的“哈那牛得”。

按照蒙古族宫殿设置惯例，宫殿外部墙壁是不用幕布遮盖

① 鲁·巴图楚伦：《蒙古族毡绣工艺》（蒙古文），第189页，内蒙古科学技术出版社，2005年。

的，而内部墙壁则要用幕布遮挡起来。陈高华先生讲到元大都宫殿内部陈设时说："殿内布置往往带有明显的蒙古族特色，普遍使用壁衣和地毯，凡属木结构的显露部分一般都用织造物遮盖起来。"①

鲁布鲁克对13世纪贵由大汗的斡耳朵内部陈设情况描述道："幕帐的天幕和内壁上也蒙上了一层华盖布。"②

壁衣和墙帐是蒙古族传统建筑的装饰之一。元大都诸宫殿一般夏天用"纳失失"凉帐，冬天用貂皮、银鼠、黄鼠和狐狸皮暖帐。《日下旧闻考》③ 卷三记载："至冬月，大殿则黄猫皮壁幛，黑貂皮褥，香阁则银鼠皮壁幛，黑貂暖帐。"

这个时期，元大都宫殿建筑装饰文化发展的特点是：元廷统治者为了巩固自己的统治，重视学习中原文化，学习历代王朝治国安邦策略，重用各族知识分子，在稳定统治、发展生产方面起了重要作用。尤其中原地区雄厚的物质基础，沉淀的宫廷文化因素，对元大都宫殿建筑装饰的发展，从物质、技术方面提供了有力保证，从而使元宫殿装饰艺术达到了造型独特、端庄华丽、雕刻细腻的艺术效果。从此元代宫殿建筑装饰迈入了蒙古族古老文化和中原文化相结合发展的新阶段。

因为建筑是文明的载体，代表了主人的意志和审美观点，建筑物本身和建筑物内外环境、建筑形式、装饰共同组成了一个更完整的建筑空间，也体现了营建元大都诸宫殿的蒙古统治者的政治抱负、文化修养、思想行为和个人喜好等各方面因素。总而言之，这是蒙古族劳动人民的物质文明和精神文明的总代表。

---

① 陈高华：《元大都》，第58页，北京出版社，1982年。

②《鲁布鲁克东行记》，第96页，中华书局，1985年。

③（清）于敏中：《日下旧闻考》，北京古籍出版社，2001年。

一、元大都宫殿平面图设计特点

元大都宫殿建筑是中国各民族建筑文化最有特色的一株绮丽花朵，被中国和世界建筑界誉为“中世纪中国民族建筑顶峰”。它和隋唐、明清建筑属于中国三大建筑系列之一。

元朝国都——大都和明清两朝国都——北京是中国历史上和世界历史上最具盛名的三大帝都①。

元大都的大明宫完全和中国历史上最著名的三大宫殿——太和殿（北京），大成殿（山东），大明宫（唐代，长安）媲美。

元大都宫殿建筑体现了汗权至上的思想，所以宫殿建筑、装饰在力所能及的范围之内，要求做到高贵华美、富丽堂皇。

元大都宫殿建筑体现了蒙古族的居住文化和精神面貌，不同于中国其他封建社会的宫殿规格，具有鲜明的蒙古民族特色。

鄂尔多斯市高瞻远瞩，投入巨额资金，按1：1比例重建元大都、元上都、哈剌和林蒙古族三大宫殿——大明宫（迦坚茶寒斡耳朵），蒙古语称作〔gegen čaγan ordun〕；大安阁，蒙古语称作〔yihe amuγulan ordun〕；万安阁，蒙古语称作〔tümen amuγulan ordun〕。这是利在当代、功在千秋的一件大事，是弘扬成吉思汗文化，加强民族团结的具体措施之一。这一壮举将百分之百符合鄂尔多斯市政府确立的“扩大规模，提高档次，创造精品”的原则。

欢欣之余，将元大都宫殿建筑平面图设计特点略做粗浅论述，请各位专家指正。

笔者拜读了朱偰教授大作《元大都宫殿考》② 平面图，深

---

① 萧默：《中国建筑》，第6页，文化艺术出版社，1999年。

② 朱偰：《元大都宫殿考》，中国营造学社，1932年。

有感触，元宫殿平面图设计颇像蒙古族图案——贺乌戈拉吉〔he uγalji〕的组合图形。

贺乌戈拉吉是蒙古族装饰图案的源泉，它产生的根源是以蒙古族崇拜的“长生天”永生不灭、周而复始的哲学观点为基础的，是和“万物生生不息，千古绵长”的永恒主题思想连在一起的。所以它的平面图案主要是以连绵不断的长线为主，显示生命的无限延续、永不折断。汉族学者给它起了一个很形象的名称，叫作“盘肠”。蒙古族学者则把这个母体艺术的结晶誉为“蒙古族艺术之根”——贺乌戈拉吉。

对“图案”一词，阿木尔巴图教授在其大作《蒙古族图案》一书中做了精确的诠释：“图案一词”，蒙古族牧民称其为“贺乌戈拉吉”，因为盘羊的犄角卷曲好看，所以类似犄角形的曲纹称“乌戈拉吉”，而其他类型的纹样称“贺”，随着各种民间工艺制作的发展，人们把一切器物的造型、色彩、纹饰的总体设计称为图案[①]。

元大都的装饰离不开蒙古族图案和中国其他民族建筑艺术的精华。经过对《元大都宫殿考》平面图的学习，笔者冒昧地对元大都的宫殿平面图形写出了个人见解，仅供参考之用。

图形宫殿——汉族建筑专家称其为“工”字形建筑，蒙古族建筑家称为“巴托恰哈特”〔batu čikatu〕建筑，意为“永远解不开的吉祥结”，蒙古族是崇尚吉祥的民族，日日、月月、年年，无时无刻不在讲吉祥，把吉祥容纳于生活的每一个角落，每一个生活细节。这就是唯有蒙古族会产生独有的“颂词”文化体裁的原因之一。成吉思汗速勒迭祭祀仪式中，第一个献出的哈达就叫作“巴托章戈”〔batu jingγa〕，在哈达中间系一个疙瘩结，象征永固长生不解不脱落。蒙古族摔跤手脖子上戴的“章戈”，也是在中间系一个哈达结，象征角力勇猛，

① 阿木尔巴图：《蒙古族图案》，第7页，内蒙古大学出版社，2005年。

长盛不衰。

对“工”字形建筑，蒙古族建筑观有自己的诠释，蒙古族的宫殿管理是来自蒙古包管理的，蒙古包圆形平面的利用是很有科学道理的：北面是主人座位，西面是客人座位，蒙古族尚右，东面是家庭主妇操持家务的位置，南面是通道。秩序井然，井井有条，一点也不显得杂乱。“工”字形建筑——“巴托恰哈特”式建筑物，前面是朝会、庆典宴饮、会见国内外贵宾之处。中间有一个大走廊通到后面的办公宫殿和起居宫室，精简了皇帝从起居深宫到会朝大宫时的烦琐的宫廷礼仪，节约了时间，提高了办事效率。另一方面这种建筑非常适合北方冬季风雪多、春季西北风多的气候特点。元大都四大宫殿中，大明宫、延春阁、兴圣宫、隆福宫就是“工”字形——“巴托恰哈特”式建筑物。中华人民共和国成立后，北京元大都考古队对后英房、雍和宫附近街道进行勘查挖掘，发现过民间“工”字形居宅[①]。

据蒙古考古学家阿·敖其尔讲：“蒙古和苏联联合考古队在蒙古三江流域多次发现过‘工’字形‘巴托恰哈特’式建筑遗址。”

“T”锤形广场——蒙古语称为阿拉罕广场〔alukan talbai〕。元大都正门丽正门和内城正门灵星门之间，建有锤形广场，左右两侧有长达七百步的千步廊。中国历代王朝的广场都是设在宫城的前面，而元大都却把广场设置在外城的正门和内城灵星门之间，一是使内城的“栏马红墙”和“萧墙”（实际上的城墙）显得更雄伟壮观。二是遵循自成吉思汗以来汗王的宫殿前面不能设置任何建筑物和其他宫帐，以保持汗王的权威。宫殿前面的辽阔地方只能设广场和祭祀速勒迭，不得做其

① 中国科学院考古研究所，北京市文物管理处元大都考古队：《元大都勘察和发掘》《北京后英房元大都居住遗址》，《考古》1972年第一期。

他之用。三是从蒙古族民俗学角度分析，东南西北都是“长生天永存”的地方，所以汗王大帐总是向南的。蒙古族民间故事的主角英雄人物，往往把死去的心爱战马的头设向南方敬祭。南方乃是蒙古族吉祥的方向之一。

13世纪出使蒙古汗国的道森记录道：“在他们语言中，宫廷称为‘斡耳朵’，它的意思是‘中央’，因为它总是在他的居民的中央，不过，没有人把自己的帐幕安置在宫廷的正南方，因为宫廷的门是朝南开的。”①

世界上皇宫广场或其他广场，均为四方形或长方形。唯独元大都皇宫广场是锤形的，这是为什么呢？

14世纪初波斯政治家、史学家拉施特撰写的《史集》（1304—1316年）记录了蒙古族《额尔古纳·昆》的传说②。在远古时期，蒙古部落因互相残杀，只剩下一男一女躲避到深山密林。随着岁月流逝，人口猛增，于是宰了七十头牛，做成牛皮风箱，浇山熔铁，制造兵器冲出山谷，走向平原。从此，蒙古族成了强盛的民族。蒙古族为了纪念这个伟大壮举，每年除夕，用锤子敲打铁砧，以纪念蒙古族以坚忍不拔的精神取得了民族生存的伟大胜利。从此以后，蒙古族汗王往往在宫殿前后营造“丁”字形的广场，供庆典、阅兵、那达慕狂欢宴饮之用。

“⊓”形平面图——这是蒙古族图案贺乌戈拉吉的一种，一般称为“西热”〔shirge〕图案，是桌子的意思，又称为“比土阿拉哈”〔bitu aluha〕图案，是封闭形锤子图案的意思。元大都宫城崇天门是以这种独特的平面图形式营造的，它有两个作用：一是有半个瓮城的作用，卫护宫门；二是雄伟美观。汉

① 〔英〕道森编：《出使蒙古记》，吕浦译、周良宵校注，第144页，中国社会科学院出版社，1983年。

② 〔波斯〕拉施特：《史集》，余大钧、周建奇译，第51、252页，商务印书馆，1983年。

族建筑家称为双阙制，朱偰教授评论道："双阙之制，不始自元，而以元制与今为最近。"[①]在元大都宫城遗址基础上改建的明清皇城午门是崇天门旧址，形制也和崇天门一样，是双阙制的。

"⌐"形宫殿——这是半锤形平面图，蒙古语叫作〔tal aluha〕。元大都兴圣宫的畏吾儿殿、鹿顶房、盝顶殿的平面图是半锤形的。

"✣"形宫殿——汉族建筑家称为"十"字形平面图，蒙古族建筑学家称为"陶脑拉金"〔tonoljin〕或"恰哈特"〔čikatu〕，是蒙古族装饰中常用的一种图案。隆福宫的睿安殿、文德殿，西苑的水晶宫的建筑平面图均为"十"字形图案。

"○"形亭堂——汉族建筑家称为圆形平面图，蒙古语称为"瀚该"〔kangai〕或"温根"〔onggin〕，也是蒙古族装饰图案中常用的一种图案，有时象征太阳，也代表蒙古包。万岁山上的金露亭、玉虹亭，西花中圆亭，太液池中犀山台等都是圆形的平面图。

蒙古族建筑渊源于最古老的蒙古包，蒙古族是大自然之子，蒙古人的观念中，大自然是上有"有星的蓝天"，下有"有草的绿地"，中间无限空间是身为天地之子的蒙古人繁衍生存的摇篮。形象地体现了"赖长生天之力"生存的伟大哲理。蒙古包产生于"天圆地方，人在居中"的哲理之中，蒙古族称天为"父亲"，地为"母亲"，子女居中。蒙古包建筑形状为"○"形，蒙古语为"崩布格尔"〔bümbüger〕，平面形状为圆形，称为"图古尔格"〔tügüreg〕，蒙古族崇拜圆形为太阳，象征温暖、公平、吉祥，因而选择圆形为住宅的基本造型。另外圆形建筑具有抗拒自然侵害的功能，这和大自然的树木都是圆形的道理一样。千百年来蒙古族在长期的、艰苦的游牧生存劳

---

① 朱偰：《元大都宫殿考》，中国营造学社，1932年。

动中，创造了适应恶劣高原气候、合乎科学规律的独一无二的圆形住所，为世人所注目惊叹。

元大都诸建筑中最典型的蒙古包式土木建筑是仪天殿。

据《金鳌退食笔记》中承光殿条载：“在金鳌玉蛛桥下之东，围以圆城，设以睥睨自两掖洞门而升，中构金殿，穹隆如盖，华榱绮牖，旋转回环，俗曰‘圆殿’。”①

承光殿是元代瀛洲岛上的圆殿，又称仪天殿，明易为承光殿，历代王朝多有修缮更新。从“穹隆如盖”四字中才知道原来仪天殿是蒙古族常用的“崩布格尔”顶，也就是蒙古包顶式的建筑，从“圆殿”一词中也可以知道原来仪天殿是蒙古包形状的建筑物。

另外，隆福宫西御苑也有一个圆殿，想必也是蒙古包式建筑。元大都诸宫殿中，有棕毛殿、水晶宫、恰恰尔宫、失剌斡耳朵，也许就是其中的一处遗址。

“▭”长方形平台宫殿——蒙古语称作“黑雅格”〔hiyag〕或称“乌日塔都日布勒金”〔urta dorboljin〕，以著名的广寒殿为首的元大都众多宫殿的平面图都是这样的。如万岁山上的延和殿、介福殿、仁智殿，隆福宫的针线殿，西苑的歇山殿，兴圣宫的奎章阁，延春阁的宸庆殿、清宁宫、慈福殿、明仁殿，大明宫的宝云殿，等等。

“□”正方形平面图——蒙古语称作“都希”〔dušhi〕，是铁砧子的意思，又称作“都日布勒金”〔dorboljin〕，是四方的意思，是蒙古族图案中使用频率最高的一种图案。元大都正方形平面图的宫殿较多，如荷叶殿、温室浴室、妃嫔院等。

“⯃”八方形平面图，蒙古语称作“纳玛拉金”〔naimalajin〕，大多采取了综合性组合的图形。

“⬡”六方形平台图——蒙古语称作“吉如古拉金”

---

①（清）高埼撰：《金鳌退食笔记》（上下两卷），载《四库全书》。

〔jiruɣulajin〕，六方形的意思。瀛洲殿、方壶殿就是这种样子的平面图。

还有三角形平面图“△”，蒙古语称“古日巴拉金”〔ɣurbaljin〕又称“川金”〔čuanjin〕“川东”〔čuandun〕“道日木”〔dorom〕等。在元宫御苑、灵囿中的亭台，多为三角形。

宫殿的瓦顶，主要是蒙古族形式的“崩布格尔”〔bümbüger〕和“脉罕”〔mayikan〕，即以歇山顶为主。还有硬山、卷鹏、悬山、攒尖、盝顶等多种形式，采取单檐、重檐等不同形式，不拘一格地和环境自然形成和谐统一的风格。

蒙古民族是由一个小小的游牧民族，在短时间内崛起并走向世界的。其特点是人口少，能量大，入主中原以后肇建了当时世界上最宏伟、最先进，具有民族特色的大都城和金碧辉煌的宫殿群，这是我们中华民族的骄傲。

据不完全统计，元大都宫殿大概有116座，其中不可考证的就有50座，可谓庞大宏伟，深邃莫测。蒙古族建筑学是中华民族建筑学的一部分，蒙古族建筑文化体现了蒙古族人民的智慧、坚强心灵、内心世界、审美观和创造才能，并以自己独特的蒙古风格，在中国和世界建筑领域占有重要地位。

联合国文教方面的官员视察元上都以后，曾说过：“元朝历史和元上都的文化遗产是世界文化遗产的重要部分，如果没有了蒙古历史和元上都，那亚洲乃至欧洲的历史，则是不完整的历史。”[①]世界著名的建筑家，主持美国故都费城城市规划20年之久的培根年说：“在地球表面上人类最伟大的单项工程，可能就是北京城了。这个中国城市是作为封建帝王的住所而设计的，企图表现出这里乃是宇宙中心。整个城市深深沉浸在礼仪规范和宗教意识之中……它的（平面）设计如此杰出，这就

---

① 张文芳、王大方编：《走进元大都》，第11页，内蒙古大学出版社，2005年。

为今天的城市（建筑）提供了丰富的思想宝库。”[①]

二、元大都宫殿的图案装饰及其摆设

（一）元大都宫殿的鸱吻和脊兽

元大都宫殿的鸱吻和脊兽的设置是很有特色的，中国建筑物的鸱吻和脊兽何时用于宫殿装饰，最初见于汉代有关文献，原来用意是为了辟邪祛灾的。相传东海深湖处鱼虬兴风作浪，翻江倒海，它的尾巴很像鸱。古代人迷信，认为它是水中灵牲，可以消除火灾，便在宫脊两端营造它，一是求平安吉祥，二是有审美作用，三是有一定的防水作用，保护建筑物。

虬是古代传说中有角的小龙，鸱是鹞鹰，又称雀鹰，是善于捕捉小动物的猎鹰。到了元代，鸱吻有了新的内容，改用虮蝮〔bā xià〕。虮蝮是龙的儿子，能吞水吐水，洪水来了能吞掉，发生火灾能吐水灭火。蒙古族叫作龙〔lu〕，音近似〔鲁〕，或叫作是龙的意思。玛塔尔〔matar〕（蒙古语）是鳄鱼，实际上龙是由鳄鱼演变来的虚构动物。同时龙也是北方少数民族的共同图腾。

自汉代以来，脊兽从五个发展到了八个，分别是：仙人、獬豸、斗牛、狮子、凤、龙、行什、海马。到了元代，宫殿脊兽的排行和数字有了新的内容，脊兽从八个变为九个。九是蒙古族的吉祥数字和最大数字，蒙古族有给最尊贵的客人送九九八十一个礼品的风俗。其中新增加了一个叫作狻猊〔suān ní〕的动物。狻猊又叫作猃狁，钱玉林主编的《中国古代文化辞典》（齐鲁书社，1996年，第2页）解释为：中国古代民族名。亦作“猃狁”“荤允”“荤粥”“鬻”“薰育”“严允”等。相传远古时鲁遭黄帝驱逐离开中原地区，殷周之际游牧于今陕西、甘肃北境及宁夏、内蒙古西部。西周初，其势渐强，成为

① 《留住古都》，第23页，北京燕山出版社，2004年。

周王朝一大威胁。周宣王曾多次出兵抵御，并在朔方建筑城堡。春秋时被称为戎或北狄。一说猃狁为秦汉时匈奴的先民。

有的民族学专家一直认为蒙古族族源是和匈奴或匈奴的分支东胡及所称的北狄有渊源关系。满昌教授说："猃狁是蒙古族形成当初的一个部族，早在一万年前已经有部之'君'，处于氏族社会的发展过程。公元前5000年到公元前300年时，处于奴隶制社会的发展过程。"①

对猃狁一词，最权威的中国科学院语言研究所词典编辑室主编的《现代汉语词典》解释为："我国古代北方的一个民族。"

司马迁的《史记》说猃狁"居于北蛮"。

清末蒙古族史学家拉喜彭斯克所著的《水晶珠》把猃狁注释为："蒙古族古代名称的汉语写法。是蒙古族的别称。猃狁二字之意是，猃字之意为长嘴的狗，狁字之意为狗。"到此，猃狁一词的意思非常明确了，是"北方之狗"的意思，但这绝不是污辱之词。蒙古族的古老图腾是"长生天"，民间还有狼和鹿的传说。《蒙古秘史》第一卷写到蒙古族族源时说："当初元朝的人祖，是天生一个苍色的狼，与一个惨白色的鹿相配了。"猃狁是成吉思汗的祖先，"乞颜"〔hi yan〕部落名称的译音记录。学者研究证明"苍色的狼"〔burde cinuwa〕和"惨白色的鹿"〔hua maral〕，都是蒙古语，都是人的名字，并非狼和鹿。拉施特的《史集》写道："乞颜在蒙古语中，意为从山上流下来的狂暴湍急的'洪流'。因为乞颜人勇敢、大胆又极其刚强，所以人们以这个词为他们的名字。"②

从以上分析可以看出，猃狁无疑是指蒙古族先民的，那

① 满昌主编：《蒙古族通史》，第一册，第338页，辽宁民族出版社，2004年。

②〔波斯〕拉施特：《史集》，余大钧、周建奇译，商务印书馆，1983年。

么，猃狁为什么出现在元大都的宫殿装饰上呢？这大概是元大都的总设计师忽必烈薛禅汗和元大都工程总负责人刘秉忠，为了永远纪念蒙古族的祖先，而在蒙古族建筑学上所创建的一个成功实例。

陶宗仪所著的《元氏掖庭记》载："元祖肇建内殿，制度精巧……霞沙为猊，怒目张牙，有欲动之状。"

"池之旁一潭曰香泉潭，至此日，则积香水以注于池，池中又置温玉狻猊[①]白晶鹿、红石马等。"这里描述的"怒目张牙""温玉狻猊""白晶鹿"都是蒙古族族源、图腾传说崇拜的产物。马是蒙古族人的终身伴侣，马和蒙古族人的亲密关系是为世人所敬佩的。

元代建筑的脊兽从前朝的六个升格为九个，其序列安排是：

1. 猃狁——见本文前半部分。

2. 风马——蒙古族原来叫作"海木尔"〔kaimori〕，是有朝气、向上、有福气的意思，一般在方尺白布上画着一匹骏马驮着三宝的图形，悬挂在高处，三宝在蒙古语中叫作"钦达莫尼"〔čindamani〕，是神马行空，象征大汗的威德可通天庭——"长生天"。后来由于藏传佛教的融入，上面开始写经文，又有了招宝进财、辟邪安康之意。蒙古族庙宇、敖包、牧民住宅门前都设有挂风马的玛尼杆〔manin baγana〕。

3. 海马——蒙古语叫作"阿日玛那"〔aramana〕，是大海之马之意。蒙古族历来把最崇高的山称为松布尔山〔sömbör aγula〕，即须弥山，把最深的苍海称为松达赖〔sun dalai〕，是大海之意。蒙古族认为大海中也有长翅天马，通天通地，象征成吉思汗的恩德无处不在。忽必烈薛禅汗下令雕刻的宫廷大酒瓮"渎山大玉海"上就有长翅海马的浮雕。

① 猃狁的另一种写法。

4. 龙——龙是中华民族的共同图腾，大约起源于新石器时代，原来龙的形象只见于民间传说和神话。内蒙古赤峰红山文化遗址出土的三件五龙实物，第一次向世人展示了千百年来的神秘怪物——龙的基本形象。

其中赤峰翁牛特旗三星他拉出土的6000年前的碧玉龙，被誉为“中华第一龙”，陆思贤教授的大作《内蒙古草原是龙的故乡》足以说明了蒙古草原是龙的发祥之地。

龙也是北方游牧民族的共同图腾。蒙古族民间故事中对龙有多种描述，是蒙古民族崇拜之物。因它有呼风唤雨、驾驭宇宙乾坤、翻江倒海的本事，蒙古族称它为鲁乌斯汗〔Luus-yin kan〕，是大汗（龙王爷）之意。因此元代建筑物的鸱吻上，龙作为辟邪祛灾的形象出现了。

据满昌教授主编的《蒙古族通史》[①]，讲在福建省福州市一座古庙中藏有一条1.8米长的鳄鱼，头上刻有畏兀儿体蒙古文〔matar〕——玛塔尔即鳄鱼。据庙里喇嘛介绍，此物已藏了五百余年。大有鳄鱼来代替龙的迹象，大约是元代遗物了。

对龙的来历，学者们有多种解释，有蛇、蜥蜴、水马、河马、鳄鱼等，王大有先生的《龙凤文化源流》[②]论证了“龙的原形为恐龙”，这个观点被各家所接受认可。蒙古族民间吉祥动物图画“四瑞”（鸽子、大象、兔子、猴子）、“四强”（龙、马、狮、凤凰，另一种说法为龙、凤、豹、麒麟）图中就有龙的形象。所以龙的形象作为脊兽装饰出现在元代建筑物上是理所当然的事了。

龙虽然是北方游牧民族的共同图腾，但具体到蒙古族对龙文化的崇拜信仰，就有自己的诠释了，因为马和蒙古民族结下

---

① 满昌：《蒙古族通史》，第一册，第213页，辽宁民族出版社，2004年。

② 王大有：《龙凤文化源流》，北京工艺美术出版社，1988年。

了不解之缘。民间有神马〔bilig-yinheer〕（或称作〔ajinaiko-log〕）和海马〔aramana〕的说法。认为龙是由海马而演变为由马头、牛耳、鹿角、熊掌、鸾爪、蛇身、鱼鳞形成的巨大怪物。这是和蒙古族游牧经济、自然环境相适应而产生的神秘崇拜动物。

三星他拉出土的碧玉龙问世之初，好多人认为它是农耕文化的产物——猪头玉龙。经多方考察，才恍然大悟它就是游牧民族的马头玉龙。

5. 凤凰——蒙古语称作“戈尔迪”〔γaridi〕（雄性）、“格尔迪”〔geridi〕（雌性），蒙古族“四强”动物之一，是和睦吉祥、美丽纯洁的总代表。

6. 犍牛——犍牛是种公畜，蒙古语叫作“布哈”〔buka〕，是力量和滋生衍续的代表。古代蒙古族男性以取“布哈”的名字为荣，“布哈”是种公牛。如：“达兰布哈”（七十头种公牛）、“古日本布哈”（三头种公牛）、“达不华”（大种公牛，官衔为元朝大司农）等。元代以前建筑上叫作斗牛，据说是汉族古代传说中的一种龙，牛头龙尾，身披鳞甲，是除祸灭灾的吉祥物。

7. 狮子——蒙古族叫作“阿日斯郎”〔arselan〕，是百兽之王，蒙古族崇尚的“四强”动物之一。

8. 鱼——元代以前建筑上叫作押鱼，是汉族传说中的海中异兽，可兴云作雨，灭火防灾，元代建筑上变成了鱼。演变为鱼的原因是元朝崇尚藏传佛教，把佛教立为国教，藏传佛教的“八祥”吉祥图广泛传入蒙古地方，其中有双鱼。蒙古族寺庙、王府建筑装饰中多用此图案，后来在蒙古家具摆设中也多用此图案。“八祥”吉祥图在蒙古地区流传中演变为“七宝八祥”图。八祥是：伞、双鱼、宝瓶、莲花、海螺、金刚杵、法轮、吉祥结。七宝是：金法轮、檀香玛尼珠、玉垂坠、社稷忠臣、善良白象、福禄凤马、佛寺施主。

9. 獬豸——汉族古代传说中的独角异兽，能辨清是非好坏，见了坏人即前去顶撞，象征皇帝“光明正大”“大公无私”“坚持真理”等。

原来元代以前的建筑物的脊兽上安置的“仙人领路”（又叫作骑凤仙人）和“行什”等在元大都宫殿上基本不再设置了。

元大都宫殿上的鸱吻和脊兽的设置，尚没有发现明文规定，中国历代王朝宫殿的鸱吻和脊兽的设置也不是千篇一律的，有各自的风格和审美观。但元代官员府邸和墓室的规格和装潢图案，却有严格的明文规定。

（二）龙和马是元大都宫殿装饰的主旋律

元大都宫殿建筑和内部装饰摆设，一定程度上继承了回族、汉族、藏族、维吾尔族等中华各民族的优良传统和风格，同时具有浓郁的蒙古族风格。

蒙古族土木建筑始于何时？据满昌教授研究，大约形成于蒙古草原牧业经济的青铜时代，距今3500—2500年前。《蒙古秘史》中所记的“泥土为墙的城中百姓”就是指住土垒、石垒房屋的牧民，蒙古族那时已有了土木建筑[①]。

从人类的审美愿望讲，有了居住建筑就有装饰行为。

蒙古族土木建筑，经过窝阔台汗时期肇建的哈剌和林，忽必烈时期的上都宫殿建筑，已经积累了不少宝贵经验，培养了一批各民族工程技术人员，还有成吉思汗西征时带来的波斯技工能匠，人才济济，中原地区丰富的建筑材料更是锦上添花，使元大都宫殿建筑取得了辉煌成果。

---

① 满昌主编：《蒙古族通史》，第一册，第250页，辽宁民族出版社，2004年。

（三）藏族“七宝八祥”和蒙古族“四瑞”装饰图案的发展

元大都宫殿的建筑在其发展过程中，保持着蒙古民族自身建筑特点的同时，重点吸收汉族和其他兄弟民族如藏族、维吾尔族、回族的建筑艺术，甚至吸收了印度、波斯、欧洲的建筑风格，独创了一条多民族融合、统一、和谐的宫殿建筑群。

元朝将佛教定为国教，尊西藏佛教领袖大学者八思巴为国师，元廷规定皇帝和皇后首先进行佛教洗礼，方可登极封册。所以在元大都营建了很多著名的寺庙，如大天寿万宁寺、卧佛寺、大圣寿万安寺（今妙应寺，俗称白塔寺）等。还有皇帝皇后私建的庙宇也很多（有人统计大都地区总共有三百多座寺庙），皇宫中虽然不建庙宇，但在延春阁三楼建有玛哈戈拉〔mahaγala〕塑像。元大都建筑装饰有浓厚的藏传佛教色彩。其中印象最深的是藏传佛教装饰中的“七宝八祥”装饰图和“和谐四瑞”装饰图，而且在长期流传中增加了蒙古族审美观的新内容，更加充实，接近于实际生活。

“七宝八祥”蒙古语称作“道伦·额尔德尼，奈曼·代赫勒”〔dolon erdeni nyiman dahil〕。其内容是“七宝”道伦·额尔德尼〔dolon erdeni〕：

1. 金宝瓶——蒙古语称为“阿拉坦宝玛巴”〔alatan bumba〕，是来自印度宗教扎戈瓦帝汗〔zaγawardi kaγan〕的传统说教。扎戈瓦帝汗手持盛满甘露的金宝瓶，游弋在万里晴空，向所有的善男信女洒去圣洁的甘露，给他们带来无穷的福祉。

2. 皇后宝贝——蒙古语称作“哈敦·额尔德尼”〔katun erdeni〕。皇后出身高贵，时时散发着檀香，菊花香四溢，她生活的地方没有疾病和穷困，永远富裕安康。

3. 忠臣宝贝——蒙古语称作“图希穆勒·额尔德尼”〔tusimel erdeni〕。忠诚的大臣是国家栋梁，精通治国安民之道，光明正大、清廉奉公。

4. 大象宝贝——蒙古语称作“扎安·额尔德尼”〔jaγan erdeni〕。大象是百兽之王，处事公正公平，善辨是非曲直，慈祥和平。

5. 骏马宝贝——蒙古语称作“毛林·额尔德尼”〔morin erdeni〕。身怀绝技的银白骏马，每日三巡瞻布洲（佛教所说的万物生存的大地），消除所有灾难，给百姓带来平安幸福。

6. 一家之主宝贝——蒙古语称作“格林·额金·额尔德尼”〔geryin ejin erdeni〕。作为一家之主贤惠勤劳，任劳任怨，家业兴旺，人畜两旺。

7. 玛尼宝贝——“玛尼”〔mani〕是藏语经文的意思，蒙古语也叫作玛尼，是佛教徒们每天必念的一种经文。佛教说教中玛尼经的威力无穷，宝光四射百余泊里（泊里是蒙古族古代里制〔ber〕，一泊里等于15公里）之远，扫荡一切瘴气污水，带来温暖安详，保障清洁安康。

“八祥”奈曼·代赫勒〔nyiman dahil〕：

1. 宝伞——蒙古语称作“西呼尔”〔sihür〕。原意为日常生活中避雨遮阳的伞，在藏传佛教传承中成了辟邪、消除疾病和邪恶势力的保护伞。

2. 金鱼——蒙古语称作“阿拉坦·扎格苏”〔altan jiγasü〕。鱼在佛教中代表幸福和自由，鱼在水中自由游翔，无拘无束，而且产卵众多，繁殖迅速，是多子多孙之意。藏传佛教传入蒙古族地区之后，变成人畜两旺的象征，原来信教群众一般是不吃鱼的。

3. 宝瓶——蒙古语称作“额尔德尼·奔巴”〔erdeni bumba〕。内装取之不尽的奇珍异宝，给善男信女们带来用之不尽的财富和安乐。

4. 莲花——蒙古语称作“巴德玛·其其格”〔badma cicig〕。莲花出淤泥而不染，代表纯洁公正，洁白无瑕，神圣高贵。

5. 海螺——蒙古语称作“东”〔dung〕，原是印度古战场上的号角，以后渗透进佛教内容，是代表权威和力量的象征。吹响海螺可以驱除邪恶，避开各种灾难，震慑魔鬼。

6. 吉祥结——蒙古语称作“乌勒吉·章戈”〔ülji jangγiya〕，是蒙古族艺术图案，是从“贺乌戈拉吉”〔he uγalji〕衍生出来的，代表无限、永恒、永不折断，所以图案主要是以连绵不断的长线为主，是蒙古族民间图案的主要形式之一。蒙古族建筑上广泛运用。

7. 幢——蒙古语称作“间青·列布尔”〔jangcing labiri〕，是战斗旗帜的意思。古代印度还把它作为恐怖的标志，悬挂敌方头颅，使人生畏，而且常常用凶猛动物的皮来做装饰，如豺狼、老虎、大蟒蛇等。

8. 金轮——蒙古语称作“阿拉坦·好日劳”〔alatan korolo〕是代表太阳，象征统一的宗教，又叫作法轮，轮由轮毂，蒙古语称作“塔日哈”〔tarihi〕；轮辐，蒙古语称作“合格苏”〔kegesu〕；轮圈，蒙古语称作“墨尔”〔mogor〕三个部分组成。轮毂在中心代表佛教核心伦理规范。轮辐代表智慧，战胜愚恶。轮圈代表冥思禅定。金轮，向四方转动的时候，像太阳一样光芒四射，向四方发扬佛法，普救众生。

蒙古族建筑上普遍使用的另一种装饰画是“和谐四瑞图”，蒙古语叫作“朵日奔·额亦腾”〔dorben eyeten〕，和谐四瑞图原是扎格尔（印度）佛教哲学的故事，通过藏传佛教进入元廷。忽必烈薛禅汗将佛教定为国教，封藏传佛教大师八思巴为国师，统领天下各派宗教，藏传佛教逐步代替了蒙古族固有的原始宗教萨满教的统治地位。“和谐四瑞图”一方面是通过大象、猴子、小白兔、鸽子的团结友爱生活体现了主题，宣扬统治阶级内部要团结，不要分裂的思想；另一方面给古代蒙古族的精神文化带来了新的内容，从思想意识上完全适合蒙古族的艺术审美观，和蒙古族的“雄猛四强图”以及古代传说“阿阑豁阿五箭训子图”相媲美。

（四）元大都宫殿的内部摆设

蒙古族家具和建筑是分不开的。尤其是元大都宫殿建筑综合集中了历代蒙古族汗宫殿的传统建筑风格和装饰部分，又结合了中原建筑文化的精华。所以，元大都建筑风格体现了中华多民族建筑文化的大融合（主要是汉族、回族、藏族、维吾尔族建筑），同时也容纳了波斯、欧洲地区建筑风格，反映了当时元大都是国际性大都会的特点。

蒙古汗国窝阔台大汗时期开始重视土木建筑，原因是经过成吉思汗二十余年的征战，蒙古社会有了比较安定的生活环境和秩序，国家有了稳定的税收，经济文化交流有了新的发展。为了适应这种新的发展形势，必须要营造固定的土木建筑的都城，才能满足这种突飞猛进的发展速度。窝阔台汗六年（1234）筹建第一个国都哈剌和林时，明确提出蒙古国建筑和建国的伟大方针政策——“奠定世界强国之根基，建筑繁荣昌盛之基础。”（《史集》俄译本第二卷，第40页）蒙古帝国历代帝王都是忠实地遵循这个方针的。到了忽必烈时期，城市和宫殿建筑、宫阙内部陈设达到了登峰造极的地步。建城郭、修宫殿，有了高大明亮的宫殿，内部陈设自然高贵豪华。

先将元大都宫殿中较为典型的几种摆设略做如下介绍，仅供参考。

1. 七宝灯漏

《元史》卷四十八《天文一》记录道：“大明殿灯漏，灯漏之制，高丈有七尺，架以金为之。其曲梁之上，中设云珠，左日右月。云珠之下，复悬一珠。梁之两端，饰以龙首，张吻转目，可以审平水之缓急。”

又记：“上列十二神，各执时牌，至其时，四门通报。又一人当门内，常以手指其刻数。下四偶，钟、鼓、钲、铙各一人。一刻鸣钟，二刻鼓，三钲，四铙，初正皆如是。其发隐于柜中，以水激之。”

《日下旧闻考》卷三十还记有大明宫灯漏置放的情景：“（七宝云龙御榻）前置灯漏贮水运机小偶人，当时刻捧牌而出。”此物乃指在机械时钟发明以前，元宫中设置的一种比原始漏斗计时器复杂先进的一种计时器，以水为动力，转动各项机械运转。制造人便是元代著名天文水利专家郭守敬。这种计时器在当时属于高科技人性化的产物，被誉为“七宝灯漏”。《元文类》记载，“郭公守敬于世祖朝进七宝灯漏今大明殿”，说明元宫殿中衣食住行方面极尽世间富贵荣华，又在物质文明享受方面也达到了很高的境地。

被誉为“鲁班皇帝”的元惠帝妥懽帖睦尔也设计制造过一架宫漏，精巧无比，《元史》卷四三载：“约高六七尺，广半之，造木为匮，隐藏诸壶其中，运水上下。匮上设西方三圣殿，匮腰立玉女，捧时刻筹，时至，辄浮水而上，左右列二金甲神人，一悬钟，一悬钲，夜则神人自能按更而击，无分毫差。”元亡之后，有好事者献给朱元璋，朱元璋观赏片刻以后，认为一国之主，每日迷恋于此，对安邦治国毫无益处，遂命砸毁。

2. 大酒瓮

蒙古民族是世界上最有名的豪饮民族之一，蒙古族离不开酒，更离不开歌舞，蒙古族古老的谚语说：“没有酒宴便没有歌舞，没有歌舞，便没有欢乐。”民间节日，婚姻嫁娶，草原那达慕，日日酒乡，尤其每次征战归来，举国上下都要狂庆豪饮数十天。

蒙古人好酒，甚至达到了误己误国的地步。成吉思汗“箴言”中多次指出酒的危害，大讲节制酒宴的必要性。《元史》卷一百四十六记窝阔台汗每日饮酒：“帝素嗜酒，日与大臣酣饮，楚材屡谏，不听，乃持酒糟铁口进曰：‘曲糵能腐物，铁尚如此，况五脏乎？’帝悟。”然而，说是说，做归做，不实践便罢了。

蒙古人好酒，豪饮无度，但对酒局的讲究和敬酒的礼节是举世无双的。这是蒙古族文化的滥觞。蒙古族最初的酒是马奶酒——用马奶酿造的，味道醇香，营养丰富，把它装在整个牛皮筒制成的皮囊之中。皮囊有多种，有山羊皮、牛犊皮、野兽皮等，用途不同。蒙古人把蒙古族马奶酒称作“其格”〔čige〕，一般盛在牛皮囊中，大约可容150—200公斤。后来随着蒙古帝国的强盛发展，盛酒容器变为金银或木质裹银漆瓮。

在忽必烈碧丽堂皇的宫殿中，按照蒙古族传统，备有大型酒具——秃速儿格〔tüsürge〕，这是举行盛大的“质孙”宴席，必不可少的酒具之一。忽必烈在元大都宫中置有各种各样的大酒瓮，而最有名的是“渎山大玉海”。《元史》卷六《世祖三》载：“己丑，渎山大玉海成，敕置广寒殿。”玉海高0.77米，直径1.39米，重3500公斤左右，可盛酒1500多公斤，此玉瓮由十余个能工巧匠用了四年多时间雕成，可谓世界第一大玉瓮，现保存于北京北海公园团城玉瓮亭。

宫中除了这种玉瓮外，还有纯金纯银和银裹漆瓮。《日下旧闻考》卷三十载：“木质银裹漆瓮——高一丈七尺，贮酒可五十余石。”这容量是相当惊人的，大约7250公斤。《元史》卷十三《世祖十》载：“壬寅，造大樽于殿，樽以木为质，银内金外，镂为云龙，高一丈七寸。”大约指的是同一物。

大酒瓮秃速儿格〔tüsürge〕，蒙古语也叫作古鲁额〔kuruge〕，在《蒙古秘史》130节、187节、213节、232节、245节、278节等都有使用秃速儿格的描述。《蒙古秘史》中将秃速儿格汉译为“大酒瓮”“酒局”“瓮”等。

在举世闻名的《马可波罗行纪》和《柏朗嘉宾蒙古行记》《鲁布鲁克东行记》中也有关于蒙古宫廷使用秃速儿格的情景。如马翁在著作中写道：“大汗所坐殿内，有一处置一精金大瓮，内足容酒一桶。大瓮之四角，各列一小瓮，满盛精黄之香料。注大瓮之酒于小瓮，然后用精金大勺取酒。”[①]这里提到的精金大瓮就是指秃速儿格。《柏朗嘉宾蒙古行记》中，嘉宾先生在第九章《鞑靼人的省份以及我们所经过那些省份的形势，在那里会见我们的证人，鞑靼皇帝及诸王的宫廷》一章中写道：“在幕帐内靠近大门的地方，摆放一张桌子，桌子上陈列有金器皿，内盛料。拔都从来不喝酒，鞑靼诸王亦然，尤其是在大庭广众之下更为如此。”[②]《鲁布鲁克东行记》第十九章《拔都的斡耳朵及他的接见》一章中记道：“帐殿入门处，放着一条板凳，摆着忽迷思和饰有宝石的金银酒杯。”[③]

以上三位旅行家所描述的都是蒙古族宫廷中摆设酒局——秃速儿格的情景。韩儒林教授在大作《穹庐集》第141页中评论道：“卡尔宾尼（即柏朗嘉宾的另一版音译——引者注）及鲁布鲁克在蒙古将官或君主帐中所见之帐口酒案，与《秘史》之酒局当为一物。”[④] 这是很中肯的结论了。

蒙古人好酒，而且豪饮的礼俗是很有讲究的。蒙古宫廷中设置大型酒局——秃速儿格和宫中特有的“质孙宴”，形成只有蒙古族才有的独特风格，那宏伟场面使人惊叹不已。秃速儿格酒宴礼仪制度何时形成难以考证，大致可以追溯到蒙古族从狩猎进化到饲养家畜、生产奶酒的时代。反正历史文献资料佐证，成吉思汗时代就已经有了正规的秃速儿格酒宴制度。

元朝宫廷举行盛大酒宴时，在酒瓮周围有众多侍女忙于斟酒，并由镇殿将军右手持“古录达”〔gürüda〕（突厥语权杖的意思）扛在右肩上，左手持腰刀把柄（宫廷国宴只准镇殿将军

① 冯承钧译：《马可波罗行纪》，党宝海新注，第330页，河北人民出版社，1999年。

② 耿昇、何高济译：《柏朗嘉宾蒙古行记》，第92页，中华书局，1985年。

③ 耿昇、何高济译：《鲁布鲁克东行记》，第240页，中华书局，1985年。

④ 韩儒林：《穹庐集》，第141页，上海人民出版社，1982年。

有权佩刀）主持喝盏仪式。《元史》卷八十《舆服志》载："酒人凡六十人：主酒国语曰答剌赤〔karaci〕。二十人。主湩国语曰部剌赤〔karaci〕。二十人。主膳国语曰博儿。二十人。冠唐帽，服同司香。酒海置漏南，酒人北面立于酒海南。"

看来这种盛大的酒宴仪式，是从成吉思汗宫廷宴饮所留下来的规矩之一。大宴入席不是举盏就饮，而是等候由大宴的司酒发出"斡脱"（蒙古语〔uγutuγai〕），即请举杯喝酒之意，方可饮酒。同时又要演奏一阵音乐，由舞女伴舞。司酒又发出"打弼"（蒙古语〔talibai〕），即请放下酒杯之意。每次大宴数次喝盏以后，有些宾客不免要醉酒失态，便由镇殿将军出面纠察一番。

秃速儿格酒宴的古老礼俗传承到宫廷之后，又变成了等级森严的食酒制度。《蒙古秘史》第四卷载有这样的故事：成吉思汗战胜蔑儿乞部以后，其他各部落纷纷前来投诚，于是成吉思汗大宴于斡难河边，因宝儿赤（厨师）未先给两位大可敦（汗后）豁里真和忽兀儿臣敬献秃速儿格酒，而被鞭打。此外，还有"长子西征"时因拔都以主帅身份，在秃速儿格大宴喝盏之前畅饮数杯，差点遭到堂弟蒙哥用弓线抽打的故事。

蒙古人好酒，自然对酒具的使用十分考究，从金银玉制品到后来元朝的青花瓷产品，都是脍炙人口的绝世之品。现藏于英国维多利亚博物馆的青花双龙纹四系扁酒瓶，藏于故宫博物院的双耳礼乐玉杯，价值连城，说不定就是当年忽必烈宫中的珍品。

蒙古族原来喝的是马湩，土生土产的马奶发酵之后，便有几分酒精度，这就是所谓原汁原味的"马奶酒"，蒙古语称作"其格"〔čige〕。后来西征时引进了葡萄酒，因为都是低度酒，必须用大杯来享用。原来酒具是皮囊和大容量的"满忽儿"（一种木质饮酒大碗），实际"满忽儿"是蒙古语"乌忽儿"〔ukuγur〕的音变，词根"乌忽"〔uku〕是凿、挖的意思，加上变名词时附加词尾〔r〕以后，才变成名词“乌忽儿”，直译的话是“凿出的碗”。古代游牧生活多用木质盘、盆、碗和勺，为一般常识。《史集》中也有成吉思汗、王汗使用“满忽儿”和用“满忽儿”作为礼品互相馈赠的记录[①]。有人考察高脚杯就是蒙古人的发明，皇帝向列队出征的将士敬献“出征酒”时，平底酒杯不便举杯，便有了高脚杯。

从以上记录中可以看出十二三世纪蒙古族游牧地区广泛使用木质餐具。就是现在，我国新疆地区蒙古族喝马奶酒——“其格”〔čige〕时，也不用金属餐具，怕被腐蚀。而且在盛夏“马奶节”〔čigen nair〕中有“打喉祭”（蒙古语为〔hoγolailahu〕）的风俗，即单腿跪着把盛满1.5—2.5公斤的“其格”的“乌忽儿”放在单膝盖上，双手扶着，不是一口一口地喝，而是慢慢注进喉咙中，看谁注得快、注得多。

蒙古族讲究大碗喝酒，大块吃肉，小宴有“乌忽儿”，大宴有“秃速儿格”，酒具制造的发展由小到大，由大变得更精致，巧妙的大型机械“秃速儿格”是空前绝后的。

《鲁布鲁克东行记》第三十章《蒙哥在哈剌和林的宫殿》中写道：“大宫殿的门口，因为运进盛奶和其他饮料的皮囊，很不雅观，所以巴黎的匠人威廉就为他制作了一株巨大银树，在它的根部是四只银狮，又通有管道，喷出白色马奶……树内有四根管子……一根管子流出酒，另一根管子流出哈剌忽迷思，即澄清的马奶，另一根流出布勒，一种用蜜做成的饮料，还有一根流出米酒，叫做特拉辛纳的。”[②]威廉制作这个精美的银树“秃速儿格”，肯定听从了蒙哥汗的旨意，是按照蒙古族风俗习惯研制的。银树是巨型酒瓮的延伸和发展，是机械操纵

---

①〔波斯〕拉施特：《史集》，第一卷第二册，余大钧、周建奇译，第155页；第二卷第二册，第69页，商务印书馆，1983年。

② 耿昇、何高济译：《鲁布鲁克东行记》，第284页，中华书局，1985年。

的“秃速儿格”。这是为了满足盛大酒宴供应的需求而产生的，银树四周安置着四个银狮。

上文提到《马可波罗行纪》中有“大瓮之四角，各列一小瓮”的记录，《鲁布鲁克东行记》中有“一株巨大银树，在它的根部是四只银狮”和下文“巴音松颂词”礼仪中在“九印铁锅四角抹上酥油”。这种习俗来自蒙古族对宇宙的古老认识。认为宇宙是由五个大洲所形成的，即中央为须弥山〔sömbör aγula〕和四周的四个瞻部洲〔zhanbu tib〕，其余则为苍茫无际的大海——“松达赖”〔sung dalai〕。

随着蒙古帝国的衰落，这种古老的“秃速儿格”宴飨礼仪制度逐渐几乎失传，然而在我国新疆青海卫拉特部和蒙古国部分地区却悄然传承下来了。

青海卫拉特人有专门盛酒的大型器具——铁锅，不叫“秃速儿格”，却叫作“也速塔木克泰陶高”〔yisun tamaγataitoγo〕意思为“九印铁锅”。九是蒙古族心中的吉祥数字，《元史》卷一载：“元年丙寅，帝大会诸王群臣，建九斿白旗，即皇帝位于斡难河之源。”九斿白旗是蒙古族敬仰的礼物——速勒迭，是全体蒙古民族的精神支柱。

蒙古族有馈赠礼物是九的九倍的习俗，成吉思汗祭祀贡品也是九的九倍。九印铁锅并非有九个大印，而是代表最大无限的意思。

举行酒飨仪式时，“愚若勒赤”〔yirogelči〕，即颂词者站在四角抹了酥油、盛满酒的“九印铁锅”前，手持缠了哈达的勺儿，一边给众人斟酒，一边扬酒，一边高声朗诵《巴音松颂词》〔bayan sung-un yirogel〕。颂词内容主要是歌颂成吉思汗的丰功伟绩，祝福人们幸福安康，人畜两旺，年年富余，年年长寿。颂词分两种：一种叫作《大成吉思》，是在非常隆重的重大民族喜庆场合中朗诵，另一种叫作《小成吉思》，一般在家庭三大节日中朗诵，如儿童剃发仪式，青年婚嫁节日，老人祝寿等。

《巴音松颂词》的"巴音"〔bayan〕是富余之意，"松"〔sung〕是蒙古族古代盛酒的大型器具。《蒙古秘史》179节记有〔koku sung〕，汉字标音为"阔阔松"，旁译为青钟，指的是成吉思汗放马奶酒的器具。这里"松"字之意十分明确，就是盛酒的器具，"阔阔松"就是青色的盛酒器具，不是指酒杯。

"松"〔sung〕是蒙古语词还是借词值得考究，额尔登泰、阿尔达扎布将其解释为蒙古语："'松'为盛酒器具，古代蒙古皇帝王公贵族盛大酒宴备有大型酒具。或皮囊、陶器、瓷器乃至木桶，或金银玉器，它的名称因年代、地区不同而各异。克烈部称'松'或'古热格'〔kuroge〕，蒙古部称'秃速儿格'或'古厚儿'〔kukur〕。元朝自忽必烈始用木质大樽或玉瓮，明朝时使用'松'〔sung〕是樽的音译。"[①]这种诠释是比较中肯的，因为有了大型酒具"松"，才产生了举行酒宴《巴音松颂词》的礼俗，从而也产生了专门的朗诵者"颂赤"〔sungci〕，同时古代"充"〔chung〕字音变为"松"〔sung〕，更接近于蒙古语的口语化音变规律。

3. 兴隆笙

兴隆笙是元宫殿中诸多乐器中的一种大型乐器，可以说是中国历代皇宫中的乐器之王，传说此笙由元世祖忽必烈大帝亲自设计制作，供大型庆典之用。

兴隆笙高1.54米，宽0.92米，共有90管，分6组，每组15管。装在风箱之内，高1.54米。演奏时一人司风箱，一人奏笙，众乐随奏，声音优美无比。

《南村辍耕录》卷五记载："兴隆笙在大明殿下，其制植众管于柔书，以象大夸士鼓，二刀，按其管则簧鸣。笙首为二孔

① 额尔登泰、阿尔达扎布：《蒙古秘史还原注释》，第536页，内蒙古教育出版社，1986年。

雀，笙鸣机动，则应而舞。凡宴会之日，此笙一鸣，众乐皆作，笙止，乐也止。”

《元史》卷七一一《礼乐五》中对兴隆笙有更详尽的描述：“兴隆笙，刺以楠木，形如夹屏，上锐而面平，缕金雕镂枇杷、宝相、孔雀、竹木、云气，两旁侧立花板，居背三之一，中为虚柜。上竖紫竹管九十，管端实以木莲苞。柜外出小橛十五，上竖小管，管端实以铜杏叶。下有座，狮象绕之。座上柜前立花板一，雕镂如背，板间出二皮风口。用则设朱漆小架于座前，系风囊于风口。囊面如琵琶，朱漆杂花，有柄。一人按小管，一人鼓风囊，则簧随调而鸣。中统间回回国所进。以竹为簧，有声而无律。玉宸乐院判官郑秀乃考音律，分定清浊，增改如今制。其在殿上者，盾头两旁立刻木孔雀二，饰以真孔雀羽，中设机。每奏工三人，一人鼓囊，一人按律，一人运动其机，则孔雀飞舞应节。”

从此描述中我们知道兴隆笙是极其复杂、巧妙、精确的暗藏机关的巨型乐器。可惜实物未能保存下来。《元史》载“中统间回回国所进”，元代“回回国”指西域，包括波斯等遥远的地区，可见当时东西文化交流的频繁。

元宫廷中除兴隆笙、玉编钟等大型乐器以外，蒙古族乐器还有火不思或胡拨思、抄兀儿（马头琴），雅托戈或牙土罕（筝）、胡不儿（三弦）、胡切等。中央地区乐器有筝、笛、箫、响板、锣、钹、笙、玉笙、玉箜篌等。西域乐器有琵琶、喇叭、胡琴、提琴等。

元朝是各民族文化大交流、大融合的时代，其特点是以草原民族坦荡的胸怀，博采众长，丰富和发展了成吉思汗以来的宫廷文化艺术，形成了独特的元朝宫廷音乐体系。

4. 皇帝御座

大明宫在《元史》中被蒙古语称为“迦坚茶寒宫”〔gegen čaγan ordun〕，是元廷政治枢纽所在。所有重大国事活动都在此举行。这个宫殿的级别是元大都宫殿中级别最高、装饰最豪华的“巴托恰哈特”〔batu čikatu〕式（“工”字形）宫殿。是从成吉思汗的“朝木楚格”〔čomčog〕斡耳朵为基础发展起来的。

陶宗仪在《南村辍耕录》中记录大明宫所设皇帝宝座时写道：“青石花础，白玉石圆碣，文石甃地，上籍重茵。丹楹金饰，龙绕其上。四面朱琐窗，藻井间金绘饰，燕石重陛，朱阑涂金铜飞雕冒。中设七宝云龙御榻，白盖金缕褥，并设后位。”

大明宫中的“七宝云龙御榻”是忽必烈薛禅汗和皇后察必同时上朝的宝座，在各个封建王朝中，唯有蒙古族皇帝和皇后同时上朝，讨论国计民生，指点江山，体现了蒙古民族尊重妇女的优良传统。皇帝的宝座还有隆福宫的“缕金云龙樟木御榻”和广寒殿的“金嵌玉龙御榻”等。广寒殿的金嵌玉龙御榻是放在专门特别的小玉殿之中的。《元史》卷六《本纪第六》载：“九月壬辰，做玉殿于广寒殿中。”此外还有白玉、楠木、紫檀、樟木制成的各种御床。

5. 大明宫老虎

大明宫是皇宫主殿，在忽必烈的御榻前面，设有两只老虎模型，举行朝会时，老虎身内机关活动，两只老虎顿时龇牙咧嘴，就跟真老虎一样。

萧洵的《故宫遗录》记载：“中设山字玲珑舍红屏后，台上置金龙状，两旁有二毛皮伏虎，机动如生。”

6. 雕像酒桌和案桌

《日下旧闻考》卷三记载大明宫内部有“雕像酒桌一，长八尺，阔七尺二寸”。雕像酒桌或称作螺钿酒桌。桌子既然和酒字有联系，那“高架金酒海”的专用案桌类大概似于现代酒柜。但是宫中办公、日常生活不能没有桌椅板凳之类。

《元史》卷七十九《舆服二》记载宫中日常家具设有“宝

舆方案、香镫朱漆案、香案朱漆案、诏案、册案、宝案、表案、礼物案、交椅、杌子”等。宝舆方案、香镫朱漆案、香案朱漆案都绣有金丝龙云图案的红色罩衣，上设有金香炉等物品，一看就是举行隆重仪式所用的高贵案桌，说不定是金丝楠木、紫檀木或檀香木所制造。

诏案是设置皇帝诏书的专用桌。册案是放置封皇太子、太后、皇太后金册的专用桌。宝案是放置进贡宝物的专用桌。表案是放置大臣奏章（意见书）的专用桌。礼物案是放置赠送国内外宾客和奖励文武大臣的礼品的专用桌。至于交椅、杌子（小凳子）之类是宫廷中常用的普通物品。

蒙古帝国成吉思汗时代一般都讲究使用随季节移动的大型宫帐式宫殿，那时宫中大型家具设备并不是没有，而是一般不设大型家具摆设，基本上席地而坐，桌子和座榻也是低矮轻巧、容易移动的组合家具。人们都习惯盘腿坐在“朵儿别真”〔dorboljin〕上，朵儿别真是蒙古语，意为四方，即“四方形坐垫”。朵儿别真并非元代才有，而是蒙古族游牧生活的传承之物。朵儿别真一般有两种：一是里面添有厚毛毡，外面用锦缎裹缝。另一种则是完全用厚毛毯制成。民间的朵儿别真则是一方块毛毡或一块兽皮。

蒙古汗国从窝阔台大汗时期就重视土木建筑，高举“奠定世界强国之根基，建筑繁荣昌盛之基础”的建筑和建国方针，建城郭修宫殿，有了高大明亮的宫殿，内部陈设自然、高贵、豪华。到了忽必烈时期，城市、宫殿、宫阙内部陈设更达到了登峰造极的地步。

（五）忽必烈薛禅汗的大玉瓮

中统三年（1262），忽必烈薛禅汗在燕京近郊美丽的琼华岛（即今北京北海公园）上开始修建宏伟的广寒殿和其他宫殿宫阙，为筹建雄伟的大都城做准备，并按照蒙古可汗在宫殿中设置大酒瓮和马头琴的传统礼俗，从四川岷山运来大墨玉，精心雕刻了当今世界上最大最重的大玉瓮，因产地古称渎山，就叫作“渎山大玉海”，蒙古语叫作“哈斯·秃速儿格”。《元史·世祖纪》载：“至元二年（1265年）十二月渎山大玉海成，敕置广寒殿。”为了完成此玉雕，前前后后大约用了四年的时间。《南村辍耕录》卷二十一中记载：“广寒殿在山顶，七间，东西一百二十尺，深六十二尺，高五十尺。重阿藻井，文石甃地，四面琐窗，板密其裹，编缀金红云。而蟠龙矫蹇于丹楹之上。中有小玉殿，内设金嵌玉龙御榻，左右列从臣坐床。”又记载到“前架黑玉酒瓮一，玉有白章，随其形刻为鱼兽出没于波涛之状，其可贮酒三十余石。”蒙古学泰斗韩儒林先生在《元代漠北酒局与大都酒海》一文中称：“酒局乃幄殿门口盛酒及放置杯皿之器。虽因时代关系，形制不同，而其物要为漠北幄殿中之陈设，非汉地所固有也。及蒙古入主中土，奠都燕京，遂于登极、正旦、天寿节会朝之正衙大明殿内，亦设置酒局。”从上述学者论证中可见元廷大宴之盛况。

《光明日报》1982年4月1日“北京北海团城玉瓮亭”条载：“北京北海团城玉瓮亭建于1749年（清乾隆十四年），亭内陈列一块黑色整玉雕成的大玉瓮，高零点七米，直径一点三五米，重约三千五百公斤。瓮身刻有鱼龙海兽，姿态生动，是我国现存年代最早、形体最大的传世玉器。”此大玉瓮，显然即元代广寒殿的大玉海。

秃速儿格是蒙古族传统盛酒或马奶的有敞口的器具，原来是用整个牛皮囊制作的，后来用金银、檀香木、玉石制作了。这是可汗宫廷中的无上权力的象征，往往旁边还要放一个马头琴。可见蒙古族古老礼俗传承到宫廷后，变成了森严的等级制度。

意大利大旅行家马可·波罗在元朝从官17年，直到至元二十九年（1292），是忽必烈薛禅汗身边的大红人，可随意进出元大都各处等级森严的宫殿，回国以后写了著名的《马可波罗行纪》，轰动一时。他的著作详尽地描述了忽必烈皇宫大明宫和延春阁中设置的银饰大檀香木酒瓮，但没有“渎山大玉海”的记载。普兰·卡尔宾和维廉·鲁布克两人的《蒙古游记》第二十一章中也详细描述了到达蒙古帝国四大汗国之一的察钦汗国成吉思汗长孙拔都的宫殿时，用金银宝石雕饰的秃速儿格盛库米斯（马奶酒）的情景。

笔者多次到现北海团城放置“渎山大玉海”的玉瓮亭欣赏考察并绘图摄影。玉瓮四面共雕有17种动物，从现放置的方向记录如下：（见本书前部分照片和临摹图）

南面雕像排列（从左向右，下同）是：蜗牛、蟾蜍、龙、海螺、月兔等五种动物。其中蜗牛、蟾蜍、龙各持一枚夜明珠。

西面雕像排列是：牛鲸、飞骏马（带有双翅的马）、海驴、蛤蜊等四种动物。

北面雕像排列是：海鲫鱼、蛟龙、海猪等三种动物。

所有四面雕像各自又突出了一个大动物，即龙、飞骏马、蛟龙、鹿等巨兽。设计雕刻惟妙惟肖，匠心独运。此外自然景观还有太阳、月亮、云彩、海涛、水旋涡等。整个画面威严端壮，厚重古朴，气势磅礴。

在蒙元帝国时代，雕刻在玉瓮上的图案是不准臣庶百姓用的，否则会遭斩首之罪。

过去，有的学者研究玉瓮，忽略了玉瓮图案的本质所在，没有把它与和蒙古族起源、兴旺发达息息相关的骏马、鹿雕联系到一起，只是说鸟头龙尾或羊头龙身等，关于鸟头龙尾的解说不多。羊头龙身是汉族的吉祥图案，比如三羊开泰等，据说甲骨文吉祥是“𢆉”——羊头形符号，现在汉字所用的吉祥的“祥”字是“示”字旁加“羊”字组合而成的。羊的性情温和，容易饲养，羊肉羊奶供人食用，羊毛羊皮更是生活必需品。羊是自古以来蒙古族饲养的五畜之一，数量很多，经济价值很高，但和蒙古族源、图腾崇拜毫无关系。

蒙古族古老图腾崇拜中有“苍狼白鹿”的传说。《蒙古秘史》卷一开始就说：“当初元朝的人祖，是天生一个苍色的狼，与一个惨白的鹿相配了，共同渡过腾吉思名字的水来，到了斡难名字的河源头。”[①]从玉瓮东面的雕图观察，中间巨兽是鹿头龙尾的动物，鹿不但有两支犄角，嘴里还叼着灵芝草，无疑是鹿头了。如果说是鸟头，现实生活中鸟一般是没有犄角的，尤其蒙古族神话传说中的鸟是没有犄角的。和蒙古族传统习俗联系起来的话，应该把雕有飞骏马的图案安置在正南方向。因为骏马象征着蒙古民族的形象和蒙古民族兴旺发达的前程。从图面上观察，飞骏马飞腾在海涛波浪中，上有日月照耀，彩云环绕，下有四海珍奇鱼类捧持夜明珠，欢欣高唱，寓意深奥，大概在歌颂祝福蒙古帝国的幅员辽阔、人口众多、繁荣昌盛吧。

代表蒙古族起源的图腾图案鹿头龙尾兽应和飞骏马对称，这样鹿头龙尾图案置于南面，飞骏马置于北面再合适不过了。于是持夜明珠的巨龙和蛟龙雕像自然就在东西两面位置了。

玉瓮四面的雕像群体代表着宇宙空间的巨大生命力，声色、形象一一俱全，把蒙古民族的伟大理想，如同一望无际草原般辽阔的内心世界，敬天为父亲、敬地为母亲的传统习俗，把太祖成吉思汗在“长生天之力”的保佑下所负的历史使命的业绩，完完全全衬托出来了。忽必烈薛禅汗作为“渎山大玉海”的总设计师，玉瓮上雕刻什么样的图案，自然会反映出他的哲学观和审美观点。《元史》称忽必烈“雄才大略，度量弘广”，他不但是卓越的政治家、军事家，文化修养也很高。他精通畏兀儿蒙古文、八思巴蒙古文和汉文，戎马倥偬之际能用汉文赋诗填词，他用汉文写的古体诗《陟玩春山纪兴》流传

① 额尔登泰、乌云达赖·阿萨拉图校勘本：《蒙古秘史》，内蒙古人民出版社，1980年。

至今。

蒙古民族是大自然的骄子，是热爱骏马的民族，马和蒙古人是不可分开的，蒙古人事业的成功，除成吉思汗的智慧以外，全靠骏马之力。可以肯定地论定：没有骏马就没有蒙古民族。蒙古民族是以马背上的民族著称于世界的。蒙古民族的审美观，首先是歌唱颂扬骏马，骏马是蒙古人的第二生命，骏马是蒙古人的战神，因此象征蒙古可汗无上权力的酒瓮上必然要雕刻蒙古马，并加雕两支钢翅，大有横空出世、翻江倒海、征服一切之势。这完全是当时蒙古帝国的雄心勃勃和光辉历程的丰碑。

世界上很多民族都有图腾崇拜，有的崇拜狼、鹿、牛、马、鹰、蛇、熊、狮等动物。这是人们在和大自然搏斗中必须度过的原始愚昧思维阶段。汉族的神魔小说《封神榜》中，风神、雨神几乎不是“鸟头鹿身”，就是“羊头蛇尾”的珍奇怪兽。外国神话中也有类似传说。比如：希腊神话中有人头马身，匈牙利神话中有美人鱼（女人头鱼尾）的传说。作为蒙古民族的鹿头龙尾的图案，700余年前首次在“渎山大玉海”上出现了。然而，1971年于内蒙古翁牛特旗三新滩挖掘出红山文化的马头龙尾玉雕，专家们认定这是5000年以前新石器时代的文物，显然是包括蒙古族在内的北方少数民族贵族的用品了。

到了清朝乾隆年间，乾隆帝爱弄文泼墨，又酷爱古董，听说忽必烈雕刻了举世闻名的“渎山大玉海”，想一饱眼福，于是下令寻找此物。下臣们踏破铁鞋，终于在北京德胜门外真武庙里找到了。原来元朝寿终正寝以后，玉瓮流落在民间，后来被道士们当作“腌菜缸”。乾隆十年（1745）“敕以千金易之”，于承光殿前设一精美小亭置之（承光殿是目前唯一完整保留下来的元朝皇宫的仪天殿，历代王朝曾多加修缮），并命内廷翰林各赋一首咏玉瓮诗，他自己也写了一首诗：

几年萧寺伴寒斋，
仍置承光焕彩霓。
梦觉金源成故迹，
声腾玉柱艳新题。
若为巧合延津畔，
竟得天全露章西。
松杪照来千载月，
夜凉依旧景凄凄。

往事过千年，面对经过700多年人间沧桑的元朝珍品，我们想象当年正是盛年的忽必烈薛禅汗高坐在广寒殿的九龙御榻上，面对一色质孙服[①]，围绕“渎山大玉海”酣饮的文武功臣，踌躇满志、春风得意的情况。我们又重温一下德高望重的蒙古学老前辈韩儒林的评语：“元代在中国历史上是一个很重要的朝代。有元一代的历史，对于促进中国这个多民族国家的发展，对于祖国辽阔疆域的奠定，对于中国各民族物质和精神文明的交流和进步，对于中外物质、精神文明的交流和进步，都产生了巨大影响。”[②]

蒙古帝国从成吉思汗起到元朝灭亡，延续了160余年。短暂而政绩非凡的元代，对世界和中国人民的贡献大于过失，这是我们永远不能忘怀的。

---

① “质孙”是元朝举行盛大宴会时穿的一色服装，是颜色的意思。价格昂贵，用“纳失失”制成。皇帝质孙服分为冬季11种，夏季15种。百官质孙服为冬季9种，夏季14种。穿着此服举行的酒会又叫作质孙宴。

② 韩儒林：《穹庐集》，上海人民出版社，1982年。

第三节　元大都和当时世界主要大城市和宫殿比较

现将元大都与同一时期的莫斯科、巴黎、伦敦、罗马、京都以及其主要宫殿试作比较。

一、莫斯科

莫斯科是有800多年历史的古城。

1147年，莫斯科还是莫斯科河和涅格林娜河汇合处的一个大公爵领地上的小镇，13世纪初才成为莫斯科公国的都城。13世纪初曾遭到成吉思汗铁骑的入侵。

莫斯科最著名的古建筑是克里姆林宫，1156年初建成土木结构的城堡。克里姆林宫是由许多教堂、宫殿和美丽的多层楼组成的。克里姆林宫的宫殿和元大都皇宫一样没有高层建筑，大多为多棱花岗石建成的屋顶，四壁全是峥嵘突出的石棱，雕刻着各种图案，非常雄伟壮观。内有700多个豪华厅堂，有皇帝宝座和朝觐大厅。克里姆林宫，当时号称欧洲最大宫殿，总建筑面积为275万平方米，但皇宫和元大都皇城比较起来，只占元皇宫的1/2左右。克里姆林宫是几个世纪以来俄国建筑艺术的精华所在，宫墙不像元大都宫墙一样是四方形，而是三角形的，三角形宫墙的每一边，各有七座塔楼，最高的伊凡大钟楼有81米高。但塔楼外观各不一样，有圆形、方形，高低参差也不一样。这是古老俄罗斯民族建筑的特点。形成这种特点的原因大概一个是由于建筑地址选在莫斯科河畔高耸不平的博罗维茨基山冈上，另一个可能是由于建筑师不受封建观念的约束，思想开放的结果。

克里姆林宫也和欧洲的许多宫殿一样，都建有金碧辉煌的教堂，克里姆林宫中有三座金顶大教堂。其中圣母升天教堂是俄罗斯国家的圣殿，不过它不是与元大都同时代的建筑，而是建于元亡以后107年的1475年。按蒙古族的理解，教堂就等于庙殿。元朝历代汗王非常信仰佛教，在大都建了不少庙宇，但不知何故，不在宫苑中建庙，只有在宫城的延春阁供奉玛哈戈拉佛塑像，有时也举办佛事，但它不是庙堂，是举行盛大庆典、食宴、议事的地方。

克里姆林宫附近有著名的“中国城”，是俄罗斯十三四世纪的手工业和商业中心，和元大都有文化商业交流。“中国城”之名来源于元朝的“契丹”一词，直到如今蒙古族称汉族为契丹，只不过在词尾加一个〔d〕多数词。“中国城”后来逐步成了欧洲最大的商贸中心。是元代丝绸之路的丰硕收获。

莫斯科街道建设不同于元大都“井”字形街道和无数东西向为主的胡同，莫斯科街道布局酷似车轮，一环套一环，形成无数车轮环圈。大都的营造一般受到蒙古族古老建筑学“古列延”和汉族“考工记”营造学的约束，以四方为主，整齐方正。

莫斯科不同于元大都的另一个特点是还建有非常宏伟美丽的公墓，如新圣母公墓是俄罗斯文化的代表。经过几个世纪来的经营，形成大理石墓碑和各种雕像，鲜花和绿草，如同一个大林苑，西方人对死者的哀思和尊重达到了很高的精神境界。它不同于元代蒙古族的安葬习俗，蒙古族对死者的怀念不在墓室和墓碑上，而是在心中建起永远怀念的无形丰碑。以至成吉思汗和继承汗位的诸多蒙古汗王的墓地至今都还找不到，成为全世界考古学者们久攻不克的一大难题，即使使用了现今最现代化的手段，也一无收获，显得神圣而神秘。

二、巴　黎

自中世纪法国成为统一的封建王朝之后，巴黎一直是法国的首都。有800多年的历史了，算是与元大都同一时期兴建起来的城市。巴黎原是塞纳河上的一个小渔村，高卢族巴黎西人在此捕猎为生，巴黎之称由此而来。12世纪时塞纳河右岸成为商业中心，左岸成为宗教、文化区。此地并无城郭、城门之讲究，任其自由扩展。14世纪开始成为法国的政治、军事、经济、文化中心。

闻名遐迩的巴黎圣母院，于1163年动工，经过70余年的连续施工，直到1235年全部完工。算是与元大都同期的建筑物。巴黎圣母院坐落在塞纳河中的岛屿上，是用巨石筑成的三层建筑，由雕花石柱明廊连接，有高达63米的塔楼，安装有13吨重的巨钟。国王长廊排列有耶稣基督28位祖先的雕像，大殿堂长130米，宽50米，可容纳9000人做礼拜。大有元大都茶迭儿（失剌斡耳朵）的容量。

雄伟壮丽、金碧辉煌的卢浮宫在14世纪时曾是一座中世纪的城堡，16世纪中叶才开始建成宫殿，是法国文化复兴时代最珍贵的建筑物。它的营建稍晚于元大都宫城，建筑面积为48万平方米，只占元大都之皇宫的1/4左右。它以收藏丰富的古典绘画和雕刻而闻名于世，许多国家的名贵艺术品达40多万件。这些珍宝中，最著名的有“宫中三宝”：第一件珍宝为1820年在希腊半洛斯岛出土的“断臂美神”维纳斯；第二件珍宝是1863年希腊莫塞勒岛出土的无头断臂、双翅舒展欲飞的胜利女神尼卡雕像；第三件是意大利画家达·芬奇的名画《蒙娜·丽莎》。这几件工艺品是当今世界绝世之品。明朝洪武年间富丽堂皇的元宫和大都所造的精密工艺品受到严重破坏，只剩下“渎山大玉海”和少数寺庙传承至今，因为朱元璋出身于和尚，所以从信仰角度做了明智的选择。

凡尔赛宫是世界闻名的法国王宫，1661年法兰西国王路易十四把前代的森林猎场改建为宫殿。这是欧洲大陆最宏大、最庄严、最美丽的皇家宫苑，建筑面积11万平方米，约占元皇宫的1/6，而园林面积达100万平方米以上，可以和元大都皇家猎场柳林媲美。宫廷建筑用大理石镶砌，玉阶巨柱，富丽堂皇。以东西为轴，南北对称，花园为几何图形，由喷泉、草坪、花坛、雕像、柱廊组成。它不同于元大都宫殿群中的以汉族建筑为主的殿、堂、楼、阁，也不同于元大都蒙古族、藏族、维吾尔族和波斯相结合的建筑风格，而是发展成了西方古典主义建筑的总代表。现在成了巴黎最著名的国家历史博物馆。

16世纪以后，巴黎成为法国的政治、军事、经济、文化中心，得到高速发展，被称为“万城之冠”，荣获了“世界缩影”的美誉。而元大都沧桑变迁成了明清两王朝的京师北京，以及今天中华人民共和国的首都。

三、伦　敦

伦敦位于英国的东南部，公元前1000年曾是一个小村落，公元43年受到罗马军队的侵占逐渐成为军事城堡，7世纪开始成为东撒克逊王朝的都城，成为英国历代王朝都城之所在。11世纪时，伦敦已成为英格兰的商业和政治中心，工商业日益繁荣。此时的著名建筑有伦敦塔、圣保罗大教堂、威斯敏斯特大教堂等。

伦敦塔于1078年建于泰晤士河畔险要地段，原来是用于军事的要塞，后来成为军事仓库和监狱，第二次世界大战以后才成为博物馆。它是伦敦最高的建筑，可以鸟瞰全市美丽景观。元大都最高建筑物是元朝忽必烈薛禅汗至元九年（1272）建筑的鼓楼和钟楼，是大都初建时的中轴线的定位标志，又可用作打更报时和军事瞭望台。

圣保罗大教堂建于1675年，是伦敦最大的主教堂，是由著名建筑师雷思爵士设计，哥特式和文艺复兴时期风格相结合的宏伟建筑。

威斯敏斯特大教堂是世界著名的建筑物之一，始建于1065

年，巍峨壮丽、富丽堂皇，是英国历代王室举行加冕典礼的地方，历代王室成员也多葬于此。伦敦塔和威斯敏斯特大教堂要比元大都早建200年左右。忽必烈薛禅汗在筹建大都的同时兴建了许多宏伟的庙宇，其中世界闻名的有至元十六年（1279）建的大圣寿万安寺（即今天北京人俗称的白塔寺），寺中有尼泊尔建筑师阿尼哥修建的著名白塔，高50余米。还有札丫笃汗图帖睦尔于天历二年（1329）建筑的大承天护圣寺（即北京人俗称的卧佛寺），寺中有25万公斤青铜所造的释迦牟尼涅槃雕像闻名于世。

世界著名的白金汉宫建于18世纪，要比元大都宫殿晚400年左右，建筑面积为17万平方米，是元宫的1/10左右。它以朴素大方闻名于世，东、西、北面都是森林，前后是广场，是英国历代女王的宫殿，是举行重要社交活动的地方。

四、罗　马

罗马是古罗马帝国的发祥地。它的辉煌要比成吉思汗早几个世纪，大约在公元2世纪建立了地跨欧、亚、非三洲的罗马帝国。

罗马城经过几代王朝的修建，成了东方文明古城、文艺复兴时代的艺术宝库，世称“露天博物馆”。罗马不同于元大都黄瓦红墙、飞檐走壁的土木建筑和棋盘格式的街道，是由巨大的方块石和大理石营建的宏伟宫殿和巨型斗兽场。罗马是大理石组成的城市，没有整齐划一的街道，巨大辉煌的石块建筑物点缀在鲜花争艳、绿树成荫的大地上，自成特有的瑰丽。

更不同于元大都的是，还有许多公共剧场、浴池、喷泉和市民广场。说明此时的罗马城已经步入资本主义文明的萌芽阶段了。

到了13世纪罗马教皇和元朝互通使者，建立了友好关系。威尼斯大商人尼古拉·波罗的儿子马可·波罗于1271年17岁的时候，就来到元朝见到忽必烈大汗，他很快学会了蒙古语、蒙古文，工作勤快、精干，受到忽必烈重用，在元朝任职17年，1295年回到威尼斯写了著名的《马可波罗行纪》，记述了当年元大都的繁华和中国各地风情。威尼斯每年二至四月举行狂欢节，家家户户都要吃面条，据说这是马可·波罗从元大都带去的节日吃“长寿面”的习俗。

意大利波登隆埃的大旅行家鄂多立克于1322年到达中国，在大都住了三年，回国后也写了著名的《鄂多立克东游录》，描述了当时蒙古朝廷风俗和元朝的诸多风土人情。

意大利佛罗伦萨的外交家马黎诺里率领的十人使团，受罗马教皇本笃十二的派遣于至正二年（1342）七月到达上都（有的元史专家称在大都）敬献教皇所赠的一匹骏马，元顺帝妥懽帖睦尔大喜，称之为“天马”，命画家作画，令诗人作诗。马黎诺里在元大都居住了三年以后，回国写了《马黎诺里回忆录》，这些都是元大都研究方面的珍贵资料。

到了14世纪，元大都和罗马在文化艺术科技方面有了更密切的交流；意大利画家安布罗乔·洛伦采蒂学习中国画的技法、彩色，在教堂壁画上用八思巴文字做装饰图案并画上蒙古人的画像。同时欧洲先进的天文、数学、医药知识大量进入中国，对元代科技的发展起到了促进作用。

五、京　都

京都是日本最古老的城市之一。794年，京都就取代奈良成为日本首都，当时定名为平安京，历时达千余年，故有“千年古都”之称。

京都地形有点像元大都的地形，即现在的北京盆地，东、西、北三面山峦叠翠，南面是一望无际的平原。

平安京的建设正值唐朝德宗皇帝时期（780—805年），这二百余年间，平安京曾19次派出“遣唐使”来中国学习，每次选派100—500余人，商船来往频繁，文化交流加深。天宝十二年（753），我国著名僧人、佛学家鉴真到达日本平城京（今奈良）讲学。在传播盛唐佛教、建筑、雕塑、壁画、书法、医药等方面做出了很大贡献，是促进中日文化交流友好的先驱。

平安京分东京和西京两部分。建筑和布局上，东京模仿我国洛阳城，西京则模仿我国长安城。京都城成矩形，东西宽4公里左右、南北长5公里左右，分外城、皇城和宫城。街道整齐，经纬分明。

京都建城要比元大都早600余年，但规模没有元大都大，总面积占元大都的1/10左右。京都建筑很有特点，主要是以木材为主，因为日本是多地震国家，有些庙宇、宫殿、塔楼完全是由木材营造的，而元大都的建筑是土木建筑，正如古罗马的建筑是用大理石营造的一样。那时的各个国家都是因地制宜，发挥各自特长，建筑了各具风格的宫殿和都城。

元廷征服朝鲜以后，忽必烈于至元三年（1266）开始策划对日本的侵占，曾派使臣联络，遭到日本镰仓幕府的严厉拒绝。于是这位不可一世的蒙古大汗前后实施了两次对日本的进攻行动，遭到国内和日本人民的反对，最后以失败告终。

但是大都和京都之间的民间交往、商贸来往活跃，大都出口皮货、瓷器、绸缎、书籍、绘画、佛经等。从日本进口刀剑、黄金、工艺品、木材、螺钿等。中日佛学家、僧人也互访、游历，促进了两国人民的文化交流和友谊。由于日本借用汉字的缘故，中日两国的书法之道源远流长，是世界文化史上的一个亮点。

六、元大都和东西方同一时代建筑的城市比较

1. 西方城市不追求以四方为主，而根据地形地物、河流、山脉等营造成为自由的不等边城镇。帝王的皇宫也是如此，比如莫斯科市区呈车轮辐条放射形状，俄国的克里姆林宫的院墙

是三角形的，这对元大都宫殿的设计者来说是不可思议的。

2. 从元大都城的营造到皇宫的建设，由于受到中国古老的建筑经典《考工记》的约束和蒙古族建筑学的影响。元大都和宫殿虽未完全按照《考工记》营造，但它要求以四方整齐为主。就是中国的其他城镇，除河流山脉等地形所限制以外，哪怕一个小小的城镇，也是以四方为主，基本形成了中国城镇建筑规则。而在西方，找一个四四方方的城镇和古老城堡建筑是很难找到的。这可能就是东西方思维在建筑学上形成的差距。

3. 西方帝王宫殿内一般建有教堂和宏伟的钟楼，元代历代帝王都非常信仰佛教，专门设有“国师”“帝师”之尊号，但元皇宫内不建庙宇，元廷雄伟的庙堂都建在大都城重要位置上或城外风景区。

4. 可能是西方城镇居民大多数信仰基督教的缘故，特别注意对公墓的建筑。有的公墓经几个世纪的相继经营，由大理石墓碑和古老绿林掩映。鲜花雕塑形成美丽的园林，规模巨大，不像中国坟地那样阴森可怕，杂乱无章。尤其元代帝王都要安葬于漠北起辇谷，所以元大都没有像明清两朝那样的陵墓群，王公级别的官员虽不送起辇谷安葬，但从不起坟冢，所以从成吉思汗起，蒙古帝国时期的4位可汗，直到元朝的11位可汗，北元时期的23个汗王的墓地，一个也找不到，实属世界奇闻。

5. 西方名城、国都一般都建在河流之畔，而且都非常注重自然风景的卫护和利用。元大都虽然没有建在河流之畔，但人工筑出的通惠河、金水河（该河是皇宫专用水道，“洗濯有禁”）和自然湖泊、太液池、海子（积水潭）形成了风景线和供水系统，弥补了没有自然江河风景的缺陷。而这些人工河和自然湖泊又形成了对皇宫的防御系统，起到护城河的作用。

6. 西方宫殿、教堂几乎以巨大方块石建筑为主，富丽堂皇又非常结实，元大都宫殿一般用汉白玉做须弥座和栏杆，主宫殿则用土木结构。相比之下，西方巨石坚固程度可同如今钢筋水泥相比。元代并非无巨石可采，中国的传统建筑思想和理论，大都以木料为主要构件，因为用此材料方能造出具有中华民族特色的大飞檐、斗拱、天花板、脊吻、飞椽等。这是用木料梁柱造就出来的神秘华丽的形象，它既是建筑物的支撑构件，本身又是精美的艺术品。梁思成教授在《中国建筑史》中惋惜地说道，中国“匠人对于石质力学缺乏了解”。中国古代石桥、石碑到处皆是，但巨石建筑物不多，大概是受到传统建筑学思想的影响所致。

7. 元大都的园林的最大特点是善于利用自然景色：因为蒙古族生长在高原上，长期和大自然打交道，往往人与自然融为一体，他们非常热爱大自然，从来不轻易砍伐山林。营造宫殿、修建园林，以利用自然景物为主。对太液池、琼华岛风景区的开发利用再典型不过了。

大都皇城中的园林气势非常宏伟，琼华岛的奇峰怪石、苍松翠柏、潺潺流水、珍奇花草，太液池的湖波和绿丛中时隐时现的黄瓦红墙的宫殿犹如一幅中国山水画。元廷宫苑中还有各种珍奇花草、飞禽走兽，从小兔、鸽子、狐狸、野狼，到狮子、老虎、大象、狗熊，应有尽有，宫殿游宴时经常放出来，令客人一饱眼福。而西方宫廷园林往往把自然景色人工雕砌为几何图形，由各种雕像、喷泉、草坪、花坛、柱廊组成。当然比原汁原味的自然景色要逊色几分。

8. 各国各民族宫殿的共同点是：宫殿是封建社会的产物，封建统治阶级为了炫耀自己的高贵和满足奢侈极欲，千方百计地搜罗珍贵财宝，召集能工巧匠、建筑师、雕刻家、彩绘师为自己营造最华丽的住所——宫殿。所以，这个宫殿也就成了那个时代建筑艺术的精华。同时这个建筑艺术也是体现那个民族的传统文化和民族风格的总代表，是各国各民族劳动人民的伟大创造。进入社会物质文明高度发展的今天，这些富丽堂皇的宫殿也就成了艺术宝库、全世界宝贵的文化遗产。

各国民族宫殿都建有高大的城墙、城堡、角楼、炮台箭楼和又深又宽的护城河等防卫建筑。元大都则由外城、内城、皇城、巴托浩特四层城垣和护城河组成护卫系统，显得更加壮丽森严。另一个共同点就是宫殿又是举行皇位继承大典、宴饮等重大庆典活动的重要场所。

最后，将世界各国主要宫殿和元大都宫殿营造时间、规模试做列表比较，以供参考。

宫殿名称	建筑时间（年）	建筑面积
柬埔寨吴哥窟	1210	4万平方米
中国元朝大都皇宫	1267	70万平方米
中国明清朝紫禁城	1420	72万平方米
俄国克里姆林宫	1491	27.5万平方米
法国卢浮宫	1521	4.8万平方米
土耳其奥斯曼宫	1543	70万平方米
印度红堡宫	1648	50万平方米
法国凡尔赛宫	1756	11万平方米
泰国泰王宫	1782	2万平方米
英国白金汉宫	1800	17万平方米
日本京都御所	1855	20万平方米

（摘自《走进世界著名宫殿》，世界图书出版公司，2010年）

第四节　哈剌和林、上都、大都、中都、瓦奇尔·察罕浩特（金刚白城子）比较

哈剌和林（1235—1268年）是大蒙古国第二代可汗窝阔台

时期建筑的蒙古帝国第一个土木营造的都城。城龄为133年。

上都（1257—1358年）城龄101年。

大都（1267—1368年）城龄为101年，上都、大都都是忽必烈薛禅汗营造的世界著名都城。

中都（1307—1311年）是元朝后期海山曲律汗时期营造的“昙花一现”的都城，中都之冠只延续了五年（1368年被红巾农民起义军的关锋、潘诚烧毁，城龄为4年）。

瓦奇尔·察罕浩特（白城子，1617—1630年）城龄为13年。是北元末代帝王察哈尔林丹汗营造的蒙古北元王朝的最后一个都城。

以上五个城市在大蒙古国、元朝和北元时期曾是显赫一世的繁华都城。在不同时期都起过不同的历史作用。它们连续度过了四百余年的历程，从辉煌到没落，真实地记录了蒙古王朝的兴亡史。

笔者之所以把蒙古族古代城市发展史推溯到400余年的历史，其理由就是元朝的灭亡不同于中国其他历史王朝，失去国都即将灭国灭族，元朝失去国都后灭国而不灭族，从大都从容退到了祖先兴旺之地——蒙古高原，只是失去了中原大片土地。在这样的条件下，基本上以长城为界，北元23位可汗前仆后继地和明朝抗衡了260余年，明廷和北元王朝谁也没有征服谁。直到1634年北元最后一个皇帝林丹可汗逝世之后，林丹可汗之子额哲持大汗金印，携带国宝纯金玛哈嘎拉雕像和金书大藏经向后金归降，这样整个漠南漠北蒙古纳入了后金的版图，此时横跨欧亚的四大汗国，已分崩离析，连续传承400余年的蒙古帝国从此不复存在了。

大蒙古国的都城发展史是由北向南移动的，是跟随权力中心的移动而移动，从漠北的哈剌和林到中原的元大都，是蒙古帝国都城史上的最光辉的顶点。然而也随着权力中心的衰落，由南向北节节败退，最后回到兴旺初地——哈剌和林，但并没有寿终正寝。相继兴起的北元传承了帝国的余晖，虽然内部有暂时的分裂和割据，但在南征北战之际，林丹可汗肇建了汗国最后一个国都瓦奇尔·察罕浩特（白城子），蒙古族古代建筑前前后后，在这400余年中断断续续得到发展，出现了巴热斯浩特（应昌府）、敖伦苏木（赵王城）、全宁路古城、净州路古城、丰州古城、东胜州大皇城、亦集乃路黑城和阿拉坦汗所建“库库和屯”（呼和浩特）、板申城（美岱城）等。

这些都可以视为蒙古族都城建筑的继承和发展。

一、哈刺和林

1. 窝阔台汗营造土木都城哈剌和林的动机

窝阔台登上汗位，他的机遇非常好，在西方组织了著名的“长子西征”，蒙古大军横扫俄罗斯、钦察、波兰、奥地利、匈牙利。在东方征讨金国、南宋和高丽，并且灭掉金国。

窝阔台汗取得以上成果以后，在国内重申成吉思汗大札萨，建立驿站制度，制定税收法，完善朝会斡耳朵、宿卫制度。大蒙古国的国际地位空前得到提高，国力空前强盛。这样“流动的城市”已经满足不了蒙古社会突飞猛进的发展，促使成吉思汗时代保持的逐水草而迁徙的大汗斡耳朵为国家政治枢纽的惯例要改变了。需要建筑土木构造的固定城镇为国家都城的时代已经来到了。

窝阔台汗灭金以后的第二年乙未（1235），一改传统帷帐式宫殿，大兴土木，大建宫阙楼阁，着手营建哈剌和林城。窝阔台汗在蒙古族历史上第一次提出划时代意义的建筑纲领：“奠定世界强国之根基，营建繁荣昌盛之基础。”①

这个建筑纲领，奠定了未来蒙古族建筑事业的坚强基础，窝阔台汗以后的历代帝王都是坚定不移地去实施这个宏伟宗旨

① 〔波斯〕拉施特：《史集》，第二卷，第68页，商务印书馆，1983年。

的。哈剌和林和蒙古其他城市上都、大都、中都、瓦奇尔·察罕浩特等都是遵循这个伟大宗旨去营造的。哈剌和林城是当时的蒙古高原物质文明和精神文明的总代表，体现了从草原游牧帷帐式宫殿转化到土木式宫殿的过程，这个转化是循序渐进的。成吉思汗时代，他的幼弟斡惕赤斤就非常喜好土木建筑。《史集》曾记载道："在蒙古人中间，斡惕赤斤那颜以好兴建宫院著名，他到处兴建宫殿、城郭和花园。"[①]这是代表大部分蒙古族统治阶级对过去建筑文化观点的思想变化，是一个大进步，但不能说明帷帐宫殿是落后的，土木建筑是先进的，两者各有千秋。统治欧亚大陆的国家，总不能把国都驮在马背上流动。

成吉思汗是典型的游牧经济的保护神。成吉思汗戎马倥偬的一生，无暇思谋营建土木宫殿、城镇。当时大汗的行宫就是大蒙古国的政治枢纽、指挥中心，另一方面，在游牧生活中锻炼成长的成吉思汗对土木建筑不太感兴趣，他曾说过："我的子孙们穿上绫罗绸缎、住上砖制楼房之时，便是我创建的蒙古帝国消亡之时。"[②]当时绫罗绸缎、砖木建筑，主要是农业文明的产物，成吉思汗对牧业文明高度崇仰，而担心他的后裔们抛弃游牧文化，被强大的农业文明所吞噬，发生被同化的悲剧。

在这种思想指导下，当时成吉思汗的都城是什么模样呢？正确的回答莫过于《草原帝国》的作者勒内·格鲁塞的描述。他写道："他们没有城市的概念，只有在迁徙的过程中渐渐组成了帐篷群，他们将随车带来的毡帐转成一圈，在圈子里生活……成吉思汗大汗的毡帐已经变成了真正的流动皇宫，毡帐中铺盖着皮毛和毡子，极为宽敞、舒适。"[③]

① 〔波斯〕拉施特：《史集》，第一卷，第71页。

② 〔韩〕金正洛：《千年人物》，第198页，民族出版社，2003年。

③ 〔法〕勒内·格鲁塞：《蒙古帝国》，第159页，国际文化出版公司，2003年。

但是拥有雄才大略的成吉思汗不会不考虑建立固定国都的重大问题。目前在这个问题上有两种说法：一是“鄂尔浑流域在成吉思汗统一蒙古部落之前，是强盛的克烈部王汗脱斡命勒领地。1206年以后被成吉思汗占领，成吉思汗把克尔伦河的汗帐移到哈剌和林地区，易名为和林〔korin〕”[①]。二是“许有壬撰写的《兴元阁碑记》中记道，“成吉思汗十五年辛巳（1220年）定都和林”[②]。

这就是说，那时成吉思汗已经选中了哈剌和林地区为建都地区，示意窝阔台在此建筑土木构造的都城。给哈剌和林成为蒙古帝国首都打下坚实的思想基础。

哈剌和林（遗址在今蒙古国北杭爱省鄂尔浑河上游右岸额尔德尼召之北）地处鄂尔浑河流域上游，是蒙古高原的腹地，又是水草肥美的绿洲，历来军事、经济地位显得相当重要。以上实际情况说明当时的蒙古国要建都城，从地理位置和政治中心的条件来说，非哈剌和林莫属了。

2. 哈剌和林名称的几种说法

一说来自《蒙古秘史》第273节，蒙古文写法为〔kara korom〕，汉文音标为“合剌豁鲁麻”，汉译为“岭北省”，《蒙古秘史》的这种音译、意译都是相当准确的。在蒙古语中，哈剌〔kara〕为黑的意思，豁鲁麻〔korom〕为一份的1/60或瞬间的意思。最后组合形成了地名合剌豁鲁麻。

二说哈剌和林为突厥语，意为黑石头，早在8世纪或在畏吾儿汗王时期就出现了这个名称。

三说为河名，据笔者考究，哈剌和林地区没有类似这样名称的河流。

①〔蒙古〕哈·帕仁莱：《蒙古中世纪城镇史》，第73页，蒙古国家出版署，乌兰巴托，.1961年。

②〔日〕佐口透：《蒙古帝国与西洋》，第429页，内蒙古文化出版社，2006年。

四说为山名，哈剌和林城北边的大山就叫作哈剌和日木图〔kara kermutu〕，蒙古语意为“黑墙一样的山”，哈剌和林以此山而命名。哈剌和日木图就是杭爱山的余脉。

五说为哈剌和日木〔kara kerem〕，蒙古语为“黑墙”之意，蒙古族习惯把古老的城镇废墟叫作〔kara、balγasu，bor balγasu〕，蒙古语为“黑镇”或“黑城”之意。如额济纳旗的黑城（西夏古镇）、正蓝旗黑城（金朝古镇）、察罕淖尔黑城（金朝边关）等。

六说8世纪左右此地称为“塔戈剌西窝”，“塔戈剌”〔taγala〕是蒙古语地名，“西窝”〔sibege〕是蒙古语“堡垒”之意①。此地很可能是畏吾儿汗国时期的遗址，13世纪是王汗的领地。民间又称作“塔海浩特”，“塔海”可能是“塔戈剌”的音变或简称，“浩特”是城镇之意。

七说是斡耳朵汗八里〔ordun kaγan balγasu〕，〔ordun〕在蒙古语中为“宫殿”之意，〔kaγan〕是“大汗”之意，〔balγasu〕是城镇的意思，合起来是“大汗宫殿城”之意。

八说为萨冈彻辰所著的《蒙古源流》中的“毫日莫罕巴剌合速”〔korom kan balγasu〕，意为“瞬间消失的城镇”，是和当时变幻莫测的政局相适应的称呼。

哈剌和林的汉文写法自元代以来已经规范化，虽然《蒙古秘史》273节写为“哈剌豁鲁麻”，但《元史》中写为“和林”，以后蒙古学方面的众多文献一般都写作“哈剌和林”。另外有几种写法为“和宁”“岭北”“哈剌鹘林”等。

但蒙古文写法至今还未规范化。满昌的新译注释《蒙古秘史》中为〔kara korin〕，意为“黑色二十个”；蒙古的其·达木丁苏仁的现代蒙古文翻译版《蒙古秘史》为〔kara kürem-e〕，

---

①〔蒙古〕罗·达希尼玛：《蒙古地区历史文化遗迹》，第316页，内蒙古人民出版社，2006年。

直译为“黑袄”之意；道润梯步新译简注《蒙古秘史》为〔kara korom〕，这是《蒙古秘史》上的原始写法，音译为“合剌豁鲁麻”意译为“岭北行”。额尔登泰、阿尔达扎布还原注释《蒙古秘史》为〔kara korom-a〕是〔kara korom〕的另一种写法。以上几种写法从发音到内容大同小异，但值得考究的是〔kara korin〕，在蒙古语中为“黑色二十个”之意，可能是“黑压压一大片”之意，呼和浩特附近有“和林格尔县”，意思是“二十间房子”，现简称为和林县。看来蒙古语“和林”这个数字，某种意义上代表多数之意。笔者认为汉文“哈剌和林”一词已定型，蒙古文写法应遵循《蒙古秘史》原词“哈剌豁鲁麻”为准，应写为〔kara korom〕为好。

3. 哈剌和林的规模

建设哈剌和林是窝阔台汗建国方针的具体措施之一。窝阔台汗登上大蒙古国汗位的第七年（1235），开始营造哈剌和林城——蒙古帝国的第一个土木构造的首府。

哈剌和林分外城和宫城两个部分，外城周长约7.5公里，据以苏联考古学家科兹路夫、蒙古考古学家哈·帕仁莱为首的苏蒙联合考古队在1948—1949年间对哈剌和林进行的挖掘，测绘出第一张平面图，南北长2500米，东西长1500米，大约总面积为380万平方米。和周长约7.5公里基本相等，差距不大。

哈剌和林城建工程延续了16年，直到1251年蒙哥登上汗位时还未完全竣工，可见工程艰巨复杂。马可·波罗说：“哈剌和林城延三哩，是为昔日鞑靼人离其本地以后所据第一城。”[①]外城有东南西北四门，《鲁布鲁克东行记》第三十二章哈剌和林中写道：“城墙四周是泥土墙，有四道门。东门卖粟及其他种类的谷物，不过这些很难运到那里。西门卖绵羊和山

①《马可波罗行纪》，第215页，河北人民出版社，1999年。

羊；南门卖牛和车；北门卖马。”[①]以上足以证明当时的哈剌和林乃是以畜牧业经济为中心的城镇。

市内大约分为宫殿区、官员邸宅区、回回区（色目人居住区）、汉人区（主要是从中原征调的工匠）和商业区。当时哈剌和林交通发达，民族众多，商业繁荣，宗教汇集，有佛教寺院12所，伊斯兰礼拜寺两所，也里可温教堂一所，还有各国使者、传教士、商人、旅行者，加上卫戍部队和屯垦部队，当时人口达到10余万人。

宫城在全城的西南部，周长约1公里，有四门。据志费尼记载：“市镇中替合罕建造了一座有四扇门的花园，一门为统治者世界的皇帝开设，一门为他的诸子和族人开设，再一门为后妃公主开设，第四门作为黎庶进出之用。”[②]总面积约62000平方米。宫城中最闻名的建筑物是万安宫〔tümen amuγulan ordun〕。

《元史》卷二《太宗本纪》载：“七年乙未春，城和林，作万安宫。”窝阔台汗七年是1235年。《太宗本纪》又载：“八年丙申春正月，诸王各治具来会宴，万安宫落成。”据苏蒙考古队材料，发现万安宫遗址有64座柱础，可见当时的宏伟规模，如史卫民教授所述：“万安宫坐落在和林宫城中央，南北55米，东西长45米，有殿柱72根（南北9行，东西8行），周边的30根是殿墙柱。”[③]据此材料推测，按现制，万安宫为大约2400平方米的宏伟建筑物，当时是毫无疑问属于第一流的宫殿。万安宫的规模有两种说法：即五层和三层。史卫民又写道：“宫中分三层，一层专为大汗所用，一层为后妃使用，第

---

①《鲁布鲁克东行记》，第193页，中华书局，1985年。

②〔伊朗〕志费尼：《世界征服者史》，第277页，内蒙古人民出版社，1981年。

③ 史卫民：《都市中的游牧民——元代城市生活长卷》，第21页，湖南人民出版社，2006年。

三层供侍臣和奴仆使用。”①

在《鲁布鲁克东行记》第三十章中，描写蒙哥在哈剌和林的万安宫时，作者写道：“蒙哥在哈剌和林有座大宫殿，坐落在城墙左边，四周高墙环绕，犹如我们家乡修道院四周有高墙一样，这是一座大宫廷……”他接着写道：“在这座大宫殿的门口，因为运进盛奶和其他饮料的皮囊，很不雅观，所以巴黎的匠人威廉就为他制作了一株巨大的银树，在它的根部有四只银狮，各通有管曲，每根上还有金蛇尾缠绕树身。一根管子流出酒，另一根流出哈剌忽迷思，即澄清的马奶，另一根流出布勒，一种用蜜做的饮料，还有一根流出米酒叫作特拉辛纳的。树足各有一特制的银盆……

“宫殿像一座教堂有中心部分，西侧是两排柱子；南面是三道门，那株树立在中门内。汗坐在北面的高处，让大家都能看到。有两条阶梯通向他，送酒人从一条上，另一条下。中间的地方，在树和这些送酒的阶梯之间，是空着的，因为这里是他的侍仆，也是献礼的使臣站立处。他本人则像神明一样高坐在那里。”②

据苏蒙考古队的挖掘，在万安宫遗址前也发现了20米长的花岗台阶。

万安宫是蒙古帝国政治中心的神经枢纽，是举行忽里台决定重大国策、举行质孙宴、奖赏有功之臣、会见外国使臣的地方。以它为中心，周围有许多宫殿和官邸。窝阔台命令诸儿和宗王们每个人都要建造一所华丽宫室，诸王们争先恐后地建筑各自的宫殿和花园。对蒙古族古代建筑艺术和技术的发展做出了巨大贡献。

① 史卫民：《都市中的游牧民——元代城市生活长卷》，第21页，湖南人民出版社，2006年。

②《鲁布鲁克东行记》，第292页，中华书局，1985年。

哈剌和林出土的文物有金银铜置具、文具、瓷器、陶器、珍珠、珊瑚、马鞍装饰品。还有八思巴字的残纸片、波斯银币、刻有波斯商人名字的石碑、花剌子模铜币、龙纹琉璃瓦片、佛教装饰品、壁画脱落片、犁铧和各种铁器、秤砣、绸缎碎片、写有“内府”字样的瓷器碎片等。铁器经苏联科学院化验，熔化度达到1350摄氏度，证明当时的冶炼技术水平是很高的。

哈剌和林城的营建由成吉思汗打下基础，窝阔台可汗制定了划时代的建设方针，经贵由、蒙哥两位大汗的经营，达到了极其辉煌的顶峰。随着大蒙古国中心的南移，后来变为元朝岭北行省的首府。

哈剌和林遗址考古挖掘发现了两个重要石碑片，为确定哈剌和林遗址提供了有力佐证。一个是至元十五年（1278）忽必烈大汗从淮东路调集精兵前来和林屯田之事，并将这座军屯城命名为“宣威军”，碑记主要说为创立屯所，因其山后建其城，就其水潴以为池等。张德辉说：“自泊之南而西分道入和林城……山之阴多松林，濒水则青，杨丛柳而已，中即和林也。居人多耕稼，悉引水灌之，问亦蔬圃。”[①]当时和林城人口不断增加，内地运粮极其困难，驻军农垦一举两得，戍边生产两不误，看来上文说明粮食蔬菜基本可以满足需求。另一个是兴元阁重建碑记，此碑于至正六年（1346）由元廷七朝元老许有壬撰写，其内容主要说明窝阔台汗登基以来，国强民富，建寺弘扬佛法，为民造福等。兴元阁原为万安宫窝阔台汗时期开始修建，直到蒙哥汗六年（1256）竣工，高五层，计92.4米，共七间。兴元阁曾被红巾农民起义军烧毁。

此外在哈剌和林周围修建了不同风格的豪华行宫。《元史》卷二载：（九年）夏四月筑扫邻城，“扫邻”〔saγurin〕是

① 张德辉：《张德辉岭北行》，第148页，内蒙古教育出版社，2001年。

蒙古语定居、固定之意。叫作迦坚茶寒殿。窝阔台汗九年（1237），在距和林北35余公里的风景区营建了迦坚茶寒殿（迦坚茶寒殿蒙古语称〔gegen čaγan ordun〕，意为“大明宫”，是蒙古族最典型的宫殿，是继承成吉思汗朝木楚格〔čomčog ordun〕宫殿的精品，朝木楚格宫殿是前小后大葫芦状的双殿，汉族建筑家称其为“工”字形宫殿，元大都皇宫的大明宫，元中都、瓦奇尔察罕都城建有这种宫殿）。

窝阔台汗十年（1238），在哈剌和林的南面15公里的风景区，营建了图苏湖宫，蒙古语称〔dosuku ordun〕，意为迎宾斡耳朵，汉语称迎驾殿。

经过窝阔台可汗的努力，修城池筑宫殿，建寺庙开市场，使哈剌和林城走上了兴旺繁荣之路。但窝阔台并不迷恋城市的繁华奢侈，却喜欢草原的宁静、山峦的雄姿，除冬季住在哈剌和林的万安宫外，夏住奥日莫格图行宫〔ormogtü baγudal ordun〕或失剌斡耳朵〔šira ordun〕，春住迦坚茶寒行宫〔gegen čaγan ordun〕，秋季则住在克尔伦河上游库克淖〔koko naγur〕行宫或狩猎的临时宫帐中。

4. 哈剌和林成为大蒙古国都城，具备了以下几个条件：

（1）成吉思汗西征前夕，已把在克尔伦河流域的行宫移到了鄂尔浑河流域。这是大蒙古国政治中心南移的第一步。所以韩儒林教授说：“成吉思汗时代的政治中心在怯绿连河上游的大斡耳朵，这是他初兴时的根据地。漠北统一后，这里作为统治全蒙古的中心，从地理上看过于偏东了，而历来强盛的北方游牧政权都是立国于鄂尔浑河上游，居中心制两翼的。”[①]因而鄂尔浑河地区已成为当时大蒙古国的政治、经济、军事中心。

（2）成吉思汗的行宫都在山清水秀的风景区，一般背靠大山，前临大河。哈剌和林城继承了这个传统，背靠雄伟的哈剌

① 韩儒林：《元朝史》，第208页，人民出版社，1986年。

和林山，城东有奔腾的鄂尔浑河。

（3）哈剌和林城当时是古丝绸之路东路的中转站，是经撒麻耳干（今乌兹别克斯坦撒马尔罕）到波斯、中东和欧洲各国的必经之地。

（4）哈剌和林城是从漠北进入中原的跳板，窝阔台可汗灭金大军就是从这里起程的，窝阔台可汗的胜利班师的宴庆也是在此落幕。在中原获取的大量物资，聚集到此后集散到蒙古各地。13世纪，使臣、旅行家马可·波罗（意大利）、柏朗嘉宾（意大利）、鲁布鲁克（法国）、道森（英国）等人先后访问过哈剌和林，对此都有详尽的描述。

（5）哈剌和林是蒙古帝国的中心，是征战机器的总部。成吉思汗征服花剌子模、征战西夏和著名的“长子西征”、征战俄罗斯诸国，大将哲别进军欧洲是从这里打开序幕的。窝阔台可汗征服金国，蒙哥可汗命令旭烈兀征战伊朗，自己和忽必烈征战南宋、大理也是从这里出征的。

（6）哈剌和林是蒙古族兴建的第一个土木构造的都城，蒙古族最早的土木建筑可以追溯到8世纪左右。《蒙古秘史》所载的“有土墙的百姓”就有四层含义：一是有了土木建筑，二是有了定居生活，三是有了农业生产，四是有城市雏形。

（7）哈剌和林的建筑规模远不及上都和大都，但是它毕竟是蒙古帝国的第一个土木营建的都城，给后来的上都、大都宫殿城镇基建积累了宝贵经验。它是从草原游牧帷帐式宫殿跃进到土木式宫殿的开始，具有进步意义，同时反映了当时蒙古高原物质文明和精神文明的具体面貌。

二、元上都

元上都是蒙古帝国营建的第二个都城，始建于蒙哥汗七年（1257），是“思大有为于天下”的忽必烈的杰作。

元上都坐落在风景秀丽的龙岗山山阳，南临滦河，分外城、皇城、宫城三层。

外城每边长约2200米，总面积大约480万平方米，有七个门。皇城每边长约1400米，总面积大约190万平方米，有六门，皇城四角有角楼。宫城东西长约540米，南北长605米，总面积大约33万平方米，有三门，宫城四角也有角楼。

元上都之初是忽必烈著名的“金莲川幕府”帐宫，刘秉忠三年内建城郭，忽必烈命名为“开平府”（始开平安之世之意）。中统元年（1260）忽必烈在此登蒙古帝国第五任大汗之位。中统四年易开平府为上都，正式定为国都，中统五年改燕京为中都，从而确立了两都制。

上都仅生存了101年，至正十八年被农民起义军关锋、潘诚所烧毁，“变成了一座拥抱着巨大文明的废墟”（叶新民教授语）。兀哈笃汗几度想重建上都，但元末战乱中毕竟力不从心了。

元上都的特点：

第一，忽必烈受命经营治理汉地，却没有把藩府设置在中原地区的繁华中心，而设置在农耕和游牧地区的边缘——风景秀丽的金莲川。这是忽必烈高瞻远瞩，为蒙古帝国的兴旺发达采取的重大措施之一。从理论角度讲，历史上异族进入另一个民族的地区长期统治，主要是靠军事力量进行残酷统治。忽必烈对入主中原地区的契丹族的辽朝、女真族的金朝的最后归宿，记忆犹新。忽必烈遇到同一问题，他却认为在战略安排上，既是进入中原的桥头堡，又应该是退出中原的跳板。从而制定了两都制，事实说明，这一重大措施挽救了妥懽帖睦尔汗放弃大都，退据上都，亡国而没有亡族。而辽朝、金朝放弃了起家的根据地，落到了亡国而又亡族的可怕境地。

上都、大都两都制的设置非常适合于当时的政治需要，元朝共11位皇帝，有6位可汗在上都继位。元朝的第一位可汗忽必烈和最后一位可汗兀哈笃汗妥懽帖睦尔就是在上都继位的，还有完泽笃汗铁穆耳、曲律汗海山、札丫笃汗图帖睦尔、幼主阿速，可见上都的重要地位。

第二，上都是蒙古帝国营建的第二个都城，是波斯工匠和以施工总监刘秉忠为首的汉族等各民族能工巧匠共筑的精品，但上都的设计规划尚未形成规范，它没有按照蒙古族古老建筑传统“古列延”的标准，由外城、内城、皇城、宫城、巴托浩特组成，而只有外城没有内城，皇城在外城的东南角，所以外城的明德门就变成了皇城的正门，外城西墙的两个门也变成了皇城的西墙门。宫城的中轴线极其明显，以明德门为起点的中轴线经宫城正门御天门到达大安阁。

从以上情况分析，原来设计很有可能以明德门、宫城御天门、大安阁一线为中轴线建筑的，后来需要扩大城垣，但无法向东扩张，因东墙已达沙窝边缘，只好向西延伸，于是又开南门一座，形成南墙中央没有正门的状态。皇城只能在东南角位置，无法变更。以后数度加固外城东南角石墙的原因也许在此。

第三，御天门前设有宫廷广场，这是蒙古族大汗金帐前设置有阿拉罕广场〔alukan talbai〕(蒙古族称锤形广场，汉族建筑家称其为“丁”字形广场）的建筑传统，供“那达慕”狂欢、阅兵、庆祝大典之用。

第四，有些学者讲到元上都、元大都、元中都建筑布局设计，都说是按照《考工记》原则施工的。《考工记》关于城市建筑主要讲了这么几句话：“匠人营国。方九里，旁三门。国中九经九纬，经涂九轨。左祖右社，面朝后市，市朝一夫。”①

据笔者考察和查阅资料，中国没有哪个城市是按照该章程营造的，看来只是理想概念了。蒙古人营造的元上都、元大都、元中都、瓦奇尔·察罕浩特最有条件按照《考工记》营造，因为它

① 戴吾三编著：《考工记图说》，山东画报出版社，2003年。

们都是选择在无任何建筑物的平地上营建的。可是这四座城，都是按照蒙古族古老建筑布局古列延的形式营造的，充满朴素哲理：第一，城市选址必须在风景秀丽的地方和经济、军事、文化中心。第二，坐北朝南。第三，中轴线（蒙古语称〔küisen utasu〕，肚脐眼线）上安置重要衙署、军宿卫戍和王汗宫殿。虞集《道园学古录》卷十“跋大安阁图”确是记有北宋熙春阁迁到上都“稍损益之”。但记录违背了两条重要事实规律。记录中说明施工时间是寒冬腊月，值得怀疑，更重要的是根据蒙古族传统，自古以来婚姻嫁娶、成家立业都要盖新帐新包，在新草场放牧，忌讳住旧包旧草场，更何况立国建都，哪能用旧料旧材营建自己的枢纽大殿？当年忽必烈营建开平府时，大臣建议开国之初百业待兴，资金匮乏，金桓州破损不大，可利用之。忽必烈认为不吉利，而选择了风景秀丽的金莲川营建了辉煌的上都城。同样营建大都城时，大臣建议重修金中都，忽必烈不从，在金中都东北选新址，建筑了世界闻名的大都。蒙哥汗时期游历漠北的道森的《出使蒙古记》等中都有蒙古人忌讳旧营地的记录。

三、元大都

请见本书第一章至第五章。

四、元中都

中都遗址在今河北省张北县馒头营乡白城子。元代属隆兴路，又叫作旺兀察都（蒙古语〔ongučatu〕，意为有船之地），俗称忽察都、新城、武宗行宫等，这里是护都笃可汗和世琜“暴崩之地”，留下一则惊心动魄的故事。相隔不远就是元代著名的察罕脑儿行宫风景区。

1. 中都规模

大德十一年（1307）四月完泽笃可汗铁穆耳在大都驾崩，

海山于五月在上都登上元朝第三位大汗的宝座，即为曲律汗，同年六月他却着了魔似的急急忙忙下令按照元大都、元上都为蓝本营建中都城。《元史·武宗纪》载：“甲午建行宫于旺兀察都之地，立宫阙为中都。”

元中都从大德十一年六月动工，于至大元年（1308）七月完工，皇城和宫殿仅用了13个月即竣工。中都南北长610米，东西宽555米，计为占地33万余平方米的四方城。城墙基宽15米，高5米，东西南北有四门，但无瓮城，南门有东西掖门，中门有方石板御道，主殿为蒙古族典型的“工”字形宫殿，即成吉思汗时代传承下来的前小后大连体的“朝木楚格殿〔čomčog ordun〕”和称巴托恰哈特〔batu čikatu〕的宫殿，汉意为“永固形”宫殿。“工”字形宫殿南北长98米，宽48米，台高5米（为蒙古族建筑特点的须弥座〔sömbör saγudal〕），合计为4000余平方米的建筑物。其中前殿长为54米，宽为48米，合计面积为2500余平方米。后殿长为48米，宽为24米，合计面积1000余平方米。

2. 建筑特点

建筑以大蒙古国第一个土木构造的都城哈剌和林时，继承了窝阔台汗所指定的“奠定世界强国之根基，营造繁荣昌盛之基础”的具有划时代意义的宗旨，所以中都的规模虽小，但气魄完全是按照元大都的风格建筑的。元王朝自武宗上台，天灾人祸连年不断，国库亏空，可是武宗要建中都的角楼，中书省请求：“今农事正殷，蝗蝝遍野，百姓艰食，乞依前旨罢其役。”武宗却说：“皇城若无角楼，何以壮观，先毕其功，余者缓之。”中都建筑之富丽堂皇可见一斑。

中都出土文物丰富，考古价值很高。

中都出土建筑构件有：黄绿琉璃瓦，方形或鼓形础座，有精美花纹，龙纹琉璃瓦当、滴水、鸱吻、龙纹方砖，牡丹纹、莲花纹柱础，琉璃走兽，汉白玉石条，础石，角兽，0.5公斤重建筑大铜钉等，以上造型、彩色基本上和元上都出土构件相同。

中都出土生活用品文物有：钧窑、龙泉青花瓷器、白釉罐、碗、铜镜、铜权、双鱼纹镜、莲花灯、储水大瓮等。

中都中轴线分明，中轴线从南门开始通过全城中央，直达主宫“工”字形宫殿。

中都也和上都、大都一样，按照蒙古族古代城镇建设的“古列延”制度建立起来，由外、中、内三层古列延相套，形成外城、皇城、宫城结构。

3. 营建中都的原因和停建的原因

汇总学者任亚珊、张长春、齐瑞普等人的观点（见《元中都》上册，文物出版社，2012年），有以下几条：

兴建的原因：（1）武宗海山急功近利，效仿元世祖忽必烈筑上都、建大都之伟业，为己树碑立传。（2）中都地处农耕文化和游牧文化的分界线上，具有不可忽视的经济、军事、政治地位。（3）中都地区适于驻跸避暑的自然条件，地处大都、上都中间，北通哈剌和林，西达西域，北接漠北，南俯中原。

停建的原因：

（1）继承曲律可汗海山皇位的普颜笃可汗爱育黎拔力八达从小长期在南方生活，从小接受汉族传统文化熏陶，受孔孟之道影响较深。他又笃信佛教，生活俭朴，不动刀枪，不懂军务，不好酒色，不乱盖宫殿。对武宗好大喜功、乱赏众臣、铺张浪费看不惯。对被海山立为太子，任命他为空头的“中书令兼领枢密院”更是耿耿于怀。造成亲兄弟更深层的隔阂是皇太后答己的安排：弟弟先登皇帝宝座，却让长兄抢了宝座，所以造成向来面和心不和的关系，无处发泄。仁宗一上台就下令“罢停中都”，还找借口杀掉了武宗的几位亲信大臣。这是中都变为“昙花一现”的主要原因。

（2）中都没有深厚的历史、政治、经济、文化的沉淀基础，更无法代替上都和大都的地位。只是武宗的心血来潮，个人的独断独行而已。中都无论从哪种角度讲，都不具备成为元都城的条件，它仅仅是避暑行宫。

（3）没有充足的水源。

元中都的建筑经过汇总哈剌和林、元上都、元大都建筑宫殿和城垣的丰富经验，营建得非常豪华规范，有以下特点：

第一，元中都乃按蒙古族古老建筑“古列延”的规则建筑的，形成外城、皇城、宫城的形制。

第二，元中都的宫殿基座非常明显，是蒙古族传统的“朝木楚格”式宫殿，汉族建筑学家称其为“工”字形宫殿。

第三，元中都排水系统很科学全面。

第四，元中都是元大都和元上都之间的中转站，是蒙古族帝王们休闲游乐、行猎的基地。

五、瓦奇尔·察罕浩特

1. 阿鲁科尔沁旗罕苏木阿巴嘎哈剌山南麓有古城遗址，瓦奇尔·察罕浩特〔wačir čaγan kot〕，汉意为“金刚白城”，俗称“白城子”。瓦奇尔·察罕浩特肇建于林丹汗元年（1617），毁于林丹汗二十三年（1630）。认为该古城为察哈尔林丹汗所建察罕浩特的学者主要有：金峰、那仁朝克图、帕·都古尔、盖山林、萨义宁布、达木林苏隆、阿·胡图灵阿、敖·包音乌力吉等人，他们在不同刊物发表意见，并有了共识，在此基础上两次成功召开了“阿巴嘎哈剌山察罕浩特学术研讨会”。

2. 辽宁省阜新蒙古族自治县绕阳河畔也有一个察罕浩特，汉文也称白城子。学者乔吉、吴德喜、吴芝宽、昌戴等人持有该城为林丹汗察罕浩特的观点，发表了各自的论文。

蒙古族是亲近大自然的民族，许多山山水水和地名都要起吉祥、形象的名称，所以蒙古族地区地名、河名、山名、湖名重复的很多，比如：察罕淖尔〔čaγan naγar〕（白色的湖）、乌兰淖尔〔ulaγan naγur〕（红色的湖）、诺岗淖尔〔noγuγan naγur〕(绿色的湖)、戈顺淖尔〔γašiγun naγur〕(苦湖)、呼和木仁〔koko mören〕(蓝色的河,长江)、希拉木仁〔šira mören〕(黄色的河,黄河)、哈剌木仁〔kar mören〕(黑色的河,黑龙江)、哈剌浩特〔kar kot〕(黑城子)、宝日浩特〔ba-ru kot〕(灰色的城)、察罕浩特〔čaγan kot〕(白色的城,白城子)、呼和浩特〔koko kot〕(蓝色的城,青城)、乌兰浩特〔ulaγan kot〕(红色的城)等,数不胜数。

至于阿巴嘎山,蒙古族地区名称重复的也屡见不鲜,阿巴嘎〔abaγa〕是蒙古语中对叔辈的尊称。蒙古族崇拜高山峻岭,认为是有形有神的圣山(有祖先之灵保佑),十分敬畏并设置敖包年年祭祀。蒙古族地区有父亲山、母亲山、姑娘山(处女峰)、儿子山等,有叔辈的阿巴嘎山也是情理之中的事了。阿巴嘎山名称的由来,有一个又一个动人的民间传说。阿鲁科尔沁旗阿巴嘎哈剌山,原来叫戈日迪山,是凤凰山之意,林丹汗西征时委托给叔叔留守,从而变成了阿巴嘎山。哈剌一词在蒙古语中有两种意思:一是黑,二是看的意思。

察罕浩特是蒙古帝国的第五个都城,只度过了短暂的13个春秋。但是在蒙古族城镇史上占重要地位,它是在北元蒙古汗国处于四分五裂的形势下营建的,而且极其适宜蒙古族建筑规律,有以下几个特点:

第一,林丹汗看到北元王朝受到后金和明朝的不断夹击,在其高官厚禄收买政策下,蒙古各部落中竟有人开始投降金朝,再反戈一击,帮助后金屠杀自己同胞。若无坚强的汗王中心,便会失去强大的号召力。所以决心肇建雄伟华丽的都城、皇宫,显示北元的强大和凝聚力。力求加强强大的中央政权,增强内部团结,摆脱割据、各自为政的状态,统筹计划,统一步调,共同对敌。

第二,林丹汗是遵循窝阔台汗制定的“奠定世界强国之根基,建筑繁荣昌盛之基础”的方针营建瓦奇尔·察罕浩特的。

所以在极短时间之内营建了极其雄伟辉煌的都城。足以证明当时林丹汗的实力。

第三，察罕浩特地理位置、自然环境、交通条件极其优越。

林丹汗把察罕浩特营建在中央万户察哈尔秃绵（万户）的营地，地处六个万户的最东部，大兴安岭南麓，肥沃的松辽平原的北半部，气候比漠北相对湿润，河流纵横，草场肥沃，非常适宜畜牧业的发展，交通也四通八达。是林丹汗雄心勃勃起宏图的理想之地。

察罕浩特继承蒙古族热爱大自然崇拜“青山绿水”的传统，营建在风景秀丽的阿巴嘎山南麓海哈尔河西岸平原上，还把自然形成的两座牤牛崖作为都城南门的东南角和西南角，纳入外城，形成天然的防御工事，设计规划极其巧妙，体现了蒙古人驾驭大自然的智慧。

第四，察罕浩特据学者博·德木其格扎布实地测绘：外城东西长392米，南北长595米，总面积大约24万平方米（德先生记录总面积为69万平方米，《阿鲁科尔沁民间文学史书集锦》，内蒙古文化出版社，2011年）。

据笔者本人两次实地考察，中轴线非常明显，城池中轴线大约以阿巴嘎哈剌山的主峰为起点，从两座牤牛崖中间向南穿过，内城就在中轴线的中央，东西长247米，南北长245米，总面积6万余平方米（德先生测绘记录）。内城有7座宫殿的高大基座，其中中轴线中心有一座大殿遗址，长80米，基座宽34米，高4米，可以肯定这是枢纽宫殿，基座是蒙古族建筑传统的“须弥座”〔sömbör saγudal〕。那么无疑，宫殿是巴托恰哈特（“工”字形）大殿了。出土文物有：白花岗岩柱础，龙头元头瓦当、石臼、石碾，雕刻有缠枝牡丹花纹，莲花纹芭蕉纹的构件等。

第六章　骏马之缘
跃马立国实不易
鞍上治国更艰巨

第一节　农民起义中的元大都

从忽必烈薛禅汗于至元四年（1267）肇建元朝新的都城——大都城，到至正二十八年（1368）明朝大将徐达攻占大都为止，共度过了101个春秋。

精明强悍的忽必烈辛勤经营了大都27年，大都城的金碧辉煌的宫殿和其他建筑无论建筑规模，还是建筑风格，堪称当时世界一流。元大都是中华少数民族建筑史上的宝贵顶峰。

元朝历经11个皇帝，忽必烈的子孙们经营大都共74年。其中元朝末代帝王兀哈笃汗妥懽帖睦尔在位35年，其余诸帝王在40年中更迭了9人，平均每位在位不到5年，有的几个月便驾崩了。

元朝鼎盛时期是元世祖忽必烈薛禅汗在位之时，虽说是鼎盛时期，但并非铜墙铁壁，强大的蒙古帝国堡垒自成吉思汗以后，内部已出现了裂痕。在元末农民起义滚滚铁流来临之前，蒙古统治阶级内部已萌发了争权夺利之争，形成远比农民起义更可怕、更严重的定时炸弹，这才是元朝灭亡的前奏曲。

蒙古帝国争权夺利之争自忽必烈时期就拉开了序幕。

元大都建城3周年，宪宗九年（1259）因蒙哥汗在征战南宋前线四川钓鱼山时战死，1260年忽必烈在藩邸开平府继位蒙古大汗，改元中统。忽必烈决心迁都中原地区，策划筹建新都城之时，蒙古封建上层保守派反对忽必烈迁都中原，其弟阿里不哥联合漠北宗王在哈剌和林称汗。于是蒙古帝国内部不可避免地上演了骨肉相争、互相残杀的悲剧。忽必烈依靠中原地区的富庶战胜了亲弟弟阿里不哥，战火延续了四年，无情的历史给蒙古帝国第一次记录了不光彩的一笔。

阿里不哥虽然投降了，然而支持阿里不哥的钦察汗国和察合台汗国不予认可，尤其忽必烈的三叔窝阔台汗之孙海都从不满到举兵反抗，竟敢和元廷为敌，打打停停、停停打打30年，忽必烈和海都前后双双去世以后，海都之子察八儿才臣服元廷。

元大都建城36周年，至治三年（1323）在上都发生了争权夺利之“南坡之变”。作为改革派的格坚汗硕德八剌做了保守派的牺牲品。这是元朝历史上出现的第一次弑君事件。

元上都建城61周年，致和元年（1328）泰定汗也孙铁木尔到上都避暑，因病在上都去世，于是支持泰定汗之子阿速吉八即位的权臣倒剌沙派和支持曲律汗海山次子图帖睦尔即位的权臣燕铁木尔两派之间发生了一场残杀，史称“两都之战”。这场恶战整整延续了三个月，最后以燕铁木尔为首的大都派取得胜利，元曲律汗次子图帖睦尔登上皇位，为札丫笃汗。

元大都建城62周年，天历二年（1329）札丫笃汗图帖睦尔为了实践自己禅让的诚心，派人呈送皇帝宝玺请亲兄和世㻋登基，和世㻋于正月在哈剌和林继位，为护都笃汗。和世㻋大都之行抵达王兀察都行宫，其弟图帖睦尔亲临迎驾。一场盛宴之后，才做了八个月皇帝的和世㻋莫明其妙地驾崩了。史书有种种猜测，有的说得有眼有板，神乎其神，有许多值得探究之处，以“天历之变”载入史册。

元大都建城77周年，也就是兀哈笃汗至正四年（1344），连绵暴雨使黄河河堤多处决口，造成特大水灾，庄稼颗粒无收，饥荒蔓延，灾区已出现人吃人的惨景，而且祸不单行，瘟疫、干旱、虫灾相继发生，人民生活朝不保夕。客观上的天灾人祸已促成了官逼民反，民不得不反的条件。

元大都建城97周年，至正二十四年（1364），元廷争权夺利的丑剧达到了白热化的地步，后党派奇皇后对内勾结丞相搠思监，对外勾结武将扩廓帖木儿，企图篡位。皇帝派在御史大夫老的沙的支持下，联络武将孛罗帖木儿为外援，寸步不让，于是黄金家族骨肉之间，又演绎了自己人打自己人，自己人攻打自己所建都城的最后一场丑剧。虽然皇帝派取得了胜利，但也迎来了元大都的末日。

山雨欲来风满楼，元末农民起义风起云涌的风暴来势凶猛。

起义的火种燃遍了大江南北，大小暴动百余次，元朝统治者十分恐慌，兀哈笃汗下诏各省全力肃清，后至元二年（1336）春，更颁发“定军民兵不守城池之罪”诏，对失职官员严加惩处。可是无济于事。韩山童、刘福通、韩咬儿、杜遵道、盛文郁、王显忠、彭和尚、徐寿辉、方国珍、韩林儿、李武、崔德部、毛贵、赵君用、关先生、破头潘、冯长舅、沙刘二、张士诚、郭子兴、朱元璋、明玉珍、陈友谅、周子旺等各路起义军各自称王称帝，谁也不服谁。没有统一的政治纲领，没有统一的统帅，只是利用历史传统的宗教迷信方法，宣扬什么“弥勒佛下凡”（是民间白莲教，不断念阿弥陀佛，死后即可先到西方极乐世界），“明王出世”，“石人一只眼，挑动黄河天下反”等来煽动群众暴乱。但反元复宋的目标是一致的，都有强烈的民族仇恨情绪。元末元廷名义上虽有强大的军队编制，也有丰厚的军饷军费，此时的元廷从上到下已蜕变成一个庞大的贪污腐败集团。国家武装变成了私人武装，栋梁之材得不到重用，较有实力的三大军阀察罕帖木儿、李思齐、孛罗帖木儿相互争权夺利，打得你死我活，不可开交，焉能共同对敌。各路大大小小农民起义军，也在争王争帝争地盘，你打我，我打你。历经严酷的浪淘沙，其中崛起八大枭雄形成地方割据，中原有韩林儿和刘福通、郭子兴，华南有张士诚、朱元璋、方国珍，中南有余寿辉、陈友谅，西南有明玉珍等实力集团。

元末国家经济已全面破产，贪污腐败盛行，民族矛盾激烈，元末叶子奇所著《草木子》中记载："元朝末年，官贪吏污。始因蒙古、色目人茫然不知廉耻之为何物。其问人讨钱，各有各目，新属始参曰拜见钱，无事白要曰撒花钱，逢节曰追节钱，生辰曰生日钱，管事而索曰常例钱，送迎曰人情钱，勾追曰梦发钱，论诉曰公事钱。觉得钱多曰得手，除得州美曰好地分，补得职近曰好窠窟，漫不知忠君爱民为何事也。"这是对元廷腐败情景的真实写照。

元末统治阶级此时全然不知坐在火山口上的险情，仍旧作威作福，加紧盘剥人民血汗。元末陶宗仪《南村辍耕录》记有《醉太平》小令："堂堂大元，奸佞专权。开河变钞祸根源，惹红巾万千，官法滥，刑法重，黎民怨。人吃人，钞买钞，何曾见。贼做官，官做贼，混愚贤，哀哉可怜。"

这就是元末大都的政治形势形成的来龙去脉。农民起义必然发生的条件已经具备了。

元大都本来有强大的防御系统，军队有前、后、左、右、中五卫侍卫亲军和以彪悍凶猛著称的阿速军为主力，还有围宿军、仪仗军、扈从军、看守军、巡逻军、武卫军、宣威军等各类兵种，武器精良，各司其命。大都警备机构有左右巡警院和大都巡警院驻大都的中央禁军，都是按照成吉思汗时期的怯薛制度编制的，所以组织严密，责任明确，纪律严明。各级统帅军官都由开国元勋的子弟或有“大根脚”的人员充当，士兵当然是挑选的骁勇善战的猛士。而且待遇优厚，供应充足，是一批虎狼之师。建国之初忽必烈想尽力提高禁军战斗力，把元廷宣布的群众纪律当作军队的规范来要求部队一一做到。主要内容有七条：

“一禁止军马扰民：随处军马，有久远营屯，或暂时经过，并从官给，辄妨扰农民，阻滞客旅者。二禁止掳掠良民：军马征伐，掳掠良民，凶徒射利，掠卖人口，或自贼杀，或以病亡弃尸道路，暴骸沟睿者，严行禁止。三禁取吓取财物：诸军官辄纵军人巫民以罪，吓取钱物而分赃自厚者，计赃科罪，除名不叙。四坐视不救罪：民间失火，镇守军官坐视不救而仅纵军剽掠之。五辄断民讼罪：诸军官辄断民讼者，禁止，违者罪之。六挟仇犯分罪：诸军官挟仇犯分，辄持刀欲杀连帅者，杖六十七，解职别叙。七求索酒食，践踏田禾罪：诸镇守蒙古、汉军各立营所。无故辄人人家，求索酒食，放纵马匹等食践田和桑果者，罪及主将。”①

腐败腐化掉了忽必烈薛禅汗备受艰难创建的元朝和金碧辉煌的大都城。

元大都建城101周年，至正二十八年（1368），朱元璋在应天（今南京）建立明朝，建元洪武。此时朱元璋已不是昔日化缘的和尚，他从至正十二年（1352）参加了郭子兴的农民起义军，目睹了诸路起义好汉们互相残杀，高瞻远瞩的朱元璋却筑高墙，广积粮，缓称霸。采取了攻取应天，分化瓦解，一一消灭各路农民起义军的策略，火烧陈友谅，围堵张士诚，降服方国珍，消灭承友定，受降明玉珍等重大策略，统一了南方江浙湖广富庶地区，被征服的各路起义军聚在他的麾下，组成强大的反元大军。他发表了《谕齐鲁河洛燕蓟秦严之人》通告，提

① 纪红建：《中国御林军》，第76页，经济日报出版社，2006年。

出“驱逐胡虏，恢复中华，立纲陈纪，救济斯民”的口号，命大将徐达率领二十万大军北伐。腐朽的元廷，各级军队各自为政，各怀鬼胎，不听从统一调遣，大敌当前只顾自己纷纷逃命，昔日使欧洲战将发抖的“上帝之鞭”如今变得如此不堪一击，其根源在于世上所有生物经不起享受一样，蒙古铁骑们禁不起高度发展的中原文明的奢华，在美酒、美食、美人、美景的陶醉之下，养尊处优，纵情声色犬马，“刀枪入库，战马归山”，腐败糜烂，毫无斗志，阻挡不了农民起义军的滚滚铁流了。这就是中国历代王朝频繁更迭的主要原因之一，蒙古帝国也没有逃脱周期性客观发展的基本规律。

兀哈笃汗至正二十八年（1368），明朝先锋徐达攻占大都，屹立于中原大地101年的元大都城到此寿终正寝了。

第二节　对朱元璋拆毁元朝诸宫殿的思考

世界各国王朝都有华丽的宫殿，都发生过改朝换代的政治旋涡，但是完全拆毁烧掉前朝宫殿，另建宫殿的具体例子不多。明朝统治者拆毁烧掉元朝诸宫还不算，又在其原遗址上重建皇宫诸殿是比较典型的劳民伤财之举。说明游牧文化和中原地区保守的农耕文化是完全不同的。推翻前朝的统治，不一定还非要拆毁烧掉前朝所建的诸多宫殿宫阙，才算彻底肃清了前朝势力。如果实行这个规矩，每次改朝换代，每次大拆大烧、恶性循环，那么中国大地的宝贵财富将所剩无几。

古代中国政治活动的最大特征是，政治中心不在文化和经济发达的南方，而在相对瘠贫的北方，北方是强悍的少数民族追逐的政治舞台。谁征服了北方，谁就能征服或威胁人口众多、物产丰富的南方。西夏、辽、金、元各朝的兴衰历程，大体说明了这个道理。

历史上辽、金、元朝政治中心南移，汉族王朝的政治中心北移现象符合历史发展的客观规律。前者主要是为了获得经济利益，后者主要是为保卫发达的南方经济和土地，向北方采取军事行动。在北方少数民族南侵的行动中，最成功的是蒙古族，它不但第一次统一了全中国，而且营造了中外驰名的大都城。

至正二十八年（1368），朱元璋占领大都以后，遂把大都改为北平。不久对大都城郭、宫殿采取了逐步拆毁的方针。

朱元璋是很有作为的皇帝，但他极端迷信，是个极端的民族主义者。他没有唐太宗那种“兼包蕃汉，一视同仁”的伟大精神。唐太宗对下臣说过：“自古（帝王）皆贵中华（汉）贱夷（狄蕃），朕独爱之如一，故其种落皆依朕如父母。”（《通鉴唐纪》）

朱元璋是历史人物，认识不到中国是一个由多民族组成的国家，有他的历史局限性。他手制《大诰》斥责“胡元制主”如何如何不合理，并说：“自古帝王临御天下，皆中国居内以制夷狄，夷狄居外以奉中国，未闻以夷居中国治天下者。”并提出从现在看来十分不科学的口号——“驱逐胡虏，恢复中华”。有这样的思想基础，废弃和拆毁元诸宫殿是很自然的事了。

因为中国历史上封建统治者的“一统天下”的封建思想作怪，不承认事实上存在的各少数民族，不承认少数民族是中华民族的一员，认为是“异族入侵”，将其歧视为“夷、狄、胡”等，说什么“天不容胡人当中原皇帝”。元朝忽必烈第一次打破了这种说法，还有以后的清王朝第二次打破了这种说法。这些事实，恰好说明中国是中华各民族统一的大家庭。元朝是蒙古族和汉族以及其他各少数民族共同融合，多元文化交流的丰富多彩的结晶——元朝的建立，结束了自唐末以来300多年分裂混战的局面，奠定了近代中国的辽阔疆土。

当徐达攻下大都以后，以“加强防卫”为由，将大都北城墙南移缩减2.5公里，废除了元大都北墙健德门、安贞门两门。而实际上是朱元璋的迷信思想作怪，哪容大都方圆面积超过南京。中国古代的“天子之城”必须是最大最富丽堂皇的，朱元璋定都金陵（南京），扩建后的大明京师（南京）方圆才28公里，而元大都方圆整整30公里。这是朱元璋的“正统”和“非正统”思想在作怪，在他看来，“正统”是汉族，“非正统”是当时北方的蒙古族的蒙古国，女真族的金朝，契丹族的辽朝，党项族的西夏和西南地区的各少数民族政权。他岂能容忍“非正统”的元大都超过自己的京师呢？朱元璋的继承者仍迷信“正统”和“非正统”观点。不摧毁其“蒙古王气”，不足以显示皇权至高无上的境界。出于这种政治需要，才做出一番劳民伤财之举，其实元大都北城墙“南缩五里”和防卫毫不相干。

朱元璋以后的继承者们，同样迷信，同样注重镇防“蒙古王气”。朱棣“靖难之役”成功，登上明朝第三代帝王宝座之后，于是在永乐十七年（1419）把完好的元大都南城墙和顺承门、丽正门、文明门推倒，南移0.5公里，营造宏伟的正阳门、玄武门、崇仁门。这种改造从当时和现在的角度分析，实际意义不太大。不能说南移0.5公里就加强了防卫力量，其主要目的也就是借以“压胜前朝”之意。侯仁之先生在《紫禁城在规划设计上的继承与发展》[①]一文中说：“紫禁城的南移，还有更加值得注意的一点，就是只有在其南移后的新址上，才有可能保持其全城中轴线上主要位置的同时，又得以环绕宫墙四面，开凿宽阔的护城河，这在元‘大内’的旧址上，是不可能的，因为其北部西侧去太液池东岸太近，已无开凿护城河的余

---

① 侯仁之：《紫禁城在规划设计上的继承与发展》，载《侯仁之文集》，北京大学出版社，1998年。

地。”这固然是很重要的理由，但明皇宫在元“大内”旧址上，基本是按照朱元璋故里安徽临濠（今凤阳）所建中都宫殿兴建的。在此前，永乐四年（1406）开始在拆毁的元宫废墟上营建了新的宫殿，更是为了压胜前朝王气，争取做到大明天下万古长青，永不变色，用开挖紫禁城护城河和南海的土堆筑起万岁山，将元宫用来做佛事、祭奠玛哈戈拉大佛的延春阁压在下面。又易名为“镇山”，蒙古人却叫作朝克图山〔cogatu agula〕，意为有朝气的山，后来又改为景山，这一名称沿用至今。

可是偏偏无巧不成书，真好像是成吉思汗在天之灵显威，大明诸宫连续不断遭到火灾，说出来到了使人不相信的地步。永乐十八年（1420）九月初朱棣踌躇满志地诏布定都北京，遂改为京师，次年正月迁都北京。恰恰在四月八日，释迦牟尼诞生之日，刚刚新盖起来的奉天、华盖、谨身三大殿全部烧毁，朱棣只好暂以奉天门为听政之所，可见尴尬处境。

三大殿重建以后的第116年，即嘉靖三十六年（1557）四月某日，奉天、华盖、谨身三殿又遭大火烧毁。

火灾之后很长时间内，明廷酝酿将都城迁回南京，只是因为认识到北方是争夺政治权力的中心，失去了北京地区，将等于失去了半个中国，所以才继续坚持在北京定都。嘉靖四十一年（1562）三殿重建竣工，更名为皇极、中极、建极三殿。又过了35年以后，即万历二十五年（1597）六月戊寅，上述三殿再次在火灾中全部被烧毁。过了18年以后，即万历四十三年（1615）才重建告竣。

从此以后明廷皇宫火灾不断，包括在元大都正门丽正门旧址上盖起来的皇宫正门承天门也遭火击。据初步统计，明廷诸宫直到消亡，发生大小火灾共24起。

关于明宫火灾繁多的原因，于德源先生在《北京历代城坊宫殿苑囿》[①]一书中分析道："明北京宫室多火灾的原因至今不明。但大概可以估计为：其一，与雷电有关。其二，与气候有关。其三，用木炭和炻取暖。还有宦官为掩盖偷盗故意纵火等。"以上情况只供参考。

火灾的前奏不能不算是一个不祥之兆。正统十四年（1449）秋蒙古瓦剌部侵犯京师，明英宗朱祁镇亲率精兵50万迎战，行至土木堡（今怀来县），全军覆没，英宗被俘，从此大明江山开始败落。1644年，明朝最后一位皇帝朱由检也自缢于前辈所营建的"镇山"，结束了长达200余年的明朝统治，又有一个北方少数民族登上历史舞台。

侯仁之教授在《北京城的起源与变迁》[②]一书中，对明朝大拆大毁元宫殿之举论述道："由于明朝统治者的愚昧与迷信，就以消除前朝的'王气'为理由而被全部拆毁了。"关于这一点，罗哲文教授在《北京历史文化》中也非常中肯地写道："北京东京大内、辽、金、元之燕都宫殿，无不日益豪华壮丽。然而这些帝王宫殿，都在改朝换代的战火中付之一炬，或在王朝更替中毁坏。其原因是因为帝王宫殿乃王朝政权之象征，不毁去前朝宫殿不足以显示新王朝之威势。"[③]

正是出于上述目的和农民意识的局限性，大拆大烧金碧辉煌的元朝诸宫，使当时世界著名宫苑变成一片废墟。巨大的建筑群就这样消失了。这座在13世纪凝结了数十万劳动人民鲜血、生命和伟大智慧的都城被毁，是对人类文明的犯罪，现将元末宋讷和洪武初年任官兵部职方郎中的刘崧的诗抄录如下，供参考鉴别。

---

① 于德源：《北京历代城坊宫殿苑囿》，首都师范大学出版社，1997年。
② 侯仁之、邓辉：《北京城的起源与变迁》，北京燕山出版社，1997年。
③ 罗哲文：《北京历史文化》，北京大学出版社，2004年。

壬子秋过元故宫

宋讷

斋宫别馆树森森，秋色荒寒上苑深。
黄叶西风海子桥，桥头行客吊前朝。
九重门辟人骑马，万岁山空树集鸦。
御桥路坏盘龙石，金水河成饮马沟。
虎卫龙墀人不见，戍兵骑马出萧墙。
今日消沉何处问，居庸关外草连天。

燕城怀古

刘崧

金水河枯禁苑荒，东风吹雨入宫墙。
树头槐子干未落，沙际草芽青已黄。
北口晚阴犹有雪，蓟门春早渐无霜。
城楼隐映山如戟，笳鼓萧萧送夕阳。

宫楼粉暗女垣欹，禁苑尘飞辇路移。
花外断桥支赑屃，草间坏壁缀罘罳。
酒坊当户悬荷叶，兵垒缘渠插柳枝。
不见当年歌舞地，空余松柏锁荒祠。①

对明朝大肆拆毁元宫殿之事，只能用历史唯物观去分析，才能得到最正确的结论，万万不可用民族沙文主义的情怀来对待它。

事实上正如前述，游牧民族和农耕民族的文化差异，对前朝宫廷的处置有截然不同的两种态度：一是非拆即烧，如明朝拆毁元大都诸宫和火烧上都、哈剌和林城，这是中原农民意识

① 于敏中：《日下旧闻考》卷三十二，北京古籍出版社，1983年。

的狭隘观点所致。二是对前朝宫殿稍加以维修利用，元朝对金中都、清朝对明北京宫殿建筑的利用是很典型的。游牧少数民族对改朝换代的态度是“废弃政治制度，重视物质文化”，把前朝的宫阙城郭看作是人类文化的一部分，加以利用和发展。

忽必烈当时对金中都城及诸宫殿未采取拆毁烧光之举，因金中都是投降献城，战火损失不大，遂把金中都的宫殿衙署加以维修利用，将闲置的宫阙和寺庙、园圃、湖泊作为游览观光“踏青”之地。忽必烈在金中都东北选择新地址，肇建大都城以后，以地理位置和新旧址之别，将金中都和大都城分别称为“新城”“旧城”或“南城”“北城”。元朝达官贵人的官邸、公馆也多安置在旧城。

以后从白山黑水之间兴起的满族兄弟，同样有游牧民族的优秀传统，对明朝诸多宫殿稍加维修便做了大朝正宫，其心胸广阔，宽容远见，实属罕见，值得敬仰。这是一个伟大创举，是对中华民族古代建筑文化的一个巨大贡献。

第三节　北元王朝“还我大都”的呼声和复辟斗争

元兀哈笃汗妥懽帖睦尔至正二十八年（1368年，明朱元璋洪武元年），明北征大将徐达进攻大都，兀哈笃汗深知目前兵力难以对峙明军，做了战略退却的决定，毅然撤退到上都。

对于兀哈笃汗退出大都之行，史学界多有评论，认定兀哈笃汗是“亡国之君”，朱元璋还认为“顺天意”，馈赠“元顺帝”之号。最近学者忽赤罕先生著《妥懽帖睦尔·乌哈噶图可汗》一书（内蒙古人民出版社，2013年）提出新的观点认为：“兀哈笃汗当时权衡双方实力以后，没有硬拼死战，做了战略退却，从而挽救了元廷亡国又亡族的悲剧。造就了以长城为界和明廷抗争二百余年的辉煌历史，使明廷惊叹：灭胡难！只能笼络羁縻。”

兀哈笃汗退踞上都尚有半壁河山——漠北岭北行省和长城以北的广大地区，西北嘉峪关外的新疆阿尔泰地区，甘肃行省和青海地区，山海关外辽阳行省和广大东北地区，还有山西行省、陕西行省和部分明军势力尚未控制的空当地区。

军事实力有占领山西、甘肃部分地区的左丞相扩廓帖木儿（王保保）拥兵三十万，占领陕西关中部分地区的李思齐也有十万余兵，辽东方面，太尉纳哈出统帅大军二十余万人，这三股是元军主力部队。经多次交锋失利后，朱元璋对扩廓帖木儿有敬仰之情，曾说过“天下奇男子，非王保保莫属”！加之云南梁王把匝拉瓦尔密有近十万兵。还有各路、府、州、县的零散军队和义军也不下二十万众。总计百万之众。

兀哈笃汗在上都召开众臣会议，商议光复大计，提出“还我大都”口号，调整了中书省、枢密院、御史台的官员，下诏征兵于高丽，部署抗御明军、光复大都之计。

兀哈笃汗亲自组织了三次恢复大都的军事行动。

第一次是至正二十八年九月兀哈笃汗获悉明军主力南下山西，大都守备空虚，命扩廓帖木儿乘机偷袭大都，扩廓帖木儿轻骑出雁门关，占领居庸关，进军大都。不料明军大将徐达却大兵直捣扩廓帖木儿的基地太原，扩廓帖木儿急忙回师太原，苦战数日不分胜败。由于部将豁鼻子通明军做内应，扩廓帖木儿单骑逃脱，元军损失四万余人，马匹、车辆、辎重损失数万。

明军攻陷太原，遂占领山西全境。

兀哈笃汗的第一次恢复大都的计划以失败告终。

第二次是至正二十九年五月，兀哈笃汗得知明军主力进军陕西，大都只有明将孙兴祖带领三万余人留守。于是命丞相也速率四万余轻骑直捣大都卫桥头堡通州，力争光复大都。

朱元璋获悉后，急忙命陕西常遇春大军回师大都。明通州守将曹良臣是熟读兵书、老谋深算之辈，知道元军远程奔袭，日夜疲惫，又不太明了明军布守，于是精心设计了“草木皆兵”之计，也速见白日旌旗蔽日，锣鼓齐鸣，夜晚火把晃动，喊声震天。也速不知虚实，唯恐中计，匆忙下令撤兵，正中曹良臣下怀。曹良臣命明军虚张声势分兵追击，此时常遇春大军已到，待也速明白过来已晚，败阵已成定局。

常遇春乘势攻击上都，兀哈笃汗已无抗击之力，急忙退踞应昌府，平章政事鼎柱、撒里蛮，右丞脱火赤战死，宗王庆生以下万余人做了俘虏。军用辎重车辆、牛马损失惨重。

兀哈笃汗第二次恢复大都行动又以失败告终。

第三次是同年八月，兀哈笃汗重整旗鼓，分析得失因果，决定再图大都光复，将自己的金帐移到前线附近的安古里泊（今河北张北县附近），命大将脱烈伯、孔兴集中兵力攻打大同，企图扫清大都外围，以图顺利光复大都。关键时刻元军计划泄密，明军立刻组织前后夹击之术，围攻大同，元军失利，平章刘帖木、前线总指挥脱烈伯等当了俘虏，丧失万余将士。

兀哈笃汗第三次光复大都军事行动同样以失败告终。

至元三十年（1370年，也是北元宣光元年，明洪武三年）四月兀哈笃汗病逝。太子爱猷识里答继位，蒙古谥号必力克图汗，庙号昭宗，改元宣光，史称北元。

必力克图汗年轻有为，博览群书，蒙古文、汉文造诣很深，有治国安邦的才华，是黄金家族中少有的佼佼者。他登上大汗宝座以后立即着手整顿朝政。

其一，仍坚持复兴元朝大业，力争“还我大都”政策不变。

其二，把汗廷转移到哈剌和林根据地。

其三，未宣布元朝易为“北元”，不设都城，恢复成吉思汗金帐制度，汗宫即政治枢纽中心。

其四，招良纳贤，对有才华的武将文臣不分出身族别委以重任。

其五，对长城沿线的明军据点连环袭击。

必力克图汗以下诸继承者，仍坚持“还我大都”路线，进行了200余年不屈不挠的斗争。从此明朝和北元以长城为界，形成了“打打停停，停停打打”的相持对立局面。其中有几次北元骑士兵临北京城下，引起明廷恐慌。

卫剌部孟和帖睦儿将军，博迪·阿剌克汗，名将扩廓帖睦儿，辽东的纳哈出，多次从东北、漠北、西北方面出击，几次兵临北京城下，力争夺回大都，光复元朝。

最有名的事迹是，明正统十四年（1449年，北元八十年）北元组织四路大军向北京进军，明英宗朱祁镇亲率五十万大军迎战，瓦剌部也先太师以两万精兵巧设迷阵，大胜兵力超越自己二十余倍的明军，活捉英宗，史称“土木堡战役”。也先太师对“长生天”大呼：“我常告天，求大元一统天下，今果有此胜！”也先于是猛攻北京城，由于忠臣于谦拼死提倡保卫京师策略，动员思想，组织防御，部署得当，也先退兵，保卫北京之战取得胜利。

从此北元和明廷保持了很长一段“礼尚往来，贡赐贸易”的关系。

第四节　拆毁与保留元大都古建筑的大辩论

元大都始建于至元四年（1267），到2017年就是750周年了。

大都建城以来虽经多次战乱危机，但从未遭遇重大创伤。

元大都建城61周年（1328年间），黄金家族内部“骨肉相残”，札丫笃汗图帖睦尔和护都笃汗之间上演了“上都大都两都之争”，新建的大都城第一次沐浴了来自自家的战火洗礼，战事发生在近郊，对大都尚无损伤。

元大都建城101年（1368年），也就是至正二十八年，明军先锋徐达将军逼近大都。国难当头，兀哈笃汗思谋再三，当机立断，不做拼死决斗，退踞漠北。大都城和金碧辉煌的宫殿毫无损伤。

明太祖朱元璋洪武元年（1368），徐达遵照朱元璋之命，为“灭元之王气”，火烧拆毁元皇宫的大明宫、延春阁、广寒殿、隆福宫、兴圣宫等诸宫殿。又以巩固城防所需为名，将大都北垣和安贞门、健德门一一摈弃，向南内迁2.5公里许，以元大都东墙光熙门、西墙肃清门成为一条线，筑造北城墙并拆毁光熙门、肃清门，新建安定、德胜北墙西门。

元大都建城152周年（1419年），也就是永乐十七年，明廷统治者似乎忽然感觉到明初缩减元大都北墙，元大都面积虽然比南京小了许多，但南城墙和三个城门以及东西墙城门仍保持原来格局与名称，与大明朝体面不相称，于是再次大兴土木，拆掉南城墙和三个城门，向南迁移0.5公里许，新筑了南城墙，仍用元代三城门旧称，到了明英宗朱祁镇正统二年（1437），将元大都所有城门旧称改为新名称，南城墙的三门：文明门改为崇文门，丽正门改为正阳门，顺承门改为宣武门。东城墙的两门：齐化门改为朝阳门，崇仁门改为东直门。西城墙的两门：平则门改为阜成门，义和门改为西直门。至此这个谓称直到现在再也没有变更。

元大都建城182周年（1449年，明正统十四年），蒙古瓦剌部也先太师高举“还我大都”之旗，在“土木堡之战”活捉明英宗朱祁镇，兵临北京城下，于谦多方积极备战，英勇抗击，取得了保卫北京的胜利。战事在西直门、德胜门、广渠门激烈进行，对元明城墙及建筑没有造成破坏。

元大都建城347周年（1614年），农民起义领袖闯王李自成攻陷北京，但对元明残留建筑和城垣未造成破坏。

元大都建城362周年（1629年，明崇祯二年），清八旗劲旅进攻北京德胜门和外城广渠门，明大将袁崇焕英勇抗击，苦战两月大败清兵，取得了保卫北京的胜利，但对城池建筑破坏不大。

元大都建城377周年（1644年），清兵入关建立大清朝，虽朝代更迭，元代建筑未受损坏。

元大都建城633周年（1900年，光绪二十六年），八国联军炮轰清京城前门正阳门和朝阳门（即元大都齐化门），三年以后慈禧太后从西安返京重新修缮[①]。

元大都建城650周年（1917年），张勋复辟，段祺瑞从天津派飞机轰炸北京，这是北京首次受到空袭。但元代建筑未受损伤[②]。

元大都建城657周年（1923年），曹锟贿选总统。次年爱国将军冯玉祥发动“北京事变”，虽大动干戈，但京城建筑未遭破坏[③]。

元大都建城663周年（1930年），阎锡山、李宗仁发动“中原大战”，反对蒋介石，张作霖趁机进军北平，但元明清各代建筑未遭兵祸[④]。

元大都建城670周年（1937年），发生七七事变，日本侵略军占领北平，因军事需要，将元大都东西城墙各凿开一个豁口，命名为“启明门”和“长安门”，抗日战争胜利之后改为“复兴门”和“建国门”[⑤]

元大都建城681周年（1948年）解放军战略包围北京，元大都迎来了春天的曙光。但国民党顽固派拒绝接受和平协议，四朝古都有一旦遭受兵燹的危机。

在此千钧一发时刻，在京部分社会名流——康有为之女康同璧、吴佩孚夫人张佩兰、著名画家徐悲鸿、历史学家杨人梗

---

①②③④⑤ 王军：《城记》，第59—60页，生活·读书·新知三联书店，2003年。

等人发出倡议："历史告诉吾人，北平是聚有四朝文物，万国的精华，为千年文化的古都，又是世界第五名城，其地位重要可想而知矣。""吾人有此名城，而不亟求保全，将何以对后生乎。""故奔走呼号，恳求双方军事当局，顾此名城，避免在市中作战，为人类、为国人、为后者，全其文化。"①

元大都建城682周年，也就是1949年1月31日，北平和平解放，历史翻开了新的一页。

中华人民共和国成立以后如何建设人民首都北京？怎样对待四朝建筑文物？这是政府官员、建设设计部门、城市建筑专家热烈探讨的主要问题。最后突出集中到要不要保留旧古都建筑风貌和格局，另外开辟现代化建筑为行政办公中心的焦点上。

建筑学家梁思成、陈占祥二位是坚持保留旧古都风貌和格局，另外开辟行政中心意见的首倡者和中坚斗士，提出了著名的"梁陈方案"②。"梁陈方案"的主要内容：第一，是像美国的华盛顿，把北京建成政治文化中心，要保持四朝古都风采，街道布局不变，古建筑不拆，城墙不拆，疏通护城河，夏划船、冬滑冰，增加观光休闲旅游的空间。建成世界上独一无二的"立体公园"。第二，是北京不搞大工业。第三，是把行政中心放在西部，东到月坛，西到公主坟，北到动物园，南到莲花池的大片空地，可以按需要设计出最现代化的建筑和街道布局，并画出平面设计图和鸟瞰图。接着梁思成写了《关于北京城墙存废问题的讨论》③，将元大都城墙建成"全世界独一无二"的"环城立体公园"，护城河"可以放舟钓鱼、冬天又是一个很好的溜冰场。不唯如此，城墙上面，平均宽度十米以上，可以砌花池，栽植丁香、蔷薇一类的灌木，或铺些草地，

① 北平：《明报》，1949年1月7日第一版。

②《梁思成文集》（四），中国建筑工业出版社，1986年。

③《新建设》，1950年5月7日。

种植草花，再安放一些园椅。夏季黄昏，可供数十万人的纳凉游息，秋高气爽的时节，登高远眺，俯视全城，西北苍苍的西山，东南无际的平原，居住于城市的人民可以这样接近大自然，胸襟壮阔。还有城楼角楼等可以辟为陈列馆、阅览室、茶点铺……古老的城墙正在等候着负起新的任务，它很方便地在城的四周，等候着为人民服务，休息他们的疲倦筋骨，培养他们的优美情绪，以民族文物及自然景色来丰富他们的生活"。"这个城墙由于劳动的创造，它的工程表现出伟大的集体创造与成功的力量。这环绕北京的城墙，主要虽然为防御而设，但从艺术的观点看来，它是一件气魄雄伟、精神壮丽的杰作。它的朴实无华的结构，单纯壮硕的体形，反映出为解决某种的需要，经由劳动的血汗，劳动的精神与实力，人民集体所成功的技术上的创造。""它是我们国宝，也是全世界人类的文物遗迹。我们既承继了这样可珍贵的一件历史遗产，我们岂可随便把它毁掉！"[①]

梁思成看到四朝古都惨遭乱拆乱毁，心急如焚，大声疾呼："拆掉一座城楼像挖去我一块肉！剥去了外城的城砖像剥去我一层皮。"并断言："过五十年以后你们会感到后悔的。"[②]

反对方以工程师朱兆雪、赵冬日为首，写出《对首都建设计划的意见》[③]，主要理由是行政中心设在旧城不影响市区容貌，各行政单位集中，联系密切，北京有1700万平方米的传统建筑，若全部保留下来，加之在西部建新首都，按当时情况，是不实际的。另外也提出旧城街道狭窄、阻碍交通等。理由显得十分苍白无力。但他们是站在毛泽东革命路线上，自始至终和官方保持一致的革命派。

① 1951年2月19日《人民日报》。

② 梁思成：《整风一个月的体会》，1957年6月8日《人民日报》。

③《建国以来的北京城市建设资料》，第一卷，北京建设史书编辑委员会编，1995年。

就在大家热烈酝酿之际，以“建设现代化新首都”“改善交通”为由大拆大毁北京古建筑的序幕已经开始，尽管梁思成极力坚持保留元代古建筑“金玉鳌蝀”和金代古建筑海云、可庵两位大师的灵柩双塔。他提出，连元朝封建帝王忽必烈营建大都时南墙遇到两位大师的双塔，曾命“远三十步环而筑之”，极力保护了双塔，我们没有理由无情地毁坏它，并极力提出保留的重大意义和改革方案图纸，但未获成功。七八百年前的珍贵的古建筑就这样一去不复返了。而接踵而来的是元明清三朝所建牌楼、庙宇殿堂、凉亭、桥梁十余处都遭到厄运，永不见天日了[①]。难怪，时任文化部社会文化管理局局长、文物专家郑振铎惊呼：“推土机一开动，我们祖宗留下来的文化遗物，就此寿终正寝了。”[②]

更可怕的是对北京古建筑拆与保的问题讨论归讨论，争论归争论，提意见、献倡议都无济于事了。1953年8月12日元大都建城686周年，毛泽东主席在全国财经工作会议上说：“拆除城墙这些大问题，就是经中央决定，由政府执行的。”[③]一声晴天霹雳，全面彻底干净拆除元明清城墙的群众运动开始了。一刹那，元大都残留的东城墙和齐化门（朝阳门）、崇仁门（东直门，民国年间，袁良左当北京市市长时，一位日本木匠看到东直门城楼是用楠木筑成的，自愿捐献两万银圆修缮了一次），西城墙和平则门（阜成门）、和义门（西直门）全部拆毁。明洪武元年（1368）筑造的北京北墙，只留了德胜门箭楼，其余安定门和整个城墙拆为平地。还有明永乐十七年（1419）营造的南墙，除正阳门和箭楼，宣武门门楼及崇文门至内城东南角角楼的城墙以外全部拆平。明嘉靖三十二年

① 王军：《城记》，第177—178页，生活·读书·新知三联书店。

② 王军：《城记》，第173页，生活·读书·新知三联书店。

③ 毛泽东：《反对党内的资产阶级思想》，《毛泽东选集》第8卷，人民出版社，1977年。

（1553）营造的外城七门：南城墙的右安门、永定门、左安门，西城墙的西便门、广渠门，东城墙的东便门、广宁门和城墙陆陆续续全部拆毁。

元大都建城698周年（1965年），元明两朝残留的古建筑全部拆毁完毕。的的确确地寿终正寝了。

结论：事过境迁，这场持续十余年的大辩论，谁是谁非，一目了然，在极"左"路线上一切正确的东西难以生存。在"把消费城市变成生产城市"口号下，"有一次在天安门上毛主席曾指着广场以南一带说，以后要在这里望过去到处都是烟囱，我则心中很不同意，我觉得我们国家这样大，工农业生产不靠北京这一点地方。北京应该是华盛顿那样环境幽静，风景优美的纯粹的行政中心。"[①]在"彻底清除旧物质文化""破四旧""打倒资产阶级反动权威"的红色暴风中，大拆大毁北京城墙。

梁思成被中央"文革"小组定为："资产阶级反动权威""里通外国分子""特务"。陈占祥早在1957年就被划为"右派"分子。尽管两位大师"文革"后期得到平反，可是从北京开始的破坏古建筑风暴殃及全国，自唐宋以来的各种文物和建筑惨遭厄运，不计其数。改革开放以后，才知每年汹涌而来的百万外国旅游者不是为了看中国的现代化建筑而来的，而是奔着中国瑰丽的文物和古建筑而来的，方如梦初醒，于是用现代化材料技术大肆营造仿古建筑和假古董。据我所知，重建了永定门，元上都城根下曾盖了辉煌的所谓"金帐宫殿"，因要入世界物质文化遗产记录，得知不准许，赶紧又拆掉。张北县元中都和察罕淖尔行宫的古遗址上大盖仿古"工"字形宫基，三级须弥座大肆破坏原形宫基。湖北武汉黄鹤楼拆了，最近又重建了。类似故事数不胜数。这体现了梁思成的"过五十年以后

① 梁思成：《"文革"交待材料》，1968年。

会后悔”的名言。

对北京元明清古城墙和众多古建筑采取保护的支持者因“梁陈方案”遭到否定而纷纷败下阵来。著名文物专家郑振铎妙语连珠：“城墙虽失去‘防御’的作用，却仍有添加风景的意义。今天拆除城墙的风气流行各地。千万要再加考虑，再加研究一番才是。除了那个都市发展到非拆除城墙不可的程度，绝对不可任意地乱拆乱动。三五百年以后的城砖，拿来铺马路，是绝对经不起重高压的。徒毁古物，无补实用。何苦求一时的快意，而糟蹋全民的古老的遗产呢？”[①]全国各地古城古镇大拆大毁风时兴之时，唯有十三朝古都西安独有慧眼，没有拆倒城墙，现在得惠无限，真是利在千秋呀！

侯仁之教授说：“记得早在50年代初期，当首都的城市建设正在加速进行的时候，城墙存废的问题也被提到议事日程上来。当时梁思成教授就曾提出过改造旧城的一种设想，考虑把宽阔的城墙顶部开辟为登高游憩的地方，同时墙外的护城河加以修砌，注以清流，两岸进行绿化，这样就无异于在北京旧城的周围，形成一个具有极大特色的环城公园，犹如一条美丽的项链，璀璨有光。我认为这一设想，是符合‘古为今用，推陈出新’原则的。其后，我也曾在北京人民代表大会上，就北京墙的存废问题，提出了一些个人的看法。我认为我国有一条‘万里长城’被公认为世界‘奇观’之一，我们的首都也有保存得比较完整的城墙与城门，同样是工事宏伟的古建筑，显示了古代劳动人民的创造力。”北京城墙存废问题大辩论的是非现在泾渭分明，一目了然。瑞典建筑学家奥斯伍尔德·喜仁龙先生于1924年实地考察、测绘、摄影元大都城墙、城门以后写了脍炙人口的《北京的城墙和城门》。然后以惋惜的口吻写道：“这些奇妙的城墙和城门，这些北京绚丽多彩历史的无言

---

① 郑振铎：《拆除城墙问题》，《政协会刊》1967年第3期。

记录者，它们的丰姿到底还能维持多久呢?”[1]然而它们在“文革”“破四旧”的红色风暴中荡然无存，永远地消失了。

对北京古建筑和城墙的拆与保的大辩论是特殊时代的特殊产物，是一本珍贵的教科书，值得我们永远地研读。

①〔瑞典〕奥斯伍尔德·喜仁龙著:《北京的城墙和城门》，序言，北京燕山出版社，1985年。

第七章　古都余韵
稀世宝库藏珍品
浓缩历史唱岁月

第一节　蒙古族古代建筑

一、蒙古族古代建筑渊源

什么是蒙古族古代建筑？国内外建筑界一般认为蒙古族建筑就是穹庐式“崩布格尔”〔bümbüger〕“⌓”半圆形建筑。尤其改革开放以来，往往在一座高楼大厦上做一个蒙古包式圆顶建筑物，充当蒙古族建筑。笔者承认穹庐式是蒙古族建筑的主旋律，它渊源于最古老的蒙古包“天圆地方，人在居中”的哲理。蒙古族称天为“父亲”，地为“母亲”，子女居中。蒙古包的主体形状为“⌓”形，平面形状为“○”形，都是半圆或圆形的。蒙古族崇拜太阳，圆形为太阳，象征吉祥，所以选择圆形为住宅的基本造型。另外圆形建筑物具有抗拒自然侵害的功能，这和大自然的树木都是圆形的道理一样，千百年来蒙古族在长期的、艰苦的游牧生产劳动中，创造了适应恶劣高原气候、合乎科学规律的独一无二的圆形住所，为世人所注目惊叹。所以，在现代高楼大厦上做一个蒙古包式圆顶，它不是蒙古族建筑，而是蒙古民族建筑元素而已。

蒙古族建筑除了穹庐式以外，还有“脉罕”〔mayikan〕式，形状为“▱△”形（汉族专家称其为歇山顶），这个形状就是蒙古族最早的帐幕形状。这是蒙古族模仿所崇拜的大自然的天幕，创造了居住的小天幕——帐幕，是蒙古民族建筑文化理论发展的基础。蒙古族开始营筑土木建筑物时，把这个形状设计在建筑物的顶端，而且把房檐的下角尽可能往上翘起，如同翱翔的老鹰翅膀，是极其雄伟壮丽的，合乎蒙古民族的审美观。

色彩上以白色为基调，蒙古族崇尚白色，而羊毛制品毛毡是白色的，所以蒙古包也是白色的。但并非“白色海洋”，蒙古族也崇尚红、蓝、绿、黄色，通称“吉祥五色”。建筑物一般为红墙黄瓦，和蓝天、白云、绿草地搭配，形成和谐、安谧、辽阔的境界，只有在蒙古草原上才能见到如此迷人的景观。

要论蒙古族建筑溯源，是在古老的蒙古包基础上发展起来的。成吉思汗统一漠北，建立蒙古国以后，相对有了比较安稳的社会条件，遂有了大型土木建筑问世。苏联苏斯洛夫考古队在蒙古族发祥之地“两山三河”流域（即杭盖、肯特山和鄂嫩、土拉、克鲁伦河）发现过成吉思汗时代砖木结构宫殿遗址。但是成吉思汗对砖木建筑不太感兴趣，曾说过：“我的子孙们穿上绫罗绸缎，住上砖木楼房之时，便是我创建的蒙古帝国消亡之时。”[①]当时绫罗绸缎、砖木建筑，主要是农业文明的产物。成吉思汗对牧业文明高度崇仰，而担心他的后裔们抛弃游牧文化，被农业文明所吞噬，发生被同化的悲剧。

到了窝阔台汗时期，这位拥有雄才大略的成吉思汗的继承

---

①〔韩〕金正洛：《千年人物》（蒙古文），第198页，民族出版社，2003年。

人，开始筹划、打造“奠定世界强国之根基，建筑繁荣昌盛之基础”——土木建筑的城市，于1235年建立了第一座砖木结构的都城——哈剌和林。哈剌和林是因建筑在雄伟的哈剌和林山南麓，鄂尔浑河东岸，都城就以山名取名为“哈剌和林”城，南北长2500米，东西宽1500米，形成长方形，总面积达370余万平方米。

在这以前，蒙古帝国并非没有都城，都城就是以成吉思汗行宫为核心的政治、经济、军事、文化中心。正如法国学者勒内·格鲁塞在其《草原帝国》中所说的“流动的城市”。1236年，在哈剌和林蒙古族营建了第一个大宫殿——五层的“万安宫”。

忽必烈经营汉地时期，于蒙哥汗六年（1256）建筑了第二个都城——上都，营建了第二个大宫殿——三层的大安阁。于至元四年（1267）又营建了第三个都城——大都，营建了第三个大宫殿——一层的大明宫。忽必烈以营建大都为契机，蒙古族建筑事业的发展达到了登峰造极的地步。蒙古族古老的穹庐式建筑，和汉族、藏族、维吾尔族建筑相结合，走出了一条多民族建筑相互融合、共同发展的新道路。

当时繁华的大都，出现了水晶宫、茶递尔斡耳朵（大帐幕）、失剌斡耳朵（黄色大帐幕）、棕毛殿，还有波斯、西藏和伊斯兰式的建筑，为国际友人和外国旅游者所记载。

元大都始建于至元四年（1267），前后用了十八年，参与营建的军民达150万人，日夜施工于至元二十一年（1284）竣工。元大都南北长7600米，东西长6700米，总面积达50平方公里，和《元史》“城方六十里，十一门”的记载相吻合，当时人口已达120万，成为世界性国际城市。元大都宫城方圆10公里，合现制为70余万平方米，由大明宫、延春阁、兴圣宫、隆福宫、广寒殿等五大宫殿组成庞大的宫殿区域，所以，元大都的建筑和隋唐建筑、明清建筑并列被誉为中国三大建筑系列之一。

二、蒙古族古代建筑特点

1. 台基：蒙古语称“颂布尔·萨古达拉”基座〔sömbör saγudal〕，汉族建筑学家称为须弥座。蒙古族把最高的山称为“颂布尔·阿古拉”〔sömbör aγula〕，把最大的海称为“颂达赖”〔sun dalai〕。蒙古族建筑学上把最高的宫殿盖在有栏杆的三层台阶上，以示高贵荣华和权力的象征，汗王一级官邸才能享用此种特权，一般用汉白玉巨石砌成。蒙古帝国三大都城哈剌和林、上都、大都宫殿都有须弥座台基。

2. 建筑物主体为〔batu čikatu〕“巴托恰哈特”，汉族建筑学家称其为“工”字形宫殿，蒙古族建筑学家则称其为“巴托恰哈特”形建筑，意为“永远解不开的吉祥结”。蒙古族是崇尚吉祥的民族，日日、月月、年年，无时无刻不在讲吉祥，把吉祥容纳在生活的每个角落，每个细节，这就是蒙古民族产生独有的“颂词”文化体裁的原因之一。建立起来的“安答”（伙伴）友谊至死不散，建筑起来的房屋不能倒塌。成吉思汗速勒迭祭祀仪式中，第一个献出的哈达叫作“巴图章戈”〔batu janggiya〕（在哈达中间系一个结，象征永固长生不解。蒙古族摔跤手脖子上戴的“章戈”就是在中间都系有一个哈达结，象征角力勇猛，昌盛不衰）。

随着蒙古帝国的强大，社会的安定，开始营造城镇，蒙古民族从以毛毡、皮毛为原料，木头结构的蒙古包过渡到砖木结构的建筑物时，是采用“巴托恰哈特”式图案做平面设计的。这种建筑其特点是：构造简单结实，朴实无华，蒙古包式的经营管理。宫殿前面部分是朝会，举行忽里台，会见外国王公、使臣、酒宴的地方。后面部分是军机处和皇帝的寝宫。中间有一个走廊连通起来，形成“工”字形布局。这种建筑构造非常适应北方多变的气候。

蒙古族历代城镇，大都、上都、中都、哈剌和林都有巴托恰哈特式建筑，大都的大明宫、延春阁、兴圣宫、隆福宫便是典型的这种建筑物。这种建筑普及民间，北京元大都考古队曾发现挖掘过后英房、雍和宫等处“工”字形房屋的遗址。据蒙古国考古学院阿·瓦其尔讲：“在蒙古三河流域发现过多处‘工’字形建筑遗址。”[①]

3. 屋顶：一般有两种，一为“崩布格尔”〔bümbüger〕形式，图为“⌓”形，汉语称穹庐式，二是“脉罕”〔mayikan〕形式，图为“⏢”形，汉语称歇山顶。

穹庐式是蒙古族建筑的主旋律，占很大比重。

蒙古族建筑，源于最古老的蒙古包，蒙古族是大自然之子，蒙古人的观念中大自然是上有“有星的蓝天”，下有“有草的绿地”，中间无限空间是身为天地之子的蒙古人繁衍生存的摇篮。形象地体现了“赖长生天之力”生存的伟大哲理。蒙古包产生于“天圆地方，人在居中”的哲理之中，蒙古族称天为“父亲”，地为“母亲”，子女居中。蒙古包的主体形状为“○”形，蒙古语为〔bümbüger〕，平面形状为圆形，蒙古语为〔tugreg〕，都是圆形的。蒙古族崇拜圆形认为它象征太阳，象征温暖、公平、吉祥。因而选择半圆形为住宅的基本立体造型。另外圆形建筑具有抗拒自然侵害的功能，这和大自然的树木都是圆形的道理一样，千百年来蒙古族在长期的、艰苦的游牧生产劳动中，创造了适应恶劣高原气候、合乎科学规律的独一无二的圆形住所，为世人所注目惊叹！

蒙古包的建筑文化体现了蒙古族的坚强性格、内心世界、审美观、风俗习惯和创造才能。同样，蒙古族土木建筑工程，也和蒙古族游牧文化结成了血肉关系。

4. 中轴线：蒙古族建筑学上对中轴线非常考究，称其为〔küisen utasu〕，是“肚脐眼线”的意思，将中心点称为〔küis-

① 《阿·瓦其尔教授采访录》。

en čig〕，是“肚脐眼点”的意思。类似古埃及雕塑绘画的“正面律”一样，忽必烈营建元大都是选择了金中都东北处的一片平原，在城市中心点建立了中心阁。设有一座“方幅一亩”的中心台，立有“中心之台”四字的石碑，是全城的东南西北四方的中心点。所以元史专家陈高华教授说：“在城市设计和建造时，把实测的全城中心做出明确标志，这在我国城市建设史上是没有先例的创举。”①

蒙古族建筑学的中轴线、中心点学说起源于蒙古包的管理，蒙古包的中心点是“火灶支撑之处”〔γal tulga〕，是“一家兴旺之火”。在蒙古民族看来，一家火种断了，是覆灭的征兆。所以在“兴旺之火处”从南向北画一条线就叫作“肚脐眼线”，是中轴线的意思。相当于人的躯体，中心在肚脐眼。

蒙古族汗王建筑自己宫殿、城池的时候，都要设计出一条中轴线来，往往在中轴线附近是衙署机关、重要街道、兵营、富豪的住宅。

5. T形广场——蒙古语为〔alukan talbai〕，意思为锤形广场，汉族建筑学家根据形状，叫作“丁”字形广场。

至元四年（1267）忽必烈营建大都时，在都城正门内侧、皇城灵星门前修建了锤形广场，左右建有长廊，俗称千步廊。

世界上皇宫广场或其他广场，均为四方形或长方形。唯独元大都皇宫广场，却是锤形广场，这是为什么呢?

这里有一段和蒙古族兴旺发达息息相关的生动故事。

14世纪初波斯政治家、史学家拉施特撰写的《史集》（1304—1316年）记录了《额尔古纳·昆》的传说，在很古的时候蒙古部落因互相残杀，只剩下一男一女躲避到深山密林，随着岁月人口猛增，于是宰了七十头牛，做成牛皮风箱，烧山熔铁，制造兵器，冲出山谷，从此蒙古民族成了强盛的民族。

---

①《元大都》，第59页，北京出版社，1982年。

于是蒙古族为了纪念这个伟大壮举，每年除夕，用锤子敲打铁砧，以纪念蒙古族以坚忍不拔的精神，取得了民族生存的伟大胜利。从此蒙古帝王在自己宫殿前面有了建筑锤形广场的惯例，是举行庆典、阅兵、那达慕、狂欢宴饮的地方。

忽必烈在皇城前面建筑了最典型的锤形广场。皇城前面有辽阔的广场，宫城显得更加雄伟壮观。这是中国建筑史上的一个创举。陈高华教授对元大都“丁”字形广场的记载是：“皇城南墙正中的门叫作灵星门，其位置大致在今午门附近。它的南面，就是大都城的丽正门。在丽正门与灵星门之间，是宫廷广场，左右两侧，有长达七百步的千步廊。在元代以前，宫廷广场一直处于宫城正门的前方，大都城都把它安排在皇城正门的前方，这在建筑设计上是一个极大变化。”①

6. 失剌斡耳朵——蒙古语为〔šira ordun〕，意为黄色之宫，或称“金帐”。这是蒙古族传统建筑之一。自成吉思汗始至蒙古历代王汗都建有金碧辉煌的失剌斡耳朵。忽必烈建立元朝以后，在上都、大都建有宏伟的失剌斡耳朵。志费尼在《世界征服者史》中记录窝阔台汗的宫殿：“在山中为他修造了一座契丹帐殿，它的墙是用格子木制成的（即今日蒙古包哈那——引者），而它的顶棚用的是织金料子，同时它整个覆以白毡，这个地方叫作昔剌斡耳朵。”②

南宋使者徐霆在《黑鞑事略》中记录道，蒙古族有庞大的圆形建筑物为斡耳朵：“即是草地中大毡帐，上下层用毡为衣，中间用柳编为窗眼透明，用千余条索拽住，一门，阈与柱皆以金裹，称为金帐。”

这是窝阔台汗八年（1236），在夏营盘月儿灭格土山风景区中修建的可容纳一两千人的“失剌斡耳朵”（黄色之宫）。随

① 陈高华：《元大都》，第53页，北京出版社，1982年。

②《世界征服史》上册，第279页，内蒙古人民出版社，1981年。

着蒙古帝国的扩张和入主中原地区，在大都和上都盖了雄伟的可容纳数千人的“失剌斡耳朵”。

7. 达赖察罕——蒙古语称〔dalai čaγan〕，意为白色的大帐。专门指大型蒙古包。

8. 水晶宫——蒙古语称〔bolor ordun〕，在元宫中只有两座，而且平面结构是“十”字形建筑。

9. 恰恰尔斡耳朵——蒙古语称〔čačir ordun〕，是大型帐幕的一种，《元史》记录荣递儿：斡耳朵有长方形围墙，歇山顶式幕顶。以木料为支架，能容纳数千人，是上都和大都宫中夏秋两季使用的活动型帐幕。

10. 棕毛殿（又称竹殿）——蒙古语称〔seregün ordun〕，是清凉宫殿的意思。有的研究者认为失剌斡耳朵就是棕毛殿。大都、上都宫殿设有棕毛殿。据笔者考证，它不是固定式的宫殿，一般夏秋两季宫中举行盛大庆典时，供宴饮聚会或那达慕男子三项目比赛时使用。它是用南方竹竿竹片做支架，棕榈树叶梢纤维做凉棚的临时性建筑物。这是蒙古族游牧文化风俗的传承方式之一。

三、蒙古族古代建筑装饰图案和色彩

1. 蒙古族建筑的装饰艺术——“贺乌戈拉吉”〔he uγalji〕和蒙古族建筑的关系

综观蒙古族古代建筑，和建筑物内部外部的装饰，都离不开“贺乌戈拉吉”这一古老传统的艺术结晶。

蒙古族“贺乌戈拉吉”产生的根源是以“长生天”永生不灭、周而复始的哲学观点为基础的，和“万物生生不息，千古绵长”的永恒主题思想连在一起，所以它的图案主要是以连绵不断的长线为主。显示生命的无限延续，永不折断。汉族学者给它起了一个很形象的名称，叫作“盘肠”，蒙古族学者把这个母体艺术的结晶誉为“蒙古族艺术之根”——贺乌戈拉吉。

可以把它翻译成汉文“蒙古族古老图案”或简称“图案”。对“图案”一词，阿木尔巴图教授在其大作《蒙古族图案》中做了精确的诠释：“图案一词，蒙古族牧民称其为‘贺乌戈拉吉’，因为盘羊的犄角卷曲好看，所以类似犄角形的曲纹式称‘乌戈拉吉’，而其他类型的纹样称‘贺’。随着各种民间工艺制作的发展，人们把一切器物的造型、色彩、纹饰的总体设计为图案。”①

2. 蒙古族古代建筑的基本色彩

蒙古族古代建筑的色彩基本上以红、黄、蓝、白、绿为主，被称为“吉祥五色”。

红色——蒙古族是崇拜太阳和火的民族，蒙古包就是崇拜太阳形状而产生的太阳图形居室。成吉思汗的速勒迭的形状就是采用火焰图标，它不是三叉戟。

因为太阳是红颜色的，所以蒙古族崇尚红色，象征希望、成功、隆重、高贵。在喜庆场合多用红色。汗宫、王府墙则多用红色墙壁，平民百姓房屋围墙不用红色。

蒙古包中间位置是火灶，蒙古语称“戈拉高勒木特”〔γal golmot〕，是一家“先祖火圣”延续的地方。不准从火上迈步，不准向火吐痰，不准向火浇水，不准用利器捣火，不准向火投入不洁之物。

把最尊贵的地方和英雄冠以“乌兰”的尊号，例如：蒙古族经常讲的民间故事“三岁的乌兰英雄”〔γurban nastai γunan ulaγan bγatar〕“火红的太阳”“火红的脸盘”“火红的生命”，都象征兴旺发达。

把新建的革命城镇称为“乌兰浩特”——红色之城，“乌兰巴托”——红色英雄城，等等。把敬爱的云泽主席称为“红色的儿子”——乌兰夫。

①《蒙古族图案》，第7页，内蒙古大学出版社，2005年。

黄色——蒙古族把黄色称为“黄金宝贝”的颜色，视为最神圣、最尊贵的颜色，成吉思汗的圣旨是写在黄缎之上，旨令刻在黄金牌上。

把最珍贵的文献图书称为《黄金史纲》（作者罗卜桑丹津）、《宝贝史纲》（作者萨冈彻辰），把国家重要纪史写在“黄金册”上，等等。

蒙古族建筑上只有汗王宫才用黄色宫帐，外国旅行家多有记载，如《柏朗嘉宾蒙古行记》《鲁布鲁克东行记》都称为“失剌斡耳朵”（黄色之宫），17世纪喇嘛教开始普及蒙古地区以后，寺庙佛龛、活佛衣物用具也多用黄色。

蓝色——蓝色是蒙古族最崇尚的颜色。蒙古民族是“赖长生天之力”兴旺发达的苍天之子，所以崇拜蓝天，象征永恒长生，把自己称为蓝色蒙古，成吉思汗时代蒙古军的军旗是蓝色旗帜。

蒙古史书多被称作《青史》《青册》。如《青史演义》（作者尹湛纳希），《青色钥匙》《青色的灯盏》（作者巴·旺吉拉）。《蒙古秘史》上记载成吉思汗下令把重要的事情要记在《青册》上。

蒙古族把重要的城镇称为“青色之城”——呼和浩特，蓝色之镇——“呼和巴拉戈斯”，等等。蒙古族建筑上多用蓝色琉璃砖瓦。

白色——蒙古族把白色视为最纯洁、最正义、最真诚的代表。

蒙古族古老萨满教最初崇尚白色，祭祀礼仪上穿白色衣服，骑白色骏马，敬献“白食”（即奶食品和马乳），被称为“白方萨满”〔čagan zug-in bo〕。成吉思汗登上汗位时，在鄂嫩河宫帐前竖起“九脚白斿纛”，举行了盛大庆典，蒙古人把过大年的正月叫作“白月”。

“白”字为蒙古词汇中使用频率最多的词语，例如：“奶子一样纯白的心”“纯白的事业”“有白心的人”“十大白福”“真诚的白人”等。蒙古族使用的衣物多为白色，银碗、银筷和白色“质孙”服、白色哈达、白色蒙古包、白色帐篷。

汗王，贵族的骑座多选白色骏马，以示尊贵。

元朝首都大都、夏都上都宫殿都有达赖察罕宫殿〔dalai caγan ordun〕——苍海一样大的白色宫殿。实际上指能容纳千余人的大型蒙古包。

绿色——绿色是大自然的颜色，是充满生命、欣欣向荣，象征和平、静谧的颜色。蒙古族是大自然之子。蒙古族一年四季从早到晚都要和大自然打交道。在大自然的怀抱中和畜群共同生存，共同繁衍。每天沉浸在绿色的海洋之中，蒙古族的人生观认为草场牧场第一（大自然），畜群第二，牧民第三，这就是蒙古民族热爱绿色的基本出发点。

蓝天、白云和绿色草原形成和谐迷人的景色。所以蒙古族对绿色特别喜爱，宫殿多用绿色琉璃瓦砖，起到装饰的作用。大都、上都、哈剌和林三大都和中都建筑遗址多有发现蓝色、绿色砖瓦。

以上五种吉祥色彩，把人和建筑所处的环境关系和谐统一起来，蒙古族的吃穿住行都被容纳在大自然的色彩之中。

这里需要说一下黑色，蒙古族忌讳黑色。把不吉利的事叫作“黑事”，有坏心叫作“黑心”，说坏话叫作“黑话”“黑嘴”，把魔鬼叫作哈剌蛮戈斯〔kar mangγus〕——黑魔鬼，等等。把黑色视为暴力、杀虐、恶毒、欺诈、阴险的象征。

但是这里需要说明的是，蒙古族古老萨满教发展过程中分裂出“黑方萨满”〔kar zug-in bo〕的派别。他们的祭祀礼仪，穿黑衣、骑黑马、敬献“红食”（即肉食）等，是萨满教不同派别的一种外部表现形式。

四、蒙古族宫殿的位置选择

蒙古族古老萨满教认为西方为产生大宇宙——天地的方位。因而在蒙古族古老神话和史诗中把西方喻为最吉祥的地方。蒙古族史诗《江格尔》中人间天堂——“布玛巴地方”在西方，蒙古族古老民间故事中镇伏蛮戈斯——魔鬼的英雄也来自西方。

从社会发展史的角度来讲，蒙古族祖先在母系社会，崇拜太阳，崇尚东方为上。从蒙古包居住位置分类，女性占据东边，男性占据西边。到了父系社会时，男性的社会地位逐步得到提高，又开始崇尚西方为上，然而太阳虽从东方升起，首先照亮的却是西方。

蒙古包是蒙古社会制度的缩影，从蒙古包就位的位置可以看出老幼尊卑的社会等级。家庭的长辈和一家之主，坐在北边，尊贵的客人就座于西边。妇女就座于东边，这和女性操持家务有关，炊事厨具都安置在蒙古包东边位置。

十六七世纪，佛教在蒙古地区普及以后，佛龛的位置也安排在蒙古包的西北角，以示敬重。

蒙古宫廷举行盛大忽里台时，成吉思汗在同一御榻上就座于右边，孛儿台兀真皇后就座于左边。以后这种安排，成了蒙古汗宫一条不可改变的规矩。延续传承到蒙古族最后一位皇帝。

那么，为什么蒙古族的汗宫、王府以及建造的都城，不把正门开在西边，而选择向南呢?

原因很简单，世界上几乎所有的城池都是向南开正门的。这是和大自然的气候变化有关系的，城池向南坐北，向阳采光，空气流通，回避凛冽的西北风的袭击。蒙古族不会因为崇尚西方，而不顾大自然的规律，遂把城池王府的正门营建成向西方位。

蒙古族五大古都哈剌和林、上都、大都、中都、瓦奇尔·察罕浩特的城池都是向南的，以及部族联盟所造的城池也是向南的。比如：巴热斯浩特——老虎城（应昌府）、敖伦苏木（赵王城）。

内蒙古地区现代三大王府——德王府（德穆楚克栋鲁布）、阿拉善王府（达理吉雅）、贡王府（贡桑诺尔布）大门都是向南的。从蒙古族民俗学角度分析，蒙古族民间故事中把南方喻为“长生天”永存的地方。民间故事的主角英雄人物，往往把死去的心爱战马的头摆向南方敬祭。所以，南方乃是蒙古族吉祥的方向之一。

13世纪出使蒙古帝国的道森记录道：“在他们语言中，宫廷称为‘斡耳朵’，它的意思是‘中央’，因为它总是在他的属民的中央，不过，没有人把自己的帐幕安置在宫廷的正南方，因为宫廷的门是朝南开的。”①

第二节　蒙古族古代三大宫殿

蒙古族在不同时期建筑的三大宫殿为哈剌和林的万安宫，元上都的大安阁，元大都的大明宫。其建筑规模和宏伟程度完全可以和我国古代著名的三大宫殿——太和殿、大成殿、天贶殿媲美。

一、元大都大明宫

大明宫，蒙古语称“迦坚茶寒斡耳朵”〔gegen čaγan ordun〕，营建于元朝成立以后的第三年。至元十年（1273），根据《南村辍耕录》卷二十一记载，它的功能是“大明殿乃登极

---

①《出使蒙古记》，第144页，中国社会科学出版社，1983年。

正旦寿节会朝之正衙也”。这是蒙古帝国的政治枢纽之所在。大明宫《元史》记载蒙古语为“迦坚茶寒斡耳朵”〔gegen čaγan ordun〕，是“光明正大殿”的意思。忽必烈办公起居的紫檀殿便设在其后殿。1294年正月，忽必烈在此宫逝世，享年八十岁。此宫建筑规模为“东西二百尺，深一百二十尺，高九十尺”。大约合现制为三万多平方米的建筑（不算附属柱廊，柱廊后三殿：紫檀殿、寝殿、文思殿，若算进此三殿，将合七万余平方米）。（元代建筑单位：一步等于五尺，一尺为0.308米，一步等于现制1.54米——作者注）。①

元大都大明宫示意图

（却拉布吉　设计
孙蒁太　绘制）

忽必烈在大明宫三级台基上修了誓俭草池，有汉白玉栅栏，据叶子奇《草木子》卷四记载：“元世祖皇帝思太祖创业艰难，俾取听居之地青草一株，置于大内丹墀之前，谓之誓俭草。盖欲使后世子孙知勤俭之节。至正间，大司农达不华公作宫词十数首。其一云：墨河万里金沙漠，世祖深思创业难。数尺阑干护青草，丹墀留与子孙看。”（叶子奇，字世杰，号静斋，浙江龙东人，元朝末年学者）经笔者考察，这里所记“青草”，并非青草，实际上指沙蒿，是一种耐旱抗寒之高原多年生植物，牲畜爱吃肯上膘，是蒙古高原牧草的代表。这种草高可达一米左右，有粒形小籽，微苦可入药。

二、元上都大安阁

大安阁，蒙古语称“伊赫阿木古郎斡耳朵”〔yihe amuγulan ordun〕，是上都宫城的主体建筑。

---

①《阿·瓦其尔访问录》。

《元史》卷六《世祖本纪六》载："至元四年历日，建大安阁于上都。"至元四年是1267年，又《元史》卷七《世祖本纪七》载："丙戌，上都大安阁成。"丙戌是至元二十三年，1286年。这就是说上都大安阁用了19年才完成的，可知其工程艰难和豪华。

元大都大明宫示意图

（却拉布吉　设计
孙蓬太　绘制）

大安阁是雄伟瑰丽的三层建筑，一层是和蒙古帝王其他宫殿一样，是举行忽里台、诈马宴、皇帝登极、各种庆典活动和会见外国王公贵族、使臣的场所。中层为帝国档案库，珍藏有忽必烈的箧箱一只。《元史》卷二〇八《李邦宁传》记载：箧箱内放自己旧衣物，并留下了"藏此以遗子孙，使见吾朴俭，可为华侈之戒"的圣训。上层是经办佛事的场所，供有释迦牟尼佛像。

元上都始建于蒙哥汗六年（1256），忽必烈选择南屏山〔korku aγula〕南麓，滦河〔šhandu γol〕北岸，三年建成，新城被命名为开平府。中统元年（1260）三月忽必烈在此登皇位，又在中统四年赐名为上都，是元朝的夏都。上都外城呈方形，每边长约2200米，总面积达480余万平方米。2002年夏，联合国世界遗产官员考察元上都后评论道："元朝历史和元上都的文化遗产是世界文化遗产的重要部分，如果没有了蒙古史和元上都，那亚洲乃至欧洲的历史，则是不完整的历史。"在上都有六位皇帝登极，可见大安阁宫殿所处的历史地位。

三、哈剌和林万安宫

万安宫蒙古语称"图蒙阿木古郎斡耳朵"〔tümen amuγulan ordun〕，是蒙古帝国第二个皇帝窝阔台营造的，是都城哈剌和林皇宫的主要宫殿。《元史》卷二《太宗本纪》载：

哈剌和林万安宫示意图

（却拉布吉　设计
孙蓬太　绘制）

“七年乙未春，城和林，作万安宫。”窝阔台汗七年是1235年。据苏联苏斯洛夫考古队材料，发现万安宫遗址有64座柱础，可见当时的宏伟规模。史卫民教授在《都市中的游牧民》中记述：“万安宫坐落在和林宫城中央，南北长55米，东西宽45米，有殿柱72根（南北9行，东西8行），周边的30根是殿墙柱。”据此资料推测，按现制万安宫为大约2400平方米的宏伟建筑。当时是毫无疑问属于第一流的宫殿。万安宫的规模有两种说法，即五层和三层。（按《都市中的游牧民》记载：“宫中分三层，一层专为大汗所用，一层为后妃使用，第三层供侍臣和奴仆使用。”）

本文按五层设想，地座按六角形设计。六角形地座是古代蒙古王汗普遍使用的一种建筑形式。读者从以上描述，可略知当年蒙古宫廷的宏伟状况。

到过哈剌和林拜见过蒙哥汗的道森记道：“蒙哥在哈剌和林有一座巨大的斡耳朵，坐落在城墙附近。它的四周围以砖墙，像我们的修道院那样。那里有座巨大的宫殿。”①

《元朝史》第208页对万安宫的雄壮及内部设置写道：“高大而富丽的宫殿——万安宫建筑在城的西南部（指哈剌和林城——引者注），有宫墙环绕，周约二里。”据法国使臣鲁布鲁克所记，万安宫中殿辟三门皆南向，殿内圆柱两列，北面置一高台，为御座所在，座前有左右阶梯接地。御座左右两侧均置平台，右侧为诸王座位，左侧为后妃座位。御座前空地为奏事

① 道森：《出使蒙古记》，第194页，中国社会科学出版社，1983年，周良霄教授在此书第124页注释中认定此乃“即万安宫”。

或进贡的臣僚、使节等人站立处。中门之前立一株银树，树顶上装一个吹号天使。树的根部有四头银狮，每一树枝上绕一条金蛇，各有管子通到树下地窖，窖中预藏若干仆役伺候。开宴时，伺号仆役吹响天使所执号角，其他人则将各种饮料倾入管内，于是银狮、金蛇同时口吐马奶和诸色美酒。这一套巧妙机关是巴黎名匠威廉所造。

四、结　论

当蒙古族社会发展步入封建社会以后，蒙古地区便有了城镇。蒙古族城镇的起源，可追溯到七八世纪。《蒙古秘史》所记载的“有土墙的百姓”就有两层含义：一个是有了定居的农民，一个是有了城镇的雏形。

1. 蒙古族城镇的发展，是由“古列延”〔küriyen〕发展起来的。勒内·格鲁塞在《草原帝国》中对蒙古族早期的城镇描述道：“他们没有城市的概念，只是在迁徙的过程中渐渐组成了帐篷群。他们将随车携带的毡帐围成一圈，在圈子里生活。这种临时的聚居地实际上就是早期城市雏形。”[①]这里所说的“圈”就是指蒙古人的“古列延”。蒙古语“古列延”是“圈子”的意思。蒙古史汉文史料上有多种记载，为“库伦”“库列”“古鲁”“圐列”等。

蒙古族“古列延”的形成早在氏族社会，最初是为了防御野兽和敌人的袭击，把勒勒车围成一圈，在向南位置把两个车辕树立起来，作为大门。酋长居住在圈的中心。步入封建社会以后，汗王帐殿居中，外围是各级万户、千户、百户和宿卫军。

13世纪出使蒙古帝国的道森写道：“在他们的语言中，宫廷称为‘斡耳朵’，它的意思是‘中央’，因为它总是在他的属

---

① 内勒·格鲁塞：《草原帝国》，第159页，国际文化出版社，2003年。

民中央。”[①]。最外边围是羊群、牛群和马群。这种安营扎寨的布局给入侵者造成种种障碍，而一旦向外进攻时却异常集中迅速。

元世祖忽必烈建立元朝，于至元四年（1267）筹建了举世闻名的元大都，就是采用“古列延”营造法的。由外城、内城、皇城、宫城和“巴托浩特”五层建筑布局形成的。忽必烈办公的大明宫和起居宫殿紫檀殿就在“巴托浩特”之中。

李逸友教授在《内蒙古历史名城》一书中对蒙古族城镇的发展评论道：“蒙古族建立的元王朝，兴筑的城郭也就不限于农业地区，而且在世代游牧生活的地方也筑起了城郭。这些城郭普遍分布在今内蒙古地区，东至大兴安岭南北，西至额济纳河流域，北于锡林郭勒高原，南至鄂尔多斯高原南部，既有全国最高统治中心的都城和路、府、州、县治所在的城市，又有军事防御作用的镇、戍、堡、塞，也有守卫和奉祀皇帝陵墓的奉陵邑。”[②]笔者在此引出李逸友先生的评语的缘由是，只想说明蒙古族不但是优秀的游牧民族，而且在漫长的历史发展过程中，营造过著名的大都、上都、哈剌和林、中都、瓦奇尔·察罕浩特、巴热斯浩特（老虎城——应昌府）、敖伦苏木（赵王城）等城镇。不愧为众多北方民族之中最有创造力、最有活力、最为力争上游的民族之一。关于蒙古民族的城镇发展史与本文关系不大，故略述几笔，不再赘述。

2. 蒙古族宫殿建筑史历史悠久，成吉思汗祖先合布勒汗时代就有了金碧辉煌的宫帐。宫帐建筑文化到了成吉思汗和其后代的时代，达到了登峰造极的地步。当时到过蒙古帝国的外国使臣、旅游者从不同角度都做了精彩的描述，例如柏朗嘉宾记载了拔都大汗和贵由大汗宫殿的情况：“当我们到达那里时，

---

① 道森：《出使蒙古记》，第144页，中国社会科学出版社，1983年。

② 李逸友：《内蒙古历史名城》，第7页，内蒙古人民出版社，1993年。

人们已经搭好了一个很大的紫色帆布帐篷，据我们认为，这个帐篷大得足可以容纳两千多人。四周围有木板栅栏，木板上绘有各种各样的图案。”[①]克拉维约写道：“汗帐之内，四壁饰以红色彩绸，鲜艳美丽，并于其上加有金锦。帐之角隅，各陈设巨鹰一只。汗帐外壁复以白、绿、黄色锦缎，帐顶之四角各有新月银徽插在铜球之上。”[②]叶新民教授写道：“马可·波罗所记的上都‘竹宫’，就是失剌斡耳朵，它是蒙古包式的大宫帐，外墙用木、竹制成，用白毡覆盖，帐顶饰以织金锦缎。泰定五年五月，制作上都棕毛殿地毯二扇，积二千三百四十六尺，青白羊毛一千三百四十四斤。由此可见，毡帐的建筑风格内部的陈设都具有蒙古民族特点。”[③]

关于蒙古族古代宫帐，当时外国使臣、旅行家、商人多有记载。

3. 蒙古族建筑学是中华民族建筑的一部分，蒙古族建筑文化体现了蒙古族的坚强性格、内心世界、审美观和创造才能，并以自己独特的风格，占有重要的历史地位。

（1）蒙古族是大自然之骄子，是热爱大自然、维护大自然、依赖大自然而生存的独特民族。所以在建筑学上表现为“天人合一”的哲学观点。蒙古族营造都城、宫殿、王府，除考虑政治因素之外，都要选择青山绿水的风景区。大都、上都、中都、哈剌和林都营建在地理要冲和名胜之地，靠山依水，天然美景尽在其中。三大宫殿大明宫、大安阁、万安宫更是青山绿水所环绕，建有人工花园、动物园和湖泊。

马可·波罗对元大都宫殿描述道：“大殿宽广，足容六千人聚食而有余，房屋之多，可谓奇观。此宫壮丽富赡，世人布

---

①《柏朗嘉宾蒙古行记》，中华书局，1985年。

②《克拉维约东使记》，第135页，商务印书馆，1957年。

③ 叶新民：《元上都研究》，第34页，内蒙古人民出版社，1998年。

置之良，诚无逾于此者。顶上方瓦，皆红黄绿蓝及其他诸色。上涂以釉，光泽灿烂，犹如水晶。致使远处亦见此宫光辉。应知其顶坚固，可以久存不坏。”（党宝海注：马可·波罗所言元大宫，即《元史》之大明殿，殿基高出平地三公尺，约略可当今太和殿。引者注：此处描述与萧洵所著《元宫遗录》相符）

“上述两墙之间，有一极美草原，中植种种美丽果树，不少兽类，若鹿、獐、山羊、松鼠繁殖其中。带麝之兽为数不少，其形甚美，而种类甚多。”（引者注：指皇家御苑，内有奇石花草和雪豹、大象、熊、鹿、狼、猩猩、羚羊等多种动物，每举行盛大庆典，放出来叫众人观赏。遗址在今北京景山公园附近）

“上述西墙之间，有一湖甚美，大汗置种种兽类于其中，其数甚多，取之帷意欲。”（引者注：此湖指元宫太液池，原是金中都城外的一座避暑山庄，忽必烈营建大都时纳入宫城之内，在今北京北海公园内）

“北方距皇宫一箭之地，有一山丘，人力所筑。高百步，周围约一哩，山顶平，满植树木，树叶不落，四季常青。汗闻某地有美树，则遣人取之，连根带土拔起，植此山中，不论树之大小。树大则命象负而来，由是世界最美之树皆聚于此”（党宝海注：乃指今之白塔山。金初筑此山，名曰琼华岛。1262年忽必烈重修岛中园林改名万寿山。其山皆垒玲珑石为之，峰峦隐映，松桧降郁秀若无成。转木儿汲水至山顶，出石龙口注方池）

“君主亦命人以琉璃矿石满盖此山。其色甚碧，由是不特树绿，其山亦绿，竟成一色。山顶有一大殿，甚壮丽，内外皆绿，致使山树、宫殿构成一色，美丽堪娱。凡见之者莫不欢欣。大汗筑此美景，以为赏心娱乐之用。”[①]（党宝海注：万寿山顶有广寒殿，引者注：广寒殿具体建筑时间不详，据《元史·世祖本纪六》载，“己丑，渎山大玉海成，敕置广寒殿”，己丑是至元二年，即1265年），以此为据，可以肯定广寒殿营筑于1265年之前）马可·波罗对于上都的描述如下：“终抵一城，名曰上都，现在在位大汗之所建也。内有一大理石宫殿，其美，其房舍内皆涂金，绘种种鸟兽花木，工巧之极，技术之准，见之足以娱人心目。”

“汗在此草原中，或居大理宫，或居竹宫，每年三月，即六月、七月、八月是已。居此三月者，盖其地天时不甚炎热而颇清凉也。迨至每年八月二十八日，则离此他适。君等应知汗有一大马群，马皆骒马，其色纯白，无他杂色，为数逾万。汗与其族皆饮此类骒马之乳，他人不得饮之。惟有部落，此因前此立有战功，大汗奖之，汗饮此马乳，与皇族同。此部落人名曰火里牙易。”[②]

（2）三层汉白玉须弥座

蒙古族把最高的山称为〔sömbör aγula〕，汉译为须弥山，把最大的海称为〔sun dalai〕，汉译为苍海。蒙古族建筑学上把最高贵的宫殿盖在有栏杆的三层台阶上。这个台阶为须弥座。

4. 蒙古族三大宫殿的复制图，由于蒙古族建筑史料图像的缺失，仅仅是示意图而已。虽仅仅是示意图，实际却费了九牛二虎之力，翻阅了国内外大量文献、史料、图像，并非凭空建造，有一定的蒙古族历史建筑根据。其中元末萧洵所著的《元宫遗录》和元代画家王振鹏所绘《元王孤云大明宫图》（此画

① 冯承钧译：《马可波罗行纪》，第310—311页，河北人民出版社，1999年。

② 冯承钧译：《马可波罗行纪》，第268—269页，河北人民出版社，1999年。

藏于纽约大都会艺术博物馆）更显得非常珍贵，提供了极其翔实的宝贵根据。本文以少讲理论多讲实际为宗旨，力求形象效果。建筑是综合艺术，也是一部生活史，本文设计中力求在蒙古族建筑的粗犷、简朴风格显现方面做一番努力，望贤者指教。

5. 笔者希望东联集团董事长侯钰蛇先生和鄂尔多斯学研究会主席奇朝鲁先生再次联手牵头，在鄂尔多斯成吉思汗祭祀陵旅游胜地，营建蒙古族三大宫殿——大明宫、大安阁、万安宫观光区。它的意义在于弘扬蒙古族古老的建筑文化，给原有的“三区、两道、八梁”增加一个闪闪发光的重量级景观。

其理由之一：营建蒙古族三大宫殿的这一壮举，将百分之百符合鄂尔多斯市政府确立的“扩大规模，提高档次，创造精品”的原则。也将是合乎鄂尔多斯、内蒙古和全中国乃至全世界蒙古族大众愿望的一件盛事，会受到极其热烈的欢迎。

理由之二：营建蒙古族三大宫殿，其文化内涵深厚，旅游特色鲜明。符合东联集团“弘扬成吉思汗文化，打造国际旅游品牌”的旅游主题概念，将成为理论与实际相结合的又一个新的光辉的经典项目。

理由之三：营建蒙古族三大宫殿，令成吉思汗祭祀陵旅游区的世界性、唯一性、教育性、经济性特色更上一层楼，增加国际国内旅游的知名度，使鄂尔多斯逐步成为研究和继承成吉思汗文化旅游的国际中心。

第三节　蒙古族古代建筑家帖睦格·斡惕赤斤

帖睦格·斡惕赤斤生于1168年，谢世于1246年，享年78岁，是成吉思汗诸兄弟中最长寿的一位，是蒙古帝国开国元勋之一和著名的蒙古族古代建筑学家。

斡惕赤斤是成吉思汗的幼弟，比成吉思汗小六岁，父亲也速该把阿秃儿被塔塔儿部落暗害之后，他和母亲诃额仑及兄长一起受到泰亦赤兀惕、蔑儿乞惕等部落的残酷围剿，在极度困苦的环境中艰苦争斗，终于在长兄铁木真的英明策略下，战胜了其他强大的草原部落，斡惕赤斤尤其对称雄一方的乃蛮部落采取强硬措施，亲自率部主攻，最后战胜了乃蛮部，为促进蒙古国的建立立下了汗马功劳，是开国元勋之一，被封为万户诺彦，封地在今哈拉哈河流域，大兴安岭广大地区，是所有分封之王、文臣武将中得到奖赏最多的一位功臣。如：

术赤：9000户；察合台：8000户；窝阔台：5000户；托雷：5000户。

可见成吉思汗对幼弟的偏爱有加[①]。

成吉思汗八年（1213），成吉思汗亲自组织了对金国的战略进攻。木华黎担任了前线主帅，对金国首都进行了包围主攻，斡惕赤斤与兄哈撒儿率领左路大军攻破蓟州（今河北蓟州区）、滦州（今河北省滦州市）、平州（今河北卢龙）及辽西广大地区，受到成吉思汗的褒奖。

成吉思汗十四年（1219），成吉思汗亲自西征花剌子模，命斡惕赤斤镇守蒙古本土，斡惕赤斤诺彦才有充足时间施展他的建筑才华，才有研究和营建土木工程的安静环境。他首先给成吉思汗和自己营建了华丽的宫殿，有水池，有花园，有五畜雕像，并为其他诸王在山清水秀的地方设计建造土木宫室。拉施特称："在蒙古人中间，斡惕赤斤诺彦以好兴建宫院著称。他到处兴建宫殿、城郊宫院和花园。成吉思汗爱他胜过其他诸弟，让他坐在诸兄之上。""他的直系子孙迄今坐在他二兄弟的直系子孙之上。当成吉思汗把军队分给诸子时，给了他五千

① 阿拉坦沙：《蒙古族昨日的足迹》（蒙古文），第612页，内蒙古人民出版社，1984年。

人……斡惕赤斤诺彦有许多子女。塔察儿诺彦为其继位人。他拥有人数众多的军队和乌鲁思。这五千人由于繁衍而变成一支庞大的军队，遂使他享有很高威望。他的地面和禹儿惕位于蒙古斯坦遥远的东北角上，因此在他们的彼方就再也没有蒙古部落了。”[①]当时他是蒙古帝国之中最得宠的一位黄金家族成员，军队之多，分封地方之大，分赐户籍之多，牲畜财产之多，官阶之高，权力之大，是诸王也不能比拟的。他把大部分财产用于建筑宫室、别墅、亭堂阁楼、公园、水池和各种各样的建筑物。一直到成吉思汗去世，他没有离开过蒙古本土，一直是潜心研究设计和营造土木宫殿城郭，成吉思汗去世之后，斡惕赤斤作为东路诸王的首领，与察合台、托雷密切合作，遵循成吉思汗遗嘱，力推窝阔台顺利登上皇位。窝阔台上台以后，让他和汉族功臣刘德柔主持营建哈剌和林城郭宫殿的事宜，斡惕赤斤任总设计师，刘德柔任施工总监，著名的万安宫就是出自他们之手的艺术建筑精品。斡惕赤斤的手稿和设计图已难以找到，但他对蒙古族古代建筑思想和建筑形式的贡献是不可磨灭的。

首先，他协助窝阔台汗提出了蒙古族具有划时代意义的建筑宗旨：“奠定世界强国之根基，建造繁荣昌盛之基础。”[②] 窝阔台是在世界建筑史上第一次把建筑和建国方针结合起来相提并论的人。蒙古帝国和元朝历代皇帝都一丝不苟地遵循这条方针，营造了哈剌和林（1235年）、上都（1257年）、大都（1267年）、中都（1308年）、瓦奇尔·察罕浩特（白城子，1617年）等宏伟的世界名城。

其次，斡惕赤斤在建筑设计上提出了“肚脐眼点”〔küis-

---

①〔波斯〕拉施特：《史集》，第一卷第二册，余大钧、周建奇译，第71页，商务印书馆，1985年。

②〔波斯〕拉施特：《史集》，余大钧、周建奇译，第68页，商务印书馆，1985年。

en čig〕和“肚脐眼线”〔küisen utasu〕的理论，这种理论类似古埃及雕塑绘画的“正面律”一样，把建筑物视为有生命、有神有形的躯体。“肚脐眼点”“肚脐眼线”的说法，起源于蒙古包的管理学说，“肚脐眼点”就是当今的“中心点”，“肚脐眼线”就是“中轴线”。蒙古包的中心点在蒙古包的中心〔γal tulγa〕（火灶支撑之处），又称作一家兴旺之火。在蒙古民族看来，一家火种断了，是覆灭的征兆，一家兴旺之火和蒙古包的中心点是画等号的。从“一家兴旺之火”向门口画一条线，就叫作“肚脐眼线”，就是中轴线了，蒙古包以此线为准，把蒙古包分为西、北、东三处，西边坐客人，北边坐主人，东边是家庭主妇操持家务之处。斡惕赤斤诺彦所提出的中心点、中轴线理论广泛运用到蒙古族建筑设计施工上，为蒙古族建筑设计做出了巨大的贡献。

陈高华教授在评论蒙古族建筑上的中心点、中轴线观点时在《元大都》一书中评价道：“大都城内的布局是经过比较周密的规划的。全城规划整齐，井然有序。它的中轴线南起丽正门，穿过皇城的灵星门，宫城的崇天门和厚载门，经万宁桥（又称海子桥），桥下就是通惠河的澄清闸（即今地安门桥），直达城市中央的中心阁。中心阁西十五步，有一座‘方幅一亩’的中心台，其正南有石碑，刻曰：中心之台，实都中东南西北四方之中也’。中心台是全城的真正中心。在城市设计和建造时，把实测的全城中心做出明确的标志，这在我国城市史上是没有先例的创举。”[①]这就是斡惕赤斤诺彦提出的中心点、中轴线学说的实际应用，元大都城的总设计师忽必烈和施工总监刘秉忠，是把一件世界建筑史上“没有先例的创举”应用到大都城市建筑之中了，一个城市有了中心点和中轴线，重点突出，轻重层次清楚，金碧辉煌的皇宫布局在中心点、中轴线的

① 陈高华：《元大都》，第59页，北京出版社出版，1982年。

附近，以显示皇权来自“长生天”，天之骄子的合法性，把汗权至高无上、神圣不可侵犯的威严，通过建筑艺术的美感体现出来了。而又把重要的衙署都设置在皇宫周围，如中书省、枢密院、御史台和大都路总管府、巡警院等都在皇宫跟前。其次才是街道商店，居民居住的胡同。难怪马可·波罗在其行纪中惊奇地写道：“大都街道犹如棋盘，广阔而笔直，从此方城门前可以看到彼方城门。”①

其三，斡惕赤斤诺彦设计了蒙古族“T”形广场。成吉思汗初建宫室，就在宫殿前面留有一块颇大的空地，供庆典、阅兵、那达慕之用，这就是蒙古族广场的最初雏形。法国鲁布鲁克在13世纪周游蒙古地区，对拔都大汗宫殿前不准设置任何建筑物，专门设置广场的情况，有一段极其详尽的记录：“当他们安顿他们的住宅时，他们必须安顿在斡耳朵的哪一侧。用他们语言说，一座宫廷叫斡耳朵，它的意思是‘中央’，因为它总是在百姓的当中，不过，例外的是，没有人把自己安置在正南，因为宫廷的门是朝正南开的。但是按照地形，他们可以随意向左右伸延，只要他们不把营帐的行列巧设在宫廷的前后。”②笔者认为不仅仅是拔都宫殿前不设建筑物，而是所有蒙古汗王宫殿都不准设置任何建筑物，只用做广场。再一层意思是对于王汗的敬畏，而不敢亵渎大汗的神威，冒昧地在大汗宫殿前安置自己的帐幕。另外，蒙古族建筑学需要在金碧辉煌的宫殿前留有空地或设置广场，更能够烘托出宫殿的高崇雄伟姿态，更能显示出神圣不可侵犯的尊严。

所以，蒙古汗宫前后都要设置广场。

蒙古族都城哈剌和林、上都、中都、瓦奇尔·察罕浩特是否有锤形广场尚待挖掘考察，但世界名城大都确实有锤形广

---

① 冯承钧译：《马可波罗行纪》，第237页，商务印书馆，2007年。

② 耿昇、何高济译：《鲁布鲁克东行记》，第239页，中华书局，1985年。

场，至元四年（1267）忽必烈营建大都时，在都城正门内侧，皇城灵星门前修建了锤形广场，左右建有长廊，俗称千步廊[①]。

其四，斡惕赤斤诺彦的建筑设计往往把最主要的宫殿营建在三层阶台上，蒙古语称作〔sömbör saγudal〕，即须弥座。

须弥座的滥觞来自敖包“三阶式”螺旋式造型，但它不含敖包文化十三阿塔腾格里的崇仰内容，只是把它威严、雄伟、壮观的造型运用到建筑上，使主体建筑更显得巍峨挺拔、风光神采。这是蒙古族建筑文化在长期历史沉积中所产生的结晶之一。

另外，蒙古族把最高的山称为〔sömbör aγula〕，即须弥山，把最大的海称为〔sun dalai〕，即沧海。蒙古族建筑学上把最高尚、最尊贵的建筑物营造在有栏杆的三层台阶的高台上，这个台阶被称为须弥座，元大都的主宫大明宫〔gegen čaγan ordun〕，即迦坚茶寒殿就是营造在三层台阶的须弥座上的，还有中都、瓦奇尔·察罕浩特等元代和北元的都城中也有须弥座的“工”字形宫殿。这种建筑形式已成为蒙古族宫殿建筑的主流。

其五，斡惕赤斤诺彦是第一个用土木工程营造“朝木楚格”〔čomčog ordun〕宫殿的建筑家。

13世纪随着蒙古帝国的强盛、社会的安定，蒙古民族从以毛毡、皮毛为原料，以木头为结构的蒙古包、帐幕时代过渡到砖木结构的大型建筑物时代。当然在这以前，蒙古高原并非没有土木结构的房屋，据《蒙古秘史》203节记载有“有土墙的百姓”。此处传递三种信息：一是有了土木建筑，二是有了农业，三是已经开始定居游牧。这大约是七八世纪的蒙古社会的居住状态。

那么什么是“朝木楚格”式建筑呢？首先要搞清“朝木楚

---

① 陈高华：《元大都》，第53页，北京出版社，1986年。

格”一词的含义。“朝木楚格”是蒙古语，原意为凸起来之意。以后变成名词，专指祭祀成吉思汗宫帐的专用名词了。“朝木楚格”宫帐其形状是前小后大的连体蒙古包，如同葫芦状。汉族建筑家称其为汉字“工”字形宫殿[①]，其结构特点是构造简单结实，朴实无华的一层建筑物。经营管理是蒙古包式的，前面部分是举行朝会，忽里台，登极盛典，会见外国王公、使臣，举行质孙宴的地方，后面部分是军机处和皇帝的寝宫，中间由一个走廊连通起来，形成汉字“工”字形布局。这种建筑构造适合于北方冬长夏短、西北风凛冽的多变气候。

根据《蒙古秘史》和有关蒙古族的古代文献，下面力求诠释一下，“朝木楚格”宫殿的演变和发展状况。

《蒙古秘史》115节记有“绰儿罕格儿”〔čurhan ger〕，绰儿罕格儿，就是“朝木楚格”蒙古宫殿的雏形，旁译为“廷房，会事房”[②]。

1.《蒙古秘史》将“绰儿罕格儿”汉译为“达达房”，外国学者帕拉劳则译为“会事房”，莫拉克梅译为“政治堂”[③]。卫拉特土语中有“丘而干”一词，即〔čuγulγan〕，意为“集会”“会盟”[④]。

从以上廷房、会事房、达达房、政治堂的名称中可以推测绰儿罕格儿不是普通居室，而是首领、王汗议事的场所，设置比较讲究，是蒙古宫殿的初级阶段。

2. 鄂尔多斯学专家赛音吉日戈拉先生提出“朝木楚格”不是蒙古语，而是藏语〔jan cog〕，即“将朝格”，是指〔yisegei

---

① 陈高华：《元大都》，第53页，北京出版社，1986年。

② 道润梯步：《新译简注〈蒙古秘史〉》，第74、78页，内蒙古人民出版社，1979年。

③ 亦邻真复原畏吾体蒙古文：《蒙古秘史》，第81页，内蒙古大学出版社，1987年。

④ M. 乌兰：《卫拉特蒙古文献集史学》，社会科学文献出版社，2012年。

terge〕，即毛毡轿车之意[①]。

3. 留金锁校注的《黄金史纲》将“朝木楚格”注解为“长辫子”，使人难以理解[②]。

4. 鄂尔多斯学专家吉日戈拉图和旺楚克二位先生注为：朝木楚格是对祭祀毡帐的尊称。一般与蒙古语“斡耳朵”相连接为“朝木楚格斡耳朵”，是指成吉思汗八白宫帐。成吉思汗八白宫以及其他圣物，开始建立时比较简单，有些宫帐好长一段时间一直安放在车上，随时可以移动，最初建立的毡帐称之为朝木楚格。朝木楚格分单帐和双帐两种，双帐以相互连接的两顶帐组成，是成吉思汗几位夫人现在的四大斡耳朵与八白宫合并时产生的宫帐[③]。

5.《成吉思汗青册》一书中记载道：“成吉思汗虽欣然归天，亦当为后世造福，显灵之处为朝木楚格天宫。”[④]

6.《成吉思汗祭典》一书中记载为：“朝木楚格宫帐，就其构成来说，又分单帐和套在一起的双帐两种。关于朝木楚格宫帐造型，据沙日达尔哈特的长者介绍，下面的桃儿形模仿天宫，上面的葫芦形象征福禄吉祥。有的老人说它是‘制胜观音座儿，天宫蟠桃样儿’。”[⑤]

7.《水晶鉴》记载：“有天宫现状之帐曰（朝木楚格）宫帐。”[⑥]

8. 拉·胡日查巴特尔教授在《哈腾根十三家神祭祀》一书中说：“在鄂尔多斯传说朝木楚格宫殿的形状来自天宫的桃状

---

①《赛音吉日戈拉采访录》。

② 留金锁校注：《黄金史纲》（蒙古文），第85页，内蒙古人民出版社，1980年。

③ 吉日戈拉图、旺楚克编著：《成吉思汗陵史纲》，第40页，内蒙古人民出版社，2011年。

④《内蒙古社会科学》（蒙古文版），1996年第6期。

⑤⑥ 赛音吉日戈拉、沙日勒岱著，郭永明译：《成吉思汗祭奠》，第6页，内蒙古人民出版社。

和寄托吉祥平安葫芦形状之意。”[①]

9. 13世纪游历蒙古的鲁布鲁克对蒙古族的住室曾有详尽的描述：“他们把宿夜的住宅安放在用棍条编制成的圆形框架上，顶端辐轮凑成小小的圆环，上面伸出一个筒当作烟囱，而这个（框架）他们覆以白毡……顶端四周烟筒的毡子，他们饰以种种好看的图案。”[②]这就是符拉基米尔佐夫所说的带“颈子”的蒙古包，最典型的是现在鄂尔多斯成吉思汗祭祀陵中的“金帐”。原文是“伊金霍洛的帐幕，即在鄂尔多斯安置成吉思汗遗物的天幕，其外观与现在蒙古人的普通禹儿惕不相同，他们的顶端有鲁布鲁克等叙述过的‘颈子’”[③]。

10. 胡和温都尔校注的《蒙古源流》对“朝木楚格”的注解是“无哈那蒙古包为称正室，尊其为朝木楚格，指博格达之宫”[④]。

根据以上情况可以断定“朝木楚格”宫殿就是“巴托恰哈特”式宫殿，即“工”字形宫殿。

“朝木楚格”宫殿为“工”字形宫殿的依据是：

一、“朝木楚格”宫殿立体形状像蟠桃形，平面图像葫芦状。

二、“朝木楚格”宫殿无哈那直立形支架，有毛毡顶篷〔degebur〕和围毡〔tuγurγa〕。

三、“朝木楚格”宫殿——天窗外凸，称其为“有颈子的宫帐”。蒙古语称其为〔kujukutai〕，即有脖子的帐房。

四、“朝木楚格”宫殿原来是首领议事的毡包，是蒙古族宫殿的雏形。

---

① 拉·胡日查巴特尔：《哈腾根十三家神祭祀》（蒙古文），第111页，内蒙古人民出版社，1986年。

② 耿昇、何高济译：《鲁布鲁克东行记》，第209页，中华书局，1985年。

③ 符拉基米尔佐夫：《蒙古社会制度史》，第146页，中国社会科学出版社，1980年。

④ 萨冈彻辰著，胡和温都尔校注：《蒙古源流》，第303页，民族出版社，1961年。

五、“朝木楚格”宫殿后来成为祭祀成吉思汗专用宫帐——“朝木楚格”最初是安装在车上游动的，元代开始成为固定的宫殿。

这种前小后大葫芦状连体蒙古包的“朝木楚格”宫殿，现在就矗立在成吉思汗祭祀陵中，已有八百余年的历史了。斡惕赤斤诺彦能够高瞻远瞩，把大汗的禁宫推向民间作为普通住室，难能可贵，为蒙古族建筑文化的发展做出了巨大贡献。据文献记载，斡惕赤斤诺彦热衷于营建豪华宫室、别墅花园，为大摆排场、享福作乐、豪饮善舍的阔窝台汗修建了很多华丽的宫殿，如能容纳数千人的著名的失剌斡耳朵（黄色宫帐），迎送贵宾的秃思忽宫。他还为窝阔台在风景秀丽的地方修建了冬春夏秋四季宫殿，其中最有名的是迦坚茶寒殿〔gegen čaγan ordun〕，蒙古语意为“大明宫”。这是一座“朝木楚格”式宫殿，元大都忽必烈皇宫的主殿就叫作大明宫，大约三万多平方米。而且设计几乎和迦坚茶寒殿如出一辙。据蒙古考古学家阿·敖奇尔教授讲，在蒙古斡难、喀鲁涟、土拉等三河流域的考古中多次发现“朝木楚格”、“工”字形宫殿和居室根基[①]。元大都考古队在北京市内地发掘了“朝木楚格”型房子[②]。陈高华教授说：“大明殿为重要，一切重大的仪式，如皇帝即位、元旦、庆寿等，都在这里举行。”[③]迦坚茶寒殿——大明宫是蒙古族古代建筑文化的精华和主旋律，是蒙古族注入世界建筑文化汪洋大海的一颗明珠。它是和建筑学家斡惕赤斤的勤劳智慧分不开的。而他的成功又是和窝阔台汗建筑宫殿的癖好分不开的。《史集》称窝阔台：“他总是将自己的美意无所吝惜地用于公正仁慈的事业，对城市和地方进行整顿以及修建各种建

①《阿·敖奇尔采访录》。

②《元大都的勘察与挖掘》，《北京后英房元代居住遗址》，《考古》1972年第6期。

③ 陈高华：《元大都》，第54页，北京出版社，1982年。

筑上。所以他下令在自己的禹儿惕哈剌和林……修建有一巍峨的殿堂耸立，殿堂被加以精致的装饰，描以彩绘和图画，并被称之为‘合儿失’合罕使它成为极美好的皇宫。接着又命令他的兄弟、儿子以及在他身边的其他宗王们，各在宫的四周建立华丽的住宅。它们全都遵命照办。当那些建筑完成并彼此毗连时，它们就成为整整一大群建筑。”[①]斡惕赤斤营造土木“朝木楚格”（即“工”字形殿）也是仿蒙古包穹庐式的圆顶，对世界各地建筑文化注入了新的创意。土耳其著名古建筑学家、伊斯坦布尔大学建筑学院尼采教授说得更明确：“伊斯兰建筑的造型来源于蒙古包。”[②]所以窝阔台汗对斡惕赤斤宠爱有加，太宗八年（1236）窝阔台汗分赐诸王民户时，特意给他分了益都路及平州、滦州二州62156户[③]，使他成为黄金家族同辈之中的最大富翁。太宗十三年（1241），窝阔台去世，按照蒙古法律，脱列哥那哈敦在举行忽里台选举新皇帝之前主持国事，她听从女奸臣法提玛的挑唆，陷害窝阔台时期的老功臣，引起善良忠诚的斡惕赤斤诺彦的不满，曾策划篡权，因术赤之子拔都带重兵前来参加窝阔台汗葬礼，遂罢。定宗元年（1246）蒙古大忽里台选举贵由为蒙古大汗，盛大庆典之后，贵由秘密责问斡惕赤斤并处死了他部下将领十余人，因斡惕赤斤是成吉思汗心爱的幼弟，又是开国元勋和著名的蒙古建筑学家，只是罢去了他各种尊号、官衔，从此斡惕赤斤闷闷不乐，每日借酒消愁，无疾死于宫中，享年78岁。拉施特称：“他过了壮丽的一生，全寿而终。”[④] 就这样结束了他辉煌的一生。

①④〔波斯〕拉施特：《史集》，余大钧、周建奇译，第68页，商务印书馆，1985年。

②《土耳其建筑灵感源于蒙古包》，2007年10月29日，内蒙古晨报。

③ 薄音湖：《蒙古学百科全书》（古代卷），第361页，内蒙古人民出版社，2007年。

第四节　元朝王振鹏《大明宫图》诠析

王振鹏《元王孤云大明宫图》（以下简称《大明宫图》），是一个全面描绘蒙古帝国政治枢纽元大都皇宫的长卷浓缩图。

《大明宫图》由美国著名大收藏家顾洛阜（John M.Crawford Jr.）先生所收藏，先生晚年献给了纽约大都会艺术博物馆，我们才有今日一饱眼福，得以一瞥元朝宫殿盛况的可能，兴奋之际，仅以此拙文略做评论，以飨读者。

一、话解《大明宫图》

大画家王振鹏首先从元大都外城的正门丽正门入手，步步深入，把大都、灵星门、周桥、崇天门，最后把迦坚茶寒殿，即大明宫雄伟壮丽的景象呈现在读者眼前。

全画有人物（有皇后、太子、公主、妃子、文武官员、卫士、侍从、丫鬟、书童、船夫、装卸工、水手、优女、马夫、驭象手、轿夫等）328人，船19艘、马12匹、骑马者4人，大象6匹、象辂1座、玉辂6座。元宫中骑马或乘轿是日常需要，固游牧生活传统惯例宫殿之间相隔较远。有（元）果啰洛纳延诗佐证。

宫　词

太液池头新月生，
瑶阶最喜晚来晴。
贵人忽被西宫召，
骑得骅骝款款行。

卷首以工笔、淡彩的手法，描绘了雄伟庄严的元大都城门和城墙（城门门洞的两扇门很特别，是用方块铁板加铆钉制成的），给人以亲临城池之感觉。

可是画家突然大笔一挥，运用倒叙手法，开始从元皇宫后门——厚载门倒叙伸展画面，把所有精彩画面纳入长卷之中，最后才描绘主题建筑物——大明宫。画家高明之处，在于画面高潮迭起的最后，把压轴戏大明宫展现出来，读者惊喜之余，长卷画面也就终止了。

这样开卷画面出现了雄伟的城门、牌楼、桥梁和延伸巍峨远去的城墙，桃树、柳树、苍松翠柏郁郁葱葱，远处的山峦，近处的奇石怪峰，流入海子的通惠河曲曲弯弯，海面（元代称海子，今积水潭）水波荡漾，货船、龙船游荡。此景本身就是一幅画工精湛的风景画，是稀世珍品《大明宫图》的揭幕式的开场白。

根据画面布局，对照历史文献记载，这个城门无疑是元皇宫北门厚载门了（现今北京故宫神武门）。画面上的一座石桥是元大都有名的海子桥（即现今北京后门桥），是南北运河进入海子（即今积水潭）的港口之一，当时经郭守敬设计的通惠河增水闸可出入载重三百担货物的中型船只，有一年忽必烈从上都避暑归来见海子千帆林立，一片欣欣向荣的景象，十分高兴，便将南北大运河入海子的人工河赐名为通惠河。通惠河航运乃使长期食用北方黄米的皇室成员吃到了南方又白又香的大米，忽必烈薛禅汗下令，每次御餐桌中央摆一碗黄米，要食者警悟香米来之不易。此时画面中海子桥附近有三只帆船落帆，正在装卸货物，有一艘龙头帆船慢悠悠地荡过来，阁楼里的落座者显然是达官贵人，年纪大些的男士在翻阅一本书，一个少妇抱着小孩欣赏着美丽景色。画中厚载门此时戒备森严，大门紧闭，城头上立着手持豹尾竿的五个怯薛卫士（忽必烈建立元朝以后，曾命刘秉忠制定了蒙汉混杂的极其烦琐威严的礼仪和仪仗卤簿制度，路人远见豹尾竿立即回避），看来坐在箭楼下棋的一男一女来头不小，非太子即公主。窗下有两位大臣商量着什么，有一侍者手持茶点盒走上来。画面完全是一片清静优雅的安乐景象。

史载厚载门后面的楼阁是舞台和观星台。《故宫遗录》云："又为厚载门，上建高阁，环以飞桥，舞台于前回栏引翼。每幸阁上，天魔歌舞于台，繁吹导之，自飞桥而升，市人闻之，如在霄汉。台东百步有雪柳万株，甚雅。"兀哈笃汗妥懽帖睦尔所编排的十六天魔舞，宫中每有喜庆酒宴，即演出。紧接着画面出现了一个雄伟宫殿，按照元皇城的布局图，应该是延春阁了。延春阁是仅次于大明宫的正衙，大约三万余平方米的建筑物，皇宫诸宫中最高的宫殿，比大明宫还高3.08米。因在延春阁的微清亭塑有马哈戈剌佛像，也经常举行佛事和道教祠醮仪式及宴会。画家把延春阁的雄伟壮丽，长庑连绵缠绕，扑朔迷离，更有苍松翠柏，奇花异草争奇斗艳的清香扑鼻，把一个天国仙境真实地描绘出来了。画卷中深宫楼阁，门窗大开，看来显然是盛夏季节，形形色色的宫中人，各有闲趣。有一个少妇抚琴抒怀，有人笙笛合奏，有人读书写字，有人开卷评赏书画，有人促膝畅谈，有一少妇怀抱婴儿凭栏远眺，有人对座品酒叙怀。在一座豪华演艺堂前肃立着两面篦扇，远处台阶下肃立着手持豹尾竿的两名怯薛，一看就是王子或公主驾临，主宾好像坐在包厢之内，所以看不到主宾身影，是画师的灵巧安排。楼檐下两个乐师箫笛齐奏，有一歌伎翩翩起舞，姿态婀娜动人，更有一顽童在庭院内踢毽娱乐。宫内上下呈现出对酒当歌、莺歌燕舞的景象，好一幅太平盛世图。

画卷中远处石峰峥嵘，苍松翠柏中有喷泉和龙泉争流。这里画的是元皇宫内府万岁山（今北京白塔山）和太液池（今北海）的风景了。《南村辍耕录》云："万岁山在大内西北，太液池阳，金人名琼华岛，中统三年修缮之，其山皆以玲珑石叠，峰峦隐映，松桧隆郁，秀若天成，引金水河至其后，转机运戽斗，汲水至山顶，出石龙口，注方池，伏流至仁智殿（今普安殿）后，有石刻蟠龙，昂首喷水仰出，然后东西流入于太液池。”

游牧至上的蒙古族离不开青山绿水，成吉思汗的四大斡耳朵都在四季秀丽的鄂嫩河、土拉河、克鲁伦河流域。窝阔台汗营建哈剌和林时选择了斡耳寒河东岸美景。忽必烈营建上都时选择金莲川滦河上游龙兴之地，同样选择大都（蒙古语称〔yi-he neislel〕，又称汗八里，《蒙古秘史》263节称“巴剌合”，274节称“巴剌合速”，其意相同）地址时，尽管有大臣进言，建国之初百业待兴，资金缺少，因金朝在开战伊始投降，金中都破坏不大，可修缮利用之的建议，可是忽必烈不从，选择了金中都东北虎踞龙盘之地，建筑了当时世界上最大最美丽的元大都。忽必烈迷恋大自然美景，元皇城不仅囊括了太液池，还把偌大的海子（今积水潭）圈进大都城内。

王振鹏笔下的元宫深院的景致，巍峨连绵而又金碧辉煌的宫殿、曲曲弯弯的回廊、木桥、吊桥、亭堂阁楼、登山隧洞（可通到琼华岛广寒殿，即今北海白塔山处），郁郁葱葱的奇花异草，太液池游荡的龙舟，海子进出的货船，远近高低的风景错落有致，多而不杂，严整有序，好像观者闲步游览其中风景。《故宫遗录》又云：“小山高五十丈（指琼华岛），分东西延缘而升，皆叠怪石，间植异木，杂以幽芳。自顶绕注飞泉，严下穴为深洞，有飞龙喷雨其中。前有盘龙，相向举首而吐流泉，泉声夹道交走，泠然清爽，仿佛仙岛。”

真如仙境的画面中，一位皇后驾临，她头戴花冠，雍容华贵，乘轻辂而来，由两名怯薛骑士持劈正斧做前导，桥头立着两个手持豹尾竿的怯薛卫士，后有朱团扇和两名手持绛麾的骑士，前后也由两名怯薛卫士压阵，因皇后宫中行进，故仪仗大为从简了。

看来皇后在万岁山游玩之后要回宫了（因王振鹏和普颜笃

汗关系非凡，可能画的就是仁宗皇后阿纳失失里），从万岁山下来要过白石桥（即今北海永安桥），到了仪天殿必须经过木吊桥才能回归兴圣宫。万寿山有铁索吊桥、木桥数座，画中有所描绘。至于龙舟游荡，那是王子公主的兴趣，白石桥下有四只龙船在游逛。《故宫遗录》云："龙舟大者长可十丈，绕设红睬栏，前起龙头，机发五窍皆通。余船三五，亦自奇巧，引挽游幸，或隐或出，已觉忘身，况论其他哉！"这乃是史称"鲁班皇帝"兀哈笃汗的杰作。元皇宫主人与诸嫔妃经常泛舟于太液池中，月色射波，池光映天，绿荷含香，鱼鸟群集，主人兴高采烈乃开宴张乐，宫女婆娑起舞，歌声笑声响彻云霄，便是当时元宫夜游的写照。画中王子公主游逛场景有五处，都有艳丽的歌伎前呼后拥，肉林酒池，王氏把奢华的宫廷生活描绘得如临其境。

画卷到此把元皇宫的精华之处基本一一画毕，画家用倒叙之法，大笔一挥，把全画的压轴戏——元皇宫枢纽大明宫亮出来了。绘制《大明宫图》时，王振鹏是把真实的大明宫作为全卷的中心临摹的。画法上从真实存在的建筑物，即按灵星门→周桥→崇天门→大明宫的顺序画出来的。

灵星门相当于内城正门，画中灵星门一片欣欣向荣的情景，灵星门最前面画有一座三门十二柱带栏杆的牌坊，紧接着画有一座蒙古族建筑风格的陶脑拉金（"十"字形）三层建筑物，东、南、西、北方向都开有一扇门的过路楼阁，装饰极其豪华奢侈。一位老臣在南门前忙碌着，还有两位驭象手悠闲自得地调教着役象，旁边还有一座御用玉辂和四座狮雕。画面庄严又轻松。

接着画面出现了四个奇特的蒙古民族形式的擎天柱，蒙古语叫作〔tenggeri-yin baγana〕，柱头雕有莲花珠，蒙古语叫作〔badma tolčai〕，柱身雕有云纹装饰，排场大气。中间两柱有四条金龙缠绕，擎着一枚火球钦达玛尼〔čindamani〕，即如意之宝。辟邪之门在蒙古语中叫作〔ariγun egude〕。这是蒙古族相信从火球下面走过的人可辟邪消灾。蒙古族崇拜神圣的速勒迭就是崇拜火而产生的，火是生命，兴旺纯洁的象征。《鲁布鲁克东行纪》就记录过蒙哥大汗登基大典时外国贵宾从两堆篝火中走过的情景。大画家把元皇宫中的蒙古族风俗如实地描绘于纸上，这个风俗一直延续到现在，那达慕大会上都要点燃篝火或煨桑（用松叶、艾草、香粉消毒）。

人们进了“辟邪之门”，前面就是崇天门了，门前有两只背负梅花吉祥瓶的雄象，高举交叉的象鼻等待客人从下面走入大门。

画家把灵星门内著名的金水河的三座白石周桥也如实地纳入画中了，金水河是特意从西山泉水引来的，专供宫廷用水，由怯薛日夜守候，严禁洗涤和牲口饮用。

《故宫遗录》载，“门内（即指灵星门）数十步许有河，河上建白石桥三座。名周桥，皆琢龙凤祥云，明莹如玉。桥下有四白石龙，擎戴水中甚壮”，画面也是如实描绘的。

画卷又徐徐展开，到了巍峨的崇天门前，图中崇天门前一片繁忙景象，怯薛仪仗马队整装待发，有手持豹尾竿的怯薛和持黄盖的侍从，还有一匹豪华象轿准备就绪，看来皇帝要出巡。

元大都宫中广泛使用役象，忽必烈出征或上都避暑，喜欢乘坐象辂，《元史》卷一七九《贺胜传》记载仪仗队的乐队惊动了象辂，贺胜临危不惧，制服役象受伤，忽必烈亲自安抚，并命御医给予精心治疗。《马可波罗行纪》第89章也记录了在白节元宫使用役象的情景：“皇帝的象队达五千头，全部披上用金银线绣成鸟兽图案的富丽堂皇的象衣，一对一对摆队，每头象的背上放着两个匣子，里面满满装着宫廷用的金属杯盘和其他器皿，是为世界最美的奇观。”

接着画面进了崇天门，更是金碧辉煌，举世闻名的大明宫

（殿）坐落在3.08米高的三层须弥座上，蒙古语〔sömbör saγudal〕，有12个盘龙柱楹。

画面画得非常仔细真实，盘龙柱楹、底座为汉白玉圆础，三级须弥座，绕以龙凤白石栏，第一层须弥座壁装饰画“西日德根”贺，蒙古语为〔širdgen he〕，专为蒙古包铺毡和壁毡上绣织的一种图案。第二层须弥座壁饰画“乌孙”贺，蒙古语为〔usun he〕，即水纹图。第三层须弥座壁饰画“乌楞”贺，蒙古语为〔egulen he〕，即云纹图。大殿东壁上浮雕着一条金龙戏水图，可以想象大殿西墙上更有对称的精美浮雕。

大殿的正脊、垂脊、戗脊、围脊、博脊的装饰画更是气势不凡，装饰具有蒙古民族的风格特点。大殿主殿正脊上塑有蒙古族崇拜的圣物——速勒迭。这是第一次在元代画作中出现的速勒迭。本画中共有19个速勒迭，而且画法大同小异，极其精美。尤其宫殿檐角上翘，很像展翅欲飞的雄鹰，又像手舞足蹈入场的博克（摔跤手）一样，非常符合蒙古民族的审美观点。宫殿檐角上的垂脊，和中国历代建筑上的垂脊大不一样，不是所谓仙人引路的龙、凤、狮、天马、海马、狻猊、押鱼、獬豸、斗牛、行什等一大堆套兽，而都是一只腾空欲飞的螭龙。画面形象和历史文献记载相吻合，《元氏掖庭记》所记：“元世祖肇建内殿，制度精巧，题头刻螭形，以檀香为之。螭头向外，口中衔珠，下垂珠皆五色，用彩金丝贯串，负柱融滚，霞为猊，怒目张牙，有欲动之状。”大画家笔下垂脊上的螭龙显得神乎其神，真假难分。

画家把大明宫的雄伟庄严、豪华奢美，金铺、朱户、雕壁、琉璃檐脊、丹楹金饰、龙绕其上、藻井金绘、重壁朱栏、涂金雕冒，一一描绘得极其精致、逼真。

大明宫（蒙古语称〔gegen čaγan ordun〕），《元史》卷二称“迦坚茶寒殿”建于至元十年（1273），高27.72米、长61.6米、宽36.96米，按现在计算法为三万余平方米建筑物。坐落在3.08米高的三层须弥座上，无比雄伟壮观。这是一座“工”字形宫殿，元代绘画中也是第一次出现“工”字形建筑物，北京社科院元大都考古队“文革”前曾挖掘出“工”字形建筑物多处，“工”字形宫殿是按照蒙古包管理程序营造的，前面是大宫厅，中间走廊连到后宫，生活起居办公极其方便，平面图形成汉字“工”字形模样，所以汉族建筑学家称“工”字形建筑，蒙古语称“朝木楚格斡耳朵〔čomčog ordun〕”——蒙古族“工”字形宫殿是成吉思汗的“绰儿罕格儿〔čurhan ger〕”（《蒙古秘史》115节，旁译为“廷房”“公事房”）发展起来的，即现在鄂尔多斯成吉思汗祭祀陵中的前小后大的葫芦状连体形蒙古包。画卷中大明宫前除排列着威武的怯薛武士以外，有一群文武官员手持笏板等待叩拜龙颜，侍臣进进出出，忙中有序。看来皇帝有重大活动，不是出游巡视就是要出征。画家留下伏笔，待读者推断分析。全画收尾更加精彩，含有深远的寓意，画出平静的水面浩瀚无边，远近峰峦山势时隐时现，云烟缥缈，宛如仙境，四艘巨大龙船将要扬帆起航，象征蒙古帝国的未来蒸蒸日上，前程无限。大画家王振鹏似乎运用了蒙古族祝词形式，祝福蒙古帝国千朝万代、兴旺发达。

二、《大明宫图》的思想性和艺术性

蒙古族建立的强大的蒙古帝国，国土空前辽阔，物产丰富，人口众多，忽必烈薛禅汗执政时期是元朝军事、经济、文化鼎盛发展时期。忽必烈薛禅汗营建的元上都、元大都是当时的国际大都会，欧亚各国的使者和商队络绎云集。

当时经济繁荣，文化事业蓬勃发展，自唐宋以来，又出现了国泰民安、丰衣足食的社会。人才辈出，尤其札丫笃汗图帖睦尔缔造了元一代艺术天堂奎章阁，搜罗天下艺术珍品和各地文人、书法家、画家，不问出身地位，给予礼遇，连南宋皇族著名书画家赵孟頫也应邀出山了。这样做的目的则只求艺术之辉煌归宿。由于这种政策，文化精英荟萃一堂，造就了一代文化盛世，艺术珍品不断出现。其中王振鹏的界画独树一帜，专门描绘元大都、元上都诸宫殿的金碧辉煌，雄伟庄严，《大明宫图》的主题思想主要反映了强大的蒙古帝国的太平盛世和蒙古族建筑的精华。自然也描绘宫中声色犬马、美酒、美食、美人、美景以及安逸休闲、养尊处优的生活情境。

蒙古族进驻中原，在蒙古历史上开辟了新的里程碑，社会制度进程有了新的跳跃。蒙古社会从游牧经济主宰的社会，要管理偌大农业经济的封建社会国家，难度可想而知。忽必烈对耶律楚材的“以儒治国，以佛治心”的主张，虞集的“马上打天下，不能在马上治天下”的劝导记忆犹新。

建大都修宫室初期，西北藩王遣使臣入朝责问：“本朝旧俗与汉法异，今留汉地，建都邑城郭，仪文制度，遵用汉法，其故何如?”（《元史》）

忽必烈顾不得这许多，按既定方针办，这就是坚决遵循蒙古帝国建国建都的宗旨：“奠定世界强国之根基，营建繁荣昌盛之基础。”（《史集》）从不动摇，大都富丽堂皇的宫殿就是在这种方针下营建起来的。

忽必烈坚信汉高祖刘邦的“金甲未息，土木嗣兴，属于大业甫定，国势方张，宫室城邑，非巨丽宏深，无以雄视八表”这一论断（欧阳玄《圭斋集》）。这就是元大都城的宏伟，元宫富丽堂皇的原因之一。

元大都城和宫殿是有图纸设计的精益求精的精品（据文献记载，当时有《大都路图册》《皇元建都记》《元内府宫殿制作》等书籍可佐证），是由以尼泊尔著名建筑学家、雕刻家阿尼哥为首的一批西域、波斯和汉族、蒙古族、回族、藏族、维吾尔族艺术家及建筑学家组成的团队设计施工的，使用了大量昂贵的建筑材料和金银珠宝。

蒙古族对于建筑的崇尚理念来自大自然，认为世上万物都有生灵，都有生命。春夏秋冬一年四季以游牧为生的牧民称苍天为父，大地为母，所以牧人经营思想上，父母第一，也就是大自然第一，畜群第二，牧人自己则处于第三。这样的经营思想有深厚的哲理和实践基础，一直延续到今天。从而也认为自己居住的房屋、蒙古包是“有形有神”的建筑物。蒙古族独特建筑——蒙古包是以崇拜太阳和蒙古人的“圆之说”中产生的，蒙古包包体本身就是小宇宙，“托那”（天窗）是太阳，“乌那”（椽木）就是射向四方的光芒，“哈那”（围墙）就是宇宙的天际，十二、十六哈那的蒙古包还有四个“图拉古尔”（柱子），被称为擎天柱。更为神圣的蒙古包中间的“图拉戈”（火撑）是具有生命、朝气蓬勃、一家兴旺的象征之物。所以任何人不能踩踏，不能吐口水，不能投入脏物，不能浇水。图拉戈又是蒙古族建筑物中心点、中轴线产生的滥觞。把图拉戈的位置称为“灰森其戈”〔küisen čig〕（肚脐眼点之意），即中心点，往门口拉一条线是“灰森乌塔斯”〔küisen utasu〕，肚脐眼线即中轴线。如同埃及绘画的“正面律”一样。画卷伊始全图完全是以一条元皇宫的中心点、中轴线展开的。肇建元大都之初忽必烈薛禅汗制定了全城的中心，并在全城中心鼓楼立了“中心之台”石碑为准，元皇城的大明宫正好就在中轴线的中心。体现了皇权至上的观点。画卷也是以大明宫为中心徐徐展现画面的。

历史上忽必烈于至元四年（1267）营建大都城。前后用了18年的时间，用工150万人左右，建成了当时世界上最大的宫殿和城市。它成功的奥秘在于上文已叙述的建筑宗旨和建筑方针之中。元皇宫建筑是中国少数民族建筑的顶峰，是中国建筑和世界建筑史上的壮举，是各族劳动人民血汗和智慧的结晶。由于明朝统治者的封建愚昧和狭隘心理作祟，这些举世无双的瑰伟建筑被人为地破坏掉了，我们现在只能从文献和流传至今的经典界画中感受和理解其雄伟壮观、具有奇特民族特点的建筑物了。这些建筑群体现了以下四个特点：

（一）元大都的设计思想主要是遵循了蒙古族的信仰“赖长生天之力”。

（二）元大都的规划是蒙古族“古列延”〔küriyen〕的继承和发展。

（三）元大都城市规划最大特点是突出了蒙古民族崇尚“青山绿水”大自然的历史传统。

（四）元大都的设计思想体现了汗权至高无上。更具体地实施了蒙古帝国的“奠定世界强国之根基，建筑繁荣昌盛之基础”的建国建都的宗旨。

王振鹏画卷用绘画艺术形式把大明宫的宏伟庄严表现得活灵活现、如临其境。

《南村辍耕录》载大明殿雄伟的状况为：“大明殿乃登极正旦寿节会朝之正衙也，十一间，东西二百尺，深一百二十尺，高九十尺，柱廊七间，深二百四十尺，广四十四尺，高五十尺。寝室五间，东西夹六间，后连香阁三间，东西一百四十尺，深五十尺，高七十尺。青石花础，白玉石园碣，文石甃地，上借重茵，丹楹金饰，龙绕其上。四面朱琐窗，藻井间金绘，饰燕石，重陛朱栏，涂金铜飞雕冒。”

而对大明宫的内部豪华描述是：“中设七宝云龙御榻，白盖金缕褥，并设后位，诸王百僚怯薛官侍宴坐床，重列左右。前置灯漏，贮水运机，小偶人当时刻捧牌而出。木质银裹漆瓮一，金云龙蛇绕之，高一丈七尺，贮酒可五十余石。雕象酒桌一，长八尺，阔七尺二寸。玉瓮一，玉编磬一，巨笙一。玉笙玉箜篌咸备于前。前悬绣缘朱帘。至冬月，大殿则黄皮壁帐，黑貂褥。香阁则银鼠皮壁帐，黑貂暖帐。凡诸宫殿乘舆所临御者，皆丹楹，朱琐窗，间金藻绘，设御榻，裀褥咸备。室三檐脊皆琉璃瓦。”

大明宫如此富丽堂皇，和忽必烈薛禅汗遵循窝阔台汗制定的建国建都方针是分不开的。而且更叫人敬佩的是宏伟的大明宫建起来了，在忽必烈的眼中只不过是一堆金银珠宝瓦砾而已，而真正的大明宫应树立在思想的根蒂中。所以，忽必烈为了教育子孙勿忘祖先草原和太祖创业之艰难，欲使后世子孙知悟勤俭之重，特在大明宫的丹墀中种植一池草原艾蒿，谓之“誓俭草”。时任大司农达不华作宫词赞道：“墨河万里金沙漠，世祖深思创业难，却望栏杆护青草，丹墀留与子孙看。”

从艺术性上讲，《大明宫图》最成功之处是真实地把元皇宫建筑不同于历代王朝的蒙古族风格完全表现出来了。

第一，《大明宫图》把蒙古族基本建筑的两种形式，即穹庐形〔bümbüger〕和脉罕（mayikan）形（歇山顶）建筑描绘得极其辉煌真实。历史上蒙古族崇拜太阳而创造了圆形蒙古包和适合游牧生活的脉罕（即帐篷），脉罕是模仿天幕而创造的帐篷。

第二，蒙古族神圣的速勒迭是蒙古族的精神支柱，当年成吉思汗登基时，“斡难河源头，建九脚白斿纛做皇帝”（《蒙古秘史》卷三），“白斿纛”就是神圣的速勒迭，蒙古族对速勒迭的敬仰不亚于对成吉思汗的虔诚之意。从此蒙古族人民把速勒迭视如生命，每年都要进行盛大的祭奠仪式。

画卷中19座宏伟宫殿的正脊上都有一个奇特的装饰，宫殿最高一层为圆攒尖顶或方攒尖顶，整个攒顶由两条金龙盘绕，极其华丽醒目。其实这里的三股戟就是速勒迭的演变形式（速勒迭最初为白纛，后来在发展过程中又分为黑纛和花纛，其中，白纛为三股戟形状，黑纛和花纛是长方形，上端为小型金字塔形状）。元代文献中元大都皇宫在万岁山广寒殿和宫城六门前有祭祀“幡竿”（速勒迭）的记载，所以笔者认定《大明宫图》上绘制的三股戟是蒙古族速勒迭的一种艺术形式。艺术的发展是以实践做基础的，因为元皇宫中有速勒迭祭祀行为，画家才有纳入艺术作品中的可能。

第三，图中对须弥座的绘制，是元皇宫实物的真实描述。《故宫遗录》载："正中为大明殿，殿基高可十尺，前为殿陛，纳为三级，绕以龙凤白石栏，栏下每循压以鳌头，虚出栏外，四绕于殿。"须弥座的滥觞来自敖包"三阶式"螺旋式造型，但它不包含敖包文化十三阿塔腾格里的崇仰内容，只是把威严雄伟的造型移植到建筑上，使主体建筑更显得巍峨挺拔。这是蒙古族建筑文化在长期历史沉积中产生的结晶之一。

蒙古族把最高的山称为孙布尔奥拉（sömbör aγula），即须弥山，把最大的海称为孙达赖（sun dalai），即沧海。蒙古族建筑学上把最高贵、最尊贵的建筑物营造在设有栏杆的三层台阶的高台上，这个台阶被称为须弥座，元大都主宫大明宫，即迦坚茶寒殿就是营造在三层台阶的须弥座上的，此宫初建于漠北，窝阔台汗时期，《元史》卷二载，"九年，夏四月，筑扫邻城，作迦坚茶寒殿"。"扫邻"是蒙古语〔saγurin〕，是基地城、盘石城、溯源城之意，窝阔台汗有春、夏、秋、冬四个季节性斡耳朵，春宫就是迦坚茶寒殿，即大明宫，要早建于元大都大明宫三十七年。迦坚茶寒殿是从成吉思汗的"朝木楚格"斡耳朵发展起来的。以后的中都、瓦奇尔·察罕浩特等，元代和北元都城陆续建成带有须弥座的"工"字形宫殿。这是蒙古族宫殿建筑的主流。《大明宫图》把这种蒙古民族特有的建筑形式表现得淋漓尽致。

第四，《大明宫图》本身就是一幅蒙古族辉煌的民俗画，宫中骑乘骏马是元皇宫的一大风景线，画中画有马匹，这是专为供应宫中饮用的〔čige〕——"其格"，即马湩，宫中饲养有大量乳马，所以史载元皇宫中建有"栏马红墙"和"牧人室"。蒙古人和马是不可分离的，欲要研究蒙古人，首当研究蒙古马。所以蒙古学学者旺其格教授断言："蒙古人和马有着不解之缘，要研究蒙古人的历史文化，必须研究蒙古马文化领域。”①

画中建筑物的蒙古族装饰花纹图案，无不散发着蒙古族古老文化的亮点。在蒙古民族历史文化长河中，民族形式的建筑、宫廷装饰都写下了辉煌的篇章。画中除画有蒙古族特有的崩布格尔〔bümbüger〕（穹庐式）、脉罕〔mayikan〕（歇山顶）以外，还有许多汉族、回族、藏族、维吾尔族、波斯式建筑，庑殿顶、盔顶、多角顶、硬山顶、盝顶、方攒尖顶、悬山顶、圆攒尖顶等形式的建筑荟萃一堂，光彩夺目。《元氏掖庭记》云：“瓦滑琉璃，与天一色。朱砂涂壁，红重胭脂。彤榱华棁，金桷雕枕，务穷一时之丽。殿上设水晶帘，阶琢龟文（实际上是哈那纹装饰），绕以曲槛，槛与阶皆白玉石为之。太阳东升，殿中灿烂，阶更飞辉。古谓天子有金殿玉墀，名不虚也。又有紫檀殿，以紫檀香木为之，光天、玉德、七宝、摇光、通云、凝翠、广寒等殿。其余不可一一数也。”

据笔者研究发现，元皇宫共有宫殿112座，其中难以考证方位和用途的共有50座，只见宫殿名称记载于文献。其余62座中有宫4座，殿38座，阁7座，楼6座，院5座，斡耳朵2座。这里值得注意的是，元代“宫”和“斡耳朵”有严格的区别，现在把两者都统称为斡耳朵，再次值得探究。

《元氏掖庭记》记载元代宫廷有：德寿宫、兴圣宫、翠华宫、择胜宫、连天楼、红鸾殿、人霄殿、五花殿、清林阁、春熙堂、九龙墀、延香亭、拱璧亭、集宝台、眺远阁、留连馆、万年宫、九引台、刺绣亭、缉衮亭、梨花亭、迎祥亭、玉宸馆、天香亭、翠鸳楼、相香堂、采芳馆等。这些建筑雄伟壮观、美丽深邃，金碧辉煌、富丽豪华。

画卷中整个建筑群如同历史记载的那般规模宏伟，气势磅礴，大气华贵，体现了蒙古族热爱大自然，朝气蓬勃，所向无

①《飞马解秘——蒙古马科学》，内蒙古人民出版社，2013年。

敌的顶天立地的气魄。

画卷中建筑装饰画具有蒙古民族特点，如钦德牟尼〔čin-damani〕——三宝，哈马尔〔kamar〕——牛鼻形图案，道力戈〔dolgiyan〕——浪花图，多斯尔格〔tosrege〕——水纹图，额日布亥〔erbgehai〕——蝴蝶形图，哈那纹〔kana〕——蒙古包支架形图，陶脑拉金或套海形图〔tonoljin tuukai〕——“十”字形图，处处呈现了蒙古民族经常使用的各种贺乌戈拉吉〔he uγalji〕图案。整个画卷充满亭台楼阁、红栏曲回、金钓朱柱，极其豪华富贵，规模宏伟，气势磅礴，有些宫殿依山傍水而建（如万岁山顶的广寒殿、仁智殿、荷叶殿等），和自然生态融为一体，体现了蒙古族崇拜大自然、热爱大自然、爱护大自然的古老传统，不愧是“大自然民族”。

整个画卷对静态中的楼台亭阁、宫殿、殿堂上的速勒迭、桥梁、隧洞、回廊台阶、假山奇石刻画得严谨工整，采用散点透视的原理而更加浪漫开阔。对于动态的人物、役象、骏马的刻画生动有神，造型准确、比例恰当。人物、动物和景物布局合理，达到了和环境的统一和谐。整个画面繁而不乱，构图透视技法运用得当，把众多辉煌的宫殿中的主题宫殿——大明宫描绘得十分逼真，堪称神乎其神。

这就是雨果所说的“石头的史书”的威力，雨翁说：“人民的思想就像宗教的一本法则一样，也有它们自己的纪念碑。人类没有任何一种重要的思想，不被建筑艺术写在石头上。”（《中国建筑史》）世界上的王朝此起彼伏，但没有哪个像蒙古王朝那样引人注目，包括它创造的惊人业绩和所营造的辉煌的宫室、都城。

建筑语言会完完全全明明白白地表述各个社会形态和文化，蒙古族古代建筑非常重视空间和环境的和谐，重视人、建筑、大自然三者的和谐统一。因而蒙古民族建筑形成两个传统特点：一是崇拜太阳和蒙古族“圆之说”哲学观点的影响，形成的崩布格尔〔bümbüger〕，即穹庐式，另一个是模仿简易游牧帐篷形式的脉罕〔mayikan〕，即歇山顶。蒙古族土木建筑就是在这两种形式的基础上发展起来的。《蒙古秘史》203节记有“失罹埃约兀儿合秃巴剌合速”，即有土墙的城子。161节、262节、263节、274节记有“巴剌合速”（城子），122节、129节、191节记有“古列延”（圈子）。在蒙古民族历史文化长河中，民族建筑风格、装饰都写下了灿烂的篇章，从成吉思汗金碧辉煌的行宫到哈剌和林、上都、中都、瓦奇尔·察罕浩特的建筑，都达到了当时中国少数民族建筑的顶峰。

《大明宫图》的思想性和艺术性是相辅相成的，全画的主题思想非常突出。当然，绘画作品不是照相机，画中有大画家的艺术夸张和对美的追求。所以整个画卷的艺术境界已达到了炉火纯青的地步。基本真实地反映了元大明宫的实际状况，从而也实现了画家创作的目的。

《大明宫图》基本上全面反映了元皇宫当时的建筑概况，经过七百余年的风风雨雨，完美地保留到今日，实属蒙古民族的一件盛事，这份宝贵的遗产，可以证明蒙古民族在整个人类文明中所做出的重大贡献，全世界对蒙古民族会有深刻的了解。

三、《大明宫图》的历史真实性

第一，王振鹏以元皇宫作为蓝本，以大明宫为主题，绘制了气势磅礴的大明宫图，诸如上文所述，大明宫规格建制的画法，完全和《南村辍耕录》《元宫遗录》《元氏掖庭记》记载相吻合，都可佐证。

例如：以上三个文献中描述的太液池、龙船、万岁山、龙泉濆水、白玉桥、周桥，坐落在三层汉白玉须弥座上的大明宫，铁索桥、登山山洞、各式各样的宫殿光彩夺目，诸如庑殿顶、硬山顶、盝顶、圆攒尖顶、多角顶、十字顶、歇山顶、悬山顶、方攒尖顶、盔顶等，基本上融入了中华各民族的建筑精华，还有失剌斡耳朵、棕毛殿、水晶殿、畏吾殿、波斯或欧式建筑。

第二，王振鹏历经了忽必烈薛禅汗、铁穆耳完泽笃汗、海山曲律汗、爱育黎拔力八达普颜笃汗、硕德八剌格坚汗、幼主阿速吉八、札丫笃汗图帖睦尔等汗位变更，尤其在札牙笃汗缔造元王朝艺术文化天堂——奎章阁时期，他经常和虞集、柯九思、鲁国大长公主祥哥剌吉、伯颜、李泂等奎章阁饱学之士论诗评画，其中有皇姑鲁国大长公主图画奉敕题共41件，其中就有王振鹏的《狸奴图》和《锦标图》等。

画家王振鹏具备了写实元皇宫的条件和艺术才能，由此可见《大明宫图》的真实性是可靠的。

现在让历史记录说几句话吧：

嘉庆年间顾文彬在《过云楼画记》卷二有《王振鹏元宫图》卷一则，称“萧洵《元故宫录》虽有大明门，大明殿名目，称为大明宫，当无不可……黄钺跋，遂断为大明宫图，何见云然。至画中官属，文则乌纱翅如也，武则雉羽角如也，雅以元史舆服志，良然。飞殿隐霭，环映香海，寝宫络花，朋居丽嫔，合以肃录，可指而各之者，十犹五六，其为元宫图无疑”。以上论述分析基本符合当时实际。

王振鹏除绘画天赋以外，还遇到了两位伯乐，一位是普颜笃汗爱育黎拔力八达。《元史·本纪》卷二十六称：“仁宗天性慈孝，聪明恭俭，通达仁术，妙语释典。”他虽不是艺术家，但爱好绘画艺术，赏识王振鹏的才华，曾给王振鹏龙舟扇面画题过“妙品”二字，曾赐号“孤云处士”，因与普颜笃汗的密切关系，他可以随意出入皇宫五大宫殿，对宫殿规模、建筑样式一目了然、胸有成竹，处在如此优越地位的画家，挥毫即可跃然于纸。虞集在《道圆学古录》卷十《跋王振鹏大安阁图》中云：“王振鹏受知仁宗皇帝，其传精艺名世，非一时侥幸之论，此图当时称上意。”所以《大明宫图》很可能是仁宗授意下的精品。另一位是札丫笃汗图帖睦尔，他是元王朝文化艺术天堂奎章图的缔造者，多才多艺，《南村辍耕录》卷二十六记载，文宗居住金陵时，曾命房大年画大都万岁山（即今白塔山），房以未到京推辞，文宗提笔顷刻成草稿。从艺术家角度分析，王振鹏处在文化气息如此浓厚的金碧辉煌的宫廷中，他的创作冲动时时在含苞欲放，能够画出如此精湛的《大明宫图》是可以理解的，对此画的真实性是毋庸置疑的。

第三，《大明宫图》中的写实描绘基本和当时的文献记载相吻合，它将《故宫遗录》《南村辍耕录·宫阙制度》《元氏掖庭记》对元皇宫的描述再现于《大明宫图》的画卷之中。

以上数册经典古籍，为元朝同代人所书，对元宫的描述真实可信。萧洵是明初工部侍郎奉命拆毁元宫的执行人，熊梦祥是当时的多产作家，他们都留下了翔实珍贵的资料，和实情是没有出入的。

四、蒙古族古代建筑和宫殿发展之渊源简述

欲要话解《大明宫图》，不能不讲一点蒙古族建筑和宫殿发展史。最初蒙古民族建筑只有帐包——蒙古包〔mongγol ger〕和帐幕〔mayikan〕两种，13世纪随着蒙古帝国的强盛，社会的安定，蒙古民族从以毛毡、皮毛为原料，以木料结构为主的毡包、帐幕时代过渡到砖木结构的大型建筑物时代。当然在这以前蒙古高原并非没有土木结构的房屋。据《蒙古秘史》203节记载，“失罹埃 约兀儿合秃 巴剌合速”，即有土墙的城镇之意，此处传递三种信息：一有土木建筑，二有农业，三有了定居游牧，这大约是七八世纪的蒙古社会部分的居住状态。

那么，蒙古族土木建筑究竟如何呢？可以归纳为三类：一是蒙古包，这是太阳崇拜和蒙古族圆之说哲学观点的产物。也就是穹庐式，穹庐式一直影响到伊斯兰建筑。土耳其伊斯坦布尔大学建筑学院教授尼采说过：伊斯兰建筑圆顶形式是受蒙古

包影响的。二是脉罕式，就是帐幕式，是崇拜天幕而产生的最简单的、适合游牧生活的住处，建筑界称歇山顶。三是更高级的“朝木楚格”斡耳朵〔čomčog ordun〕，是从成吉思汗的“绰儿罕格儿”〔čurhan ger〕（《蒙古秘史》第115节）演变过来的。“朝木楚格”斡耳朵，其实物是现在成吉思汗祭祀陵前小后大葫芦状连体蒙古包。汉族建筑学家称其为“工”字形宫殿，最著名的是元大都皇宫大明宫，元代文献记载为“迦坚茶寒斡耳朵”。据考古发现，哈剌和林、元大都、元中都、瓦奇尔·察罕浩特均有“工”字形宫殿遗址。

成吉思汗称霸世界，戎马倥偬一生，他的宫殿是以金碧辉煌的宫帐为主，其豪华程度堪称当时世界第一流。从当时著名旅行家道森的《出使蒙古记》及其他作者所著的《柏郎嘉宾蒙古行记》《鲁布鲁克东行记》等著作中所描绘的蒙哥大汗的宫帐盛况，可以略知成吉思汗金帐的宏伟规模。成吉思汗挥鞭亚欧，知道搜罗各地能工巧匠和学者能人，却不知为自己营建金碧辉煌的土木宫室，使人迷惘不解。其实成吉思汗不是不知建筑大都会宫殿的重要性，而是认为绫罗绸缎、砖木结构的宫室都是强大的农业文明产物，惧怕它的强大的蚕食能力，他曾说过：“我的子孙穿上绫罗绸缎，住上砖木房屋之时，就是我的蒙古帝国土崩瓦解之日。”

到了窝阔台汗时期，蒙古社会逐步走向安稳，窝阔台汗开始建筑蒙古第一个土木营造的都城——哈剌和林。窝阔台汗在蒙古族古代建筑学家帖睦格·斡惕赤斤诺彦的帮助下制定了具有划时代意义的建国和建筑宗旨：“奠定世界强国之根基，建造繁荣昌盛之基础。”窝阔台是世界上把建筑和建国方针相提并论的第一人。是营造蒙古族经典建筑物“迦坚茶寒殿”（即“工”字形宫殿）的第一人，蒙古帝国和元朝历代皇帝都一丝不苟地遵循这条方针。营造了哈剌和林（1235年）、上都（1257年）、大都（1267年）、中都（1308年）、瓦奇尔·察罕浩特（1624年）等著名都城和华丽的宫殿，著名的大明宫就是遵循这个宗旨兴建的。

蒙古族城镇发展史大约分为三个时期：雏形期、成形期和成熟期。

雏形期：蒙古族的原始先民和其他民族的先民一样，走出天然山洞，掘穴为室，构木为巢。后来由于家畜的发展，从树枝兽皮支撑的窝棚发展到毡毛蒙古包和简易土木居室的逐步形成，这就是蒙古族最早居住建筑的伊始，为蒙古族土木建筑的雏形。

成形期：蒙古族进入奴隶社会以后，居住条件大为改观。满昌教授说："蒙古高原的东南部、大兴安岭以南地区基本上是定居性的，居住在石城、土房定居点的牧业经济，并且，这种定居式牧业经济一直保持到十七八世纪。"[①]这就是《蒙古秘史》第203节所说的"失罗埃 约兀儿合秃 巴剌合速"（旁译为"有土墙的城子"）。蒙古族社会此时已经有了石城、土房和城中百姓。证明蒙古族有了城镇，土木建筑有了新的发展。而且考古发掘在蒙古国境内发现大面积的石城和村落遗址。30年代初，苏联和蒙古考古学家在贝加尔湖地区也发现了蒙古人的城塞遗址，一处是伊洛尔古城。2003年日本蒙古学专家江山波夫为了寻找成吉思汗陵墓，用尽了现代科学探测手段，未见成陵踪影，却发现了不少城镇遗址。以上诸多发现证明，成吉思汗时代蒙古地区已有土木营建的城镇。这个时期就是蒙古族土木建筑的成形期。

成熟期：从窝阔台汗时期开始，蒙古族建筑进入了成熟期。1235年窝阔台汗营建了漠北都城哈剌和林，1236年建造了宏伟的万安宫，1237年营建了举世闻名的"迦坚茶寒殿"。接着忽必烈于1257年营建了著名夏都上都，营建了大安阁。继而

① 泰亦赤兀惕·满昌主编：《蒙古族通史》第一册，第250页。

1267年开始肇建当时世界上无可比拟的第一大都城——大都，并第二次营造了“迦坚茶寒殿”。这个时期就是蒙古族土木建筑的成熟期，而且成了中国少数民族建筑的顶峰。

近年来蒙古族建筑的研究工作有了新的发展趋势，呼和浩特成立了“内蒙古民族建筑文化研究会”，出版了两期《蒙古族建筑文化》。乌兰浩特成立了“内蒙古蒙元文化研究会”，也正在筹办蒙古族建筑方面的研究杂志。著名蒙古学家、内蒙古大学其木德道尔吉教授多年来非常关心元上都、元大都研究，除出版两册研究集子之外，还积极参与组织指导研究工作。

笔者近年专注蒙古族城镇文化发展史的研究，除已出版《元大都研究》（蒙古文，50万字），又已交付出版社《元大都研究——元大都七百五十周年祭》（汉文，40万字）待出版。对于目前蒙古族城镇发展方面提出五个新观点：

第一，提出蒙古族建筑文化和事业是在窝阔台汗营建哈剌和林时提出的“奠定世界强国之根基，建筑繁荣昌盛之基础”的建国和建筑发展宗旨下发展起来的，以后营建的上都、大都、中都，蒙古帝国四大汗国的都城萨莱、蔑剌合、阿力麻里等都城和北元林丹汗所建都城瓦奇尔·察罕浩特都是在此宗旨下营造的。

第二，提出蒙古族土木建筑最民族化、最典型、最标准的建筑物是“迦坚茶寒殿”（大明宫），汉族建筑学家称为“工”字形宫殿，其渊源来自成吉思汗的“朝木楚格”宫殿。

第三，提出成吉思汗的小弟帖睦格·斡惕赤斤是蒙古族著名的建筑学家，撰写了帖睦格·斡惕赤斤生平和对蒙古族建筑文化的贡献，并请画家巴雅尔教授画了画像，填补了蒙古族建筑文化史上的空白。

第四，根据蒙古族建筑文化的发展规律，提出蒙古建筑文化史发展的三个阶段，即雏形期、成形期和成熟期。

第五，随着元上都进入世界文化遗产的成功，提出元大都作为13世纪独一无二的全世界最大城市，认为筹建“元上都学”“元大都学”的条件已经成熟，这乃是蒙古学研究的重大课题之一。

我愿意用阿木尔巴图教授的一句话来总结本文，教授说：“元朝文化是古老的草原游牧文化、中原的农业文化与西方、印度、波斯文化交融的结晶，也是有鲜明的世界性、开放性品格，它既丰富了中华文化，也极大地丰富了世界文化，推动了蒙古自身的文化和世界文明史的发展。”①

蒙古族是热爱大自然的民族，“上有星星的蓝天，下有绿草的牧场”，其中间是他们顺应大自然发展规律和施展驾驭大自然本领的空间。他们把建筑看成是有神有形、具有生命的东西，蒙古族建筑体现了蒙古人的坚强性格、内心世界、信仰风俗、审美观和创作才能，所以蒙古族建筑和蒙古族古老游牧文化结成了血肉相连的发展关系。

这就是蒙古族古代土木建筑和宫殿渊源发展史的简约概况。

第五节　元上都铁幡竿和元大都铜幡竿涂金铜幡竿

一、问题的提示

有关元上都和大都的历史文献几处提及“铁幡竿”“铜幡竿”和“涂金铜幡竿”，遂引起研究同仁的兴趣：第一，根据蒙古族古老传统，元朝的两都上都和大都应该有“圣纛”——速勒迭祭祀，既然立有速勒迭，宫廷中的祭祀活动将是如何进

①《蒙古族图案》，第6页。

行的？第二，所说的“铁幡竿”“铜幡竿”“涂金铜幡竿”是否是“圣纛”——速勒迭？或者是速勒迭的另一种演变形式？它和佛教有何关系？

二、“铁幡竿”“铜幡竿”和“涂金铜幡竿”

1. 铁幡竿

上都铁幡竿山在故上都遗址西北大约3公里，蒙古语俗称哈登台［kadantai］（意为有岩石的台子），当地另一种称呼是“速勒迭敖包”。山顶尚留有铁幡竿基座石板一条。邱树森教授主编的《元史辞典》中，“铁幡竿”条为：“山名，今内蒙古正蓝旗东北门德庙东南。”[①]至于铁幡竿的来历功用未做解释。

门德庙蒙古语是［mindal gegen süm］（明德勒格根庙），是清代内蒙古地区十三大活佛领地牧场之一庙仓所在地。属章嘉呼图克图多伦喇嘛印务处管辖，门德庙大约在清康熙三十年（1691）征服漠北蒙古（后划分为喀尔喀蒙古三部五十七旗），举行盛大多伦会盟以后修建的，清廷为蒙古地区采取造庙宏佛的优惠政策，在蒙古地区大肆建庙，目的是以封建迷信愚弄羁縻蒙古族广大人民，便于进一步统治剥削。清廷于1713年建筑汇宗寺（因庙檐为蓝色琉璃瓦，蒙古人称之为蓝寺），于1731年建善因寺（因庙檐为黄色琉璃瓦，蒙古人称之为黄寺），门德庙大约是在这两寺以后陆续营建的。

关于“铁幡竿”在元代经典中记述不多，《元史·郭守敬传》载：“大德二年（1298）召守敬至上都，议开铁幡竿渠。”[②]此处只提到铁幡竿渠，没有涉及铁幡竿的其他内容。但此处传达了一个重要信息，即从文中可以看出铁幡竿早立于修

① 邱树森：《元史辞典》，山东教育出版社，2002年。
②《元史》卷一六四。

造铁幡竿渠之前。

周伯琦《立秋月书事五首》载："上京西山上树铁幡竿，高数十丈，以其下海中有龙，用梵家说作些镇之。"[①]此处首次说明了铁幡竿的功用是为镇上都西部海渊之水魔龙所建，可惜没有说明具体年月。

伍良臣《上京》诗句诵："铁竿屹立海水竭，卧龙飞去空冥冥。原注：旧为龙渊，太保（即刘秉忠——引者）卜吉而视之，龙夕去水竭，遂创宫室，立铁幡竿于阙西以镇之。"[②]这里非常明确地说明上都西山铁幡竿是和元上都城池宫阙一起建立的，而且位置在"阙西"，和铁幡竿山哈登台现在位置相符。

《元史·文宗纪五》载："乙亥，命僧于铁幡竿修佛事，施金百两，银千两，币帛各五百匹，布二千匹，钞万锭。"[③]以上四项资料只讲了铁幡竿的镇水作用。

第一，认定"铁幡竿"是"速勒迭"的理由。

（1）上都速勒迭敖包（即铁幡竿）是和上都（前期为开平府）一起建立的。《元史》卷四《本纪第四·世祖一》载："岁丙辰，春三月，世祖命僧子聪卜地于桓州东，滦水北，城开平府，经营宫室。"丙辰是1256年，刘秉忠开始筹建。虞集《道园学古录》卷十三载："世祖皇帝在潜藩建牙纛庐帐于滦河上，始作城廓宫室。"这里"纛"就是蒙古族的"速勒迭"，速勒迭分黑白两种，后来又演变为花速勒迭。速勒迭研究者铁木尔·明珠尔先生解析道："古代，中原儒臣对蒙古人的查干速勒迭（白纛——引者）、哈日速勒迭（黑纛——引者）和阿拉格速勒迭（花纛——引者）了解不深，他们误认为都是跟中原'黑色布帛纛'一样的尊物。所以把哈日速勒迭称之为'皂

① 周伯琦：《近光集》卷二。
② 《永乐大典》。
③ 《元史》卷三十六《文宗纪五》。

纛’。因为满吉拉嘎（指纛穗，是黑色马鬃）颜色黑而在‘纛’字前面加了个‘皂’字，就成为‘皂纛’。”[①]上文千真万确地记述了忽必烈遵照蒙哥汗的旨意在汉地建开平府，组织了著名的“金莲川幕府”。按照蒙古族古老传统，首先在自己府第门前树立“圣纛”——速勒迭，并在“阙西”立了铁幡竿，然后才开始了宫殿、衙署、城池的营建。

（2）根据蒙古族祭祀速勒迭的礼仪，必须在宫殿或行宫前广场树立“圣纛”——速勒迭。还要在附近制高点竖立固定的速勒迭。由“薛怯”日夜守护，法国的布鲁丁和俄国的伊万宁合著的《大统帅成吉思汗兵略》讲到成吉思汗速勒迭时写道：“在蒙古包入口处的一边，飘扬着大旗，这大旗是孛儿只斤家族的标志。在白质地上有一个鹰和乌鸦。这个标志有九个尖儿，在各个尖端上，挂着表示力量的白色犁牛的长尾（中亚细亚特产），九这个数字象征着铁木真的九个司令官。入口处的另一侧，在地上立着大汗的战争标志速勒迭。在速勒迭的尖上附有双数的牛角，顺着尖挂着四撮黑色马尾。大营地的设置大体是大蒙古包前面视野宽广的大场。”[②]这是对蒙古族古老速勒迭祭祀最翔实最原始的记录之一，完全合乎速勒迭祭祀的礼仪[③]。

（3）以上资料佐证，上都地区有“铁幡竿”“哈登台”和“速勒迭敖包”之称呼都是指“圣纛”——速勒迭的。

（4）佛教传入蒙古地区以后，尤其是十六七八世纪蒙古族独特的速勒迭文化和佛教经幡“风马”（海木尔）交融相结合，渗透了佛教内涵，这便是速勒迭的称呼演变为“幡竿”“法轮竿”“玛尼竿”的真正原因。

---

①《对元代查干和哈日速勒迭的再考释》，载《锡林郭勒职业学院学报》总21期，第47页。

②〔法〕布鲁丁、〔俄〕伊万宁：《大统帅成吉思汗兵略》，内蒙古人民出版社，1989年。

③《元史》卷七十九。

第二，蒙古地区祭祀速勒迭极为普遍。

元代晚期和北元时期，各个部族各自祭祀“圣纛”——速勒迭的情况很普遍，据呼格吉勒图先生讲：“呼市郊区大青山幡龙谷地，有一条带铁镞的长木，汉族民间传说此为‘杨六郎箭’，其实仔细考辨，这正是‘速勒迭’的纛！蒙古元王朝以后，故元蒙古各部各竖其纛，各立其徽，各为其陈。”[①]据贺喜格芒莱教授考察，原察哈尔盟划归河北地区之内，称为“旗杆梁”的地方有几处，这就是蒙古族曾设置速勒迭祭祀的故蒙古地区的遗迹。其他如乌兰察布盟达茂旗有哈布图哈撒尔速勒迭祭祀之地。内蒙古伊克昭盟因有成吉思汗祭祀陵祭祀速勒迭的原因，伊盟各旗几乎都有“圣纛”祭祀习俗。据初步统计，不同祭祀共有18个速勒迭，伊盟蒙古族地区凡蒙古族人家都在门前树立速勒迭，这是伊盟蒙古族最大的特点之一。察哈尔林丹汗查干速勒迭的七代“旗手”传人额日和斯庆先生论证在伊克昭盟乌审旗沙漠深处，祭祀察哈尔林丹汗白纛——查干速勒迭，传承了370余年。最近才开光迎回察哈尔故土上都祭祀，算是古老察哈尔蒙古族人民的一件盛事。

2. 铜幡竿

朱偰的《元大都宫殿图考》载：“广寒殿南下，为仁智殿，金露亭在广寒殿东，亭后有铜幡竿。”[②] 根据史料推测今位置在北京北海公园琼华岛白塔东北处。广寒殿是忽必烈筹建大都之前最先营造的蒙古族形式的辉煌宫殿之一，是举行重大庆典的地方。

朱启钤的《元大都宫苑考》载：“金露亭在广寒殿东，高二十四尺，圆形九柱尖顶上置琉璃珠。铜幡竿在金露亭后。”[③]

---

① 呼格吉勒图：《成吉思汗与他的陵寝》，成吉思汗研究所，2002年。

② 朱偰：《元大都宫殿图考》，载中国营造学社，1932年。

③ 朱启钤：《元大都宫苑考》，载《中国营造学社汇刊》第二卷第三期，中华民国十九年（1930）。

史料证明所说两处“铜幡竿”位置相同。《元史·世祖十》载：“二十一年（1284年）立法轮竿于大内万寿山，高百尺。”①

元无名氏《元氏画塑记》载：“皇庆二年（1313年）十一月十日，留守伯帖木儿等，奏万寿山幡竿，二十余年，皆已朽腐，尺大头径九寸，小头径五寸。带铁索按铜幡竿五门皆有之，陶录仅记其一，且初建非铜铸，于此可记。”②

万寿山又名万岁山，原为金朝中都东北郊琼华岛上的避暑山庄万宁宫，至元四年（1267）忽必烈薛禅汗筹建大都时，将它纳入皇城之内，在该岛上修建了举世闻名的广寒殿，易名为万寿山，至元八年（1271）将大蒙古国名易为元朝大典之际，忽必烈又将万寿山命名为万岁山。

据以上诸文可知，初建幡竿的时间是至元二十一年（1284）与皇庆二年（1313），相距正好29年。“奏万寿山幡竿，二十余年，皆已朽腐”的说法和史实非常相符。元朝建国初期国力强盛，按照蒙古族古老传统将“圣纛”——速勒迭立在大都城制高点万寿山，完全合乎蒙古族祭祀规仪。从史料分析，在宫城五门前树立铜制“幡竿”的具体时间同上，正好是元大都各项建筑启用了近二十余年。宫城本来有六门，其中还有北门厚载门，按照蒙古族祭祀风俗，“圣纛”——速勒迭是不能置于任何后门的。所以厚载门前没有置速勒迭。所说“宜依皇城五门幡制”以铜铸之。这里置速勒迭的五门是：南门崇天门，南门的右掖门云从门、左掖门星拱门，西门西华门，东门东华门。

此处“法轮竿”实际与朱偰和朱启钤所描述的内容相同。此处“高百尺”若按速勒迭规制，最高为九十九尺九寸，竿子底部直径为九寸，细头为五寸，是固定在宫前或高地的速勒

①《元史》卷十三《本纪第十三》。

② 无名氏：《元氏画塑记》，《四库全书》。

迭，统称百尺，其次是出征时携带的速勒迭为九尺九寸，统称十尺。是为游动的速勒迭。

3. 涂金铜幡竿

陶宗仪《南村辍耕录》载："正南崇天门……西垛楼之西，有涂金铜幡竿。"[①]

朱偰《元大都宫殿图考》载："宫城六门，正南曰崇天，左右垛楼二，西垛楼之西，有涂金铜幡竿。"此处两个史料指的是宫城南门崇天门前立的"圣纛"速勒迭，内容相同。

通过以上史料，我们知道大都在万寿山山顶（今北京北海公园琼华岛白塔处）和皇城南门崇天门（今北京故宫午门附近）前树立有"幡竿"。这就是"圣纛"——速勒迭。

《元史》载："皂纛，国语读如秃。建缨于素漆竿。凡行幸，则先驱建纛，夹以马鼓，居则置纛于月华门之西之隅室。"[②]以上描述完全符合成吉思汗时代祭祀速勒迭的历史真实，《蒙古秘史》中记载"建九斿之白纛，奉成吉思汗号"，又记札木合和铁木真结为安答（伴当、盟友）以后，札木合曰："我也！祭我认望之纛矣！擂我是黑犍牛皮幔，响声咚咚之鼓矣！"[③]皂纛意为黑色速勒迭，"国语"是指蒙古语，"读如秃"是蒙古语〔tergüntu〕，即先驱纛、先行纛、第一纛的意思。皇帝出行，由"怯薛"亲卫军护卫，以"皂纛"（黑色速勒迭）做前导，"夹以马鼓"或"驼鼓"，与纛并行。居则置纛于月华门西之隅室。月华门是宫廷中枢大明宫大明门的右门，蒙古人尚右，把最崇尚、尊敬的东西置在西方。如同上页所述皇城正门（南门）崇天门西垛楼之西"安置"之道是一样的。

成吉思汗时代开始，速勒迭的设置形成了固定和流动两种

---

① 陶宗仪：《南村辍耕录》，中华书局，1959年。

②《元史》卷七十九《舆服二》。

③ 道润梯步新译简注：《蒙古秘史》。

形式：流动的速勒迭要随皇帝游幸或征战，固定的则安置在皇宫和京城门前以及在京城附近的制高点（如大都置在万寿山之巅，上都则置在速勒迭敖包之巅）。大都则在皇宫崇天门之西树立。流动的纛居则置于月华门西之隅室，近观摩察哈尔林丹汗白纛——查干速勒迭，设置形式为：中间是三叉型主速勒迭，为固定形速勒迭。右边为单叉型速勒迭为护卫速勒迭，左边为三叉型速勒迭为流动速勒迭。元大都的固定速勒迭安置在宫城五门之前和大都制高点万寿山之巅。

蒙古民族的"纛"又称"圣纛"，蒙古语称"速勒迭"，象征着长生天赐予成吉思汗的神威和力量。"纛"的功用是蒙古族的精神精髓，全体蒙古人的凝聚力所在，它的产生来历，要追溯到成吉思汗时代。《蒙古秘史》载："寅年（1206年）会于斡难河源。建九斿之白纛，奉成吉思汗合罕号。"[①]这是蒙古族祭典白纛的开始。是起源于蒙古族祖先乞颜部落祭火崇拜的标志，岩石壁画的符号，并非农耕文化所说的三叉戟。关于蒙古族"速勒迭"的研究及其政治、经济、文化的意义作用，蒙古学同仁都有精湛的分析。

三、佛教在速勒迭祭祀中的影响

现在问题的焦点是"铁幡竿""铜幡竿""涂金铜幡竿"既然是"圣纛"——速勒迭。那么速勒迭的祭祀是否有另一种形式的演变？以及和佛教祭仪有何关系？

"铁幡竿""铜幡竿""涂金铜幡竿"等，从字义上看"铁""铜""涂金铜"的意思是非常清楚的，无须解释，汉字"幡"有两种写法，另一种为"旛"。《现代汉语词典》[②]解释

① 道润梯步新译简注：《蒙古秘史》卷八。

② 中国社会科学院语言研究所词典编辑室编：《现代汉语词典》，商务印书馆，1980年。

为：同幡，音fān，一种窄长的旗子，垂直悬挂。可以理解为“挂窄长旗的铁竿或铜竿、涂金铜竿”等完全可以。看来没有任何佛教内容。

速勒迭的祭祀原来是没有宗教内容的，到第五代蒙古汗忽必烈筑大都建元朝，出于政治需要，尊崇佛教为国教，立吐蕃藏传佛教学者八思巴为国师，佛教学说一定程度上占领了元朝政坛。凡皇帝即位都要受戒方能登极，以致上都、大都的“圣纛”——速勒迭祭祀多少脱离了原生态文化内涵，在元朝中期、末期渗透了佛教内容，具体表现是把速勒迭称为“法轮竿”“幡竿”等，祭祀仪式从弘扬民族精神的政治宗旨转化为“修佛积善及祈求国泰民安”“镇灾降魔”为主要内容。尤其到了十六七八世纪，速勒迭的祭祀颂词中融入了许多宗教内容，并和宗教的“风马”（海木尔）交融以后有了双重祭祀意义。它的祭文内容有：

“愿宝格达喇嘛保佑，
弘扬佛法拯救众生，
佛经熔铸大速勒迭，
祭祀佛道增福兴旺。”①

这些祭颂词中不见原来速勒迭祭颂词中的为民族复兴而疾呼的斗志昂扬、赴汤蹈火、刀光血影的英雄画面了。而是佛教内容浓厚，不依靠民族本身的艰苦奋斗，只是乞求佛道的保佑，已经脱离了速勒迭原有的战斗精神。然而当前速勒迭祭祀乃是蒙古民族珍贵的精神文化遗产之一。在世界各地蒙古族居住的地区如哈拉哈蒙古、布利亚特蒙古、卡尔梅克蒙古等广大

① 摘译自额尔和斯庆：《察干速勒迭和他的跟随者》，内蒙古文化出版社，2005年。

地区都保留着速勒迭祭祀的古老传统。现在在我国内蒙古乃至新疆、青海、辽宁等八大省区，广大蒙古族居住地区已有众多形式的速勒迭祭礼，这是从成吉思汗以来传承到现在的优秀文化珍宝。蒙古民族的速勒迭文化经过风风雨雨的八百多年，之所以能够传承下来，千古不绝，说明它是有灵魂的，这灵魂就是成吉思汗的“赖长生天之力”的哲学思想，把苍天的自然规律和宇宙中存在的巨大能量结合起来具体变成了蒙古民族团结战斗的精神支柱，有征服一切黑暗势力的伟大精神和魔力，受到广大蒙古族群众的爱戴和拥护，一直传承到现在是非常不容易的，是中华民族大家庭中大团结的象征。目前为建立内蒙古文化大区的需求，我们一定要保护好、继承好速勒迭文化，更进一步地研究，做好发扬和创新工作。

四、问题的结论

1. 由于元朝对祭天地、祭祖仪式采取封闭政策，“皇族之外无得而与”[①]，对“圣纛”——速勒迭的祭祀虽没有“皇族之外无得而与”的规定，但除蒙古族以外其他人“无得而与”，所以元大都宫廷中对于“圣纛”——速勒迭祭典几乎没有详细历史记载。从“涂金铜幡竿”和置宫城正门（南门）崇天门之西和宫城门五门之外，按蒙古族速勒迭放置在高处的惯例，在万寿山山顶是理所当然的。可见它的尊贵、待遇规格之高，非“圣纛”——速勒迭莫属。不能因为有“幡竿”之称呼，就认定为佛教用物，只有《元史》一处称“法轮竿”。幡竿和法轮竿是有区别的，“法轮”原来是古代印度军队的圆形武器之一，于是印度宗教中产生了“转轮王”挥舞法轮，镇伏世上一切妖魔鬼怪，建立太平盛世的佛教理论。元廷出于政治需要，自忽必烈以来将藏传佛教尊为国教，将吐蕃宗教领袖八

①《元史》卷七十二《郊祀》。

思巴尊为“国师”。在元大都由皇帝本人、皇后、皇亲国戚亲自主持营建寺庙、佛塔，据不完全统计，在大都就有38座寺庙（不算唐朝以来历代所建寺）。元朝百余年，几乎平均每两年就建有一座寺庙或佛塔。而整个元代，全国有庙刹四万余座，僧徒二十余万人（请见留金锁整理注释的《十善福白史册》，蒙古文）。元廷国家开支中佛事项目占了很大比例。这是历史学家们所公认的一件事。但是对于“圣纛”——速勒迭的祭祀，一开始绝无佛教内容，大约在完泽笃汗铁穆耳以后才有了佛教内容。

2. 元朝虽然崇奉佛教，营建了很多寺庙，但是在宫廷中是不盖寺庙的，这一条不成文的规定，从成吉思汗延续到元朝、北元，持续了430余年。至于蒙古宫廷之内为什么不营造寺庙，答案可能和信仰“长生天”而产生的速勒迭有关。佛教毕竟不是蒙古族土生土长的信仰，这是速勒迭和法轮竿的祭祀的主要区别。

例如：元朝大都之内有寺庙，而且建造得雄伟辉煌，但宫廷之内却不建寺庙，如宫廷之内的延春阁和玉德殿虽塑有佛像，有时也举行佛事，但完全都不是佛殿、寺庙。《元史·泰定帝》载：“至治三年（1323年）十二月，塑马哈戈剌佛像于延春阁之徽清亭。”《元史·英宗纪》载：“延祐七年（1320年）十二月铸铜为佛像，置玉德殿。”这些事实说明，两个大殿只是塑铸佛像而已，但不是庙宇是很明显的。宫廷之内没有庙，自然不会有什么法轮竿，蒙古国著名佛学家呼日勒巴图尔教授，根据他多年研究成果说：“蒙古族自元朝以来信仰佛教。但是经我多年考究，蒙古族王汗均不在自己宫殿建立寺庙似乎成了一条不成文的规矩，大库伦寺庙因和王府衙署混在一起而多次搬迁，便说明这个问题。”[①]的确哈剌和林、元大都、

① 呼日勒巴图尔教授在中央民族大学做《元大都研讨会上的发言》，2008年5月9日，北京。

元上都城内有庙，宫内无庙。

根据以上理由，元上都宫城崇天门、云从门、星拱门、西华门、东华门等五个门和万寿山山顶的“铜幡竿”“涂金铜幡竿”和“法轮竿”完全可以认定为“圣纛”——速勒迭。王汗宫殿之内有树立“圣纛”——速勒迭祭祀的惯例，但一般不树立“法轮竿”，即玛尼竿或藏经幡竿。因为“圣纛”——速勒迭是蒙古民族兴旺发达的标志，是成吉思汗亲手创造的神圣不可侵犯的民族精神标志，仔细分析起来，和蒙古族的哲学思想还有蒙古族古老的萨满教有关系，而佛教毕竟是外来宗教，所以有所区别。

五、“兆奈曼苏默”、“兆奈曼城”和上都关系

现在需要讲一讲上都为何称作“兆奈曼苏默”（108座城）和“兆奈曼城”。何时开始有这种称呼的？“兆奈曼苏默”和“兆奈曼城”的说法，在元明两朝蒙古历史文献中尚未见记载，只有在清朝文献中有此记载，《嘉庆重修一统志》卷五四八记：“小呼尔虎山，当兆奈曼苏默城之北。”《大清一统志》卷三四三也载：“开平故城，在牧厂东北，滦河北岸，巴哈呼尔虎山之麓（巴哈——蒙古语小的意思，应为巴戈——作者注），土人（土人指当地蒙古族——作者注）呼为兆奈曼苏默城。”

俄国蒙古学者波兹德涅耶夫1893年考察上都时也写道：“兆奈曼苏默是一座古老的中国——蒙古城市，起初是元朝皇帝的都城。”[①]他也把元上都和兆奈曼苏默混淆了，但发现了篆字《皇元敕赐大司徒筠轩长老寿公之碑》。还有在元上都所在地正蓝旗民间流传有关兆奈曼苏默和兆奈曼城的传说：“很古很古的时候，白度母观音为了建筑造福于世界的宇宙法轮，委

① 波兹德涅耶夫：《蒙古包及蒙古人》第二卷，第359页，内蒙古人民出版社。

托蜘蛛王来完成。蜘蛛王却蛮横地说：'我们要打赌，败者承担！一夜之间，你筑兆奈曼苏默（108座庙），我筑108座烽火台，先完成者为胜！'白度母观音将要建筑到第107庙的时候，东方已欲晓，白度母急中生智，用衣襟遮住了微微曙光，刹那间出现了黎明前短暂的黑暗，白度母观音趁机盖完了最后一座庙，终于取胜了。于是上都城又叫作兆奈曼苏默（108座庙），周围却出现了蜘蛛王盖的许多烽火台。"[①]这个传说清楚地说明了上都在民间俗称"兆奈曼苏默"的来历，是明末清初的传说。现在首先需要回顾一下"108"这个神秘数词的来历，这个数字来自中国佛教密宗。人间有108种烦恼，有108个菩萨下凡拯救人间苦难之说。佛教称一年有12个月，24个节气，72个候（5天为一候，一个月共为6候），这样12月+24个节气+72候=108个。除此以外，来自数学和哲学的解释是：1、2、3为基数，其中3为最大，108个数字正好是一个1，两个2，三个3连乘的总和，即1×2×2×3×3×3=108，代表最多、最大、最高的吉祥数字。于是108这个数字渗透到中国人生活的每个角落，成了代表吉祥福祉的数字，如108塔，108庙（实际108座庙已不见，有108塔，蒙古国额尔德尼召有108座塔，宁夏青铜峡有108座塔），佛教大雄宝殿中雕塑有108座小塔，蒙古族的信男信女们将五台山称为108座庙，实际上才有70多座庙，说黄教创始人宗喀巴活了108岁，实际才活了60多岁，这些都表示了崇拜敬仰之情。佛教经典《甘珠尔》是108卷，念珠是108颗，还有108罗汉、108司女、108台阶、108将、108招等数不胜数的叫法。内蒙古社会科学院图书馆所藏蒙古文手抄本《天地万物之起缘》中曾记载有："朕致力于政教合一，惟请西番高僧八思巴尊为帝师，营建百零八庙（即兆奈曼庙）做帝师殿，免除僧伽一切役税。"这里指元世祖忽必烈中

① 正蓝旗75岁离休干部苏仁扎布讲述。

统元年（1260）封八思巴为国师，赐玉印，统领天下释教的事宜，这里所说的108庙并非指实数，而是众多的意思。

忽必烈和八思巴第一次会见是在宪宗四年（1254），于六盘山驻地，八思巴受到了忽必烈的高贵礼遇。宪宗六年（1256）初建开平府时，忽必烈在宫城的西南角专门筑建了八思巴帝师寺庙（蒙古族尚右，西南是吉利方向）。《陇右金石录》卷五上所说的“营建百零八庙”就是指的此庙。忽必烈的继承者们给八思巴诸弟子也陆续盖了诸多庙殿，忽必烈谢世后的第17年，八思巴谢世后的第41年，给八思巴的继任帝师们继续营建了宏伟的帝师殿。《元史》卷二七《英宗纪》记载：“至治元年（1321年）五月丙子，毁上都寺，以其地营帝师殿。”《元史》卷十八《英宗纪》记载：“至治三年（1323年）二月癸亥朔，作上都严华寺，八思巴帝师寺及拜往第。”

以上情况说明：第一，元代佛教至上，上都城内建有诸多寺庙，不缺被称为“一百零八庙”的实际存在。元亡之前十年，由于至正十八年（1358）农民起义军关先生、破头潘抢掠火烧上都城，上都变为一片废墟，元廷虽紧锣密鼓地计划起上都的修复，不料又仅仅过了十年的时间，腐朽的元廷就垮台了，但是蒙古上层有志之士，念念不忘昔日上都的辉煌，就起用佛教色彩浓厚的“一百零八庙”命名其上都遗址，以至在民间传开，便在清代文献上出现了把元上都叫作“兆奈曼苏默”和“兆奈曼城”的根据。除此以外，也不排除以下两个原因：

（一）“门德庙”——明德勒格根庙的大雄宝殿供有108座小佛塔，俗称“兆奈曼苏默”，又和上都毗邻，两个地方统称为“兆奈曼苏默”所致[①]。

（二）上都废墟连成一片，一般人难以区分宫殿和庙殿的遗址，统称“众多的寺庙”，不是指108实数。

① 根据多伦善因寺末代格斯贵（管家）喇嘛满合拉所讲。

附　录

一、国内外大师笔下的元大都景观

（一）（元）郝经《居庸关铭序》

朔易干会，斗极揭控，地势隘天隐日。玄冬之气，黄钟之律，凝结形见，聚而不散，常为冰雪，故号阴区。瞰临悬绝，以建瓴之势，居高走下，每制诸夏死命。故自三代、秦、汉至于今，号称强悍之国，营幽、并、代之北。山岭隔阂，连高夹深，呀口伛脊数千里。岩壑重复，扼制出入，是天所以限南北，界内外，固中原之圉，壮天地之势者也。

自秦陇乱大河，东抵太和、紫荆，绕出卢龙之塞，列关数十。而居庸关在幽州之北，最为深阻，号天下四塞之一。大山中断，两岩峡束，石路盘肠，萦带隙罅。南曰南口，北曰北口。滴沥濺漫，常为冰霰。滑湿濡洒，侧轮足，殆六十里石穴。及出北口，则左转上谷之右，并长岭而西，阴烟枯沙，遗镞朽骨，凄风惨日，自为一天。中原能守则为阳国北门；中原失守则为阴国南门。故自汉、唐、辽、金以来，尝宿重兵以谨管钥。

中统元年，皇帝即位于开平，则驻跸之南门；又将定都于燕都，则京师之北门。而屯壁之荒圮，恐启狡焉。故作铭畀燕京道宣慰府使勒石关上，且表请置兵以为设险守国之戒云。

（二）（元）黄廷中《大都赋》

论其市廛，则通衢交错，列巷纷纭，大可以并百蹄，小可以方八轮。街东之望街西，仿而见，佛而闻；城南之走城北，出而晨，归而昏。华区锦市，聚四海之珍异；歌棚舞榭，选九州之秾芬。招提拟乎宸居，廛肆主于宦门。酤户何烨烨哉，扁斗大之金字；富民何振振哉，服龙盘之绣文。奴隶杂处而无辨，王侯并驱而不分。屠千首以终朝，酿万石而一旬。复有降蛇搏虎之技，援禽藏马之戏，驱鬼役神之术，谈天论地之艺，皆能以蛊人之心而荡人之魂。是故，猛火烈山，车之轰也；怒风搏潮，市之声也；长云偃道，马之尘也；殷雷动地，鼓之鸣也。繁庶之极，莫得而名也。

若乃城闉之外，则文明为舳舻之津，丽正为衣冠之海，顺承为南商之薮，平则为西贾之派。天生地产，鬼宝神爱，人造物化，山奇海怪，不求而自至，不集而自萃。

是以吾都之人，室无白丁，巷无浪辈。累赢于毫毛，运意于蓰倍。一日之间，一哄之内，重毂数百，交凑阛阓，初不计乎人之肩与驴之背。虽川流云合，无鞅而来，而随消随散，杳不知其何在。至有货殖之家，如王如孔，张筵刘宴，招亲会朋，夸耀都人，而费几千万贯，其视钟鼎，岂不若土芥也哉？

若夫歌馆吹台，侯园相苑，长袖轻裾，危弦急管，结春柳以牵愁，伫秋月而流盼，临翠池而暑消，褰绣幌而云暖，一笑千金，一食钱万，此诚他方巨贾，远土谒宦，乐以消忧，流而忘返，吾都人往往面谀而背讪之也。

言其郊原，则春晚冰融，雨霁土沃，平平绵绵，天接四目。万犁散漫兮鸦点点，千村错落兮蜂簇簇。龙见而冻根载茁，火出而早辫渐熟。柳暗而始莳瓜，枣花而旋布谷。种草数亩，可易一夫之粟；治蔬千畦，可当万户之禄。寒露既降，雄风亦高，率妇子以刈铚，忧气候之蹉跎。来辆去毂，如乱蚁之救溃垤，千囷万庾，若急雨之沤长河。爰涤我场，其乐孔多。有门外之黄鸡、玄彘，与沙际之绿凫、白鹅。收霜菜以为菹，酿雪米而为醪。社长不见呼，县官不见科，喜丰年之无价，感圣化而讴歌。

（三）侯仁之《元大都城垣遗址公园碑记》

元大都城的兴建，选址在金中都城东北郊外，遂为今日北京城奠定了基础。它的规划设计继承了我国历代都城建设的优良传统。明朝继续加以发展，北京遂成为封建社会时期都城的杰出典型，设计思想明朗，主题突出，具有高度艺术水平，在国际上享有盛誉。新中国成立以来，根据古为今用的原则，又加以改造和扩建，于是北京城作为社会主义新时代的人民首都，开始呈现出其特有的新风貌。

元大都城垣的最北部分，在明初北墙南移时，遗存城外，俗称土城。土城西壁有肃清门遗址，旧有楼馆废墟，又有双阜壁立，树木葱茏，鸣禽四翔，富有郊野风光。早自明永乐年间，即有“蓟门烟树”之称，为京师八景之一。清乾隆帝又就近题碑刻石。其实，早在金中都时，已有“燕京八景”，《元一统志》所载“蓟门烟树”即是其一。金中都城原是在古代蓟城旧址上扩建而成，而蓟门一词又源自蓟城。蓟城之得名，迄今已历三千余年。明清以来，徒以“蓟门烟树”之虚名相传，而遗迹则日见残毁。北京市人民政府鉴于土城乃是研究北京城址变迁的重要实迹，因于一九五七年公布为本市第一批古建文物保护单位。现在随着首都城市建设的迅速发展，残存的土城在结合城濠浚治的同时，又进一步开辟为市内公园，复因故迹稍加修建，旧碑之外，又增新刻，用追溯往事，略见世代传说的渊源，这就为广大人民群众又提供了一处富有历史意味的游憩场所，并使古代遗迹，重放光辉。欣喜之余，爰为之记。

侯仁之撰文
刘子章书丹
1985年国庆节前夕
（摘自《元土城遗址公园》石碑记）

（四）〔意〕马可·波罗《大汗之宫廷》

应知大汗居其名曰汗八里之契丹都城，每年三个月，即十二月、一月、二月是已；在此城中有其大宫殿，其式如下。

是由是围墙共有八宫甚大，其中满贮大汗战具。但每宫仅贮战具一种，此宫满贮战弓，彼宫则满贮马辔，由是每宫各贮战具一种。

此墙南面辟五门，中间一门除战时兵马甲仗由此而出外，从来不开。中门两旁各辟二门，共为五门。中门最大，行人皆由两旁较小之四门出入。此四门并不相接，两门在墙之两角，面南向。余二门在大门之两侧，如是布置，确使此大门居南墙之中。

此墙之内，围墙南部中，广延一哩，别有一墙，其长度逾于宽度。此墙周围亦有八宫，与外墙八宫相类。其中亦贮君主战具。南面亦辟五门，与外墙同。亦于每角各辟一门，此二墙之中央，为君主大宫所在，其布置之法如下。

君等应知此宫之大，向所未见。宫上无楼，建于平地。惟台基高出地面十掌。宫顶甚高，宫墙及房壁满涂金银，并绘龙、兽、鸟、骑士形象，及其他数物于其上。屋顶之天花板，亦除金银及绘画外别无他物。

大殿宽广，足容六千人聚食而有余，房屋之多，可谓奇观。此宫壮丽富赡，世人布置之良，诚无逾于此者。顶上之瓦，皆红黄绿蓝及其他诸色。上涂以釉，光泽灿烂，犹如水晶，致使远处亦见此宫光辉。应知其顶坚固，可以久存不坏。

上述两墙之间，有一极美草原，种植种种美丽果树。不少兽类，若鹿、獐、山羊、松鼠，繁殖其中。带麝之兽为数不少，其形甚美，而种类甚多，所以除往来行人所经之道外，别无余地。

由此角至彼角，有一湖甚美，大汗置种种鱼类于其中，其数甚多，取之惟意所欲。且有一河流由此出入，出入之处间以铜铁格子，俾鱼类不能随河水出入。

北方距皇宫一箭之地，有一山丘，人力所筑。高百步，周围约一哩。山顶平，满植树木，树叶不落，四季常青。汗闻某地有美树，则遣人取之，连根带土拔起，植此山中，不论树之大小。树大则命象负而来，由是世界最美之树皆聚于此。君主并命人以琉璃矿石满盖此山。其色甚碧，由是不特树绿，其山亦绿，竟成一色。故人称此山曰绿山，此名诚不虚也。

山顶有一大殿，甚壮丽，内外皆绿，致使山树、宫殿构成一色，美丽堪娱。凡见之者莫不欢欣。大汗筑此美景，以为赏心娱乐之用。

（摘自冯承钧译，党宝海新注《马可波罗行纪》）

（五）（元）妥懽帖睦尔《忏悔诗》

以诸宝装成之我大大都城，
应时纳凉而居之我上都开平轮城，
古来列圣避暑之我上都黄甸。
惜乎！误失我大国之政矣，
戊申乃吾衰败之岁也乎！
以九宝装成之我大都城，
执理九十九政之我上都开平，
泽及众生之我政教福庆。

惜乎！为天下共主之我大名声，
晨起而登高眺望灿烂朝霞，
自南自北观之则皆成美景。
不分冬夏常居而不生厌，
威德彻辰合罕所建之我大都宝城
列祖所爱居之我大大都城，
我相得之君臣，我所属之民众。
未从伊拉乎丞相言乃我之恨也，
偏信叛亡之朱葛诺延乃我之愚也。
误杀我聪睿之托克托噶太师，
驱逐我尊上神喇嘛者乃我之孽也。
惜乎！号称天下共主之我名声，
惜乎！我享用无边之大福庆。
忽必烈彻辰合罕所百计经营——
宿有福祉之我大都城，
被汉人朱葛诺延席卷而去矣！
耻辱之恶名临我妥懽帖睦尔矣。

（摘自道润梯步译校《蒙古源流》）

(六)〔日〕多田贞一《北京的地名》

北京的地名是什么时候产生的，如何变化来的，古名的残留是多大个限度等，都是很麻烦的问题。

根据《日下旧闻考》等记载，远在唐朝，此地设置幽州的藩镇以前，在这附近就有叫作蓟的城市了。现在的北京八景之一就是德胜门外的蓟门遗址。

张江裁的《燕京访古录》中记载，东直门内五岳观有一口汉代的绿石钟，高五尺，上周三尺八寸，下周五尺，用精巧的篆文刻有“惟大汉建武二十年春，于上谷郡蓟县城内建立大禹王庙云云”。又据说广安门内西砖胡同，有一铁碑，上铣四大隶字“威镇蓟城”和小隶字“大燕元玺元年壬子冬腊日立，燕帝慕容俊御极铁铸”。

但是，只以这些事实来说明北京城的历史是很古老的，还不行。这些实物是不是真的，即便是真的，是不是从别处运来的亦不可知，所以单单用这个作为北京是蓟城的证据还是困难的。因为现在还有安定门内孔子庙存有周代的石鼓，一直保存到民国二十二年的例子。

北京的东北大约二十里地是蓟县，它是蓟运河的起点，此地在清朝时是从北京出山海关的必经之路。我未曾去看过，据说那里北面是高山，南面是平原，道路平坦，有数十个寺院，因此可以想见是相当繁盛的地方了。这个蓟县和古代的蓟城仅是地名的暗合吗？我想怀疑一下还是有必要的。

北京大约在隋唐的时候就稍具城市的面目了，经过辽、金到元朝的大都，城郭的位置是屡屡移动的，所以当时的古地名残留到今天，具体情形怎样，这是个很大的谜。但也不能说完全没有残留。

被称为北京最古的建筑物，是西便门外天宁寺的古塔，它被说成是隋文帝建立的，实际上似为辽金时代的东西。所谓唐朝的悯忠寺的故址——外城的法源寺，再近一点的辽时的白塔寺等，都可以相信是往时的遗物。我想遗物既然存留下来了，那么当时的地名亦残留下来就是很自然的了。到了元朝的大都，都城的位置固定了，街巷的形状也随之逐渐整饰起来，地名也增加了，这可能是地名固定的开始。

元以前的地名还可以想出一点根据的有广安门内的线阁胡同，宣武门外的老墙根等。根据《天咫偶闻》，线阁是辽城东北角的燕角楼的传讹，老墙根就在辽城的北面。而在《金史》中，可以看出土地庙是在辽城通天门内路西。另外，《燕京访古录》中记载：老墙根有废城一段，刻有“通天”“辽开泰元年”“北门”等文字。但是这个废城的土已经和煤烧掉了，今天什么痕迹也没有了，只有一条略高的路和沟存在着。土地庙的地方，它的后殿已经凋落，租出去做了织布工厂。它还是元时的位置，每月三次庙会还继续着。

此外，金鱼池北有三里河，天坛东靠城墙的地方有五里屯等在城内用里表示的地名。这些是用以表示与原来都城距离的地名，它们原来都是在城外的。北京市的东郊有二里庄、三里屯、五里沟、六里屯、十里堡等，西郊有二里沟、三里河、八里庄等都是以距离北京城的里数为地名的。今天虽然在城内仅仅有三里河、五里屯等少数地名，但却可以说是明代筑城以前的东西。

（摘自〔日〕多田贞一《北京的地名》）

（七）〔韩〕崔敬昊《元代：北京胡同之始》

元大都城始建于元世祖至元四年（1267），至元十一年（1274）宫城大内建成，至元十三年（1276）大城建成。又先后于至元十一年（1274）和至大元年（1308）建隆福宫和兴圣宫。至元十四年（1277）建太庙，至元三十年（1293）建社稷坛。至元二十二年（1285）颁布中都旧城迁居大都新城用地规定，全面营建大都。至元二十九年（1292）至三十年（1293）完成积水潭（海子）下游通惠河漕运工程。全城规模至此基本定型。元末顺帝时（1333—1368）虽曾扩建三宫，改浚太液池西岸宫苑河渠，但在整个城市布局上并无改变。

元大都城平面呈长方形。根据考古勘测，北城墙长6730米，东城墙长7590米，西城墙长7600米，南城墙长6680米，周长28600米，面积50余平方公里。城门11座，从南城墙中央丽正门向北，经灵星门、崇天门、宫城内大明宫、延春阁，出厚载门、御苑至大天寿万宁寺中心阁，为大都城在规划设计上的中轴线所在。

元大都城市居民一级区划为坊，是由宽阔的大街分割成的建筑区域，新城即北城共有50坊，由翰林院侍书学士虞集（1272—1348年）拟立坊名。此外，南城还有22坊。

大城共11座门，门内大街构成全城主干道。主干道相交形成若干长方形居住区，居住区中又有等距离的东西向胡同若干条，组成整齐的街道体系。大街宽24步（约合37.2米），小街宽12步（约合18.6米），胡同宽6步（约合9.3米）。除相互正交的主干道外，在积水潭沿岸与河道附近又有斜街和丁字街。

元大都究竟有多少大街和小街，已搞不清楚。熊梦祥的《析津志辑佚》中说大都有384条火巷，29条衖通（胡同）。看来在当时胡同和火巷有区别。火巷之称在宋代就有，是较小的街巷，把居民区分隔开。胡同是元大都新出现的街巷名，跟火巷性质一样，只是宽窄上可能有差别。也有一种可能，胡同不过是某些特别火巷的称呼而已。胡同是后起之名，后来却取代了火巷。到了明代，京城坊中只有一条以火巷命名的小街，还有26条称“巷”，元代多达数百条的火巷到哪里去了？只有一种合理的解释：就是都改称为“胡同”了。

元大都的胡同名究竟叫什么，今天已基本无法知道了。可以证实的是西四南的砖塔胡同从元朝叫到今天，一直没变。今东城景山地区美术馆后街北端东侧的利薄营胡同，以前称“喇嘛杨家胡同”，喇嘛（lama）是蒙古语借自藏语lhama的词，是对藏传佛教高僧的尊称。元代蒙古族崇尚藏传佛教，大都有“喇嘛大院”“喇嘛寺”多处。喇嘛杨家胡同应是喇嘛居住之处。在西四南大街西侧的羊肉胡同，以前称为北褡裢胡同。在蒙古语中，褡裢（dalian）是两头装物件的口袋，可以搭在肩上。由蒙古语衍生的“喇嘛胡同”“褡裢胡同”很可能是元代大都胡同名称的遗存。如果这一推测成立的话，那么元大都“火巷”与“胡同”的区别在于“胡同”大多用在蒙古语借词命名的街巷。

（摘自〔韩〕崔敬昊《北京胡同变迁与旅游开发》）

（八）〔日〕中村圭尔、〔中〕辛德勇《大都》

大都位于今天的北京，是元朝建立的第二座都城，也是有元一代最为重要的一座都城。元朝建立后，因统治重心南移，忽必烈在继续扩建上都的同时，于至元元年（1264）八月，将原金朝首都燕京定名为中都，开始正式确立两都巡幸制度。至元四年，因中都旧城残破不堪，忽必烈决定在中都的东北建筑新城，至元九年二月改中都名为大都，到至元十三年，新都建成。元朝统治期间，大都不仅是全国的政治、经济与文化中心，也是当时在世界上享有盛誉的国际大都会。

元大都的考古调查工作，主要是在20世纪六七十年代配合北京城市建设进行的。当时，中国科学院考古研究所与北京市文物管理处先后勘查了大都的城郭、街道和河湖水系等遗迹，发掘了十余处不同类型的建筑基址。经实地勘测，元大都全城呈南北略长的长方形，周长约2.86万米。北面的城墙和东西两面城墙的北段，虽在明清被废弃，但地面上仍存有遗迹，即今天北京市北郊所谓的“土城”；东西两面城墙的南段，与明清北京城的东西墙一致；南面城墙的位置，在东西长安街的南侧。南墙在靠近庆寿寺双塔（即海云、可庵二师塔）的地点，稍向外弯曲，以便绕开双塔。大都11个城门中，肃清门与健德门的瓮城土墙，地表仍有部分残存。从对肃清门和光熙门基址的探钻结果来看，城门地基夯筑得很坚固，城门建筑有可能为“过梁式”木构门洞。1969年夏，在拆除西直门箭楼时，又发现义和门瓮城城门的遗址，门洞内的题记，表明它是在1358年加筑的。值得注意的是，这座城门的构筑采用了当时的新技术。如改“过梁式”木构门洞为砖券门洞，添设灭火设备以弥补木质城门的缺陷等。元大都的城墙，全部用夯土筑成，基部宽达24米。在拆除北京西城墙时，还发现元大都土城顶部中心安有排水的半圆形瓦管，顺城墙方向断断续续长达三百多米，这表明当时土城的防雨排水采用的是管道泄水的方式。

大都皇城和宫城的范围，在此次调查中也已基本清楚。皇城位于全城南部的中央地区，东墙在今南北河沿的西侧，西墙在今西皇城根，北墙在今地安门南，南墙在今东、西华门大街以南。宫城偏居皇城东部，它的南门（崇天门）约在今故宫太和殿的位置，北门（厚载门）在今景山公园少年宫前，其夯土基础已经发现。东、西两垣约在今故宫的东、西两垣附近。宫城的墙基，因明代拆除改建，保存得不好，残存的最宽处尚超过16米以上。宫城西北为以万岁山（又称万寿山，即今北海琼岛）和太液池（今北海与中海）为中心的西苑。太液池西岸，靠南为隆福宫，北为兴圣宫。

元大都全城的中轴线，与明清北京城一致。经过探钻，在景山以北发现一段南北向的道路遗迹，宽达28米，当是大都中轴线上的大道的一部分。值得注意的是，当时大都的钟鼓楼，并不在中轴线上，而是位于偏于中轴线稍西，即今天的旧鼓楼大街，这与后来明清的北京城不同。大都的街道布局，非常整齐。勘查结果表明，在南北向主干大道东西两侧，等距离平列着许多东西向的胡同。大街宽约25米，胡同宽约6—7米。今天北京内城的许多街道和胡同，仍可反映出元大都街道布局的旧迹。

元大都的城市供水系统主要有两条：一条是由高梁河、海子、通惠河构成的漕运系统；一条是由金水河、太液池构成的宫苑用水系统。对这两条水系，都进行了勘查与部分发掘。勘查结果表明，元大都的积水潭稍大于今天的太平湖、什刹前后海的范围。在皇城东北角处的通惠河宽约为27.5米。金水河入城的遗迹，在拆除西城墙时被发现，其流向也已基本清楚。对元大都的排水设施，也做了仔细勘查。在东城墙中段和西城墙北段的夯土墙基下发现了两处石砌排水涵洞，洞身宽约2.5米，长约20米，石壁高1.22米，涵洞内外侧各用石铺砌出6.5米长的出入水口。位于南北主干大街两旁由石条砌成的排水明渠，也在今西四的地下被发现。整个排水渠宽1米，深1.65米。在通过平则门内大街（今阜内大街）时，顶部覆盖了石条。元大都城内的一些居住建筑遗址，也得到了清理发掘。其中，在后英房和雍和宫后发掘了两处完整的院落遗址，出土了数量众多的生活用品与装饰品，其中不乏制作精巧、价值较高的精品，在西绦胡同、安定门外煤厂、德胜门内一〇六中学、雍和宫东和后桃园等处，也清理了一批居住遗址。

元大都历史的研究，起步要早于考古调查。早在20世纪30年代，国内即发表过朱启钤《元大都宫苑图考》、王璧文《元大都城坊考》、朱偰《元大都宫殿考》等论文。日本学者也非常重视元大都的研究，先后发表的综论性文章有岩村忍《元の大都》、爱宕松男《元の大都》等。从考古调查工作迄今，国内外发表的有关大都的研究论文已达数十篇。80年代初由陈高华撰写的《元大都》一书，篇幅虽然不长，但论述较为全面，内容涉及大都的前身、修造过程、建筑布局、人口、政治经济文化生活等诸多方面，是了解元大都历史的案头必备著作。此书出版不久，即被日本学者佐竹靖彦翻译介绍到日本。此后，由北京社会科学院主持编纂的多卷本《北京通史》，其中由王岗撰写的第五卷，也是专门叙述元代部分的。首都博物馆在1987年举办的“大都历史陈列”的基础上，还编辑出版了《元大都图集》。与此同时，日本学者杉山正明以他的“大元兀鲁思首都圈”构想为基础，也发表过一些研究报告与论著，除了前面上都部分已经提到的《大都と上都の間》外，还有《クビライと大都》《モンゴル帝国における首都と首都圏》以及《世界史を変貌させたモンゴル—時代史のデツサン》一书中的相关章节。

作为元朝统治全国的政治中心，大都的设计构想除了吸收草原旧制外，还充分继承了中国古代都城的传统，这一点是另一座草原都城——上都所无法比拟的，学者们对此多有论及。像于希贤《〈周易〉象数与元大都规划布局》与《〈周礼·考工记〉与元大都规划》（与黄建军合撰），即重点探讨了大都城选址布局所受到的中国传统哲学阴阳、五行、易卦、勘舆等方面的影响。在考古调查的基础上，不少学者结合文献记载，对大都的建筑设计、城市布局等进行了多方面探讨，除了前面提到的论著外，这方面的文章还有王璞子《元代大都城平面规划述略》、赵正之《元大都平面规划复原研究》、王灿炽《谈元大都的城墙和城门》与《元大都钟鼓楼考》、朱玲玲《元大都的坊》、日本学者渡边健哉《元代の大都南城について》等。这里需要特别提到的是傅熹年的《元大都大内宫殿的复原研究》，该文是近年来从建筑学角度研究大都宫殿的力作。在文章中，作者首先总结了现存元宫式建筑中与宋式的不同特点，然后以此为依据，对元大都大内各城门和前宫（大明宫一组）、后宫（延春阁一组）两组建筑群的结构形制进行了探讨，详细列出了各城门、建筑的尺寸及复原推算结果，并绘制出其建筑复原图。这种研究方法，应当说是目前元代都城研究中的薄弱环节，也是今后需要大力加强的一个方面。

在大都城的设计与建设者当中，刘秉忠可算是最为有名的一位，有关他的研究本来已有很多。香港学者陈学霖则另辟蹊径，对民间广为流传的明初刘伯温（刘基）修北京城的传说进行了缜密研究，并找出这一传说与元初刘秉忠建大都的内在联系，他的这一研究成果，后经不断充实，扩充为《刘伯温与哪吒城——北京建城的传说》一书出版。同刘秉忠相比，其他参与者的研究则显得非常薄弱，陈高华《石工杨琼事迹新考》一文曾部分弥补过这一缺憾，近年来，渡边健哉又发表《元朝の大都留守段貞の活动》一文。在文章中，作者首先探究了大都建设过程中诸人的分工协作，然后重点考察了大都留守段贞在大都寺观建设、仪礼建设、太史院建设及运河与仓库建设等方面的活动与贡献。苏天钧《郭守敬与大都水利工程》则介绍了郭守敬在大都水利工程方面的活动与贡献：引玉泉水解决宫苑用水；重引金口水，以运输西山木石，供元大都建设之需要；建白浮堰，导引诸泉水，使通惠河通航，以济漕运。此外，对在大都城市建设中起过重要作用的政府机构——大都留守司，渡边健哉还发表了《元朝の大都留守司にっぃて》。在文章中，他重点探讨了大都留守司从宫殿府・行工部到留守司的成立过程及其背景、大都留守司的职掌，并对几个大都留守进行了个案研究。最后，作者指出，元代的大都留守司与传统制度下的留守司迥异，实际上是为蒙古皇族尤其是为皇帝服务而设的家政机关，这一结论为作者以前所设想的大都城为蒙古皇帝私属财产一说又提供了一个佐证。

元大都的社会经济，除陈高华《元大都》第五章的相关论述外，单篇研究论文发表较少，主要有张蓉初《元代大都粮食的运输》、周继中《元大都地区的屯田》等。大都地区的宗教文化，研究相对较多。像陈高华《元代大都的皇家佛寺》探讨了元朝历代皇帝在大都地区建立的佛教寺院。中村淳《元代大都の敕建寺院をめぐつて》对此加以补充，介绍了大都地区的藏传佛教寺庙群，并重点研究了大护国仁王寺与宣政院、神御殿及太庙的关系。他的另一篇文章《元代法旨に見る历代帝师の居所——大都の花園大寺と大护国仁王寺》则认为帝师法旨中频频出现的花园大寺，即是有名的大护国仁王寺，这里应当是帝师在京的住所。徐苹芳《元大都也里可温十字寺考》与《北京房山也里可温石刻》综合文献记载与现存遗迹，介绍了元大都的基督教寺院与相关石刻情况。对于房山也里可温石刻记事的矛盾之处，林祥增《三盆山十字寺的历史沿革》认为是明人嘉靖年间重刻碑文时，为适应当时形势而做的修改。汤更生《北京房山十字寺辽元碑质疑》则认为完全是明人托伪之作，不足为据。此外，邱树森《元代基督教在大都地区的传播》除介绍基督教在大都的传播外，也谈到了北京地区现存的元代基督教遗迹。

在元朝三个都城中，大都的史料相对来说最为丰富，这方面的整理工作，最重要的莫过于《析津志辑佚》。《析津志辑佚》为元末熊梦祥编撰的一部志书，是研究元大都历史的重要资料。原书早已失传，北京图书馆（今国家图书馆）善本组在总结前人研究的基础上，将散见佚文汇为一编，为研究者带来了极大便利。不过，该书也存在一些疏漏，仍需改进。对历代文人吟咏大都资料的整理，也取得了很大成绩。早在20世纪50年代，傅乐淑即曾在《禹贡》周刊上连续发表《明周宪王朱有燉元宫词百章笺注》，他的研究成果后来结集为《元宫词百章笺注》一书出版。陈高华所编《辽金元宫词》，除收录上述朱有燉宫词外，又广泛收录其他宫词资料十余种，由北京图书馆善本组标点、陈高华校订的《人海诗区》也保存有大都历史方面的大量诗歌。近年来，陈学霖开始对张昱的《辇下曲》进行系统研究，其中，《张昱〈辇下曲〉与元大都史料》主要考证了张昱的生平活动，并分“大殿朝会”“宴飨盛况”“大驾巡幸”“建城传说”“风云人物”“宗教活动”“生活礼俗”“仪制一瞥”“闱庭情状”“宫阙剪影”等10个方面介绍了《辇下曲》，是他在这方面的初步成果。

（摘自〔日〕中村圭尔、〔中〕辛德勇《中日古代城市研究》）

（九）陈高华《皇城和宫城》

大都的皇城在城市南部的中央地区，它的东墙在今南北河沿的西侧，西墙在今西皇城根，北墙在今地安门南，南墙在今东、西华门大街以南。皇城的城墙，称为萧墙，也叫栏马墙，周围约二十里，“栏马墙临海子边，红葵高柳碧参天”。栏马墙外密密种植着参天的树木，更增加了皇城威严的气氛。皇城城门都用红色，称为红门，“人间天上无多路，只隔红门别是春”，红门内外，是两个截然不同的世界。

皇城南墙正中的门叫作灵星门，其位置大致在今午门附近。它的南面，就是大都城的丽正门。在丽正门与灵星门之间，是宫廷广场，左右两侧，有长达七百步的千步廊。在元代以前，宫廷广场一直处于宫城正门的前方，大都城却把它安排在皇城正门的前方，这在建筑设计上是一个极大的变化。它加强了从大都城正门到宫城正门之间在建筑上的层次和序列，从而使宫阙的布置更加突出，门禁更加森严。

皇城之内，以太液池为中心，围绕着三组大的建筑群，即宫城、隆福宫和兴圣宫，此外还有御苑。

宫城在皇城的东部，呈长方形，“周回九里三十步，东西四百八十步，南北六百十五步，高三十五尺”。宫城的城墙是用砖砌的。宫城的南墙有三门，中央是崇天门，约当今故宫太和殿址，左右是星拱门和云从门。西墙有西华门，东墙有东华门，东、西墙和今故宫东、西墙相近。北墙有厚载门，在今景山公园少年宫前。宫城四角都有角楼，上下三层，用琉璃瓦覆盖。从灵星门进来数十步，就是金水河，河上有三座白石桥，称为周桥，桥身琢刻龙凤祥云，明莹如玉。围绕着周桥栽种着“郁郁万株”高高的杨柳树。元代诗人有“禁柳青青白玉桥”之句，描写的就是这里的景色。过了周桥约有二百步，便是崇天门。崇天门也叫午门，左右两观，平面呈凹形（观就是两端的突出部分）。门东西长一百八十七尺，深五十五尺，高八十三尺，门上有楼，两观上有角楼，下开五门，估计应和现在故宫午门的形制比较相近。崇天门内数十步，又有一重门，中央叫作大明门，左右有日精、月华两门。过了大明门，才是宫殿所在。大明门是专供皇帝出入的，文武百官上朝则由日精、月华两门出入。封建统治者用这种办法表示自己至高无上的权威。

宫城内主要的建筑分成南北两部分。南面以大明宫为主体，北面以延春阁为主体。大明宫、延春阁以及紧靠着延春阁的清宁宫，呈一直线，坐落在全城的中轴线上。大明宫最为重要，一切重大的仪式，如皇帝即位、元旦、庆寿等等，都在这里举行。大明宫又叫长朝殿，落成于至元十年（1273）。这座建筑东西长二百尺，深一百二十尺，高九十尺，规模雄伟。殿前的台基分为三级，都用雕刻龙凤的白石栏围绕着，白石栏的每根柱下都有伸出的鳌头，十分壮观。可以想见，大明宫的三级台基和明清两代太和殿的三台在形状上一定是相去不远的。在台基上有一坑地方，种植着从沙漠移来的莎草，这是元世祖忽必烈为了使子孙不忘创业之难而特意安排的。“黑河万里金沙漠，世祖深思创业难；却望阑干护春草，丹墀留与子孙看。”在大明宫内，设有“七宝云龙御榻，白盖金缕褥，并设后位”。皇帝和皇后并列座位，每遇重大庆典，帝、后同登御榻，接受朝拜。这是蒙古族的传统，我国其他封建王朝是没有这种制度的。在御榻前，陈列有能自动报时的七宝灯漏、酒瓮和乐器。除了大明宫以外，其他的宫殿也有陈列酒瓮的，如广寒殿，这也是蒙古习俗的一种表现。大明宫后面的一座楼阁，下面叫作延春堂，延春堂东边有梯可上，上面叫作延春阁，它比大明宫还要高。元朝统治者常常在这座楼阁中举行佛事和道教的祠醮仪式，有时也在这里举行宴会。大明宫和延春阁的后面都有寝殿，中间用柱廊连接起来，平面如“工”字形。寝殿的东、西又各有小殿。在这两座“工”字形建筑的四周，都有一百余间周庑围绕，呈长方形，从而使大明宫和延春阁在宫城之内又分别形成两组封闭的小建筑群。在这两组小建筑群之间是横贯宫城的街道。元代中期以后，每年正月十五日，都要在这条街道上布置灯山，“结绮为山，树灯其上，盛陈百戏，以为娱乐”。清宁宫在延春阁后面，规模较小。宫城后墙的厚载门上，也建高阁，阁前有舞台，每当统治者登阁游赏时，就在舞台上表演歌舞。在宫城以内，除了上述主要宫殿之外，还有其他一些宫殿及附属建筑，布局谨严。特别是在两组小建筑群之内，严格遵循轴线对称的原则，给予人以庄严宏伟的感觉。

宫城以北是御苑，主要种植供统治者观赏之用的花草树木，“内有水碾，引水自玄武池（即太液池——引者）灌溉花木”。在花木丛中有华丽精致的小殿。此外，还有“熟地八顷”，元朝统治者为了表示自己重视农业，有时要举行仪式，拿着农具做做样子，这些“熟地”就是为此而置的。御苑是禁地，百姓如果闯入御苑的禁墙（即皇城栏马墙），就要以“大不敬”论罪。

宫城之西，就是太液池，包括现在北海和中海（南海当时尚未开凿）。太液池中满栽芙蓉。元朝皇帝专门造了龙船，在太液池内往来游戏。池中有两个小岛，南面的小岛，称为瀛洲，就是今天团城所在地，上有仪天殿（一名圆殿，后代改称承光殿）。北面的小岛，面积较大，就是著名的琼华岛，至元八年（1271）改称万寿山（又称万岁山）。万寿山高数十丈，都是用玲珑石堆叠而成，翠草纷纷，松桧隆郁，峰峦隐映，景色秀丽。山顶就是著名的广寒殿，殿中有十二根柱子，都刻有云龙，涂以黄金。全殿的左、右、后三面全用香木凿成彩云状，上涂黄金。这座坐落于大都城地势最高处的宫殿，光辉灿烂，别具风格。在广寒殿上四望空阔，既可以远眺西山云气，也可以下瞰大都的街衢市井。广寒殿周围，都是杨柳树，当时的诗人写道：“广寒宫殿近瑶池，千树长杨绿影齐。”意大利旅行家马可·波罗说，人们都称此山为绿山，“此名诚不虚也”。万寿山和太液池，山水相映，更增添了光彩。在万寿山和瀛洲之间，有长达二百余尺的白玉石桥，将二者连接起来。瀛洲东、西两侧都有长桥，东边是木桥，西边是木吊桥，与陆地相通。“何处蓬莱通弱水，仪天殿在画桥东。”诗中的画桥，指的就是西边的木吊桥。太液池的东边，有一处灵圃，也就是皇家动物园，“奇兽珍禽在焉”。

在太液池以西，有两组大建筑群，靠南的是隆福宫，靠北的是兴圣宫。隆福宫的主要建筑是光天殿（这个名称是著名文学家、艺术家赵孟𫖯起的），后有寝殿，用柱廊相连，寝殿两端各有小殿，外有一百余间周庑围绕。其结构与宫城中的大明宫、延春阁大体一致。在光天殿周庑之外，还有东、西鹿顶殿，香殿等建筑。整个隆福宫围有砖墙，呈长方形。隆福宫原是皇太子的住所，叫作东宫或皇太子宫，著名的王著杀阿合马事件，就是在宫前发生的。后来，成为皇太后的居处，始改名为隆福宫。兴圣宫是在元代中期武宗当政时（1308—1310年）建造的，主要建筑是兴圣殿，也有柱廊和寝殿连接，有砖垣二重，内垣相当于周庑。兴圣殿后有延华阁，还有东、西鹿顶殿，畏吾儿殿及其他附属建筑。专门收藏文物图书的奎章阁，就在兴圣宫内。奎章阁后改名宣文阁。元顺帝时，又改为端本堂，成为皇太子读书肄业之所。在隆福宫西是西御苑，有石假山、流杯池，还有香殿、圆殿、荷叶殿等建筑。

元代宫殿的建筑形式和基本结构是以汉族传统为主的，但同时也吸收了我国各兄弟民族在建筑方面的一些特点，在技术、结构、材料以及建筑装饰方面都有一些创造。木结构建筑仍是主要的。普遍运用色彩绚丽的琉璃作为建筑的装饰。宫殿平面一般均采取“工”字形，即在宫殿与宫殿之间用柱廊连接。殿内布置往往带有明显的蒙古族特色，普遍使用壁衣和地毯，凡属木结构的显露部分一般都用织造物遮盖起来。畏吾儿殿、棕毛殿、温石浴室和“通用玻璃饰”的水晶圆殿等，都具有鲜明的特色，显然出于兄弟民族工匠和技师之手。总之，它体现了多民族的特色，在我国建筑史上有着重要的意义，对后代也产生了明显的影响。

（摘自陈高华《元大都》）

（十）王岗《元宫廷生活》

蒙古统治者在南下进占中原后，经过几十年时间的亲身经验，终于全面采用了以往汉族封建统治者的治国方略，定都邑，建年号，制赋税，籍民户。然而在衣、食、住、行等生活习惯和语言风俗等方面，却长期沿袭蒙古旧俗，抵制汉族的同化。而在宫廷生活方面，表现得尤为显著。在蒙古统治者看来，大吃大喝的宴会、驱鹰纵犬的行猎，是和征伐敌国的战争有着同等重要的地位。因此，大宴会、大狩猎，也就成为元朝宫廷生活的重要组成部分。

元朝规模最大的宴会，一般设在元日（即今天的春节）、天寿节（又称万寿节，即皇帝的生日），及皇帝登基之日。这时，蒙古各支系贵族宗王、公主、驸马、政府的百官、各宗教派别的领袖，都聚集到皇宫里来，表示庆贺，所以又称为“大聚会”。这种大聚会，最初沿袭蒙古草原上的旧习，凡与会者，没有等级尊卑的差别，杂乱无章，可以随意行走，狂饮放歌，毫无禁忌，有人甚至酗酒斗殴。但后来，逐步制定了有关的仪式，分出尊卑等级，各就各位，并专有殿中侍御史负责维持秩序。但因为一来参加宴会的人特别多（一般都有数千人），二来宴会中有教坊司所掌管的舞人乐工助兴，三来宴会中酒、肉供应非常充足，再加上时有杂耍百戏及珍奇禽兽展览，故而气氛异常热烈。据那些身临其境的人们描述，“其音乐和歌舞的吵闹声足以把你震聋”。每当国家发生重大政治事件，如册立皇后、皇太子，平定叛乱，征服异国或打了大胜仗，也都要举办这种大宴会。其他中小规模的宴会，更是经常举行，不胜枚举。

蒙古统治者的饮食物品，仍沿袭旧俗。食物主要为驼、马、牛、羊之肉，饮料则为各种奶酒、奶茶等。其他禽兽珍品，也时有食用。据自幼生活在漠北、熟悉蒙古人饮食习惯的耶律铸所云，有“行厨八珍”之说。“一曰醍醐、二曰麆沆，三曰驼蹄羹，四曰驼鹿唇，五曰驼乳糜，六曰天鹅炙，七曰紫玉浆，八曰元玉浆。”其中，醍醐、麆沆、紫玉浆、元玉浆等四种为奶酒及奶茶之类的饮料，驼蹄羹、驼鹿唇、驼乳糜、天鹅炙等四种则为肉制食品。此外，还有两种日常的饮料，一是葡萄酒，其制作方法来自西域，皇宫中专门建有葡萄酒室，制造供御用的葡萄酒。二是芍药茶，其芍药花生长在塞北，花大如斗，胜过江南。蒙古人习惯采其芽叶，晒干以泡茶，其味清香。“山后天寒不识花，家家高晒芍药芽。南客初来未谙俗，下马入门犹索茶。”平时，蒙古统治者还可以四时品尝内苑种植的各种珍奇水果，以及各地进贡来的水果特产等。

宫廷生活中的另一项重要活动，则是狩猎。为此，蒙古统治者特别规定，大都方圆八百里内禁止百姓打猎。每年的春天或秋天，蒙古帝王即率领宗亲贵族、官僚大臣、怯薛亲军，并调动大批鹰房打捕猎户，在大都的南郊（俗称“下马飞放泊”）或是漷州的柳林进行狩猎活动。此外，还常在大都南面的保州、易州，大都北面的狼山、汤山等处行猎。这种狩猎活动规模极为壮观，先由鹰房打捕户将藏匿在密树丛林中的各种野兽赶到事前准备好的猎场之中，随即由皇帝亲率宗王、贵族、大臣们先后依次射猎，然后再由怯薛军、猎户等射猎捕捉，剩余的野兽则放回山林，以备来年狩猎之用。元初人王恽曾亲眼看见了狩猎的情景，作诗加以描述：“一声画鼓肃霜威，千骑平岗卷晴雪。……马蹄蹴麋欻左兴，赤绦撤镞惊龙腾。锦云一纵飞尘起，三军耳后秋风生。”元末人张昱在《辇下曲》诗中，亦曾描述了在飞放泊中捕捉天鹅的情景：“天朝飞俗乐从禽，为按名鹰出柳阴。立马万夫齐指望，半空鹅影雪沉沉。”

蒙古统治者的其他娱乐活动也十分丰富。宫廷中专门设有灵圃，饲养着来自四面八方的各种珍禽异兽，以供其随时观赏。又设有勇校署，专门豢养百数十人的职业斗士（称为角抵者），相互摔跤角力，以供其取乐。蒙古统治者还经常在宫城后面的御苑开辟场地，观看骆驼角斗，其情景极似中原地区的斗牛，而气氛之惊险，场面之壮观，则有过之而无不及，十分精彩。元人许有壬在元统二年（1334）入宫奏事，得观其事，作赋以描述之，“虎贲执缰，两两相睨，腾蹙倾奔，砉欻徒倚。……脱羁发纵，势迈角抵。始劲而踯躅，复摩肩如委靡；乍分主以伺隙，遽挑衅于马丕马矣。飘忽若风燕，盘旋如磨蚁。划然踊跃，人立对起。波鸿土坟，雷轰电马夹，持久跕跕，胜负未决”。旁边观战的蒙古贵族们振臂高呼以助威，有的人竟激动得把赛场四周的栏杆都给挤垮了。最后，斗驼比赛结束，“胜者植立，扬扬自慊；主矜调扰，望拜鳖”。各种赏赐之物，随之而至，以作为酬劳。蒙古统治者还经常进行射箭和打马球、踢足球的比赛。这些都是北方少数民族所特有的娱乐活动。

在大都城内，蒙古统治者还经常观看歌舞表演和欣赏杂剧艺术。皇宫中最常见的歌舞表演是所谓的“十六天魔舞”。这种舞蹈来自吐蕃（今西藏地区），本是藏传佛教（俗称“喇嘛教”）的一种宗教仪式，但蒙古统治者却把它作为一种表演艺术来欣赏。有时，是在大宴会上助兴，“西天法曲曼声长，璎珞垂衣称艳妆。大宴殿中歌舞上，华严海会庆君王”。有时，则是在后宫中供其消遣，“西方舞女即天人，玉手昙花满把青。舞唱天魔供奉曲，君王常在月宫听”。蒙古统治者还常在皇宫中欣赏由教坊司掌管的杂剧艺人演出的杂剧。当时大都著名的杂剧作家关汉卿，就曾创作有《伊尹扶汤》的杂剧，为统治者演出，暗含规谏之意。

到元朝中后期，由于受到汉族传统文化的长期熏陶，有些统治者也开始舞文弄墨，赋诗作画。如英宗、文宗、顺帝及其太子等人，都很喜爱书法，且能自成一家。英宗所书墨迹，“皆雄健纵逸，而刚毅英武之气发于笔端”。文宗的墨迹“甚有晋人法度”。而顺帝更是“万几之余，留心翰墨，所书大字，严正结密”。文宗还特别在皇宫之内设立了奎章阁（顺帝改为宣文阁），请书画名家前来品评宫中所藏历代著名书画作品，以增加自己的文化修养。顺帝时，曾命元末著名书法家周伯琦临写隋僧智永的《千字文帖》，并刻石置于宣文阁中，以供欣赏。文宗和顺帝还学作七言、七绝之诗。清朝人顾嗣立所编修的《元诗选》初集中，即收入文宗诗二首、顺帝诗一首。虽不能算佳作，但若以一个蒙古帝王酒余饭后的修养来看，也已是十分难得的了。

蒙古统治者的奢侈生活，所耗费的社会财富其数量之大，是无法估量的，仅举数例，以见一斑。其一，皇宫内有专供帝王饭食之需的尚食局，仅每天做饭用羊，即需五头，一年下来，合计用羊一千八百余头。其二，皇宫内所设灵圃，饲养狮、豹等猛兽。最初买肉用钞二百余锭，几十年间，即猛增到一万三千八百锭，占当时国家全年发行钞币的九十分之一。其三，每年皇宫中制造及擦拭各种器皿所用的布帛，即多达千余匹。其他的大项支出，如修建皇宫所用之建筑材料、宫中数万人所用衣食之资等等，更不知要耗费多少民脂民膏。少数统治者的一时奢侈挥霍，乃是用千百万民众长期艰辛劳作的血汗换来的。

（摘自曹子西主编《北京通史》）

（十一）〔瑞典〕奥斯伍尔德·喜仁龙《元大都的建筑》

1215年，金统治者离开中都以后不久，蒙古军队第三次攻打中都。城市陷落后，皇宫被付之一炬。据史载，大火燃烧了整整一个月。大批官民被杀，大片城区被毁，整个元代还残留着旧时宫室的重要遗址：“明初，金宫遗址犹存。嘉靖筑外城（1554年）后，遗迹始渐湮灭。”1260年成为中国北方统治者的忽必烈汗，似乎有意恢复金中都的规模，但这个打算不久便被一个更宏伟的计划所代替。据《顺天府志》记载：“世祖中统二年，修燕京旧城。至元元年，都中都。四年，始于中都之北建今城而迁都。九年，改大都。城方六十里。”

这段记载，可由内容相类的其他记载印证。它极为扼要地叙述了北京的起源和兴建史：正是大帝国的缔造者忽必烈，认识到位于和林（今乌兰巴托西南方——译注）的成吉思汗的古老营帐不适于作为大帝国的首都，这样一个首都只宜建在中国而不应建在世界任何其他地方；因为中国文化最发达，资源最丰饶，至于它偏处帝国一隅倒无关宏旨。确实，只有中国，才是当时世界上唯一可能建立世界中心的国家。

新城建于1267年或1268年，称“大都”，或称“汗八里”。时“诏旧城居民之迁京者，以赀高及居职者为先；仍定制以地八亩为一分，其或地过八亩及力不能作室者，皆不得冒据，听民作室。筑城已周，乃于文明门外向东五里立苇场，收苇以蓑城。每岁收百万，以苇排编，自下砌上，恐致摧塌”。元大都周围城墙，显然是一种把城土置于篱笆或苇栅之间，予以夯打而筑成的土墙。很可能直至明代以前，砖尚未用于城墙上。

根据以上引文，新都城址应在“中都之北”，而《顺天府志》有更明确的说明：“至元四年，筑新城，城方六十里……分十一门。正南曰丽正，南之右曰顺承，南之左曰文明；北之东曰安贞，北之西曰健德；正东曰崇仁，东之右曰齐化，东之左曰光熙；正西曰和义，西之右曰肃清，西之左曰平则……大都达今安定门、德胜门（今北二门）外，其时围有城墙。”

如果我们承认，北京以北约五里处部分残留的土城确系元代城墙遗址，那么，元大都北面延至多远的问题就可以得到圆满回答。这段土城，民间仍称之为“元城”——除此而外也难有别的解释；并且，元代文献中还曾提到元大都北墙于1368年收缩了五里，从而为这种推测进一步提供了证据。据《顺天府志》：“洪武初，改大都路为北平府。缩其城之北这段五里，废东西之北光熙、肃清二门，其九门俱仍旧。”这段文字想必应理解为表示新建北墙辟有两座与旧墙二门相对应的城门，而另外七门则保留在原来位置上。《顺天府志》中还有一些记述（引自《元志》）也肯定了新建北墙的位置：“元之都城视金之旧城拓而东北。至明初改筑，延缩其东西迤北之半而小之。今德胜有故土城闉，隆然坟起，隐隐曲抱如环不绝，传为北城遗址。”其中所谓东墙和西墙缩短了全长的一半，应纠正为缩短了五分之二。这段记载尽管有些夸张，仍然不失其重要性，因为它最清楚地说明了起伏的土城及其原来的两个城门。

大致可以肯定，元大都南墙和东墙的墙址，与明代城垣的西墙和东墙一致。平则门和齐化门两门的名称未变，而和义门与崇仁门分别更名为西直门和东直门；如果这些城墙位置发生了变化，一定会像该城北界那样被记录下来。至于元大都南墙墙址，却与完整的明代城市（即今北京内城）的南墙不甚一致，因为元大都南墙实际上是旧时金中都北界内的一大段城墙。金中都遗址至元代犹存，时称“南城”。上文曾提到白云观等建筑位于金中都城内；但如果金中都北墙不在今北京内城南墙以北至少一里处，则这种情况就不能成立。又据《日下旧闻考》引《元一统志》：营建元大都时，曾下令于庆寿寺（现称双塔寺，约在今南墙北一里半处，寺中仍有双塔耸峙）以南三十步远处修建南墙。此外，根据有关记载，观象台原位于元大都城东南角处，而其遗址却发现在今东南城角以北约一里半处的东墙上。根据以上证据似乎可以肯定：元大都南墙是沿着现北京内城南墙以北大约一里或一里半处修筑的，并且很可能与金都北墙重合（或在其北面几步远处）。南墙的这一位置，直至15世纪初永乐帝时才予更动；而北墙则是在此前五十年左右的洪武帝时下诏改动的。从下一章所引的史料中，将可以很清楚地了解这一过程。不过，在讨论后来的年代之前，有必要进一步汇集元大都的有关资料。元大都仅存在一个世纪左右，但在这段时间里面，显然对它进行了巨大的营建和整修工程。《顺天府志》有两段记载值得一录，大意如下："至元二十年（1283年）修大都城。二十一年五月丙午，以侍卫亲军万人修大都城。"大都城于1292年和1322年又连续得到整修。"至正十九年冬十月庚申朔，诏京师十一门皆筑瓮城，造吊桥。"直到那时，城门似乎尚无永久性防御设施。很可能蒙古人沿用着据史籍所载原为辽人和金人所用的一种"楼橹"。不过，当时在城门前加筑了一种叫作瓮城的建筑，即一道弧形围墙——北京今天具有独特风格的瓮城就这样出现了。这种瓮城有深邃的空场和马可·波罗特别提及的高大城楼。但当时护城河上的桥仍是木制的，而非石造的，这种情况一直延续到明代。

元大都比现存的北京内城大得多，但是，上文所引的一段《元史》称城墙总长有六十里之多，也未免失实。如果我们刚才所述的墙址大致正确，则其总长应不超过五十里。中国史书的记载，不是错印就是大大夸张了。这种夸张，在《马可波罗游记》关于元大都的描述中表现得更为明显。他说："此城之广袤，说如下方，周围有24哩，其形正方，由是每方各有6哩。"马可·波罗故乡意大利的一哩相当于2.77里，以此推算，全城超过六十六里。这个数字肯定与事实不符。另外还应指出，城市平面并非正方形，而是北端呈抹角形的长方形。显然，马可·波罗是倾倒于元大都的雄伟壮丽，而对它的各方面极尽描绘之能事。他的描绘总的来说是夸张的，但其中不乏值得注意之处，特别是关于元大都的街道和建筑，给我们留下了仅存的资料。例如，他对于城墙和城门做了如下出色描述：“（此城）环以土墙，墙根厚十步，然愈高愈削，墙头仅厚三步。遍筑女墙，女墙色白。”城墙从城顶到城基的倾斜度显然很大，而在城墙表面尚未用砖全部包砌（尽管城头用砖或石筑有垛口）的年代，这种坡度是不得已而为之的。“全城有十二门，各门之上有一大宫，颇壮丽。四面各有三门五宫，盖每角亦各有一宫，壮丽相等。宫中有殿广大，其中贮藏守城者之兵杖。”马可·波罗在记述城门情况时再次表现出记忆的不准确。实际上，只有三面城墙是各辟三门，第四面城墙仅辟有二门。全城共十一座城门。关于这一点，中国各种文献的记载完全一致。马可·波罗称为“宫”的城门楼和角楼，大概与现在的城门楼和角楼没有两样，即亦为砖结构建筑，木构架，四面有廊，檐为三层，向外挑出。元代城门楼和角楼这类建筑的形制，仍旧体现在主要为元代所建的鼓楼建筑上，因为鼓楼是根据前代同类建筑的式样仿建的。中国建筑的延续性，使我们有可能通过研究现存建筑物，而对于它已不复存在的前身之基本特征，获得较清楚的了解。因此，我们可以有把握地断定，汗八里的城楼与明代城楼基本相似，但元代瓮城是否配有箭楼等细节，尚不能确定。

关于汗八里的布局和街道的一般特征，马可·波罗也提供了一些情况：

“街道甚直，此端可见彼端，盖其布置，使此门可由街道远望彼门也。城中有壮丽宫殿，复有美丽邸舍甚多。各大街两旁，皆有种种商店屋舍。全城中划地为方形，划线整齐，建筑屋舍。每方足以建筑大屋，连同庭院园囿而有余。以方地赐各部落首领，每首领各有其赐地。方地周围皆是美丽道路，行人由斯往来。全城地面规划有如棋盘，其美善之极，未可言宣。”

元大都布局严整规则，街道笔直，纵横交错，把城区划分为一块块方形地段。中国古代帝京或多或少都具备这种特点，尤其是隋唐时期的京城长安，这种城市布局达到了极为完善的程度。从附有图页的长安古地方志上可以看到，城市的平面规划酷似一张棋盘，主要街道把城区划分为一块块方格，叫作“坊”，每个坊又被较窄的街道划为四个小方块。有时，一座府第或一所衙署就占据整整一个坊。而普通宅第只占一个坊的四分之一，元大都的每一个坊，据说占地8亩（约合1.4—1.5英亩），为一户人家所据，其大小足以容纳一所豪华的深宅，宅内还有房屋环绕的重重院落和带有围墙的花园。很难确定大都城究竟在怎样的程度上体现了这种理想布局，但肯定具备了其主要特征，这从北京内城的结构仍然可以看出：在那里，经纬交织的干道，以及特别是在北城的许多旧住宅区，揭示了井然有序的坊巷结构。不过，马可·波罗关于城市布局之规整如同棋盘的说法，也有不尽然之处。由于受政治、地理等因素的影响，元大都的城市布局难免有不合规范之处。并且，由于战争、动乱和其他殃及古汗八里城的天灾人祸，这些不规范之处与年俱增。很多改建和整修工程进行得漫无计划，许多小街道修得像一条条蜿蜒小路，而不像划分街坊的笔直间隔物。尽管如此，城市最初布局的主要特征仍可辨认，并且值得认真研究。应当指出，像长安和元大都一类城市的平面规划，比任何一个房屋密集、街巷曲窄的欧洲中世纪城市，都更接近于那些被宽阔通衢划分为齐整区域的现代西方城市。在这些中国古城里，面积宽广，视野开阔，房屋低矮，树木和花园比比皆是(不过大都掩于院墙之后)。

马可·波罗曾提到带有“庭院园囿”的“大屋”，可惜没有进一步描述这些建筑。也许他想当然地以为这些建筑的外观是众所周知的——其实，见过一两座中国宅邸也确实能够举一反三：这些宅邸之间差别不很大，唯内部建筑、院落进数和花园（中国家庭最理想的休憩场所）的讲究程度有所不同。元大都城中，马可·波罗唯一特别提及的建筑是钟楼。他写道：北京城内的钟鼓楼迄今犹存，它们现在的位置很难说是处于城市正中。但是，马可·波罗关于钟楼位置的记述并不难解释，因为如前所述，元大都城曾向北展拓大约五里，而其南墙又建于今南墙以北一里多处；如果考虑到城市平面的这些更动，就可发现现存的钟鼓楼恰好位于当时大都城的中央，正如在其他大多数钟鼓楼犹存的中国古城中一样。此外，《元一统志》《元史·地理志》中有一段文字亦可证明这一点，其大意是，“至元九年，建钟鼓楼于城中”。

稍具历史知识便可看出，我们今天看到的钟楼和鼓楼分别是在不同时期修建的。比起体量庞大的鼓楼，钟楼要灵秀得多。钟楼全部砖砌，辟有汉白玉券门，设有石护栏和乾隆时期风格的装饰性女墙。此楼是于1748年的一场大火后彻底修复而成。其前身始建于15世纪永乐年间，取代了位置稍微偏东的最初元代钟楼。鼓楼宽是钟楼的两倍有余，建筑风格亦迥然不同：下部为巨大的土筑城台，表面以砖包，辟有两道券门；上为一巨大楼阁，双层双檐式，外有回廊。整个建筑属于比较古老的传统的类型，在这里主要表现为体躯硕大。鼓楼虽然经过重建和修葺，但大可算作一座元代古楼。如果把它与北京其他同类建筑，如建于明代和清初的紫禁城午门比较，就可以注意到鼓楼不仅细部结构（如斗拱）较为简朴，而且体态较为笨大，显示出早期建筑的特点。鼓楼坐落于直趋皇宫的宽敞街道的顶端，地势略高，因而显得气势雄浑阔大。很有可能，它是北京现存最古老的巨大建筑（即那些极类似中国称为“台”的建筑），因为除了某些寺塔之外，北京市内和郊区再无其他元代建筑了。

然而，最使马可·波罗和弗里阿·奥多里克（忽必烈死后不久曾访问元大都）等欧洲访客赞叹不绝的建筑是皇宫。尽管他们来自不朽建筑荟萃的文化圣地，仍视大汗宫殿为世界奇观：皇宫范围广袤，戒备森严，门阙重叠，庭院深邃，楼阁连云，城楼林立；在它漫无尽头的宫墙后面，似乎隐藏着无数不可探知的秘密。这宫殿真不愧是世界大帝国的心脏：它发号施令，威震八方；而其宫室之宏丽，装饰之华美，也同样摄人心魄，使人折服。这里不拟专门探讨元代宫殿，但不妨引录马可·波罗关于宫殿外观的若干描述，看看他们是如何看待元大都中这组最重要的建筑：

“此墙南面辟五门，中间一门除战时兵马甲仗由此而出外，从来不开。”

以上所述是指皇城，元朝亦称宫城，此城平面可能不是正方形，而是长方形，周围环以高墙，四角和各城门上建有绮丽的城楼；其周长也不是意大利四哩（约合十一里），而是如元明诸史记载的六里或七里之间。马可·波罗后来所提及的“大墙”即外部宫墙，大约与今北京“皇城”宫墙一致。据元代文献记载，元皇城周长为二十里，而今北京皇城的周长则为十八里。如果对有关史料和现存古迹进行比较认真的研究，便可断定元代皇城与明代皇城的范围实际上是一致的。关于宫城内的建筑，马可·波罗仅略有叙述：“此墙之内，别有一墙，其长度逾于宽度。此墙周围亦有八宫，与外墙八宫相类。其中亦贮君主战具……此二墙之中央，为君主大宫所在，其布置之法如下。”

“君等应知此宫之大，向所未见……”接着是对内部设施的描述，因为我们关心的仅是这个城的外貌概观，所以不继续引录了。元朝称此内宫为“大内”，该名称迄今有时仍然用以表示“紫禁城”。

阿德理有一段简短评论印证了马可·波罗的叙述：“两墙之间，储藏着他的物品，养活着他的奴隶；而大汗及其众多家眷则居于内墙里。”他还指出：内墙和外墙相距半箭地。

以上描述不由使人联想到壁垒森严的军营。蒙古君王的宫室似乎向人们表示，他对中国的统治，并非仰仗上天赐予的权威，而是凭借手中刀剑的威力。前代的中国帝京从未有过防范如此严密、被层层墙垣围裹的宫殿。如长安城内唐帝的大明宫，就是坐落于城市北区，平面呈矩形而凸出于城墙线之外，并与驻有全部官署及其他机构的“皇城”南面相接。开封的宋朝宫殿也不是那种深沟高垒的军事性建筑。诚然，这些宫殿也有角楼和坚固大门，但如此强调宫殿的军事意义，却为蒙古统治者所独有。

其他方面，元大都是仿古长安城规制设计的，如：城市平面为方形，并根据东、西、南、北确定方位；布局规整、街道笔直；可能有几座官署建筑也是仿建的。大汗雄心勃勃，企图使他的京城成为前所未见的最坚固、最美丽的帝都，以炫耀他巨大的物质财富、雄厚的军事力量和巨大的组织能力。当中国正统王朝——南宋进行的顽强抵抗最终于1280年被粉碎后，元大都就成为囊括整个中国及大片东亚和东欧地区的庞大帝国的首都，忽必烈帝国的疆界从朝鲜直抵波兰边境，在这片广袤的大陆上，没有任何一个城市能以其宏伟、富丽而与汗八里相匹。1368年，蒙古帝国崩溃，京城亦遭蹂躏，但主要建筑随即修复，城墙也改建得更为坚固，使城防进一步增强。从此以后，这座命名为“北京”的城市，便成为整个中国的首都。

（摘自《北京的城墙和城门》）

（十二）吕超《汗八里：北京域外形象的起源》

汗八里（即元大都）是北京城市建设的重要里程碑，为今日北京城奠定了基础。1264年，忽必烈迁都燕京（即金中都），并下诏以燕京为中都。三年后，又决定在其东北以太液池琼华岛离宫为中心建设新城。1274年，新都城基本建成，蒙古人称其为“汗八里”，汉族人则称其为“大都”。而后，忽必烈将在金中都旧址的中书省、枢密院、御史台、宣政院、通政院等中央官署和店铺等均迁置于汗八城。

汗八里城是按《周礼·考工记》所载的“国中九经九纬，经涂九轨，前朝后市，左祖右社”规制修建的，有着周密设计和整体布局。“匠人营国，方九里，旁三门”，汗八里城虽然并不是正方形，北面城墙上也不是三个城门，而是仅有两个，但总体来看，城内主要建筑群的布局和安排，基本上合乎“匠人营国”的设计要求。汗八里中心部分为鼓楼和钟楼。其城墙周长为28.6千米，基部底宽24米。如马可·波罗的记载：“（此城）环以土墙，墙根厚十步，然愈高愈削，墙头仅厚三步。遍筑女墙，女墙色白。”汗八里城为土城，易被雨水冲塌，因而用芦苇披在城墙上，外面抹白灰。

就城市功能而言，汗八里与前代都城相比，变化并不大。但就其文化传承而言，却是截然不同的。汗八里城在民居方面完全打破了汉唐时期的坊里制度。虽然仍有坊里的名称，但又高又厚的坊墙被废除了，整座都城变成了开放式的城市。这个变化在中国的城市发展史上是一个划时代的创举。汗八里城内除皇城外，划分为50坊。胡同东西向整齐排列，一般距离为50步（约77米），胡同宽约6米。这些胡同仍是今日北京内城的基础。现在的鼓楼东一带，就是当时遗存的街巷。

汗八里的宫苑在全城中央偏南，皇城将宫城、太液池、兴圣宫和隆福宫包围起来，宫城富丽堂皇，“虽天上之清都，海上之蓬莱，尤不足以喻其境也”。在元代以前，宫廷广场一直处在宫城正门的前方，汗八里却把它安排在皇城正门前面，这在城市规划上是个极大的变化，它强调了从汗八里正门到宫城正门之间建筑上的层次感，从而使宫阙的布置更为突出、门禁更为森严。

整体上看，汗八里的城市规划遵循着传统的农耕文化原则，但在具体的建筑上，则体现着集百家之长的精神。据文献记载，汗八里宫殿内的布置风格完全是游牧文化的体现，地上铺着厚厚的毛毡，墙上挂着各种名贵的兽皮；宫殿外面，则种满青草，环境怡人，宛若草原。从现存的建筑来看，白塔寺的大白佛塔，体现了西藏建筑风格。此外，还有许多带有伊斯兰教和基督教风格的建筑，只是今天已经见不到了。因此，汗八里的城市面貌融合了三种不同的建筑文化（中原地区的农耕文化、草原地区的游牧文化，以及从西方传入的伊斯兰教和基督教文化）。另外，汗八里人口有数十万众，除汉族外，还有蒙古族、回族、维吾尔族和色目人等，加上遍及欧亚大陆各国的商业网络，从而真正成了一座国际化大都会，让当时罗马、巴黎等欧洲都会望尘莫及。来自阿拉伯和欧洲的旅行家、传教士、商人等，或在此城居留任职，或做考察旅行，无不折服于汗八里的壮丽和富足。

（摘自吕超《东方帝都》）

二、元朝建筑大事记

1. 1060年成吉思汗六世祖海都王鄂懒，在怯鲁涟（克鲁伦）河流域开始行建宫殿。

2. 1206年（太祖元年）

是年开始，成吉思汗逐步建立了他的四大斡耳朵：雕阿兰斡耳朵，蒙古语〔jülege〕（沼泽地之意）。萨里川斡耳朵，萨里，蒙古语〔šira〕（黄色原野或黄色河之意，今蒙古克鲁伦，土拉河上游）。黑林斡耳朵，蒙古语〔har tung〕（今蒙古土拉河上游昭莫多地方）。乃蛮旧营斡耳朵，乃蛮，蒙古语〔naiman〕，即蒙古旧部落之名称（居住地为今蒙古杭盖山北麓地区）。

3. 1215年（太祖十年）

五月，成吉思汗“四杰”之一蒙古大将木华黎率大军围攻金国都城中都。金相完颜福兴服毒自杀，守将抹燃尽忠弃城南逃，中都陷落。木华黎派前锋石抹明安入城安抚镇守，改为燕京路总管大兴府。开始维修金朝宫殿。

4. 1220年（太祖十五年）

成吉思汗示意部下在鄂尔浑河上游东岸（今蒙古国）选址筹建哈剌和林（蒙古语黑色城墙之意），哈剌和林雏形初成规模。（资料来源：〔蒙古〕哈·帕仁莱《蒙古中世纪城镇遗址记》）

5. 1224年（太祖十九年）

敕赐燕京全真道观为长春宫，该观唐代称天长观，金代称太极宫。1230年改太极宫的跨院建白云观。

6. 1229—1241年太宗元年至十三年窝阔台汗建筑了长达600公里的打猎围墙，每8—12公里建有护卫居住的房屋。

围墙起自蒙古国东北部的肯特杭盖省（蒙古语〔hendi hanγai ayimag〕）的巴彦阿达日戈苏木（蒙古语〔bayin adrag sumu〕）到乔巴山省（蒙古语〔čoyibalsan ayimag〕）的巴彦东苏木（蒙古语〔bayin dun sumu〕）。《蒙古秘史》281节记录窝阔台汗晚年检讨自己继承成吉思汗大位以后做了四件好事，又做了四件错事，其中“一件将天生的野兽，恐走入兄弟之国，筑墙寨围拦住，致有怨言”。就是指造围墙的事。这地方原来是属于成吉思汗之弟斡惕赤斤诺彦的领地。

7. 1234年（太宗六年）

道士宋德方在山西太原西南龙山开凿龙山石窟和营建昊天观。现寺观残址，石窟尚存八龛四十余尊雕像。

8. 1235年（太宗七年）

窝阔台汗扩建蒙古帝国都城哈剌和林，建万安宫。《元史》卷二《本纪第二·太宗纪》载：“七年乙未春，城和林，作万安宫。”1236年（太宗八年），《元史》卷二载：“八年丙申春，诸王名治具来会宴。万安宫落成。”

9. 1237年（太宗九年）

太宗窝阔台汗继续扩建蒙古帝国都城哈拉和林宫阙、城墙，并在哈剌和林周围百余里的风景区建立了他的春夏秋冬营地斡耳朵。春营地为迦坚茶寒，蒙古语〔gegen čaγan ordun〕（即大明宫之意）。《元史》卷二载："九年夏四月，筑扫邻城，作迦坚茶寒殿。"夏营地为月儿灭怯土，蒙古语〔irmegtu〕（山崖之意）。秋营地为古薛纳兀儿，蒙古语〔γašγun naγur〕（苦水湖之意）。冬营地为汪吉斡耳朵，汪吉，蒙古语为〔onji〕，地名，河流名称。这些宫殿主要由波斯工匠建造。

同年，因1236年（太宗八年）蒙古军南侵，山东兖州府曲阜孔庙殿堂廊庑烬损过半。同时，颜子庙和邹县孟庙均毁于兵灾。是年开始重修孔庙，修成寝殿等建筑。

1267年（至元四年）对奎文阁、杏坛进行大修。

1282年（至元十九年）修孔庙墙垣，植松桧一千株。

1297—1302年（成宗大德元年至六年）建大成殿、泗水候殿、沂水候殿、钟楼、"第九号"碑亭等建筑126间，此次孔庙修葺是元代最大的一次工程。

1331年（至顺二年）赐币三十一万余缗，按皇城宫室制度，在孔庙四隅建角楼，1336年完工。1334—1336年（元统二年至后至元二年）修庙内殿宇书楼等建筑。

1339年（后至元五年）建"第十号"碑亭。

10. 1241年（太宗十三年）

重建山东兖州府曲阜县颜子庙，1255年（宪宗五年）告成。元大德末年庙又毁。

1326年（泰定三年）扩建颜庙。以后又多次修葺、扩建，建成殿宇等建筑159间，前后五进院落的布局。

11. 1342年（至正二年）

是年元顺帝妥懽帖睦尔开始用四年时间维修扩建哈剌和林宫殿，把维修后的五层楼阁命名为"兴元阁"。并用蒙汉两种文字立碑，简述都城历史以资纪念（史称“兴元阁碑”）。

1948—1949年，苏蒙联合考察队对哈剌和林都城遗址挖掘中发现了大量琉璃瓦砖，并出有“内府”字样的琉璃瓦，还有金、银、铜、铁、玉石等，以及珊瑚、珍珠等。有重达三公斤的铁板。经化验，冶炼热度达到1350℃。可见当时炼铁技术达到了一定水平。

并发现刻有“内府”两个汉字的瓦，以及各种规格的砖头：

长29cm×宽14cm×厚5cm

长31cm×宽14cm×厚6cm

长28cm×宽28cm×厚5cm

另外，还有长36cm×宽36cm×厚5cm的砖块和长75cm×宽15cm×厚7cm的大石板。

12. 1246年（定宗元年）

在大都建万松老人塔。

13. 1247年（定宗二年）

重建山西芮城永乐镇永乐宫。该宫本名大纯阳万寿宫，因在永乐镇，习惯称今名。宫初名吕公祠，金末改祠为观，1231年毁于火灾，是年敕赐为“宫”并动工重建。1262年（中统三年）完成宫主体建筑三清殿、纯阳殿、七真殿等，1294年（至元三十一年）完成龙虎殿（无极门）。1325年（泰定二年）绘完三清殿壁画，1358年（至正十八年）纯阳殿壁画竣工。前后施工期经110年，现存元代建筑有龙虎殿、三清殿、纯阳殿、重阳殿及元代壁画，达960平方米。于1959年按原样全部迁置县城北龙泉村。被誉为元代“清明上河图”。

14. 1253年（宪宗三年）

除了继续使用窝阔台时期四大营地斡耳朵以外，又筹建了怯蹇义罕，蒙古语〔časan čaγan〕（小雪山头或小白川之意）；军脑儿，蒙古语〔jaγun naγur〕（一百个湖之意）；也灭干哈里叉海，蒙古语〔imaγan kalčaγai〕（秃山或秃川之意）等行宫。

15. 1256年（宪宗六年）

忽必烈于滦水之北龙凤岗建开平府（今内蒙古正蓝旗东北十公里上都河北岸）为藩府驻所，并营建宫室。《元史》卷四载："岁丙长，春三月，命僧子聪卜地于桓州东，滦，城开平府，经营宫室。"

同年，建福建泉州凤屿盘光桥，桥宽5米，长1200米，计160间。

16. 1260年（中统元年）

忽必烈在开平即帝位，建元中统。至元元年（1264）以开平为上都，燕京为中都，并诏营上都城池宫室。1262年（中统三年）在燕京琼华岛上修建了著名的广寒殿，至元二年（1265）《元史》卷六载："己丑，渎大玉海成，敕置广寒殿。"

17. 1264—1287年（至元元年至二十四年）在今赤峰市喀喇沁旗锦山镇建大泉寺，有元代石碑两座，一座刻有"大元国上都路松州南阴凉河川狮子崖大泉寺常住山村（一作"林"）地土周围四至碑"及"至元二十四年（1287年）日月重建"等字样。一座刻有"松州狮子崖龙泉寺主持慈光普济大师然公道行碑""至正元年（1341年）岁次辛巳五月建"等字样。龙泉寺现为内蒙古重点文物保护单位。

18. 1264—1294年（至元年间）

忽必烈在黑水边上兴筑了新城——阿伦斯木〔olon sumu〕古城，俗称赵王城（在内蒙古达茂联合旗）。大德九年（1305）黑水新城为静安路，延祐五年（1318）改静安路为德宁路，静安县为德宁县。古城为长方形，城墙为元代普遍用的土夯筑，高约3米，周长3公里之多，城角有角楼，东南西墙有三门，都有瓮城。城内建筑遗址院落17处，台基90多处，城内街道广阔，布局整齐，考古出土有著名的《王傅德风堂碑记》。

19. 1265—1266年（至元二年至三年）

郭守敬主持开金代旧渠道，导玉泉诸水流入太液池，称为金水河，用以保证宫苑用水。

20. 1260—1264年（中统元年至至元元年）

忽必烈薛禅汗、皇后察必在中都建筑报国寺。

21. 1267年（至元四年）于燕京东北建新都城大都，宫殿和外城郭同时动工。

同年，以金代所遗海子、琼华岛为皇城禁苑，称“上苑”。1271年（至元八年）其山赐名万寿山，也称万岁山，其湖称太液池。

22. 1260年（中统元年）

尼泊尔派遣阿尔尼哥来我国协助兴建佛塔及雕塑佛像。阿尔尼哥所建白塔共三座，一座在西藏，一座在山西五台山，另一座在大都。(即现今北京白塔寺)

23. 1261年（中统二年）

于大都瓮山泊（今昆明湖颐和园）东岸建大臣耶律楚材墓(耶律楚材，契丹人，字晋卿，号湛然居士、玉泉居士，死于1244年)，墓前置祠及石像。

24. 1262年薛景石著关于元代木工技艺的著作《梓人遗制》(已佚，现只能从《永乐大典》中略知其片段内容)。

25. 1264年至1294年（至元年间）

建大都金水河上的崖清闸（位于今北京地安门北鼓楼，后重修时，更名为万宁桥、海子桥，清代称后门桥)，单孔石拱界分北城与中城，地处大都商业区。

26. 1264年（至元元年）

建河北真定县（今正定县）玉华宫，宫内置睿宗帝后（即成吉思汗幼子托雷后）影堂（又称神御殿)。《元史》卷四载：“己丑，命炼师王道妇于真，定筑道观，赐名玉华。”

27. 1265年（至元二年）

八思巴主持扩建及修葺西藏日喀则萨迦北寺。

1268年在冲曲河南建萨迦南寺，寺规模宏大，仅大经堂一组建筑面积达6000平方米。

1282年诏造帝师（八思巴）舍利塔。

28. 1266年（至元三年）

开凿大都西山水利工程“金口”，引永定河水以解决建设首都的材料运输问题。1336年下令闭闸板，1339年用沙石封堵，1342年（至正二年）正月，又起闸放金口水，因船不能行以徒劳无功告终。

29. 1267年（至元四年）

于大都城建佑圣王灵应庙（城隍庙），明代永乐年间重修，改名为大威灵祠，1447年和1548年先后二次重建，现仅存寝祠。

30. 1268年（至元五年）大都建崇圣寺。

31. 1270年（至元七年）

大都高梁河北建大护国仁王寺。1285年又发诸卫军6800人修造。成宗时，寺中供察必皇后神像。

同年，重建河北曲阳岳庙德宁殿。其匾额“德宁殿”三字为元世祖忽必烈所书。又建大都柏林寺。

32. 1270年（至元七年）

翁吉剌惕斡罗陈万户在今内蒙古克什克腾旗达里诺尔西南建筑府第，蒙古语称〔bars kot〕（意为老虎城）。建后赐名应昌府，俗称鲁王城。至元二十二年（1285）开为路。城墙乃用元代代表性营造土夯筑，高5米左右，地宽10米，顶宽2米，城垣呈长方形，周长3公里之多，东、南、西部城墙乃开三门，都有瓮城。城内有十字街。考古发现有元代代表性“工”字形宫殿，蒙古语称巴托恰哈特〔batu čikatu〕式建筑，并挖掘出有“应昌路新建儒学记”的碑额和建于泰定二年（1325）的龙兴寺石碑。

这里风景优美，湖光山色，元代诗人杨允孚诗云：“东城天树西起风，百折河流绕塞通。河上驱车应昌府，月偏清照鲁王宫。”可见当时兴旺情景。

1368年元顺帝妥懽帖睦尔退出大都，先退至上都，第二年退至应昌府，从此史称北元，提出“还我大都”的口号继续和明朝抗衡了二百余年。

33. 1271年（至元八年）二月，发民二万八千余人筑宫城，十一月易国号为“元”。1272年（至元九年）把新建都城命名为大都（中都改称旧城，又叫作南城）。以开平为夏都。

同年初，建大都宫城东西华门及左右掖门，次年建正殿、寝殿、香阁、周庑等建筑，1274年（至元十一年）正月，宫阙告成，《元史》卷八载：“十年春正月卯朔，宫阙告成，帝始御殿，受皇太子诸王百官朝贺。”并在太液池西岸建隆福宫。

34. 1276年（至元十三年）四月，诏修太庙，1280年（至元十七年）重建太庙，1321年（至治元年）建正殿，于1323年完工，前殿十五间，有东西门，夹室。1284年（至元二十一年）六月，京城建成，有三重城垣，外城周长28600米，共开十一门。《元史》卷五八载：“城方六十里，十一门。”次年二月《元史》卷十三载：“诏旧城居民之迁京城者，从赀高及居职者为先，仍定制从地八亩为一分。其或地过八亩及力不能作室者，皆不得冒据。听民作室。”是元大都胡同之始。

35. 1291年（至元二十八年）年初发侍卫兵营建宫中紫檀殿。《元史》卷十八载，“庚午，帝大渐，癸酉，帝崩于紫檀殿”。

36. 1291年（至元二十八年）七月，于大都和义门内（今西直门内）建社稷坛。

37. 1297年（大德元年）二月，于大都建五福太已神坛畤（清代改为普济寺）。

38. 1308年（至大元年）三月，于大都隆福宫北建兴圣宫。

39. 1320年（延祐七年）六月，新作太祖幄殿。

40. 1324年（泰定元年）十二月，新建棕毛殿竣工。

41. 1271—1294年间（至元八年至三十一年间）

建江苏苏州阊门外归元寺（明代改建为东园、西园，东园即今留园）。

42. 1271年（至元八年）

大都平则门（今阜成门）内建白塔，由尼泊尔工匠阿尔尼哥设计建造。1279年（至元十六年）完成，其增建之寺院，于1288年四月竣工，敕赐名为大圣寿万安寺，简称万安寺。《元史》卷八载，"癸丑，建大圣寿万安寺"。仁宗时续建，寺内元寺昭睿殿置世祖帝后的影堂，明寿殿置裕宗帝后影堂。1368年寺毁于雷火，仅存白塔。此塔为我国内地建年最早、规模最大的一座喇嘛塔（1457年明天顺元年，重建寺宇改名为妙应寺，塔随寺名称妙应寺白塔，1465年明成化元年于塔座周围用砖砌灯龛一百零八座）。

43. 1274年（至元十一年）忽必烈薛禅汗皇后察必在大都西部高梁河建护国仁王寺。

44. 1275年（至元十二年）建江苏扬州仙鹤寺（即伊斯兰礼拜堂，清代重建）。

45. 1275年（至元十二年）

忽必烈薛禅汗在漠北呼格辛·德勒山（蒙古语〔kogšin degel〕，意为旧袍领之意）建筑过镇远营（蒙古语称〔sur badraγulku čirig-yin kot〕）。1926年苏联学者帕·柯兹洛夫率领的考古队发现刻有"至元十二年特立此石碑"的石碑。

46. 1276年（至元十三年）

一月，南宋恭宗赵㬎降，元军入临安。元世祖忽必烈并诏谕原南宋新附地区："各守职业，其勿忘生疑畏，所在名山大川，寺观庙宇，并前代名人遗迹不许拆毁。"此谕有利于南方各省文化遗迹的保存。次年，改临安为杭州。

同年，诏建河南登封县告成镇观星台（即天文观测台）。由郭守敬和王恂主持这项工程。观星台是一座砖石结构建筑。是年在上都建筑祭祀庙。由台身和石圭（观测仪）两个部分组成。

47. 1278年（至元十五年）

三月，忽必烈命达海（塔海）毁夔府（今四川奉节县）城壁。

同年六月，南宋张世杰在新会岸山（今广东新会县南）为宋主赵昺造行宫二十间，军屋三千间居住，正殿称慈元殿。次年即被元军攻占。

48. 1279年（至元十六年）

二月，同意王恂等人建议，在大都建司天台，其仪象、圭表皆用铜制，表高比原来的2.46米增五培，使测影更加精密。

同年十月，诏叙州（今湖南黔县西南黔城）夔府至江陵（今四川奉节县至湖北江陵县）河守置水上驿站。另于辽阳行省东北部米瓦江（今松花江），黑龙江下游通往奴儿干（黑龙江口一带）置狗站15所，供水上驾犬舆使者途中停休。1283年开置云南驿站。1285年四月，置畏兀驿6所，1289年置福建泉州至浙江杭州沿海驿站15所，1293年诏，自耽罗至鸭绿江口沿海置11所水上驿站。

49. 1280年（至元十七年）

建察罕脑儿〔čaγan naγur〕（蒙古语白色湖）行宫，每年元帝自上都回返大都途中，于此驻跸并放鹰行猎。

50. 1280—1293年（至元十七年至三十年）

在郭守敬主持下，于至元十七年至三十年前后开凿济州河，开通了通惠河与原部分运河的衔接，建成北起大都，南达杭州，沟通海河、黄河、淮河、长江、钱塘江五大流域的大运河，全长1700多公里。

51. 1281年（至元十八年）

重建浙江杭州凤凰寺。寺创建于唐，宋代毁圮，是年由波斯人阿老丁筹资重建（1451年又大修）。

52. 1282—1292年间（至元十九年至二十九年之间）镌雕浙江杭州灵隐寺前飞来峰佛像，迄今尚能辨认者有一百余尊。这是南方地区保留较多的元代石窟艺术造像。

53. 1283年（至元二十年）

兴建山西临汾县魏村牛王庙。1303年庙遭地震塌圮，1329年重建，现尚存元构戏台一座，平面近方形，单檐歇山顶。

同年，修汴梁城，诏毁汴梁宋代天坛，就地兴建佛寺。

54. 1284年（至元二十一年）

建山西高平县董峰村圣姑庙，现存三圣殿为元代遗构。

55. 1284年（至元二十一年）

大都建天衣寺。《元史》卷十三《本纪第十三·世祖十》载："丙申，以江南总摄杨琏真加发宋陵冢所收金银宝器修天衣寺。"

56. 1285年（至元二十二年）

正月，毁杭州南宋郊天台，建佛寺，为皇帝太子祈寿。

同年，将福建泉州开元寺原一百二十所支院归合为一寺，成为福建最大寺院之一。同年建高二层的藏经阁，1357年毁于火灾。1389年（明洪武二十二年），重建大雄宝殿，1637年（明崇祯十年）又大修。

57. 1286年（至元二十三年）

重建湖南长沙岳麓书院，1368年毁于火灾。

58. 1287年（至元二十四年）

批中江南诸路匠户进京。

59. 1288年（至元二十五年）

立学校二万四千四百余所。

60. 1289—1290年（至元二十六年至二十七年）

重修江苏州圆（玄）妙观三清殿，观原名真庆道观，1264

年（至元元年，南宋景定五年）更今名。

61. 1289年（至元二十六年）

重建山西稷山县马村青龙寺中殿（腰殿），殿内三右绘有壁画。同年，在大都西郊西山建碧云庵（1516年明正德十一年，重建改称碧云寺）。

同年，重建山西清徐县孤突庙。庙原为晋父公追纪孤突冤死而立。现存其正殿五间，献殿七间及历代碑碣十余通。

62. 1290年（至元二十七年）

从文献中统计自1290年至1367年间，遭大地震的地方有49处。载明震毁建筑物的有：

1290年8月，武平地震，压死7227人，坏仓库480间，民居不可胜计。

1291年平阳（今山西临汾）地震，损坏民庐舍10826间。

63. 1291年（至元二十八年）

水利专家郭守敬设计施工通州到大都80公里的南北大运河和配套工程，赐名“通惠河”。从此，沟通中国南北的大动脉——杭州到大都的大运河全部完成了。

1300年（大德四年）在河北省涞水县龙泉村建金山寺千佛舍利塔。

64. 1301年（大德五年）

兴教寺和兴禅寺建于大都。

1303年8月，又地震，村堡移徙，地裂成渠，死者不可胜计。

1305年4月，大同路地震，有声如雷，坏宫民庐舍五千余间。

1306年8月，开成路（今属陕西）地震，王宫及宫民庐舍皆毁。

1337年（后至元三年）八月，京师大震，太庙梁柱震裂，各室墙壁皆坏。压损仪物，文宗神主及御床尽碎，西湖寺神御殿壁塌，自是累震，数日后震方止，所损人民甚众。

1342年冀宁路平晋县地震，声鸣如雷，裂地尺余，民居皆倾。

1347年二月山东地震，坏城郭。五月临淄地震七日乃止。河东地震泉涌，崩城陷屋，伤人民。

1352年（至正十二年）陇西地震百余日，城郭颓夷，陵谷迁变。会州（今甘肃会宁）公舍中墙崩。

65. 1294年（至元三十一年）

大都建了忽必烈薛禅汗祭祀庙。

66. 1294年（至元三十一年）

罗马教廷派戈维诺教士，驻元朝担任第一任大主教，留居大都，直至逝世。他曾先后兴建教堂二所。

67. 1295年（元贞元年）

重建山东邹县孟庙。

同年，为皇太后建佛寺于山西五台山，并命工部尚书宋德柔主持此项工程。于1297年完工，三月皇太后亲往祈祝（其中所建的南山寺，于1541年重建，清代增修，并将佑国寺、极乐寺、善德寺合并。今尚存殿堂、古塔、亭台楼阁三百余间）。

68. 1298年（大德二年）

江浙佥者周文英于江苏镇江焦山建佛塔。

同年，建江苏苏州城外的觅渡桥，桥横跨京杭大运河，拱跨20米，是苏州最大的一座单孔石拱桥。

69. 1300年（大德四年）

曲律汗海山在大都建佛殿，纪念他死去的祖母（裕圣后伯蓝也怯赤），1308年海山即帝位后，又为皇太子（孛儿只斤·爱育黎拔力八达）置佛寺，将原佛殿扩建，赐名立大承华普庆寺，后文寿殿置仁帝后影堂，衍寿殿置顺宗帝后影堂。

70. 1302年（大德六年）

于大都宫城东北（今安定门成贤街）建孔庙，1306年（大德十年）完成。

71. 1314—1321年（延祐年间）波斯人阿老丁重建毁于战

火的浙江杭州的凤凰寺，寺内正殿刻有《古兰经》文和阿老丁墓碑等阿拉伯文碑刻。该寺和扬州的仙鹤寺、泉州的麒麟寺、广州狮马寺并称我国伊斯兰教四大古寺，在阿拉伯国家中也享有盛名。

72. 1305年（大德九年）

于大都建大天寿万宁寺，广寿殿内置成宗帝后影堂。

同年，于大都丽正、文明门之南建郊坛。

73. 1306年（大德十年）

在大都孔庙西侧建国子监（明初称“北平府学”或“北平郡学”。1404年明永乐二年，复称国子监）。1322年（至治二年）建藏书所崇文阁于国子监北部（明永乐年间重建，并改名彝伦堂）。

同年，建河北定兴县慈云阁。

74. 1307年（大德十一年）

湖北均县武当山天柱峰建面阔一间的铜殿，殿铸成仿木结构，通体构件用榫卯搭接，可以拆装，为我国现存最早的铜殿。1314年（延祐元年）在武当山南岩前侧，紫霄岩悬崖绝壁上，建天乙真庆宫，又名南岩石殿，是一座石砌仿木结构建筑。1324年（泰定元年）建供真武帝的玉虚岩。

同年六月，建行宫于旺兀察都〔ongγu čitu〕蒙古语有船之地之意。立宫阙筑城垣，称为中都。1311年正月罢修中都城。

75. 1308年（至大元年）

为楚王（即托雷庶子拔绰弘牙忽都）皇子建佛寺于五台山，同时发军士1500人修五台山佛寺。十月皇太后于五台山建佛寺，调军士6500人供其役，至大三年正月，役工匠达1400人，军士3500人。

同年十二月，于大都建大崇恩福元寺，内设武宗帝后影堂于仁寿殿，殿成于1312年三月。

同年七月，建呼鹰台于淳州泽中（今北京通县县镇）。

同年，重建山西介休县回銮寺大殿，殿面阔五间，进深六椽。

76. 1309年（至大二年）

重建山西洪洞县霍山，广胜上、下寺及水神庙，现存元代遗物尚有：上寺前后殿（包括殿内佛像），下寺山门，前后殿及1324年（泰定元年）完成的殿内壁画。1345年（至正五年）建的下寺两垛殿。1319年（延祐六年）重建的水神庙，又称明应王庙，殿内四壁满布1324年所绘壁画（1527年明嘉靖六年重建上寺、飞虹塔，1622年明天启二年于塔底层增建回廊）。

同年，大都城南建佛寺。

77. 1310年（至大三年）

重修福建泉州清净寺，由耶路撒冷人阿啥玛特主持工程（寺始建于宋，1350年和1600年先后又大修）。

同年，十一月，敕修建中都城，令各部卫士助之，限至明年四月十五毕集，误期者罪其部长。次年罢修中都城。

同年，荆门州（今湖北荆门）大水，山崩，坏宫廨民居21829间，死3466人。1313年六月，黄河决口，设民市舍。1318年八月，浑河溢坏民田庐。1326年八月，盐宫州大风溢坏堤30余里，徙民居1000余家。大都昌平大风坏民居900家。亳州，大宁路河溢各漂民舍800余家。坏田5.2平方千米以上。1348年五月，广西漓江溢平地水深6米有余，屋宇人畜漂没。

78. 1311年（至大四年）

仁宗赐大承华普庆寺金千两，银五千两，田八万亩，邸舍四百间，后文寿殿内置仁宗帝后影堂。

同年正月，禁百官役军人营造及守护私第，停各处营造（包括罢诸王，大臣私第营缮）。

79. 1312年（皇庆元年）大都建大崇思福元寺。

80. 1313年（皇庆二年）

王桢所著《农书》二十二卷成，其中载涂灰防木材虫蛀法。

81. 1314年（延祐年间）

重建山西浑永安寺，傅法正宗殿，现尚存山门、中殿、正殿及东西厢房。

82. 1316年（延祐三年）

正月，赐上都开元寺田二百顷，华严寺百顷。1321年二月，调军3500人修华严寺。

83. 1317年（延祐四年）

重建浙江武义县陶村延福寺大殿。

84. 1318年（延祐五年）

重建浙江金华天宁寺大殿。

同年，重建山西介休县后土庙（现存殿堂均为明清重建）。

85. 1318年（延祐五年）永福寺建于大都。

86. 1319年（延祐六年）

大乾元寺建于大都。

87. 1320年（延祐七年）

建上海真寺镇真如寺大殿。

同年，大都西山北部寿安山兜率寺进行扩建，自延祐七年动工至1331年竣工。其间于1321年（至治元年）冶铜25万公斤作卧佛像，俗称卧佛寺。寺累改其名，有洪承寺、寿安禅林、永安寺等，清代重建，改称今名十方觉寺。

同年十一月，命名君建帝师八思巴殿，次年诏毁上都回回寺，原址建八思巴殿。

88. 1321年（至治元年）

八月，上都鹿顶殿竣工。

同年，建江苏建康路（今南京）龙湾山（今狮子山）前的广运仓，以储诸路漕粮经海路运到大都。

89. 1322年（至治二年）

改建福建闽江万寿桥，桥长800米，宽4.8米，每根石梁重40吨，石梁上架石板桥面，此二者合用的结构是前所未有的。

同年，建大都东岳庙，次年扩建，定名仁圣宫（1447年明正统十二年，1575年明万历三年及清初均有增修）。

90. 1323年（至治三年）

立碑纪念唐代武德年间来华传教的穆罕默德门徒大贤四人，大贤等死后葬于福建泉州东门外灵山（今称伊斯兰教灵山圣墓）。

同年，建浙江临安经山普庆寺石塔，塔仿木结构，六面七级。

91. 1324—1327年（泰定年间）

于大都建大永福寺，内宣寿殿设英宗帝后影堂。

92. 1324年（泰定元年）

诏作礼拜寺于上都和大同路（今大同）。

93. 1325年（泰定二年）

重建江苏吴江县垂虹桥，将宋代所建木桥改成62孔石券桥，1352年，扩建成85孔（清代重建又改成72孔，长1500尺，俗称长桥）。

94. 1325年（泰定二年）

在大都建关公庙。

95. 1326年（泰定三年）

建山西太谷光化寺大殿。

同年五月，遣指挥使兀都蛮镌西番咒语于居庸关崖石。

同年，建河南济源大明寺佛殿。

96. 1326年（泰定三年）

在大都建大天源延圣寺。

97. 1328—1332年（致和元年至至顺三年）

在海南兴建大兴龙普明寺。

98. 1329—1334年（天历二年至元统二年）

江苏太仓建跨城河的州桥、周径桥、皋桥及城郊的金鸡桥、井亭桥等。五座石拱桥至今尚完好。

99. 1329年（天历二年）

文宗在泰定年间封怀王，出居建康（南京），即位后改建康为集庆，将旧居藩邸扩建为寺，名大龙翔集庆寺，位居江南各寺之首。

同年，于大都西北玉泉山南，建大承天护圣寺，1332年建成。文宗为祭祀太皇后答己（武宗母）而建，内供佛像及答己影像。皇后卜答失里以银五万两助建，并赐永业田四百顷。顺帝时又以文宗帝后像入祀御殿。

100. 1330年（至顺元年）

建河北赵县原柏林寺内的柏林寺塔，又名真际禅师塔，八角七层，密檐式，高40米。

101. 1331年（至顺二年）

元代官修《经世大典》（又称《皇朝经世大典》）完成，计880卷，分10门，其中工典又分为22项，多与建筑有关。原书已佚，今所见者仅影印《永乐大典》残本和前人自辑出的各文。

同年，修山东兖州府曲阜北郊孔林的林墙，构筑重门即大林门和二林门。

102. 1332年（至顺三年）

罢正在建造的工役，唯城郭、河渠、桥道、仓库不在此禁。

103. 1333年（元统元年）

重修西藏日喀则南嘎鲁寺。寺初建于宋，1329年遭大地震破坏甚多。本次修复由布顿大师主持。寺内殿宇融合藏汉两民族建筑风格，是民族文化交流的成果。

同年，建四川阆县永安寺大殿，面阔三间，进深四间，单檐歇山顶。

104. 1336—1339年（后至元二年至五年）

重建福建晋江县石湖村金钗山六胜塔，塔八角五层，高31米，底围47米，全用石块砌成，仿木结构楼阁形式（该塔又名万寿塔，创建于宋）。

105. 1338年（后至元四年）

改建江苏苏州虎丘山云岩寺山前重门（二山门）。

同年，重建江苏吴县东山镇杨湾村胥王庙正殿，庙曾称显灵宫、灵顺宫及轩辕宫。

106. 1341—1368年（至正年间）

建山西五台县广济寺，现存山门，东西配殿，弥陀殿和大殿。

天如禅师创建江苏苏州狮子林。园内假山传为画家倪云林设计。

107. 1345年（至正五年）

建昌平居庸关。关城内的云台全用石砌，平面为矩形，台上置三座喇嘛塔，形成过街塔形式，元末明初塔毁。台正中开门，门洞做六角形石卷门，卷面周镌四大天王和回鹘蒙古文、藏、汉、八思巴、西夏、梵文等六种文字咒文。是元代石雕精品，现存基本完整（1439年明正统四年，曾于台上建泰安寺，后遭火灾）。

108. 1347年（至正七年）

建江西庐山秀峰麻石亭，亭为六边形，单檐攒尖顶。

同年，大都城东建柏林寺（1447年重修）。

109. 1350年（至正十年）

建广州怀圣寺光塔。

110. 1352年（至正十二年）

四月，诏天下完城郭，筑堤防。

111. 1355年（至正十五年）

建广西兴安县四贤祠，纪念历来对修建县境内“灵渠”做出重大贡献的马援、李勃、孟威和严虞直等人。

同年，建山西晋城后土岗玉皇庙山门及钟鼓楼。

112. 1356年（至正十六年）

建大都城东（今东四南大街）清真寺，又名法明寺（1447年重修）。

113. 1357—1360年（至正十七年至二十年）

创建江苏吴县寂鉴寺，建石殿和山门外两座石屋，殿名西天寺。

114. 1357年（至正十七年）

建河北真定县阳和楼。

115. 1358年（至正十八年）

于大都建大悲寺。

116. 1359年（至正十九年）

建杭州风山门，东中河上的水门，称风山水门。

117. 1362年（至正二十二年）

四月初，顺帝以上都宫殿被焚，乃令重建大安、睿思二阁，至是诏禁诸王、驸马、御史台衙门占匿差役人民，以便大兴工役修建上都宫殿。

118. 1363年（至正二十三年）

建秃黑鲁帖木儿玛扎（即墓）于新疆霍城，是蒙古人依伊斯兰教教俗入葬的第一例。

119. 1368年（明洪武元年，至正二十八年）

朱元璋即皇帝位，国号明，建元洪武，以应天府为京城，称南京，以河南开封为北京。并开始建“六都”。

同年八月，明将徐达率兵攻下大都，遂由大将华云龙经理，将元大都的北部收缩，改大都路为北平府。次年攻占开平。元顺帝退踞应昌府。

本文根据以下资料编制：

① 潘谷西主编：《中国古代建筑史》第四册，中国建筑工业出版社，2001年。

②〔蒙古〕塔·迈德尔：《蒙古城镇考古概况》，国家出版署，乌兰巴托，1972年。

③〔蒙古〕哈·帕日莱：《蒙古中世纪城镇遗址记》，国家出版署，乌兰巴托，1961年。

④〔日本〕宇野伸浩：《蒙古帝国的斡耳朵》，载《蒙古学资料与情报》，1989年第二期。

⑤ 曹子西主编：《北京通史》，中国书店，1994年。

三、元大都建筑装饰词汇汉蒙文对照表

1. 元大都城门宫殿寺庙街道坊区蒙汉名称：

外城十一门

南城墙门：

文明门 —

丽正门 —

顺承门 —

西城墙门：

平则门 —

和义门 —

肃清门 —

北城墙门：

健德门 —

安贞门 —

东城墙门：

光熙门 —

崇仁门 —

齐化门 —

内城四门：

灵星门 — [illegible]

西安门 — [illegible]

丽安门 — [illegible]

东安门 — [illegible]

宫城六门：

崇天门 — [illegible]

云从门 — [illegible]

西华门 — [illegible]

厚载门 — [illegible]

星拱门 — [illegible]

东华门 — [illegible]

大明宫（迦坚茶寒殿）巴托浩特七门：

月精门 — [illegible]

大明门 — [illegible]

日精门 — [illegible]

麟瑞门 — [illegible]

凤仪门 — [illegible]

景福门 — [illegible]

嘉庆门 — [illegible]

大明宫及附属四殿：

大明宫 — [illegible]（[illegible]《[illegible]》[illegible]）

文思殿 — [illegible]

紫檀殿 — [illegible]

寝殿（拏头殿） — [illegible]

宝云殿 — [illegible]

二楼：

文楼（鼓楼） — [illegible]

武楼（钟楼） — [illegible]

延春阁五门：

嘉则门 — [illegible]

延春门 — [illegible]

懿范门 — [illegible]

清颢门 — [illegible]

景耀门 — [illegible]

延春阁 — [illegible]

慈福殿 — [illegible]

明仁殿 — [illegible]

清宁殿 — [illegible]

玉德殿附属四殿二阁：

玉德殿 — [illegible]（《[illegible]》[illegible]）

西香阁 — [illegible]

东香阁 — [illegible]

西更衣殿 — [illegible]

东更衣殿 — [illegible]

宸庆殿 —

广寒殿及附属建筑：

广寒殿 —

荷叶殿 —

延和殿 —

仁智殿 —

介福殿 —

淳洲亭 —

玉虹亭 —

金露亭 —

方壶台 —

温石浴室 —

马湩室 —

牧人室 —

燕粉亭 —

太液池 —

犀山台 —

御苑（灵囿） —

鹰房 —

仪天殿 —

内藏库 —

庖人之室 —

酒人之室 —

御膳亭 —

羊圈 — [illegible]

柴场 — [illegible]

红门栏马墙 — [illegible]

留守司 — [illegible]

隆福宫及附属建筑：

隆福宫 — [illegible]（《[illegible]》[illegible]）

光天殿 — [illegible]（《[illegible]》[illegible]）

寿昌殿 — [illegible]

嘉禧殿 — [illegible]

文德殿 — [illegible]

睿安殿 — [illegible]

寝殿 — [illegible]

针线殿 — [illegible]

骖龙楼 — [illegible]

翥凤楼 — [illegible]

文宸库 — [illegible]

五门：

膺福门 — [illegible]

光天门 — [illegible]

崇华门 — [illegible]

明晖门 — [illegible]

青阳门 — [illegible]

西御及附属建筑：

西御 — [illegible]

歇山殿 — [illegible]

荷叶殿 — [illegible]

香殿 — [illegible]

棕毛殿 — [illegible]

顶殿 — [illegible]

水心亭 — [illegible]

流水池 — [illegible]

龟头屋 — [illegible]

兴圣宫及附属建筑：

兴圣宫 — [illegible]（《[illegible]》[illegible]）

兴圣殿 — [illegible]

嘉德殿 — [illegible]

宝慈殿 — [illegible]

畏吾儿殿 — [illegible]

奎章阁 — [illegible]（《[illegible]》[illegible]）

凝晖楼 — [illegible]

延灏楼 — [illegible]

延华阁 — [illegible]

芳碧亭 — [illegible]

徽音亭 — [illegible]

木香亭 —

花窨屋 —

好事房 —

宣徽院 —

嫔妃院 —

学士院 —

左料院 —

鞍辔库 —

军器库 —

藏珍库 —

兴圣门 —

明华门 —

肃章门 —

宣则门 —

弘庆门 —

宁则门 —

山字门 —

街道：

长街 —

千步廊街 —

丁字街 —

十字街 —

钟楼街 —

半边街 — [illegible]

基盘街 — [illegible]

斜街市 — [illegible]

羊角市 — [illegible]

旧枢密院角市 — [illegible]

米市 — [illegible]

面市 — [illegible]

羊市 — [illegible]

马市 — [illegible]

牛市 — [illegible]

人市 — [illegible]（[illegible]）

骆驼市 — [illegible]

驴骡市 — [illegible]

杂货市 — [illegible]

柴草市 — [illegible]

缎子市 — [illegible]

皮帽市 — [illegible]

菜市 — [illegible]

穷汉市 — [illegible]

鹁鸽市 — [illegible]

鹅鸭市 — [illegible]

舒噜市 — [illegible]

省东市 —

文籍市 —

纸笔市 —

靴市 —

车市 —

拱木市 —

猪市 —

鱼市 —

草市 —

煤市 —

南城市 —

蒸饼市 —

颜粉市 —

果市 —

坊区：

福田坊 —

阜财坊 —

金城坊 —

玉弦坊 —

保大坊 —

灵椿坊 —

丹桂坊 —

明时坊 —

凤池坊 —
安富坊 —
怀远坊 —
太平坊 —
大同坊 —
文德坊 —
金台坊 —
穆清坊 —
五福坊 —
泰亨坊 —
八政坊 —
时雍坊 —
乾宁坊 —
咸宁坊 —
同乐坊 —
寿域坊 —
宜民坊 —
析津坊 —
康衢坊 —
集贤坊 —
嘉会坊 —
平在坊 —
和宁坊 —
智乐坊 —

邻德坊 —

有庆坊（集庆坊）—

清远坊 —

日中坊（日忠坊）—

寅宾坊 —

西成坊 —

由义坊 —

居仁坊 —

睦亲坊 —

仁寿坊 —

万宝坊 —

豫顺坊 —

甘棠坊 —

五云坊 —

湛露坊 —

乐善坊 —

澄清坊 —

里仁坊 —

发祥坊 —

永锡坊 —

善利坊 —

乐道坊 —

好德坊 —

招贤坊 —

善俗坊 —

昭回坊 —

居贤坊 —

鸣玉坊 —

展亲坊 —

惠文坊 —

清茶坊 —

训礼坊 —

咸宜坊 —

思诚坊（思城坊）—

皇华坊（黄华坊）—

明照坊 —

蓬莱坊 —

南薰坊 —

迁善坊 —

可封坊 —

丰储坊 —

东甘泉坊 —

西甘泉坊 —

靖恭坊 —

寺庙（元朝时代建筑）：

玛嘎哈戈拉庙 —

柏林寺 —

广华寺 —

慈悲庵 —

崇国寺 —

卧佛寺 —

碧云寺 —

白云观 —

东岳庙 —

关帝庙 —

城隍庙 —

报国寺 —

大天寿万宁寺 —

石镫庵 —

东四清真寺 —

元世祖庙 —

石佛寺 —

崇圣寺 —

天衣寺 —

兴教寺 —

大乾元寺 —

永福寺 —

兴禅寺 —

大承天护国寺 —

大护国仁王寺 —

大圣寿万安寺 —

大崇恩福元寺 —

大承华普应寺 —

大天源延圣寺 —

大宣文弘教寺 —

圣安寺 —

昊天寺 —

智全寺 —

镇国寺 —

延徽寺 —

永明寺 —

长庆寺 —

大悲寺 —

2. 建筑及构件名称：

（1） 宫

（2） 殿

（3） 行宫

（4） 邸

（5） 楼

（6） 阁

（7） 舍

（8） 室

（9） 廊

（10） 厅

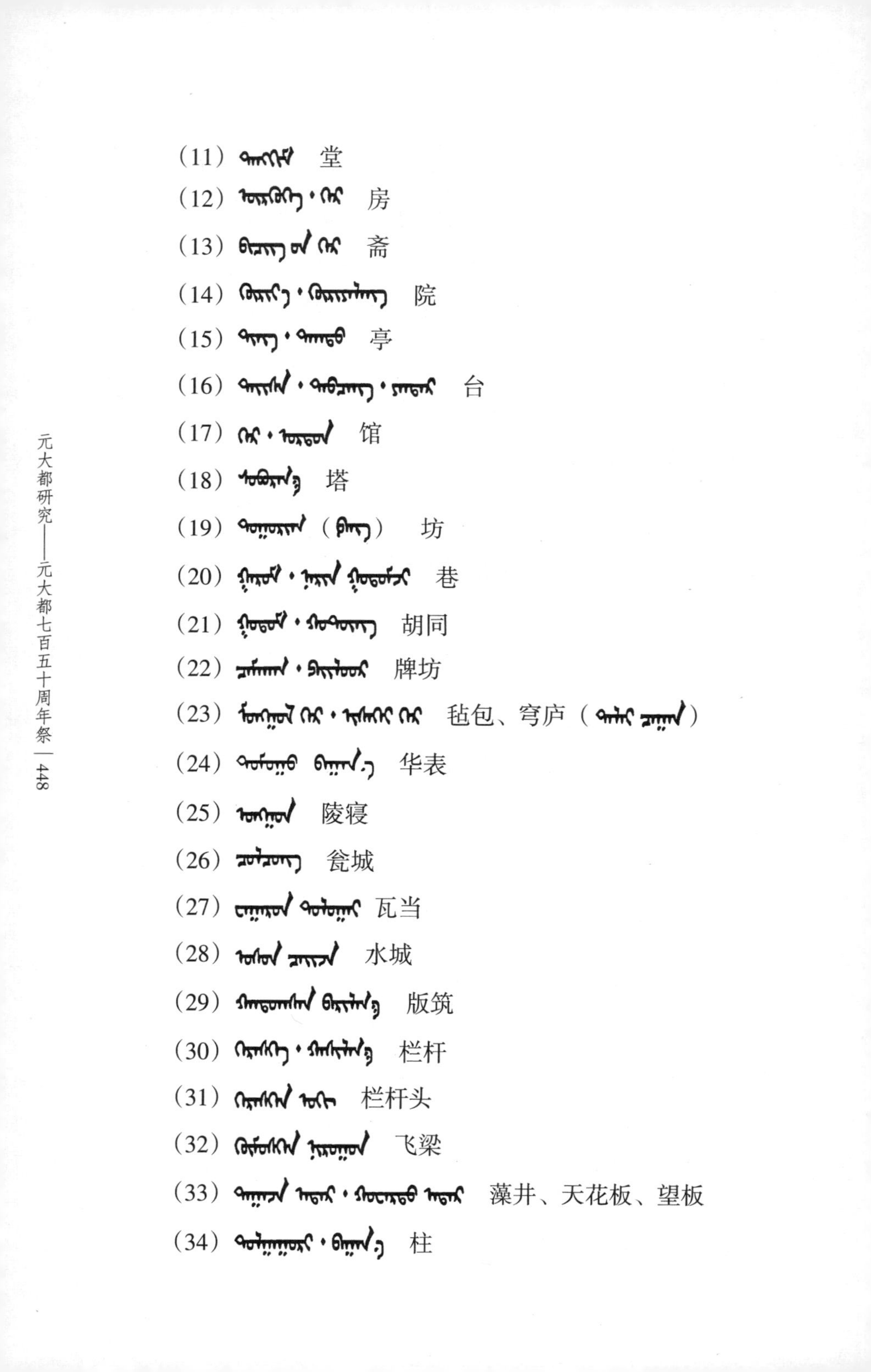

（11）[illegible] 堂

（12）[illegible] 房

（13）[illegible] 斋

（14）[illegible] 院

（15）[illegible] 亭

（16）[illegible] 台

（17）[illegible] 馆

（18）[illegible] 塔

（19）[illegible]（[illegible]） 坊

（20）[illegible] 巷

（21）[illegible] 胡同

（22）[illegible] 牌坊

（23）[illegible] 毡包、穹庐（[illegible]）

（24）[illegible] 华表

（25）[illegible] 陵寝

（26）[illegible] 瓮城

（27）[illegible] 瓦当

（28）[illegible] 水城

（29）[illegible] 版筑

（30）[illegible] 栏杆

（31）[illegible] 栏杆头

（32）[illegible] 飞梁

（33）[illegible] 藻井、天花板、望板

（34）[illegible] 柱

(35) 台阶

(36) 梁

(37) 走廊

(38) 飞檐

(39) 飞檐网

(40) 丹陛

(41) 丹墀

(42) 兽面

(43) 兽头

(44) 钉

(45) 擎天柱

(46) 柁

(47) 托

(48) 斗拱

(49) 挂柱

(50) 排山柱

(51) 斜顶中梁木

(52) 插八梁

(53) 中梁

(54) 檩子

(55) 奥

(56) 巡廊

(57) 穿堂

（58）[illegible] 顶隔
（59）[illegible] 子
（60）[illegible] 驼梁
（61）[illegible]（[illegible]） 檩子
（62）[illegible] 连
（63）[illegible] 瓦口
（64）[illegible] 通脊
（65）[illegible] 吻、鸱吻
（66）[illegible] 翘
（67）[illegible] 房脊
（68）[illegible] 房顶
（69）[illegible]・[illegible] 柳条笆
（70）[illegible] 瓦陇井
（71）[illegible] 盖瓦厅
（72）[illegible] 扇门
（73）[illegible] 房簷
（74）[illegible] 角门
（75）[illegible]・[illegible]・[illegible] 便门
（76）[illegible] 垂花门
（77）[illegible] 风门
（78）[illegible] 门窗槛栏
（79）[illegible] 门槛
（80）[illegible] 门枕木

（81） 门上

（82） 转轴

（83） 窗上横

（84） 门闩

（85） 过木

（86） 门簪

（87） 鱼鳃板

（88） 针隔子窗

（89） 月窗

（90） 推窗

（91） 替窗

（92） 落地明

（93） 暖阁

（94） 不开的窗

（95） 边柜

（96） 窗槛棂

（97） 窗横棂

（98） 铁钩搭（马环）

（99） 钌铞

（100） 荀子

（101） 山墙

（102） 墙

（103） 光炕、光荀

（104） 屋内地

（105）[illegible] 暗楼

（106）[illegible] 糠橙洞子

（107）[illegible] 正木栏

（108）[illegible] 荆笆墙

（109）[illegible] 挂泥墙

（110）[illegible] 地窨子

（111）[illegible] 柳皮屋、团瓢

（112）[illegible]（[illegible]） 土堡

（113）[illegible] 转弯处

（114）[illegible] 栅栏

（115）[illegible]（[illegible]） 浮桥

（116）[illegible] 桥洞、城门洞

（117）[illegible] 涵洞

（118）[illegible]·[illegible]·[illegible] 闸

（119）[illegible] 泥榜小路

（120）[illegible] 独木桥

（121）[illegible] 正房、明间

（122）[illegible]·[illegible] 厢房

（123）[illegible]·[illegible] 耳房

（124）[illegible] 照房

（125）[illegible] 门面

（126）[illegible] 窗户台

（127）[illegible] 帘架

（128）[illegible] 挺钩

(129) 铁老鹳咀

(130) 合页

(131) 荀空

(132) 地脚

(133) 簿缝

(134) 山墙气眼

(135) 墙

(136) 炕

(137) 地炕

(138) 炕洞

(139) 响墙

(140) 迴栏竖柱

(141) 隔漏

(142) 石墩

(143) 马台石

(144) 窖

(145) 下马碑

(146) 缝

(147) 眉梁

(148) 边梁

(149) 画柱

(150) 童柱

(151) 将军柱

(152) 雕花

(153) 球门

(154) [illegible] 老古钱窗

(155) [illegible] 格子眼

(156) [illegible] 门环

(157) [illegible] 镏金铜花

(158) [illegible] 鎏金

(159) [illegible] 镶金

(160) [illegible] 波浪式

(161) [illegible] 歇山

(162) [illegible] 重庑

(163) [illegible] 福海顶

(164) [illegible] 顶

(165) [illegible] 铜池

(166) [illegible] 八达马、巴剌马

(167) [illegible] 象眼石

(168) [illegible] 雕銮

(169) [illegible] 银朱

(170) [illegible] 沉香色

(171) [illegible] 风铎、风马

(172) [illegible] 雀池

(173) [illegible] 金刚墙

(174) [illegible] 琉璃瓦

(175) [illegible] 玄宫

(176) [illegible] 法宫

(177) [illegible] 当

(178) [illegible] 础

(179) [illegible] 阶级

(180) [illegible] [illegible] 姜擦

(181) [illegible] [illegible] 雀替

(182) [illegible] [illegible] 屏门

(183) [illegible] 影壁、照壁

(184) [illegible] [illegible] 矮墙

(185) [illegible] [illegible] 八字墙

(186) [illegible] [illegible] 天

(187) [illegible] [illegible] 博风板

(188) [illegible] [illegible] [illegible] 天

(189) [illegible] 散水

(190) [illegible] [illegible] [illegible]（[illegible] [illegible]） 牌子

(191) [illegible] [illegible] · [illegible] 轩

(192) [illegible] [illegible] [illegible] [illegible] 陛道、御道

(193) [illegible] [illegible] 吊桥

(194) [illegible] · [illegible] [illegible] · [illegible] 墩台、烽火台、传警台

(195) [illegible] [illegible] 山寨

(196) [illegible] 关、关口

(197) [illegible] · [illegible] 驿、站

(198) [illegible] 垛口、马面

(199) [illegible] 隘口

(200) [illegible] [illegible] 须弥座

(201) [illegible] [illegible] 重门

（202）楼板

（203）坎墙

（204）庑坐

（205）抱厦

（206）水井

（207）角楼

（208）坛

（209）园丘

（210）方泽

（211）祠堂

（212）神牌

（213）榫眼

（214）笋头

（215）阙

（216）郭

（217）间

（218）牖

（219）式

（220）定式

（221）间楹

（222）相间

（223）次间、稍间

（224）片屋、长连

（225）所、间进

(226) 广阔、间阔、开间

(227) 屋阔

(228) 进深、间深

(229) 定、平、基

(230) 后梁

(231) 前梁

(232) 屋顶瓦

(233) 偏墙

(234) 窗

(235) 门

(236) 前柱

(237) 后柱

(238) 前连木

(239) 后连木

(240) 垫敦

(241) 雀替

(242) 花罩

(243) 垂花枋

(244) 垂花柱

(245) 撑拱

(246) 山花

(247) 悬鱼

(248) 骑马雀替

(249) 柱头

（250） 额坊

（251） 檐枋

帐幕：

（252） 帐篷门

（253） 帐篷横梁

（254） 帐篷支柱

（255） 帐篷固定橛子

（256） 帐篷拉绳

恰恰尔 （元朝时称茶递尔、大帷幄、失剌斡耳朵）：

（257） 恰恰尔门

（258） 恰恰尔横梁

（259） 恰恰尔支柱

（260） 恰恰尔固定橛子

（261） 恰恰尔顶盖

（262） 恰恰尔围墙

（263） 恰恰尔拉绳

蒙古包名称：（ ）

（264） 天窗

（265） 毛毡门

（266） 门楣

（267） 天窗盖毡

（268） 顶盖

（269） 围毡

(270) 拉绳

(271) 围绳

(272) 门框下边的梃子

(273) 围墙底绕围子

(274) 门框两边的梃子

(275) 枢轴

(276) 门闩

(277) 哈那（木格墙壁）

(278) 哈那格子

(279) 天窗外圈

(280) 天窗圆心

(281) 子

(282) 子榫孔

(283) 天窗中轴坠绳

(284) 支格木

(285) 哈那皮钉

(286) 哈那脚

(287) 哈那接头

(288) 哈那下端

(289) 子头

(290) 子下端扣绳

(291) 扣绳孔

(292) 哈那围绳

(293) 皮钉结

（294） 顶盖边饰

（295） 车装蒙古包

寺庙及构件名称：

（296） 经堂

（297） 鼓楼

（298） （ ） 钟楼

（299） 四大金刚堂

（300） 时轮塔

（301） 菩提塔

（302） 大经堂顶上的佛教装饰物

（303） 舍利塔

（304） 大雄宝殿

（305） 总管庙仓

（306） 密宗仓

（307） 甘珠尔仓

（308） 祈愿仓

（309） 茶食堂

（310） 医药仓

（311） 仁慈殿

（312） 惠崇殿

（313） 夏令修行殿

（314） 玛尼殿

（315） 持斋殿

（316）[illegible] 千供殿

（317）[illegible] 占星殿

（318）[illegible] 行咒殿

（319）[illegible] 弥勒殿

（320）[illegible] 格萨尔庙

（321）[illegible] 满殊希里殿

（322）[illegible] 白度母庙

（323）[illegible] 绿度母庙

（324）[illegible] 千手千眼佛殿

（325）[illegible] 大成德金刚殿

图案（[illegible]）（大都宫殿寺庙宝塔所用蒙古族花纹图案）：

（326）[illegible] 畜角形花纹

（327）[illegible] 帽形花纹

（328）[illegible] 鼻形花纹

（329）[illegible]（[illegible]）锤形花纹（其中有封闭形、开放形、半锤形、打结形、单线形、双线形等）

（330）[illegible]（[illegible]）麻钱花纹（又称五眼形）

（331）[illegible]（[illegible]）万字花纹

（332）[illegible]（[illegible]）方形坠饰（汗手镯）

（333）[illegible]（[illegible]）圆形坠饰（哈敦

坠饰）

（334） 吉祥花纹

（335） 扣结形花纹

（336） 山字形花纹

（337） 火形花纹

（338） 花蕾形花纹

（339） （ ） 水浪花纹（或海涛花纹）

（340） 虹形花纹

（341） 云纹

（342） 叶子纹

（343） 向日葵花纹

（344） 菊花花纹

（345） 牡丹花纹

（346） 莲花纹

（347） 梅花纹

（348） 松叶纹

（349） 狮子纹

（350） 龙纹

（351） 虎纹

（352） 犀牛纹

（353） 凤纹

（354） 凰纹

（355）ᠳᠣᠯᠣᠭᠠᠨ ᠡᠷᠳᠡᠨᠢ ᠴᠡᠴᠡᠭᠯᠢᠭ 七宝花纹

（356）ᠭᠤᠷᠪᠠᠨ ᠡᠷᠳᠡᠨᠢ ᠴᠡᠴᠡᠭᠯᠢᠭ 三宝花纹

（357）ᠴᠢᠨᠳᠠᠮᠠᠨᠢ ᠴᠡᠴᠡᠭᠯᠢᠭ 钦达莫尼花纹

（358）ᠳᠣᠯᠣᠭᠠᠨ ᠡᠷᠳᠡᠨᠢ ᠨᠠᠢᠮᠠᠨ ᠲᠠᠬᠢᠯ ᠤᠨ ᠵᠢᠷᠤᠭ（ᠱᠦᠬᠦᠷ · ᠵᠢᠭᠠᠰᠤ · ᠪᠤᠮᠪᠠ · ᠯᠢᠩᠬᠤᠸᠠ · ᠯᠠᠪᠠᠢ · ᠥᠯᠵᠡᠢ ᠤᠲᠠᠰᠤ · ᠬᠦᠷᠳᠦ · ᠴᠡᠴᠡᠭ）七宝八供图案（伞、鱼、宝瓶、莲花、海螺、吉祥结、法轮、花）

（359）ᠤᠯᠵᠡᠢ 寿字形纹

（360）ᠱᠤᠪᠤᠭᠤᠨ ᠬᠡ 鸟形纹

（361）ᠡᠷᠪᠡᠬᠡᠢ ᠬᠡ 蝶形纹

（362）ᠬᠦᠷᠳᠦ ᠬᠡ 法轮纹

（363）ᠥᠨᠴᠥᠭ ᠤᠨ ᠬᠡ 边角纹

（364）ᠬᠠᠨ᠎ᠠ ᠶᠢᠨ ᠬᠡ 哈那格子形纹

（365）ᠰᠢᠷᠳᠡᠭ ᠬᠡ 草席纹

（366）ᠡᠷᠬᠡᠢ ᠬᠡ 大拇指花纹

参考书目

1.《元史》，中华书局，1959年。

2. 邱树森：《元朝简史》，福建人民出版社，1999年。

3. 蔡美彪：《中国通史》，人民出版社，1983年。

4. 易白沙：《帝王春秋》，岳麓出版社，1984年。

5. 田腾蛟：《元代君臣演义》，北京古籍出版社，1999年。

6. 季羡林主编：《辽金元文学研究》，北京出版社，2001年。

7. 张崇琛：《简明中国古代文化史》，甘肃人民出版社，1994年。

8. 叶新民、薄音湖、宝日吉根：《简明古代蒙古史》，内蒙古大学出版社，1990年。

9. 德山：《元代交通史》，远方出版社，1995年。

10. 内蒙古社科院历史研究所、《蒙古通史》编写组：《蒙古通史》，民族出版社，2001年。

11. 韩儒林：《穹庐集》，上海人民出版社，1982年。

12. 韩儒林主编：《元朝史》，人民出版社，1986年。

13. 王叔盘：《古代蒙古族汉文诗选》，内蒙古人民出版社，1984年。

14. 王辅仁、陈庆英：《蒙藏民族关系史略》，中国社会科学出版社，1985年。

15. 关立勖主编：《中国文化杂说》，北京燕山出版社，1996年。

16. 张紫晨、李岳南编：《北京的传说》，上海人民出版社，1982年。

17. 陈宗蕃：《燕都丛考》，北京古籍出版社，1991年。
18. 徐苹芳编著：《明清北京城图》，地图出版社，1986年。
19. 傅公钺、张洪琛、袁天才编著：《旧京大观》，人民中国出版社，1986年。
20. 北京史研究会编：《燕京春秋》，北京出版社，1982年。
21. 王彬、徐秀兰主编：《北京地名典》，中国文联出版社，2001年。
22. 谭伊孝：《北京文物胜迹大全》，北京燕山出版社，1991年。
23. 史念海：《中国古都和文化》，中华书局，1998年。
24. 沈福煦：《中国古代建筑文化史》，上海古籍出版社，1998年。
25. 罗哲文：《中国古代建筑》，上海古籍出版社，2001年。
26. 洪烛、邱华栋：《北京的前世今生》，中国文联出版社，2002年。
27. 王彬：《旧京街巷》，百花文艺出版社，2002年。
28. 李玉祥、王其钧编：《北京四合院》，江苏美术出版社，1999年。
29. 陈庆英：《元朝帝师八思巴传》，中国藏学出版社，1992年。
30. 陈垣：《陈垣集》，中国社会科学出版社，1995年。
31. 陈高华、史卫民：《元上都》，吉林教育出版社，1988年。
32. 陈高华：《元大都》，北京出版社，1983年。
33. 叶新民：《元上都研究》，内蒙古人民出版社，1998年。
34. 陈高华、史卫民：《中国风俗通史》（元代卷），上海文艺出版社，2001年。
35. 周良霄：《忽必烈》，吉林教育出版社，1986年。

36.（元）苏天爵：《元朝名臣事略》，中华书局，1996年。
37.（清）于敏中：《日下旧闻考》，北京古籍出版社，1983年。
38.（清）朱彝尊：《日下旧闻考》，北京古籍出版社，1983年。
39.（清）《顺天府志·京师志一·元古城卷》，北京古籍出版社，1959年。
40.（明）刘侗：《帝京景物略》，上海古籍出版社，2001年。
41.（明）张爵、（清）朱一新：《京师五城坊巷衚衕集》《京师坊巷志稿》，北京古籍出版社，1982年。
42.（元）熊梦祥：《析津志辑佚》，北京古籍出版社，1982年。
43.（明）陶宗仪：《南村辍耕录》，武进陶氏景元年刊，1923年。
44.（宋）赵珙：《蒙鞑备录》，彭大雅：《黑鞑事略》《王国维笺证》，孟和吉雅译为蒙古文版，黑龙江人民出版社，1979年。
45.（明）叶子奇：《草木子》，中华书局，1959年。
46.（元）李志常：《成吉思汗封赏长春真人之谜》，耶律楚材撰文，侯仁之、于希贤审核，纪流注校，中国旅游出版社，1988年。
47.（明）北平考、（明）萧洵：《故宫遗录》，北京古籍出版社，1980年。
48. 侯仁之：《步芳集》，北京出版社，1963年。
49. 侯仁之主编：《北京历史地图集》，北京出版社，1988年。
50. 侯仁之、邓辉：《北京城的起源及变迁》，北京燕山出版社，1997年。
51.《侯仁之文集》，北京大学出版社，1989年。

52. 朱启钤：《元大都宫苑考》，载《中国营造学社汇刊》第二卷第三期，中华民国十九年（1930）一月。

53. 朱偰：《元大都宫殿图考》，中国营造学社，1932年。

54. 王璧文：《元大都城坊考》，中国营造学社，1932年。

55. 〔瑞典〕多桑：《多桑蒙古史》，冯承钧译，中华书局，1962年。

56. 〔日〕竹中宪：《北京历史漫步》，中国文史出版社，1991年。

57. 志费尼：《世界征服者史》，何高济译，内蒙古人民出版社，1983年。

58. 〔波斯〕拉施特：《史集》，余大钧、周建奇译，商务印书馆，1983年。

59. 〔瑞典〕奥斯伍尔德·喜仁龙：《北京的城墙和城门》（1924年英文版），许永全译，宋扬冰校，侯仁之、周谷城作序，北京燕山出版社，1985年（汉文）。

60. 普兰·卡尔宾、维康·鲁布鲁克：《蒙古游记》，葛日勒朝克图译为蒙古文版，内蒙古教育出版社，1983年。

61. 〔意〕马可·波罗：《马可波罗游记》，葛日勒朝克图蒙译（蒙古文），黑龙江人民出版社，1978年。

62. 〔英〕道森编：《出使蒙古记》，吕浦泽、周良霄注，中国社会科学出版社，1983年。

63. 〔西班牙〕罗·哥泽来滋·克拉维约：《克拉维约东使记》，杨兆钧译，商务印书馆，1957年。

64. （金）《北使记》，〔亚美尼亚〕《海屯行记》，〔意〕《鄂多立克东游记》，忽赤罕译为蒙古文版，内蒙古教育出版社，2001年。

65. 曹都：《宗教词典》（蒙古文），内蒙古教育出版社，1996年。

66. 赛音吉日戈拉：《成吉思汗祭奠》（蒙古文），沙日勒代搜集整理，卓日格图核订，民族出版社，1983年。

67. 赛熙亚乐：《成吉思汗史记》（蒙古文），内蒙古人民出版社，1987年。

68. 吴柏春、锁柱编著：《蒙古帝国简史》（蒙古文），内蒙古文化出版社，1990年。

69. 嘎林达尔：《蒙古包风俗录》（蒙古文），内蒙古人民出版社，1990年。

70. 乔吉：《蒙古佛教史》，内蒙古人民出版社，1998年。

71. 赛音吉日戈拉编著：《蒙古族祭礼》（蒙古文），巴·哈斯牧仁审订，民族出版社，2001年。

72. 留金锁整理注释：《十善福白史册》，内蒙古人民出版社，1981年。

73. 戈拉登：《宝贝念珠》（蒙古文），阿尔达扎布注释，内蒙古人民出版社，1999年。

74. 罗布桑丹津：《黄金史》（蒙古文），乔吉校注，内蒙古人民出版社，1999年。

75. 留金锁校注：《黄金史纲》（蒙古文），内蒙古人民出版社，1980年。

76. 留金锁：《蒙古史概要》（蒙古文），内蒙古人民出版社，1998年。

77. 乔吉校注：《恒河之流》（蒙古文），内蒙古人民出版社，1980年。

78.（清）纳塔：《金鬘》（蒙古文），乔吉校注，内蒙古人民出版社，1999年。

79. 萨冈彻辰：《蒙古源流》（蒙古文），内蒙古人民出版社，1980年。

80. 乌力吉图校勘注释，巴·巴根校订：《大黄册》（蒙古文），民族出版社，1983年。

81. 罗卜桑却丹：《蒙古风俗鉴》（蒙古文），内蒙古人民出版社，1981年。

82. 拉·胡日查巴特尔：《哈腾根十三家神祭祀》，内蒙古文化出版社，1986年。

83. 泰亦赤兀惕·满昌：《蒙古族通史》，辽宁民族出版社，2004年。

84.〔蒙古〕乌勒吉：《蒙古建筑和考古》，国家出版社，乌兰巴托，1972年。

85. 盖山林：《蒙古族文物考古研究》，辽宁民族出版社，1999年。

86. 阿木尔巴图：《蒙古族美术研究》，辽宁民族出版社，1997年。

87. 佚名：《蒙古秘史》，内蒙古人民出版社，1980年。

88. 雷丛云：《中国宫殿史》，百花文艺出版社，2008年。

89. 辛向阳：《首都中国》，中国社会出版社，2008年。

90.〔法〕菲斯泰尔：《古代城市》，吴晓郡译，上海人民出版社，2005年。

91. 王辅仁：《中国古建筑探微》，天津古籍出版社，2004年。

92. 王彬、徐秀珊：《北京街巷图志》，作家出版社，2004年。

93. ワンドユー·ボイド：《中国の建築上都市》，田中淡日译，鹿岛出版社，昭和五四年。

94. 萧默：《巍巍帝都》，清华大学出版社，2006年。

95. 倪健中主编：《风暴帝国》，中国国际广播出版社，1997年。

96. 朱士光：《中国八大故都》，人民出版社，2007年。

97. 梁思成：《中国建筑史》，中国建筑工业出版社，2005年。

98. 陈志华：《外国建筑史》，中国建筑工业出版社，2005年。

99. 李路珂、胡介中、李菁、王南：《北京古建筑地图》，清华大学出版社，2009年。

100. 翁立：《北京的胡同》，北京图书馆出版社，2004年。

101. 于德源：《北京历代城坊宫殿苑圃》，首都师范大学出版社，1997年。

102. 王军：《城记》，生活·读书·新知三联书店，2003年。

后　记

我的故乡在元上都近郊，上都河南岸一个叫作“巴嘎陶尔其格”的牧村。小时候和小朋友们嬉戏在长满金莲花的上都河畔草滩上，望着元上都遗址上变幻莫测的海市蜃楼中出现的金碧辉煌的亭台楼阁激动不已。想起老人们讲述的忽必烈薛禅汗创建上都的故事，我面对一片废墟时常常陷入沉思。在元上都遗址上捡的红蓝绿紫瓷片、铜钱和箭镞被我们视若珍宝，成了儿时最神奇的玩物。

中华人民共和国成立前，本人就读于北平辅仁大学附中，住在著名的古寺雍和宫阿嘉活佛仓。课余经常聆听该仓总管——精通蒙古、汉、藏、满文等文字语言的科尔沁人田仓喇嘛讲述忽必烈始建元大都的故事，不由得浮想联翩。这些故事给我留下了深刻印象，当时不明白，为什么蒙古可汗建都在汉地？或者原来的蒙古地方现在变成了汉地。当时我确实想知道这些问题的答案。

当我从手能提缰、脚能纫镫时起就产生了写点关于上都、大都的东西的想法，并利用一切可能搜集各种有关资料、书籍。这一行动就算是为写书开始打基础。每当我行走于北京城中一些古老的地方，断垣残壁好像在述说什么。不由得想起哲学家伊·纳伟说过的“从逝去的历史中，不要拾取焦土，要索取火种”的名言。于是，油然产生热爱蒙古民族文化宝库的心情，油然产生敬仰祖先伟业的激情，使我潸然泪下。

不才从小立志为蒙古民族的文化，为蒙古民族的事业，为蒙古民族的生存空间贡献我的一切力量。但万万没有想到自己却在党的极“左”路线中遭灾，耗去了我八年的青春年华。等我拖着伤痕累累的残伤身体从监狱爬出来时，伟大祖国正在清算“四人帮”的滔天罪行，刚刚走上较为安定的新路。我深信敬爱的周恩来总理说的“一个不热爱自己民族的人，是不会热爱自己祖国的”教导是真理。所以加给我的莫须有的罪名，关押毒打等酷刑并没有扑灭我为自己的民族而努力的决心和热爱自己民族的火热感情。十多年来我不分季节，几乎每年都进京考察。故宫、北京图书馆、中央民族大学、北京大学、民族文化宫等地就成了经常拜访的地方，这些地方成了我寻宝的天堂。元史学家、白发苍苍满腹经纶的老前辈是我毕恭毕敬求教的师长。元代城墙遗址、北京各区的元代建筑的遗留部分、大街、小胡同、四合院，但凡有元代遗址的地方都是我拍照、测绘、记载、寻访的场所。我每天骑着自行车穿梭于北京城纵横交错的大街小巷，只要听说哪里有有关资料或实物，哪怕寒风怒号、烈日炎炎、雪花乱舞、暴雨倾盆，都要前往探访究竟。这样努力的结果，也算是为自己的拙作增添了些许内容。难能可贵的是在30年代，建筑大师梁思成、元大都研究专家朱启钤成立了“中国营造学社”。德国柏林大学博士、故宫博物院顾问、“国立中央大学”教授、大都研究的奠基人朱偰，北京历史研究学者侯仁之教授，徐苹芳教授，陈高华教授，如果没有他们的多部著作指引，拙作能否写成，能否出版，简直难以想象。所以我衷心地向他们，或向他们的英灵表示深深的谢意。

从1952年开始逐步拆除元代的城墙、城门、瓮城、角楼时，建筑大师梁思成先生心痛至极，大声疾呼：“拆除城墙城门犹如割我肉矣！剥离城墙青砖犹如扒我皮也！”他向有关部门提出，留下北京城的城墙、城门、角楼，修复护城河，沿岸种植花木，开辟成公园的建议和规划图；同时提出，如果不计后果地乱拆乱除，五十年后会后悔的。但是“左”倾主义路线的歪风还是把北京城留存的元代四座城门——平则门（阜成门）、和义门（西直门）、崇仁门（东直门）、齐化门（朝阳门）吹得片瓦不留，无影无踪。瑞典学者喜仁龙先生写毕大作《北京的城墙和城门》，最后以满怀疑问和感叹的态度结束了全书，他写道：“这些奇妙的城墙和城门，这些北京绚丽多彩历史的无言记录者，它们的丰姿到底还能维持多久呢？”

国内外大师们当年所做的预言，被今天现实所印证，在“破四旧”的红色风暴中，不仅是在北京，全国各地都在大拆大毁古代珍贵建筑物，现在又都在用新材料、新技术，大搞仿古建筑。

笔者努力想通过元大都建城发展史的探讨，说明牧业文明圈的蒙古族闯入农业文明环境中，建都立国，肇建城镇，大批游牧蒙古人变成城市居民，游牧农耕文化并存，延续了一个半世纪，当明军袭来之时，掂掇再三，不做殊死决斗而策略性地策马挥鞭“退回塞外”（倪健中语）发祥之地——牧业文明的摇篮——辽阔的草原，又和强大的明廷抗衡了二百余年，繁衍生息直到今日的奥秘。

世界理论大师对于游牧文明和农耕文明的交融，多有精湛论断。倪健中说：“任何一个闯入中原的马上帝国都面临着两种选择，或留在中原，或退回塞外；任何一个决定留在中原的马上帝国也面临着两种选择，或者从马背上走下来，完成以游牧向农耕的历史巨变，或者继续留在马上，马上夺天下，马上治天下，马上失天下。”（《风暴帝国》）恩格斯说：“每一次由比较野蛮的民族所进行的征服，不言而喻地阻碍了经济的发展，摧毁了大批的生产力。但是在长期的征服中，比较野蛮的征服者，在绝大多数情况下，都不得不适应征服后存在得比较高的经济情况；他们为被征服者所同化，而且大部分甚至还不

得不采用被征服者的语言。”（恩格斯《反杜林论》）

中国历史上入驻中原农耕地区、建都立国的有契丹族的辽朝，女真族的金朝及以后满族的清朝，都没有逃脱“为被征服者所同化”的命运，走上了灭国灭族的道路。唯有蒙古族没有重蹈恩格斯论断的覆辙，这是一个奇迹。其实道理很简单，蒙古族遵循成吉思汗的教导，没有丢弃养育他们的大草原、发祥的根据地。

本人拙作在与众读者即将见面之际，《中国蒙古学文库》原总编陈献国教授、原总编辑包祥教授、现任总编辑格·孟和教授、包·赛吉拉夫总编辑、色·额尔德木图编委，他们自始至终关怀备至，多次提出中肯建议，金峰教授亲自为拙作写序以资鼓励，我向他们致以敬意。

学友郝苏民、牧林、唐吉思教授、画家敖其尔、老艺人苏仁扎布先生、建筑工程师乌云珠岚等人给了我无私的帮助，我向他们表示深深的谢意。

昔宝赤·却拉布吉

2015年10月吉日于青城呼和浩特

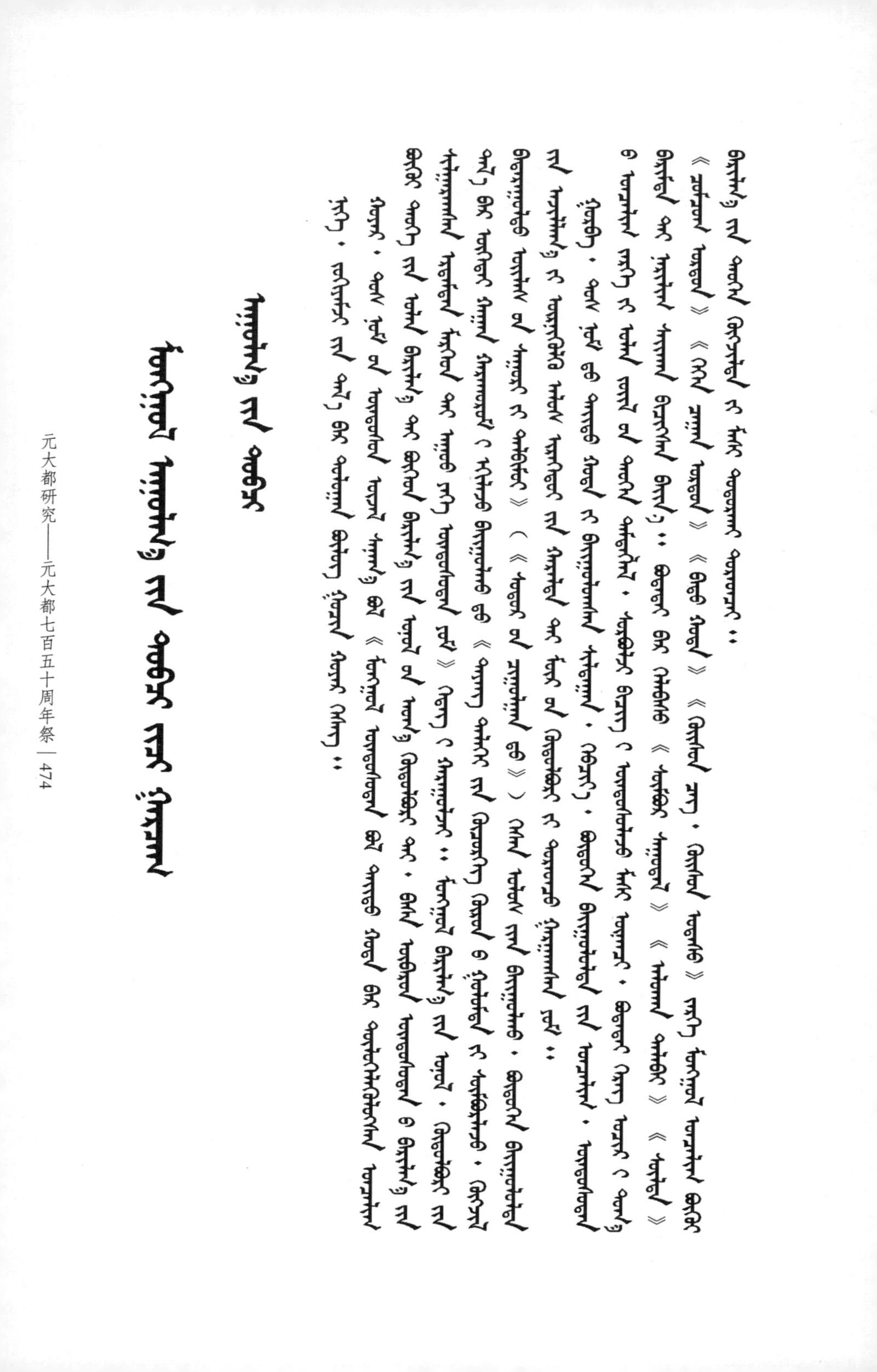

[illegible]

[illegible]

[illegible]

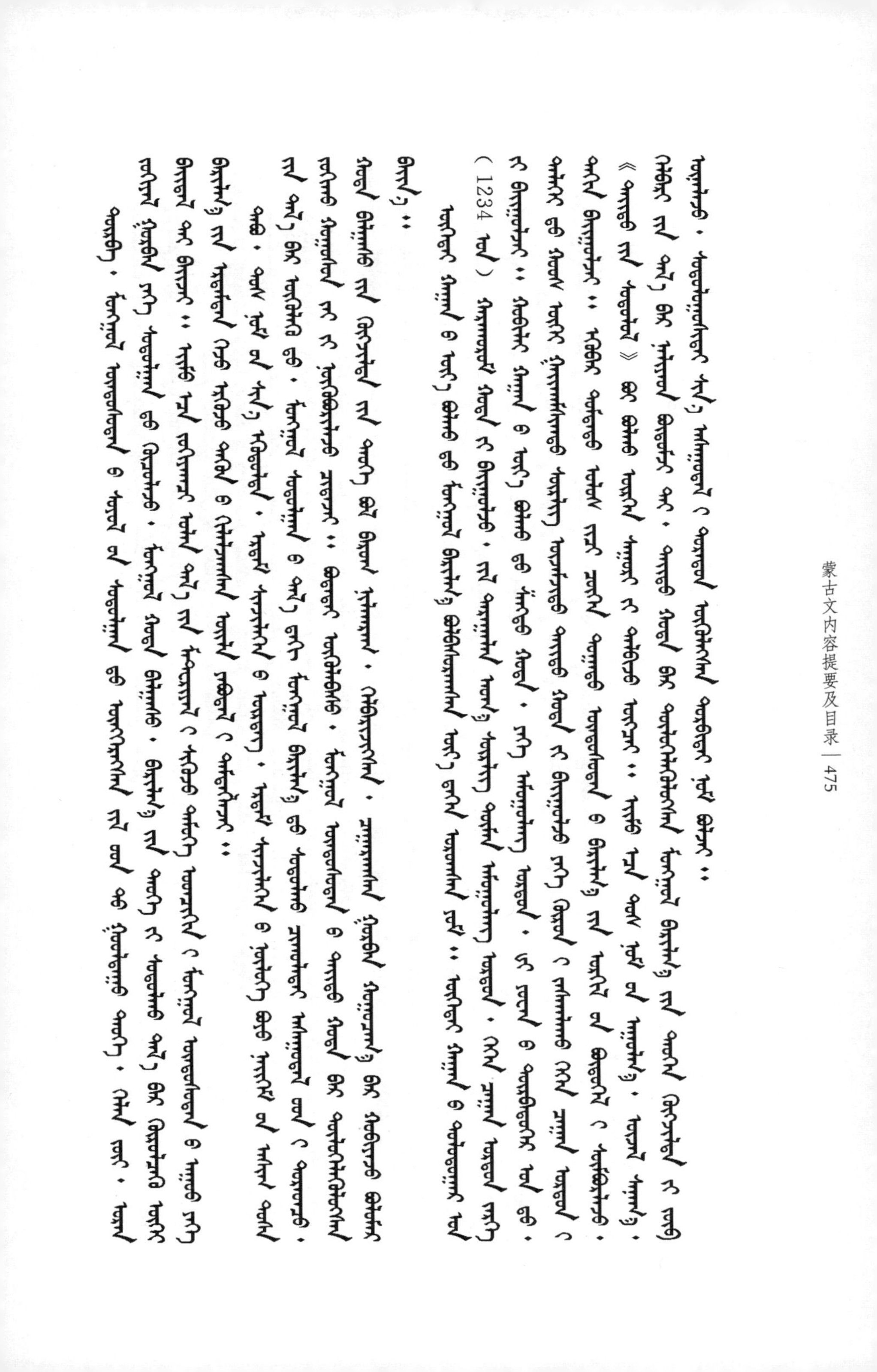

[illegible]

[illegible]

[illegible]

[illegible]

ᠭᠠᠷᠴᠠᠭ

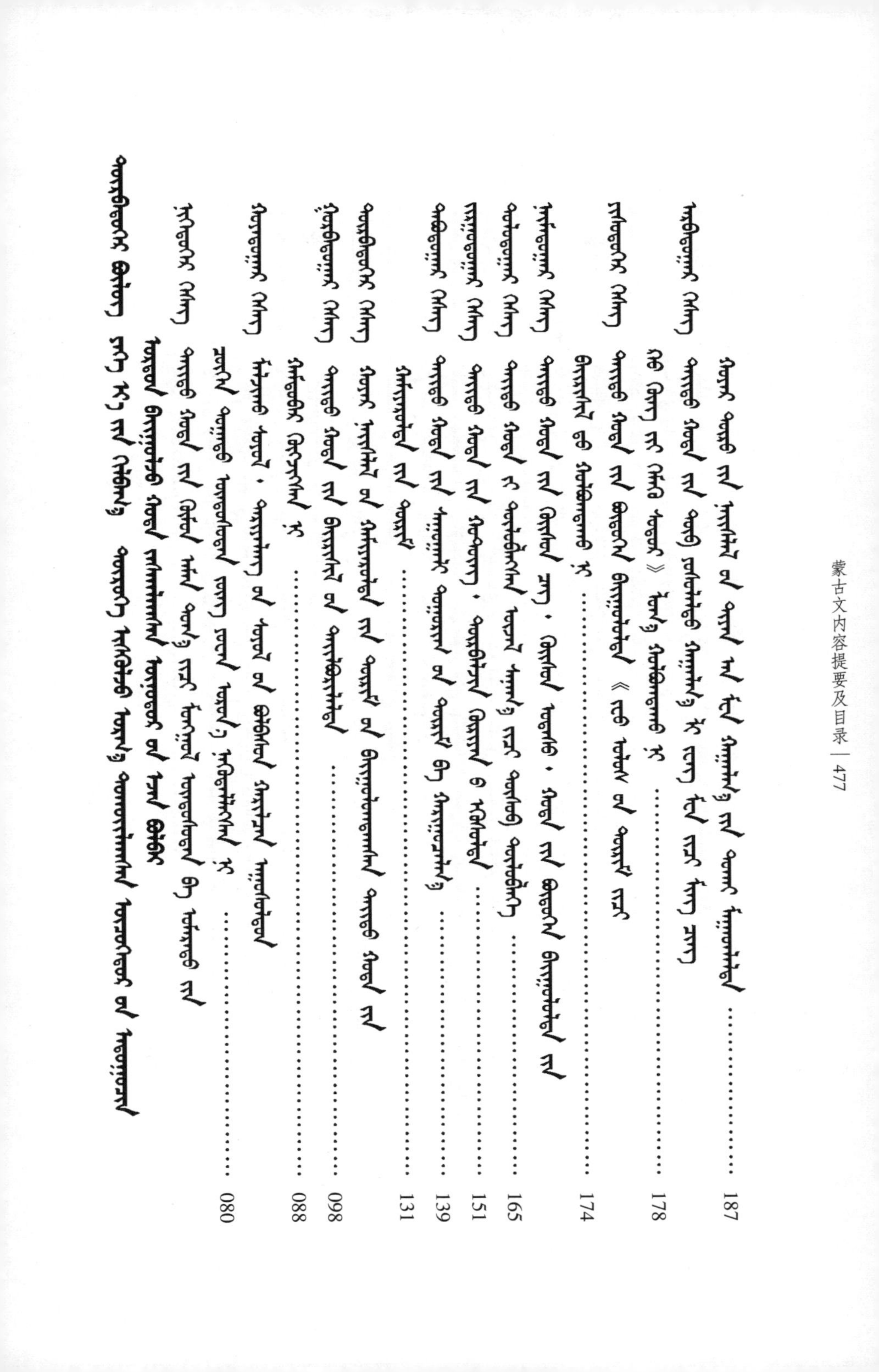

[illegible]

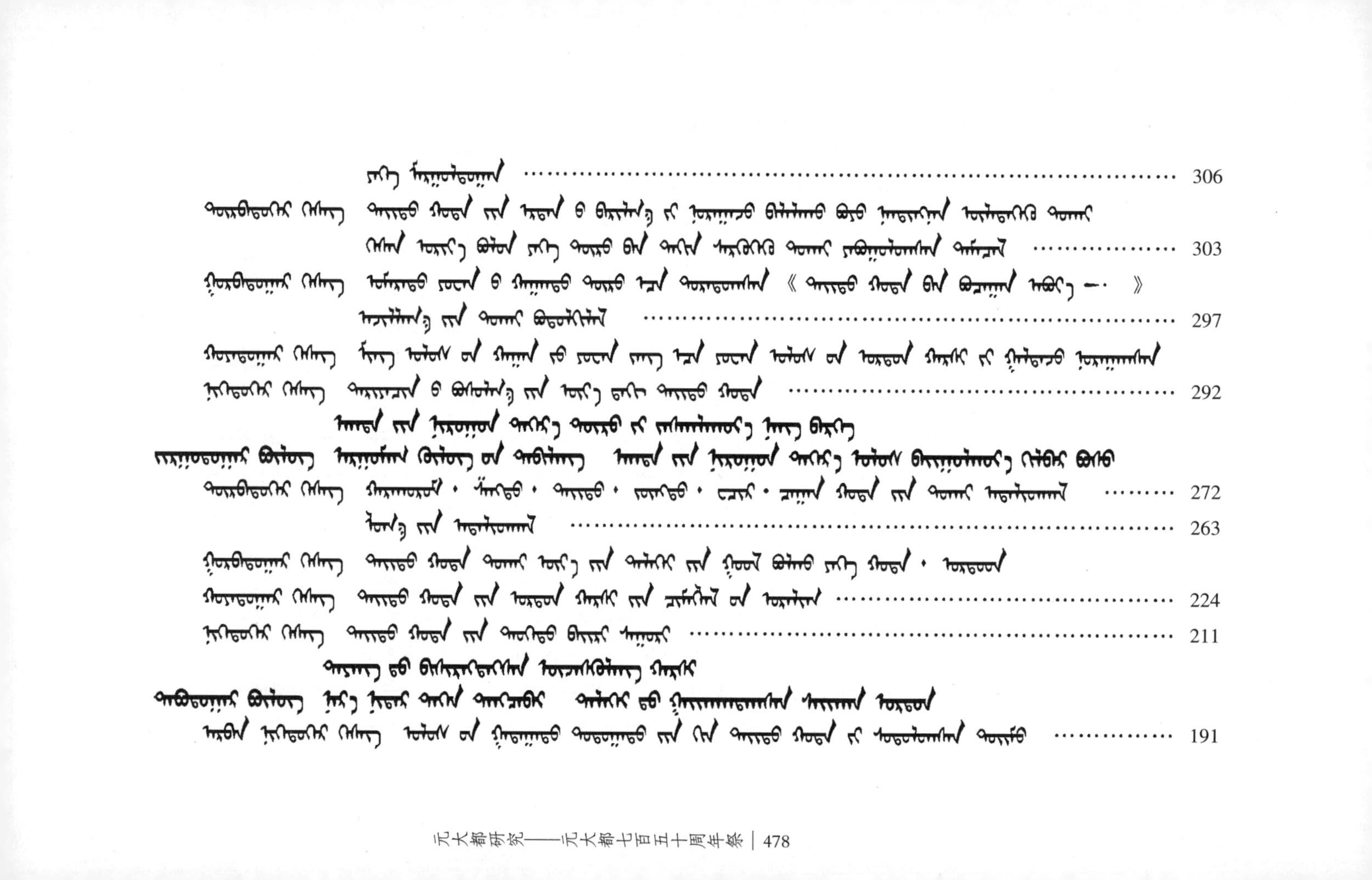

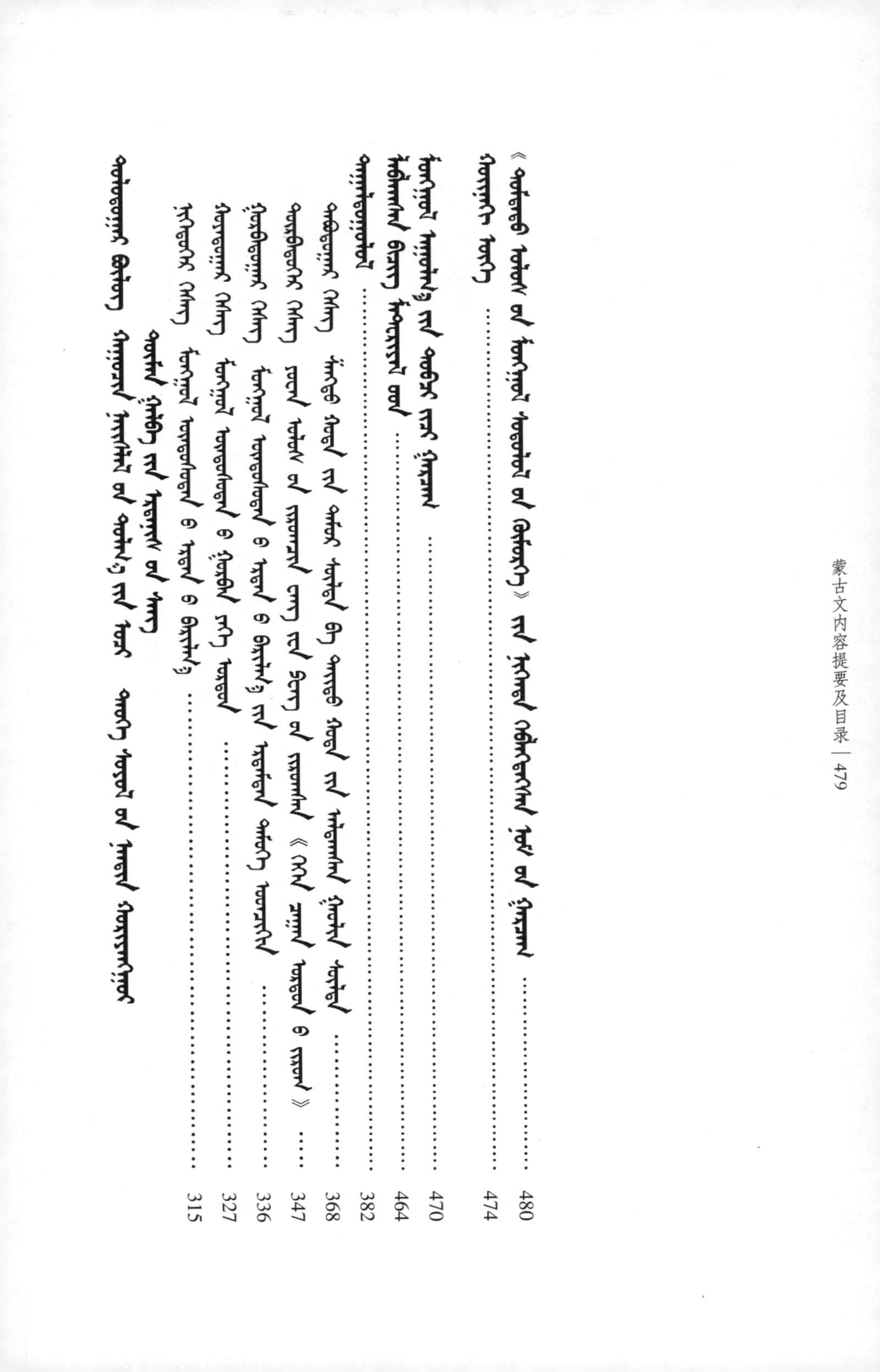

[illegible]

《中国蒙古学文库》已经出版书目

（按出版日期顺序排列）

1.《成吉思汗哲学思想研究》（格·孟和著，蒙古文，1997年6月出版，定价33.00元）

2.《蒙古族逻辑思维研究》（图·乌力吉著，蒙古文，1997年6月出版，定价14.00元）

3.《蒙古族儿童文学概要》（哈斯巴拉等著，蒙古文，1997年6月出版，定价17.00元）

4.《阿尔寨石窟回鹘蒙古文榜题研究》（哈斯额尔敦、丹森等著，蒙古文，1997年6月出版，定价16.00元）

5.《蒙古族音乐史》（呼格吉乐图著，蒙古文，1997年6月出版，定价34.00元）

6.《中国人民解放战争时期内蒙古骑兵史》（乌嫩齐主编，汉文，1997年6月出版，定价16.00元）

7.《蒙古族正骨学》（旺钦扎布著，蒙古文，1997年6月出版，定价35.00元）

8.《蒙古学论著索引（1986—1995）》（额尔德尼编，汉文，1997年6月出版，定价21.00元）

9.《蒙古族美术研究》(阿木尔巴图著，汉文，1997年6月出版，定价48.00元)

10.《古代蒙古法制史》(奇格著，汉文，1999年9月出版，定价23.00元)

11.《蒙古文书法概论》(额尔很巴雅尔主编，蒙古文，1999年9月出版，定价20.00元)

12.《蒙古族民歌与交响乐研究》(永儒布著，汉文，1999年10月出版，定价48.00元)

13.《蒙古族文物与考古研究》(盖山林著，汉文，1999年12月出版，定价48.00元)

14.《〈蒙古源流〉研究》(乌兰著，汉文，2000年4月出版，定价55.00元)

15.《蒙古族全史》(第1卷)(留金锁著，蒙古文，2000年12月出版，定价25.00元)

16.《蒙古族美学史》(满都夫著，汉文，2000年12月出版，定价45.00元)

17.《中国民族语文工作的创举》(舍那木吉拉著，汉文，2000年12月出版，定价18.00元)

18.《蒙古族民歌与交响乐研究》(永儒布著，原为汉文，那顺乌尔塔译成蒙古文，2000年12月出版，定价48.00元)

19.《蒙古学论著索引(1986—1995)》(额尔德尼编，原为汉文，诺尔金等译成蒙古文，2000年12月出版，定价58.00元)

20.《中古蒙古语研究》(嘎日迪著，蒙古文，2001年10月出版，定价45.00元)

21.《蒙古族美术研究》(阿木尔巴图著，原为汉文，那顺乌尔塔译成蒙古文，2001年12月出版，定价68.00元)

22.《蒙古族传统疗法》(郭·道布清、图门巴雅尔编著，蒙古文，2001年12月出版，定价40.00元)

23.《蒙古族土地所有制特征研究》(额尔敦扎布、萨日娜著，蒙古文，2001年12月出版，定价30.00元)

24.《蒙古族曲艺研究》(贺喜歌芒来著，蒙古文，2001年12月出版，定价45.00元)

25.《忽必烈汗思想研究》(巴图巴干著，蒙古文，2002年4月出版，定价30.00元)

26.《蒙古族商业发展史》(额斯日格仓、包·赛吉拉夫著，蒙古文，2002年6月出版，定价38.00元)

27.《现代蒙医学》(琪格其图主编，汉文，2002年7月出版，定价30.00元)

28.《中国蒙古学研究概论》(吉木斯、特·额尔敦陶克套主编，蒙古文，2002年8月出版，定价60.00元)

29.《中国人民解放战争时期内蒙古骑兵史》(乌嫩齐著，原为汉文，牧仁译成蒙古文，2002年8月出版，定价55.00元)

30.《蒙古族哲学思想史》(苏和、陶克套著，汉文，2002年9月出版，定价36.00元)

31.《蒙古族儿童文学概论》(哈斯巴拉等著，原为蒙古文，蒋丽君等译成汉文，2002年10月出版，定价30.00元)

32.《佛教与蒙古文学》(德斯莱扎布著，蒙古文，2002年12月出版，定价30.00元)

33.《蒙古族古代典型战例》(阿木尔门德著，汉文，2002年12月出版，定价36.00元)

34.《蒙古文书法概论》(额力很巴雅尔著，原为蒙古文，额力很巴雅尔译为汉文，2003年12月出版，定价25.00元)

35.《蒙古族古代军事史》(胡泊主编，汉文，2004年3月出版，定价95.00元)

36.《蒙古族经济思想史研究》(陈献国主编，汉文，2004年4月出版，定价28.00元)

37.《蒙古族古代名将录》(叶喜著，汉文，2004年10月出版，定价22.00元)

38.《松巴堪布诗学研究》(额尔敦白音著，蒙古文，2004年10月出版，定价50.00元)

39.《古代蒙古法制史》(奇格著，原为汉文，奇格译成蒙古文，2004年12月出版，定价25.00元)

40.《中国民族语文工作的创举》(舍那木吉拉著，原为汉文，舍那木吉拉等译成蒙古文，2004年12月出版，定价35.00元)

41.《蒙古族哲学思想史》(苏和、陶克套著，原为汉文，齐秀华译成蒙古文，2004年12月出版，定价45.00元)

42.《蒙医学史与文献研究》（吉格木德著，蒙古文，2004年12月出版，定价32.00元）

43.《蒙古族近现代思想史论》（宝力格著，汉文，2005年3月出版，定价20.00元）

44.《元大都研究》（昔宝尼赤·却拉布吉著，蒙古文，2005年3月出版，定价75.00元）

45.《蒙古族宗教史》（苏鲁格著，汉文，2005年4月出版，定价32.00元）

46.《哈撒儿研究》（包·赛吉拉夫著，蒙古文，2005年6月出版，定价50.00元）

47.《蒙古语构词法研究》（特格希都楞著，蒙古文，2005年7月出版，定价20.00元）

48.《蒙古族正骨学》（旺钦扎布著，原为蒙古文，旺钦扎布译成汉文，2005年7月出版，定价45.00元）

49.《现代蒙医学》（琪格其图主编，原为汉文，琪格其图译成蒙古文，2005年7月出版，定价48.00元）

50.《成吉思汗哲学思想研究》（格·孟和著，原为蒙古文，何金山等译为汉文，2005年7月出版，定价45.00元）

51.《蒙古族近代战争史》（巴音图、张成业著，汉文，2005年11月出版，定价42.00元）

52.《〈蒙古源流〉研究》（乌兰著，原为汉文，阿拉坦巴根译为蒙古文，2005年12月出版，定价60.00元）

53.《蒙古族传统疗法》（郭·道布清、图门巴雅尔编，原为蒙古文，

郭·道布清、图门巴雅尔译成汉文，2005年12月出版，定价22.00元）

54.《蒙古族古代典型战例》（阿木尔门德著，原为汉文，策·诺尔金译为蒙古文，2005年12月出版，定价60.00元）

55.《元朝时期的山西地区》（瞿大风著，汉文，2005年12月出版，定价35.00元）

56.《蒙古族治疗骨伤的创新》（慕精阿、海志凡、海波著，汉文，2005年12月出版，定价42.00元）

57.《乌鲁别克传》（孛儿只斤·旺其格著，蒙古文，2006年6月出版，定价30.00元）

58.《蒙古语语法化过程研究》（套格敦白乙拉著，蒙古文，2006年8月出版，定价36.00元）

59.《蒙古族古代名将录》（叶喜著，原为汉文，那顺乌日塔译成蒙古文，2006年9月出版，定价35.00元）

60.《17世纪蒙古编年史与蒙古文文书档案研究》（希都日古著，汉文，2006年9月出版，定价26.00元）

61.《元朝时期的山西地区》（瞿大风著，汉文，2006年9月出版，定价40.00元）

62.《蒙古兽医研究》（巴音木仁著，汉文，2006年10月出版，定价40.00元）

63.《蒙古语构词法研究》（特格希都楞著，汉文，2006年11月出版，定价30.00元）

64.《蒙古族音乐史》(呼格吉勒图著，原为蒙古文，龙梅、乌云巴图译为汉文，2006年12月出版，定价40.00元)

65.《法式善“梧门诗话”研究》(宏伟著，汉文，2006年12月出版，定价42.00元)

66.《蒙古族科学技术简史》(李迪著，汉文，2006年12月出版，定价32.00元)

67.《蒙古族古代交通史》(德山、乌日娜、赵相璧著，汉文，2006年12月出版，定价28.00元)

68.《中古蒙古语研究》(嘎日迪著，原为蒙古文，嘎日迪译为汉文，2006年12月出版，定价40.00元)

69.《蒙古族商业发展史》(额斯日格仓、包·赛吉拉夫著，原为蒙古文，哈斯木仁、胡格吉勒图、杨晓华译为汉文，2007年5月出版，定价28.00元)

70.《藏传佛教与蒙古族文化》(唐吉思著，汉文，2007年6月出版，定价40.00元)

71.《蒙古族姓氏研究》(奥都高德·博·苏达那木道尔吉著，蒙古文，2007年6月出版，定价90.00元)

72.《忽必烈汗思想研究》(巴图巴干著，原为蒙古文，吉木斯、哈日赤译为汉文，2007年6月出版，定价25.00元)

73.《蒙古哲学宏旨研究》(格·孟和著，蒙古文，2007年7月出版，定价50.00元)

74.《成吉思汗兵法研究》(胡泊著，汉文，2007年7月出版，定价28.00元)

75.《成吉思汗与蒙古文化》(那仁敖其尔等著，蒙古文，2007年7月出版，定价35.00元)

76.《蒙古族曲艺新探索》(贺希歌芒来著，原为蒙古文，贺希歌芒来译为汉文，2007年7月出版，定价48.00元)

77.《清代八旗蒙古汉文著作家政治思想研究》(张力均著，汉文，2007年11月出版，定价25.00元)

78.《蒙古族近现代思想史论》(宝力格著，原为汉文，萨础拉、陈永庆译为蒙古文，2007年11月出版，定价25.00元)

79.《蒙古族治疗骨伤的创新》(慕精阿、海志凡、海波著，原为汉文，旺钦扎布译为蒙古文，2007年12月出版，定价52.00元)

80.《蒙古族书面文学的基本体系研究》(满全著，蒙古文，2007年12月出版，定价45.00元)

81.《蒙古族天文历法史》(孛儿只斤·旺其格著，汉文，2008年3月出版，定价67.00元)

82.《蒙古文“金光明经”词汇研究》(上、下册)(乌力吉陶格套著，蒙古文，2008年4月出版，定价95.00元)

83.《制度视域下的草原生态环境保护》(盖志毅著，汉文，2008年5月出版，定价42.00元)

84.《哈撒儿研究》(包·赛吉拉夫著，汉文，2008年5月出版，定价45.00元)

85.《蒙古族美学史》(满都夫著，原为汉文，桑杰、其木格译为蒙古文，2008年6月出版，定价75.00元)

86.《清代满蒙文词典研究》（春花著，汉文，2008年7月出版，定价50.00元）

87.《蒙古族传统文化的现代价值》（齐秀华、额尔敦陶格套著，蒙古文，2008年9月出版，定价32.00元）

88.《蒙古族生态经济研究》（暴庆伍著，汉文，2009年1月出版，定价38.00元）

89.《蒙古族姓氏大全》（明安特·沙·东希格著，蒙古文，2009年1月出版，定价95.00元）

90.《蒙古族生态智慧论》（乌峰、包庆德主编，汉文，2009年1月出版，定价35.00元）

91.《蒙古族数学史》（孛儿只斤·旺其格著，蒙古文，2009年1月出版，定价50.00元）

92.《蒙古语修辞学研究》（德力格尔著，蒙古文，2009年4月出版，定价40.00元）

93.《红山诸文化与游牧民族原始宗教比较研究》（王其格著，蒙古文，2009年5月出版，定价38.00元）

94.《蒙古语语法的认知功能研究》（套格敦白乙拉著，蒙古文，2009年5月出版，定价28.00元）

95.《八思巴文变形体研究》（乌力吉白乙拉著，蒙古文，2009年5月出版，定价30.00元）

96.《藏传佛教与蒙古文化》（唐吉思著，原为汉文，唐吉思译成蒙古文，2009年6月出版，定价55.00元）

97.《蒙古语词语的文化研究》(天峰著，蒙古文，2009年7月出版，定价30.00元)

98.《清代内蒙古地区寺院经济研究》(胡日查著，汉文，2009年7月出版，定价30.00元)

99.《蒙古语语音实验研究》(呼和著,汉文,2009年7月出版,定价30.00元)

100.《尹湛纳希人文思想研究》(席布仁门德著，蒙古文，2009年7月出版，定价38.00元)

续版已经出版书目

1.《近代内蒙古行政建制变迁研究》(孟和宝音著，汉文，2010年12月出版，定价40.00元)

2.《蒙汉历史接触与蒙古语言文化变迁》(曹道巴特尔著，汉文，2010年12月出版，定价45.00元)

3.《阿尔寨石窟回鹘蒙古文榜题研究》(哈斯额尔敦等著，原为蒙古文，纳·巴图吉日嘎拉、纳楚格、嘎日迪译为汉文，2010年12月出版，定价35.00元)

4.《清代官修民族文字文献编纂研究》(乌兰其木格著，汉文，2010年12月出版，定价38.00元)

5.《蒙古族佛教文化调查研究》(唐吉思著，汉文，2010年12月出版，定价98.00元)

6.《元国书官印汇释》(照那斯图、薛磊著，汉文，2011年4月出版，定价40.00元)

7.《蒙古文学史学研究》(乌日斯嘎拉著，蒙古文，2011年5月出版，定价36.00元)

8.《蒙古族全史》(第1卷)(留金锁著，原为蒙古文，浩斯巴特尔、包阿拉塔译成汉文，2011年7月出版，定价30.00元)

9.《蒙古哲学原理研究》(格·孟和著，蒙古文，2011年8月出版，定价85.00元)

10.《蒙古族古代军事史》(胡泊著，原为汉文，查干高娃编译，蒙古文，2011年8月出版，定价100.00元)

11.《新牧区建设与牧区政策调整——以内蒙古为例》(盖志毅著，汉文，2011年11月出版，定价75.00元)

12.《古代蒙古货币研究》(虹宝音著，汉文，2011年11月出版，定价30.00元)

13.《蒙古族古代汉文文化研究》(宏伟著，蒙古文，2011年12月出版，定价45.00元)

14.《元朝时期札剌亦儿部研究》(谢咏梅著，汉文，2012年3月出版，定价38.00元)

15.《蒙古文学文体转化研究》(包红梅著，蒙古文，2012年5月出版，定价40.00元)

16.《蒙古文字结构研究》(王桂荣著，蒙古文，2012年5月出版，定价50.00元)

17.《近现代内蒙古游牧变迁研究》(阿拉腾嘎日嘎著，汉文，2012年6月出版，定价35.00元)

18.《蒙古文文论理论建构》(孟和乌力吉著，蒙古文，2012年6月出版，定价70.00元)

19.《蒙古语形态研究》(包满亮著，蒙古文，2012年6月出版，定价60.00元)

20.《蒙古语言的语法化过程与机制》(套格敦白乙拉著，蒙古文，2012年7月出版，定价45.00元)

21.《蒙古历史文化的哲学解读》(格孟和著，蒙古文，2012年7月出版，定价56.00元)

22.《尹湛纳希与儒家文化》(胡格吉乐图著，汉文，2012年9月出版，定价30.00元)

23.《蒙古族现代诗歌研究》(黄金著，蒙古文，2012年11月出版，定价63.00元)

24.《现代蒙古语语义框架研究》(德·萨日娜著，蒙古文，2013年3月出版，定价30.00元)

25.《蒙古民歌的程式化研究》(哈斯其木格著，蒙古文，2013年3月出版，定价36.00元)

26.《蒙古帝国政治制度及政治思想研究》(扎拉嘎著，蒙古文，2013年3月出版，定价55.00元)

27.《近代内蒙古行政建制变迁研究》(孟和宝音著，原为汉文，孟和宝音、娜仁其其格译成蒙古文，2013年6月出版，定价65.00元)

28.《游牧社会形态论》(额灯套格套著，汉文，2013年8月出版，定价65.00元)

29.《乌珠穆沁部落研究》(高·阿晔著，蒙古文，2013年10月出版，定价50.00元)

30.《蒙古文化中的人与自然关系研究》(马桂英著，汉文，2013年1月出版，定价37.00元)

31.《清代蒙古文出版文化研究》(宝山，哈斯格日乐著，蒙古文，2013年11月，定价52.00元)

32.《清代蒙古寺庙管理体制研究》(胡日查著，汉字，2013年11月，定价42.00元)

33.《大蒙古国与全国战争史》(鲍格鲁特·鲍音著，蒙古文，2013年12月，定价40.00元)

34.《蒙古族太阳崇拜研究》(阿拉坦格日乐著，蒙古文，2013年12月，定价45.00元)

35.《蒙古族传统医学史纲》(热·王钦扎布，娜日娜著，蒙古文，2013年12月出版，定价40.00元)

36.《蒙古族生态智慧论》(乌峰、包庆德著，原为汉文，孟根宝力高、包玉兰译成蒙古文，2014年4月出版，定价50.00元)

37.《蒙古语短语结构知识库相关研究》(达胡白乙拉著，蒙古文，2014年4月出版，定价45.00元)

38.《蒙古族藏文文论体系研究》(树林著，蒙古文，2014年4月出版，定价65.00元)

39.《蒙古民族敖包祭祀文化认同研究》(那仁毕力格著，汉文，2014年4月出版，定价32.00元)

40.《嫩科尔沁史概略》(包额尔德木图著，蒙古文，2014年6月出版，定价58.00元)

41.《蒙古羊肉食文化研究》(群可加著，蒙古文，2014年6月出版，定价45.00元)

42.《〈蒙古秘史〉逻辑思想研究》(莫日根巴图著，汉文，2014年7月出版，定价40.00元)

43.《劳斯尔及其作品研究》(朝克图、赵玉华著，汉文，2014年10月出版，定价56.00元)

44.《蒙古地名研究》(天峰著，蒙古文，2014年10月出版，定价50.00元)

45.《玛拉沁夫小说民族文化源缘研究》(额尔敦仓著，汉文，2014年11月出版，定价42.00元)

46.《外部环境与内部环境：蒙古族当代文学前沿问题研究》(满全著，蒙古文，2014年12月出版，定价70.00元)

47.《制度视域下的草原生态环境保护》(盖志毅著，原为汉文，吴宝山、乌兰编译，蒙古文，2014年12月出版，定价80.00元)

48.《蒙古族生态文学研究》(巴·苏和著，蒙古文，2015年1月出版，定价56.00元)

49.《编辑学概论》(阿拉木斯、莫日根高娃著，蒙古文，2015年4月出版，定价68.00元)

50.《蒙古语地名文化遗产保护研究》（仁钦道尔吉著，汉文，2015年4月出版，定价56.00元）

51.《13—19世纪蒙古法制沿革史研究》（那仁朝格图著，汉文，2015年4月出版，定价50.00元）

52.《蒙古民间文学研究：以青海民间文学为例》（呼和编著，蒙古文，2015年7月出版，定价68.00元）

53.《蒙古语句法结构的认知研究》（阿拉坦苏和、套格敦白乙拉著，蒙古文，2015年12月出版，定价50.00元）

54.《蒙古族传统伦理要义》（斯仁著，蒙古文，2015年12月出版，定价65.00元）

55.《蒙古史诗的非物质文化价值研究》（关金花，蒙古文，2015年12月出版，定价72.00元）

56.《探秘〈江格尔〉》（张越著，汉文，2016年5月出版，定价55.00元）

57.《蒙古语地名保护研究》（仁钦道尔吉著，蒙古文，2016年5月出版，定价78.00元）

58.《日本侵占时期“兴安省”经济统制政策研究》（齐百顺著，汉文，2016年5月，定价60.00元）

59.《蒙古史诗美学研究》（额尔敦高娃著，蒙古文，2016年6月出版，定价80.00元）

60.《喀尔喀车臣汗部研究》（姑茹玛著，汉文，2016年7月出版，定价48.00元）

61.《蒙古文化概论》（格·孟和著，汉文，2016年9月出版，定价75.00元）

62.《蒙古族十二生肖文化研究》（今晓著，蒙古文，2016年12月出版，定价60.00元）

63.《果亲王允礼藏〈密印授记请问经〉研究》（根泉著，蒙古文，2017年2月出版，定价65.00元）

64.《乌拉特三贤探微》（乌力吉巴雅尔著，蒙古文，2017年3月出版，定价70.00元）

65.《清代至民国时期土默特地区社会变迁研究》（乌仁其其格著，汉文，2017年5月出版，定价65.00元）

66.《启蒙思潮中的蒙古文学》（敖特根白乙拉著，蒙古文，2017年6月出版，定价70.00元）

67.《成吉思汗祭奠仪式及其文化功能研究》（额灯套格套主编，蒙古文，2017年7月出版，定价75.00元）

68.《中国蒙古文学学术史》（巴·苏和，特日乐著，汉文，2017年7月出版，定价70.00元）

69.《成吉思汗传说研究》（宝音德力根著，蒙古文，2017年10月出版，定价75.00元）

70.《卡尔梅克语土尔扈特土语研究》（秀花著，蒙古文，2017年11月出版，定价80.00元）

71.《蒙古贞历史》（暴风雨，项福生主编，汉文，2018年3月出版，定价65.00元）

72.《蒙古人崇拜自然的意识研究》(席·哈斯巴特尔著，蒙古文，2018年4月出版，定价75.00元)

73.《蒙古族全史.第二卷》(留金锁著，蒙古文，2018年5月出版，定价70.00元)

74.《蒙古哲学概论》(格·孟和著，汉文，2018年5月出版，定价75.00元)

75.《内蒙古牧区合作经济组织研究》(敖仁其，艾金吉雅编著，汉文，2018年8月出版，定价68.00元)

76.《清代蒙古地方法规研究》(金山，包斯琴著，汉文，2018年8月出版，定价70.00元)

77.《乌珠穆沁女性风俗研究》(玉荣著，汉文，2018年8月出版，定价40.00元)